KB253076

헤겔의 정신현상학 Ⅰ

장 이뽈리뜨/이종철 · 김상환 공역

文藝出版社

GENÈSE ET STRUCTURE
DE LA
PHÉNOMÉNOLOGIE
DE L'ESPRIT
DE HEGEL

Jean Hyppolite

차 례

* 이 책에서 原註는 1) 2) 3)으로, 譯註는 *****으로 하였음.

I.

《정신현상학》에 대한 일반적 고찰

<h1 style="text-align:center">1</h1>

《정신현상학》의 의미와 방법

우리는 《정신현상학》의 서설[1]이 이 작품이 쓰여지고 난 이후의 것임을 알고 있다. 그것은 작품이 완성되고 나서 헤겔이 자신의 「발견의 여정(voyage de découverte)」을 전체적으로 평가할 수 있었을 때 쓰여졌다. 《정신현상학》이 「학문 체계의 제1부」로서 등장하고 있는데 반하여 《논리학》은 그와 다른 관점에 서면서 엔치크로패디적 체계의 제1단계를 구성해야 한다면, 서설은 이 두 저서 사이의 연관성을 확실히 하기 위하여 쓰여졌다. 따라서 서설은 《정신현상학》과 《논리학》의 접합지점이라 할 수 있다. 서설에서 헤겔은 무엇보다도 먼저 자신의 체계 전체에 대한 일반적 관념을 제공하는 데 주력했다고 볼 수 있다. 비교적 초기 논문인 〈피히테와 셸링의 철학 체계의 차이〉에서 그는 이미 이 두 사람을 능가한 상태에 있었으며, 셸링의 관점을 취하는 것 같으면서도 실제에 있어서는 그를 압도하고 있었다. 마찬가지로 이 서설에서도, 그러나 이제는 충분한 자각 속에서 그는 스스로를 동시대의 철학자들 사이에 위치시키면서 자신의 고유한 철학적 독창성을 표명하고 있다. 그는 여기서 《정신현상학》의 여러 가지 애매

---

1) Vorrede. 우리는 《정신현상학》의 성립 배경과 저술 경위를 제 I 부 제 3 장 《정신현상학》의 구조에서 다시 검토할 것이다.

모호한 점들을 재검토하면서 이 저서의 교육학적 의미(la signification pédagogique)나 그것이 세계사 일반에 대해서 지니는 관계, 그리고 부정성(négativité)에 대한 자신의 독특한 견해 등에 관하여 귀중한 정보를 제공하고 있다.

《정신현상학》의 서론[2]은 이와 반대로 작품과 동시에 구상되었고 제일 먼저 쓰여졌다. 그러므로 이 서론은 작품 전체가 이끌어져 나왔던 바의 일차적 사상을 포함하고 있는 것으로 볼 수 있다. 그것은 문자 그대로의 의미에서 이 저서의 처음 세 단계——의식, 자기의식, 이성——에 대한 서론이다. 《정신현상학》의 후반부는, 비록 이 부분이 「정신」과 「종교」에 대한 매우 중요한 논의를 담고 있다고 할지라도, 그 내용에 있어서는 서론에서 엄밀하게 규정된 바와 같은 《정신현상학》의 범위를 벗어나고 있다. 헤겔은 본래 포함하려고 의도하지 않았던 부분을 현상학적 전개의 틀 안으로 끌어들였던 것 같다. 우리는 이 저서의 구조를 연구할 때 다시 이 문제를 검토할 것이다. 여기서는 다만 이 「서론」의 정확한 범위를 이해하는 데 필요한 이 정도의 암시에 만족하면서 서론을 가능한 한 엄밀하게 분석하고자 한다. 서론에 대한 검토는 서설에 대한 검토보다 훨씬 명확히 헤겔이 저술하고자 했던 작품의 의미를 규명하고 또 그가 말하는 현상학적 전개의 기법을 규명할 수 있도록 허락해 줄 것이다. 서설은 헤겔이 설정했던 목적에 관한 일반적인 암시나 그 저서가 그밖의 다른 철학적 저술들과 지니고 있는 관계를 내용으로 하기 때문에 작품-외적 부분(hors-d'œuvre)이라고 할 수 있다.

그러나 서론은 그러한 작품-외적 부분이 아니라, 이와 반대로 작품 전체에 있어서 필수불가결한 부분을 이루고 있다. 그것은 문제의 제기 자체이며 그 문제를 해결하기 위하여 사용된 수단을 규정하고 있기 때문이다. 서론에서 헤겔은 첫째로, 어떻게 인식론적 문제가 그에게 제기되는가를 명확히 한다. 우리는 그가 어떻게 특정한 점에 있어서 칸트나 피히테의 입장으로 되돌아가고 있는가를 볼 수 있다. 《정신현상학》은 하나의 본체론(nouménologie)이나 존재론(ontologie)은 아니지만, 그럼에도 불구하고 그것은 여전히 절대자의 인식을 문제삼는

---

2) Einleitung.

다. 「오직 절대적인 것만이 진리이며 나아가서는 오직 진리만이 절대적일 수 있다」(PE, Ⅰ, 67; PG, 65; 정신현상학, Ⅰ, 135)[3]면 그밖에 인식하여야 할 다른 그 무엇이 있을 수 있는가? 그러나 헤겔은 즉자 대자적인 절대자의 知(le savoir de l'Absolu)*를 처음부터 제시하는 것이 아니라, 그것이 의식 내에서 현상하는 바와 같은 그런 知를 고찰하고 있다. 그리고 그가 절대知로 고양되는 것은 이 현상知(le savoir phénoménal)의 자기비판에 대한 고찰을 통해서이다. 두번째로, 헤겔은 《정신현상학》을 자연적 의식(la conscience naturelle)이 學으로, 즉 철학적 知나 절대자의 知로 고양되어 가는 전개과정 또는 도야과정(culture)으로 정의한다. 그는 의식이 진보·발전한다는 필연성과 동시에 이 발전의 완성 단계를 다같이 지시하고 있다. 마지막으로 헤겔은 현상학적 전개의 기법을 명시한다. 그는 한편으로는 이 전개과정이 경험에 관여된 의식의 활동 자체라는 것을 보여 주며, 다른 한편으로는 그것이 필연성을 지닌다는 점에서 철학에 의해 재사유될 가능성이 있다는 것을 보여 준다.

Ⅰ. 인식론적 문제 : 《정신현상학》의 이념

예나 시절의 철학적 저술에서 헤겔은 철학에 대한 모든 예비학(propédeutique)을 비판하였다. 그의 주장에 따르면 라인홀트(Reinhold)처럼 언제까지나 寺院의 앞뜰에 머물러 있을 수만은 없다는 것이다. 철학은 인식 이전에 인식의 도구를 다루는 「오르가논(organon; 기관)」

---

3) 《*Phénoménologie de l'Esprit*》 édition, Aubier, t. Ⅰ. 이후부터 《정신현상학》 불어판 페이지 수는 이 책에 의거한다. 독일어판 페이지 수는 《*Phänomenologie des Geistes*》, J. Hoffmeister 編 (Verlag von Felix Meiner in Hamburg, 1952), 그리고 한국어판은 《정신현상학》, Ⅰ, Ⅱ, 임석진 譯 (분도출판사, 1980)에 각각 의거한다. 책명을 표기함에 있어서 불어판은 「PE, Ⅰ, Ⅱ」로, 독일어판은 「PG」로 略記하고 한국어판은 「정신현상학, Ⅰ, Ⅱ」로 표기한다. (또한 한국어판 인용문의 경우 문맥상 필요에 의하여 역자가 적절히 변경, 가필하였음을 부기해 둔다.)

* 불어에서 「savoir」는 알다, 앎, 知, 지식 등을 의미하고 「connaître」는 인식하다, 식별하다를 의미한다. 또 「connaissance」는 인식으로 번역된다. 그러나 「savoir」가 보다 포괄적이기는 해도 이들간의 의미 경계는 그렇듯 명확한 것이 아니다. 영어판 번역은 「know」와 「knowledge」로 통일하고 있다. 이 책에서는 문맥에 따라 知, 인식하다, 지식으로 각각 번역했다.

으로서의 논리학이 아니며, 진리의 소유 자체가 될 수 없는 한갓된 진리의 사랑도 아니다. 철학은 學이며, 셸링이 주장했던 것처럼 절대자에 관한 學이다. 철학은 한낱 반성이나 인식의 인식에 머무를 것이 아니라 자연, 우주, 또는 절대적 이성이라 불리우는 바의 그 인식될 대상에 직접 뛰어들어야 한다는 것이다. 이러한 것은 셸링이 그의 자연철학에 관한 논문을 시작하면서 칸트와 피히테의 반성철학에 대립시켰던 존재론의 이해방식이다. 이것은 또한, 《철학비평지》의 논문 〈신앙과 지식, 또는 주관성의 반성철학〉에서뿐만 아니라 예나 시절의 처녀작 〈피히테와 셸링의 철학 체계의 차이〉에서 헤겔이 취했던 입장이기도 하다. 논문 〈신앙과 지식〉에서 그는 칸트의 선험적 관념론이 그 범주의 연역에도 불구하고 하나의 주관주의에 머물러 있을 뿐이라고 비난했다. 칸트는 단지 비판적일 뿐인 그의 철학원리에 있어서 로크를 넘어서지 못한다는 것이다. 「칸트의 사상은 그 본질이 비판적 관념론이라는 점에서 주관성과 형식적 사유의 원리에 충실하다.」[4] 또 스스로는 「인간 오성의 비판적 검토」가 되기를 제안하지만 결국 자신의 출발점을 뛰어넘지 못하는 운명에 빠지고 만다. 이 궁극의 주관주의는 그 출발 당시 입장의 결과에 지나지 않는다. 따라서 비판주의적 관점을 넘어서야만 할 것이며, 셸링의 예에서와 같이 곧바로 인식에 있어서의 주관과 객관의 절대적 동일성에서부터 출발해야 할 것이다. 이러한 동일성의 인식이 제일차적인 것이며, 모든 참된 철학적 인식의 기초를 이루는 것이다.

《정신현상학》의 서론에서 헤겔은 단지 인식론에 지나지 않는 철학을 다시 비판한다. 그럼에도 불구하고 모든 주석가들이 지적했던 것처럼 《정신현상학》은 특정한 점에 있어서 칸트와 피히테의 관점에로의 복귀를 나타내고 있다.[5] 그러면 어떠한 의미에서 이러한 관점을 새롭게 이해해야 하는가? 헤겔의 라인홀트 비판은 여전히 정당한 것

---

4) Hegel, 《*Erste Druckschriften*》(*Sämtliche Werke*, éd., Lasson, I, p. 235).

5) 예를 들어서 다음을 참조. R. Kroner, 《*Von Kant bis Hegel*》(Tübingen, 1921, 1924), II, p. 362; 「《정신현상학》은 체계에 대한 서론이면서 어떤 의미에서는 또한 〈체계 전체〉이기도 하다. 어떻게 이러한 모순이 가능한가?」 크로너는 인식의 관점에 서서 어떻게 《정신현상학》이 체계 전체인가를 매우 잘 보여 주고 있다.

이다. 일반적으로 우리는 진리를 인식하기 이전에 먼저 그 인식을 이루고 있는 도구나 「매개물」을 반드시 검토해야 한다고 생각한다. 이것은 사실 인식을 하나의 도구에 비교하거나 진리가 우리에게 도달하기까지 통과해야 할 매개층(milieu)에 비교하는 것에서부터 반성을 시작해 갈 때 비롯되는 일종의 자연적 착각이다. 그러나 이러한 견해는 곧바로 상대주의에 도달하게 된다. 만약 인식이 하나의 도구라면, 그것은 인식될 대상을 변형시키고 더 이상 우리에게 그 대상을 순수한 상태로 제시하지 않는다. 또 인식이 하나의 매개층이라면, 그것이 우리에게 진리를 전달할 때마다 그 중간 매개층의 고유한 본성에 따라 진리를 변경시키지 않을 수 없게 된다. 아마도 이러한 자연적 태도는 오류에 지나지 않을 것이다. 그러나 여하튼 그것은 우리가 왕왕 그릇 신봉하는 일련의 전제들을 형성하고 있다. 만약 인식이 도구라면, 이는 인식의 주체와 객체가 상호 분리되어 있다고 가정하는 것이다. 따라서 절대자는 인식과 구별되어 있을 것이다. 또 절대자는 자기인식·자기知(savoir de soi)일 수 없을 것이며, 마찬가지로 知 역시 절대자에 대한 知일 수 없을 것이다(PE, I, 67~8; PG, 65~6; 정신현상학, I, 135~6). 실제적으로 인식하고 있는 철학적 學이 존재한다는 사실 자체가 이러한 전제들에 대한 하나의 논박이 될 수 있다. 그러나 그것은 필요조건은 될지언정 충분조건은 되지 못한다. 이는 그것 이외의 또 다른 인식·知에 의한 논박을 허용하기 때문이다. 바로 이러한 (知와 절대자의) 이중성을 셸링은 《부르노 ; 사물의 신적 원리와 자연적 원리에 관하여》에서 현상知와 절대知를 대립시켰을 때 인지하고 있었다. 그러나 그는 현상知와 절대知 사이의 관계를 보여 주지는 못했다. 셸링에게서는 일단 절대知가 정립되었을 경우에 현상知가 어떻게 가능한가라는 점이 분명하지 않다. 마찬가지로 현상知는 절대知로부터 단절된 채로 남아 있다.[6] 이와 반대로 헤겔은 절대知로부터 현상知로, 즉 일상적 의식의 知로 다시 돌아가서 어떻게 그것이 필연적으로

---

6) Friedrich Schelling, 《Sämtliche Werke》(Stuttgart, 1856). 셸링의 절대자는 모든 인식과 모든 의식을 초월한다. 즉 절대자는 「Weder-Noch aller Gegensätze」(IV, p. 246)이다——절대知에 관해서는 IV, p. 326을 참조——난점이 되는 것은 분리가능성의 문제, 「Heraustreten aus dem Ewigen」, 즉 의식이 근거하고 있는 영원자로부터의 超出의 문제이다.

절대知에 도달하게 되며, 어떻게 그것(현상知)이 스스로를 아직 자각하지 못하고 있는 상태의 절대知인가를 보여 주겠다고 주장한다. 그러나 이는 확실히 의식의 관점에로의 복귀로서, 말하자면 칸트와 피히테가 취했던 관점에로의 복귀이다. 한때 모든 예비학을 비판했던 헤겔이 이제는 자연적 의식의 관점에 위치해야 할 필요성과 그것을 점진적으로 철학적 知에로 인도해야 할 필요성을 주장하는 것이다. 다시 말해서 절대知로부터는 출발할 수 없다는 것이다. 그는 서설에서 다시 이 문제를 취급하고 있다. 「자연적 의식이 그 스스로를 단도직입적으로 學에 의탁하려고 하는 것은 무엇에 이끌린 결과인지 몰라도, 이렇듯 그 스스로의 도착을 가져올 수밖에 없는 하나의 시도라고 할 수 있다」(PE, Ⅰ, 24; PG, 25; 정신현상학, Ⅰ, 81). 따라서 자연적 의식에게 불필요한 강제력이 행사되고, 學은 學대로 자기의식과는 동떨어진 곳에 위치하게 된다. 이러한 헤겔의 비판이 셸링을 겨냥하고 있다는 것은 의심할 여지가 없다. 모든 차별적인 입장들을 거부하고 그 입장들에 관하여 아무것도 알지 못한다고 선언하면서 단도직입적으로 절대知로부터 출발해서는 안 된다는 것이다.

따라서 주체와 객체의 구별을 가정하고 있는 의식에 고유한 知를 연구하기 위해서는 칸트와 피히테처럼 의식의 관점을 취해야 한다. 그렇다 할지라도 절대知가 포기되는 것은 아니다. 절대知는 이 의식에 고유한——그리고 여기서 비판철학을 대신하고 있는——전개가 마침내 이르게 되는 종말이다. 그러나 헤겔이 의식의 관점에로, 즉 일종의 인식론으로 되돌아온다고 하더라도, 그는 셸링의 절대知에 단지 하나의 예비학을 덧붙이는 것에서 그치지 않는다. 그는 이 知의 개념 정의와 절대자의 개념 정의 자체를 수정하고 있다. 절대자는 그의 철학에 있어서 단지 실체일 뿐만 아니라 그와 못지 않게 추체이기도 한 것이다. 셸링의 스피노자주의는 칸트와 피히테의 주관주의에로의 복귀를 통해서만 극복될 수 있다. 그리하여 절대자는 더 이상 모든 知를 초월해서 있는 것이 아니다. 그것은 의식의 知 내에서의 자기知이다. 현상知란 절대자가 자기 자신에 관해서 획득하는 점진적인 知이다. 따라서 의식에 대해서 있는 현상, 즉 현상의 표출(manifestation)은 본질에 소원한 것이 아니라, 그 본질의 발현상태(révélation)이다. 逆으로 현상의 의식은 절대知의 의식으로 고양된다.　절대자와 반성은 더 이상 분리되지 않을 것이며, 오히려 반성은 절대자의 한 계기가 될 것이다.　이러한 것이 셸링적인 절대자의 철학에 자아의 관점이나 의식의 관점을 통합시킨 결과의 일반적 의미라고 할 수 있다.　헤겔은 셸링의 절대적 관념론이 자연으로부터 출발해서가 아니라 의식이나 자아로부터 출발하고 피히테의 주관주의를 심화시킴으로써 여전히 가능하다는 것을 입증하려고 노력했다.

《정신현상학》의 관점이 동일성의 知에 앞서서 의식의 철학의 관점에 해당한다는 사실은 헤겔 자신이 지적하고 있는 바이다.《엔치크로패디》에서 그는 《정신현상학》이 정확히 칸트와 피히테의 입장을 대변하고 있다고 말했다.「칸트 철학은 하나의 현상학」[7]이며, 知가 오로지 의식에 대한 知인 한에서 그 철학은 의식의 知에 관한 知이다.　그런데 현상학은 절대자의 生(vie)이 활동하는 데 필수불가결한 지반(moment)을 형성하고 있으며, 이러한 지반·터전 속에서 절대자는 비로소 주체 또는 자기의식이 된다.　의식의 현상학은 절대知에 외면적인 것이 아니다.　그것은 그 자체가 「학문 체계의 제 1 부」이다.　왜냐하면 절대자의 본질은 자기 자신을 의식에게 현시하는 것이고 자기의식이 되는 것이기 때문이다.

그러나, 여기서 헤겔이 특정한 점에 있어서 칸트와 피히테의 관점을 택한다고 하더라도 앞서의 논의를 통하여 볼 때, 우리는 이미 그의 현상知나 그 주관적 조건에 대한 탐구가 그들의 것과 상이한 것이 되리라는 것을 알 수 있다.　그의 탐구는 한편으로는 원초적인 방식에서의 의식에 의한 현상知의 비판을 예상하고, 다른 한편으로는 경험의 개념(notion)을 상당량 확장하게 된다.　그리하여 헤겔에 있어서 경험의 비판은 이론적 경험에 국한되는 것이 아니라, 윤리적·법적·종교적 경험에로까지 확대된다.

칸트에게서 인식의 비판은 철학에 의한 일상적 의식의 비판이며 학문적 의식——學이 형이상학이나 그밖에 뉴튼의 學처럼 현상적 學(science phénoménale)에 지나지 않는다는 의미에서의 학문적 의식——

---

7) Hegel, 《*Encyclopédie*》(*S.W.*, éd., Lasson, V, p. 370).

에 대한 비판이었다. 학문적 의식은 자기비판을 수행하지 못하는 일상적 의식이 아니라 이 일상적 의식에 부가되는 철학자의 반성이다. 그러므로 자연과 대립되는 칸트의 현상적 오성은 철학적 반성을 통하여 모든 (이론적) 경험을 근원적인 종합적 통일로서 근거지우는 선험적 오성에 도달한다. 그리하여 이 오성은 객관적 오성이 되었고, 철학자는 자기 자신과 그 대상의 객관성간에 동일성을 발견하였다. 이렇게 해서 경험이 가능하다는 것이 논증되었던 것이다. 피히테는 《지식학의 기초》에서 「인간정신의 실용적 역사」를 만들고자 한 적이 있는데, 그것은 특히 〈표상의 연역〉이라고 이름 붙여진 곳에서였다. 바로 이 부분에서 헤겔 《정신현상학》의 모델의 단초를 발견할 수 있다. 이 〈표상의 연역〉에서 피히테는 일상적 의식을 감성적이고 직접적인 知에서부터 이끌어가 보자고 제안한다. 이는 첫째 부분의 학문적 교설에서 철학자가 반성을 통하여 도달했던 것을 이제 다시 의식 자체의 자기전개를 재발견하도록 하자고 제안하는 것이다. 궤루(Guéroult)는 다음과 같이 말한다.

철학자는 더 이상 외부로부터 자아에 관하여 반성하지 않는다. 실제로 예지적 자아(moi intelligent)는 자기 자신에 대하여 반성을 하는 것이다. 여기서 인간정신의 「실용적 역사」가 시작된다. 예지적 자아가 非我(non-moi)에 의해서 피규정자로서 규정되는——말하자면 그 자신에게 철학자의 관점을 결합하는——행위를 통하여 스스로를 파악했을 때, 그는 자기 자신에 대하여 하나의 이론적 자아가 될 것이다. [8]

셸링도 그의 선험적 관념론에서 자기의식의 형성 시기들(époques)을 추적해 가면서 이와 동일한 수법을 취했다. [9] 문제는 철학적 자기의식이 먼저 전제된 후에 그것을 경험적 자아를 통하여 재발견하자는 것이다. 그러나 정확히 말하자면, 이 두 작품에서 철학적 자기의식은 이미 전제된 것이기 때문에 그들의 의도가 헤겔의 《정신현상학》과 매우 유사한 것임에도 불구하고 그들이 제시하는 경험적 자아의 역사는 여

---

8) M. Guéroult, 〈*L'Evolution et la structure de la doctrine de la science chez Fichte*〉 in 《*Publications de la Faculté de Strasbourg*》(1930), I, p. 225.
9) Schelling, *op. cit.*, III.

전히 인위적인 것으로밖에 남아 있지 않는다. 여기서 논의의 대상이 되었던 것은 일상적 의식의 경험이 아니라 그것이 즉자적인 상태에서 대자적인 상태에로 나아가는 필연적 반성과정이다. 이와 반대로 헤겔은 일상적 의식을 구성하고 있다기보다는 오히려 그것을 기술하고 있는 것이다.

  철학자는 그가 체득하는 경험 앞에서 소멸된다. 경험하는 것, 그리하여 자기 자신과 그 대상이 변화하는 모습을 바라보는 것은 진정으로 소박한 의식이다. 칸트에게서처럼 반성은 외부로부터 이 소박한 의식에 부가되지 않을 것이며, 피히테나 셸링에게서처럼 다소 인위적인 방식으로 그 의식 내에 정립될 것도 아니다. 반성은 문자 그대로의 의미에서 이 소박한 의식 자체의 역사가 될 것이다. 이 역사가 철학적 사유의 場에 수용된다고 하더라도 그것은 기껏 내면화(Erinnerung;기억)되는 것일 뿐이다. 우리는 앞으로 철학적 사유가 의식의 경험을 기술하는 과정에서 개입하거나 관여하지 않는다는 것이 어떻게 가능한가를 살펴 볼 것이다. 헤겔도 이 점을 특히 강조하고 있다. 「우리는 탐구의 과정에서 우리의 척도를 마련해 가거나 개인적 착상과 우리의 사념을 이용할 필요가 없다. 이와 반대로 우리가 사물을 즉자적인 것으로서 그리고 대자적인 것으로 고찰하기에 이르는 것은 그것들을 떨쳐 냄으로써이다」(PE, Ⅰ, 74; PG, 72; 정신현상학, Ⅰ, 145~6). 헤겔적 현상학의 특성은 구성한다(construire)는 데 있는 것이 아니라 기술한다(décrit)는 데 있으며, 의식에 주어진 그대로 경험의 자발적 전개를 제시하는 데 있다. 이러한 특성은 주석가들에게 강렬한 인상을 심어 주었다. [10] 이러한 특성에 근거하여 헤겔의 현상학을 훗설의 현상학과 비교해 보는 것은 양자의 차이성이 아직은 그 유사성보다 대단하지 않으므로 그다지 무리는 없을 것이다. 헤겔이 우리를 경험知로부터 철학知까지 인도하고자 했다면 이는 진정 훗설적 의미의 「사물 자체로(aux choses elles-mêmes)」 나아가서 직접적으로 주어지는 그대로의 의식을 고려하기 위해서였다. 그리하여 이 현상학은 참으로 하나의 영

---

10) 특히 N. Hartmann, 《*Die Philosophie des deutschen Idealismus*》(Berlin, Leipzig, 1929), Ⅱ, pp. 80~1 그리고 〈*N° spécial consacré à Hegel*〉 in 《*Revue de métaphysique et de morale*〉(1931), 3, p. 285의 Hartmann 논문을 참조.

혼의 역사로서 제시되는 것이며, 그런 이유로 해서 피히테의 표상의 연역이나 셸링의 선험적 관념론과 구별되는 것이다.

이에 못지 않게 중요한 또 다른 점에 있어서도 이 현상학은 그것들과 구별된다. 여기서 의식이 체득하는 경험은 한낱 대상인식으로서의 이론적 경험에 국한되는 것이 아니라 모든 종류의 경험을 의미한다. 의식의 生을 고려한다는 것은, 의식이 세계를 학문적 대상으로 인식할 때뿐만 아니라 의식이 스스로를 生으로서 인식하거나 스스로에게 목적을 제시할 때에도 마찬가지로 관건이 된다. 이렇게 의식의 경험 일반을 고려하는 것이 관건이기 때문에, 윤리적·법적·종교적 등등의 모든 경험의 형식들이 포괄될 것이다. 칸트의 「어떻게 경험이 가능한가?」라는 문제가 여기서 가장 일반적인 방식으로 고찰된다고 하겠다. 그리고 방금 전에 우리가 헤겔의 현상학을 훗설의 현상학에 접근시켜 보려고 했다면, 이제 우리는 현대의 실존철학과의 근접성을 발견할 수 있을 것이다. 의식이 겪어 가는 경험들을 발견해 나가는 과정에서 헤겔은 하나의 실존방식, 하나의 특수한 세계관을 기술하고 있다. 그러나 실존철학과는 달리 헤겔은 실존 자체에 미무는 것이 아니라 이 실존 자체를 그것이 지양됨으로써 절대知의 획득을 가능케 하는 하나의 계기로 포착하고 있다. 키에르케고르가 헤겔을 공격했던 것은 바로 이 점에서이다.

《정신현상학》은 가장 광대한 범위에서 의식이 겪어 가는 제 경험을 검토하고 있으며 이 의식으로 하여금 스스로를 검증케 하고 있다. 또한 의식 자신이 스스로와 세계에 대한 知를 개진시켜 나가게 하고 있다. 헤겔은 다음과 같이 말한다.

이러한 서술은……참다운 知를 향해서 밀치고 나가는 자연적 의식의 도정으로 이해될 수 있으며, 이 서술은 마치 스스로의 본성에 의하여 자기에게 제시된 진행 단계와도 같이 일련의 자기형상화 과정을 두루 거쳐 나가는 영혼의 오솔길과 같은 것으로 간주될 수 있을 것이니, 결국 이러한 영혼은 자기 자신에 투철한 경험을 통해서 바로 그 자신의 본래적인 존재양식이 어떠한 것인가를 파악함으로써 마침내 그 스스로가 정신으로 순화되기에 이른다(PE, Ⅰ, 69; PG, 67; 정신현상학, Ⅰ, 138).

Ⅱ. 자연적 의식의 도야, 그 전개, 그 전개의 종말

그러므로 《정신현상학》은 의식이라는 중간과정을 거쳐 청신에로 나아가는 영혼의 旅程이다. 헤겔이 이와 같은 여정을 생각하게 된 것은 우리가 앞에서 언급했던 철학적 저술들에 의해서 암시되어진 결과이겠지만, 이와 마찬가지로 우리에게 중요하게 보여지는 것은 그 당시의「교양소설(roman de culture)」의 영향이었다. 헤겔은 튀빙겐 대학 시절에 루소의 《에밀》을 읽었다. 그는 이 작품에서 고유하고 창조적으로 형성되어 가는 경험을 통하여 자기 자신으로부터 자유에로 상승, 고양돼 나가는 자연적 의식의 역사를 처음으로 발견하였다. 이 작품의 교육학적 의미를 말하고 있을 때, 《정신현상학》의 서설은 루소의 작품에서도 다루어졌던 개체적 진화와 種的 진화의 관계를 강조하기도 한다. 로이스(J. Royce)는 독일 관념론에 대한 그의 연구에서 괴테의 《빌헬름 마이스터의 수업시대》야말로 예나의 낭만적 분위기를 그 시대의 가장 중요한 사건으로 간주했던 작품이며, 《푸른 꽃(Heinrich von Ofterdingen)》은 그 작품에 대한 노발리스(Novalis)의 응답이라고 주장했다. 11) 이 두 작품에서 주인공은 자기 자신의 신념에 전적으로 충실하기 때문에 W.마이스터는 자신의 연극인으로서의 소명을 믿고, H. 폰 오프터딩겐은 그가 살고 있는 평범한 삶의 환경에 자신을 내맡긴다. 그러나 이 두 사람은 각각 일련의 체험을 겪고 나서 처음에 가졌던 신념을 포기하기에 이른다. 이는 그들에게 진리였던 것이 나중에는 환상으로 전락하는 것이라고 할 수 있다. 단지 괴테의 W. 마이스터가 평범한 세계를 위하여 詩的인 세계를 떠난다고 하면, 노발리스의 H. 폰 오프터딩겐은 오직 詩的인 세계만이 절대적인 진리임을 점차적으로 발견해 가는 것이다. 헤겔의 《정신현상학》도 그 나름대로는 철학적인 교양소설이라고 할 수 있다. 그 이유는 처음의 신념을 부인하고 여러 가지 경험을 겪어 나가면서 이른바 철학적 관점인 절대知의 관점에 도달하게 되는 의식의 전개과정을 뒤쫓아가고 있기 때

---

11) Ro yce, 《*Lectures on Modern Idealism*》(New-Haven, 1919).

문이다.

그러나 헤겔에 따르면, 이와 같은 의식의 역사는 소설이 아니라 하나의 학문적 저서이다. 이는 의식의 전개과정이 그 자체 내에 필연성을 띠고 있기 때문이다. 이러한 전개과정의 종말은 철학자에 의하여 전제된 것일지라도 자의성을 띤 것이 아니라, 오히려 의식의 본성 자체로부터 귀결되는 것이다.

a) 전개와 그 전개의 필연성

《정신현상학》은 의식의 경험에 관한 연구로서 끊임없이 부정적인 결과에 도달한다. 의식이 진리로 여기던 것은 가상적인 것으로 판명된다. 그리하여 의식은 처음의 신념을 폐기하고 또 다른 신념으로 이행해 가야만 한다. 「그래서 이 도정은 회의로 이어지는 오솔길, 혹은 더 합당한 표현을 빈다면 절망의 길이다」(PE, I, 69; PG, 67; 정신현상학, I, 138). 이미 셸링은, 회의가 모든 객관적 실재에 미치는 그런 보편적 회의로부터 필연적으로 선험적 관념론이 시작되어야 한다고 말했다. 「만일 선험철학에 있어서 주관이 일치적인 것이고 모든 실제성의 유일한 기초이며, 또한 그 도움에 의하여 모든 것이 설명될 수 있는 유일한 원리라면, 선험철학은 필연적으로 객관의 실재성에 대한 보편적 회의로부터 시작하여야 한다.」[12] 데카르트로 하여금 근대철학을 진수시켰던 이 회의는 셸링에 의하여 선험적 관념론에 있어서 인식의 순수한 주관적 원리와 객관적 존재간의 혼합 상태를 예방하는 필연적 수단으로 여겨지게 되었다. 자연철학은 주관성을 배제하려고 노력하지만, 선험철학은 이와 반대로 그 주관성을 절대적으로 해명하려고 노력한다. 그러나 일상적 의식으로부터 출발하는 헤겔은 단지 반성철학에 합당할 뿐인 이 체계적인 보편적 회의를 제일 원리로 제기할 수 없을 것이다. 이러한 이유에서 그는 이전에는 진리로 간주했던 것을 점차 회의해 나가게 되는 의식의 구체적 진보를 체계적이고 보편적인 회의에 대립시킨다. 의식이 거쳐 가는 길은 폭넓은 자기형성 및 도야의 길이다(PE, I, 70; PG, 68; 정신현상학, I, 139). 회의의 길은 의식이 뒤따르고 있는 실제적인 길이다. 그것은 의식 자체의 고유한 여

---

12) Schelling, *op. cit.*, III, p. 343.

정이지 회의의 해결을 위해 부심하는 철학자의 여정이 아니다. 의식을 단번에 모든 편견, 특히 사물이 우리 외부에 인식과 독립해서 존재한다고 믿는 근본적 편견으로부터 순화시키는 그와 같은 (철학자의) 해결방식과 대조해 볼 때, 《정신현상학》은 의식이 동굴에서 벗어나와 學에로까지 이르는 구체적 역사이다. 이 길은 단지 회의의 오솔길일 뿐만 아니라 헤겔이 말하는 것처럼 절망(Verzweiflung)의 길이기도 하다(PE, I, 69; PG, 67; 정신현상학, I, 138). 자연적 의식은 이 길을 거치면서 자신의 진리를 상실한다. 그가 본래적이고 실재적인 知로 여겼던 것이 비실재적인 知로 나타나는 것이다. 우리는 이미 헤겔이 경험이라는 말에 부여한 그 의미의 범위에 관해서 언급한 바 있다. 의식은 자신의 전개과정에 있어서 이론적 관점에서 진리로 간주했던 것만을 잃는 것이 아니라 그 자신의 고유한 삶과 존재에 대한 시각, 그리고 세계에 대한 직관을 동시에 잃어 버리고 만다. 그 이유는 경험이 단지 좁은 의미의 知에만 미치는 것이 아니라 존재의 개념에도 또한 미치고 있기 때문이다. 따라서 의식의 편력은 한낱 회의뿐만 아니라 실제상의 좌절도 체험하게 되는 것이다.

의식이 참된 철학적 知에 도달하기 위하여 필수적으로 겪어야 하는 이 고행(ascèse)에 관하여, 즉 《정신현상학》 전체이기도 한 이 고행에 관하여 헤겔은 이미 예나 시절에 고대 회의론의 성격을 연구하면서 반성하였다. 《철학비평지》의 한 논문에서 그는 고대 회의론과 근대 회의론을 서로 대립시켰다. 오늘날 우리가 일종의 실증주의라고 말할 수 있는 근대 회의론은 오로지 형이상학만을 공격하되 흔들릴 수 없는 상식의 제 확신은 그대로 존속시킨다. 그러나 고대 회의론이 뒤흔들고자 했던 것은 바로 이러한 확신 자체이다. 그것은 플라톤의 경우에서처럼 차라리 형이상학에 대한 서론이었다. 그리하여 모든 철학은 자체 내에 회의론적 계기를 간직하고 있었고, 또 그것을 통하여 소박한 의식을 순화시켰다. 헤겔은 이 논문에서 처음으로 영혼의 고행이기도 한 이 회의의 길을 예상했으며, 변증법에 있어서 부정성의 위력에 관하여 반성했던 것이다. [13]

---

13) Hegel, 《S. W.》, éd., Lasson, I, p. 161; 〈*Verhältnis des Skeptizismus zur Philosophie*〉(특히 플라톤에 관하여 p. 174를 참조).

경험에 개입된 실제상의 의식을 자극하는 것은 무엇보다도 그 결과의 부정적 성격이다. 처음에 의식은 자신에게 절대적 가치를 지녔던 특정한 진리를 정립하지만 자신의 여행 과정에서 이 진리를 상실한다. 처음에 의식은 「직접적인 감성적 확신」에 절대적으로 의탁하다가, 다음에는 지각의 「사물」에, 그 다음엔 오성의 「힘」에 의탁하지만, 그가 진리로 여겼던 것이 비진리적임을 발견함에 따라서 그것을 상실하고 마는 것이다. 그럼에도 불구하고 헤겔이 지속적으로 사용하고 있는 「지양(Aufheben)」이라는 말의 이중적 의미는 오로지 부정적일 뿐인 결과 파악은 절반의 진리밖에 이루지 못한다는 것을 보여 준다. 이러한 부정의 의미에서 헤겔은 다음과 같이 말한다. 「비실제적인 의식의 제 형태가 안고 있는 진면목은 이것이 스스로 전개되는 과정에서 그와 또 다른 인식형태에 대하여 지니게 될 연관관계의 필연적 전개를 통해서 완전하게 드러날 것이다」(PE, Ⅰ, 70; PG, 68; 정신현상학, Ⅰ, 140). 한 의식의 경험의 결과는 오직 그 경험에 대해서만 절대적으로 부정적일 수 있다. 사실 부정이란 언제나 피규정적 부정(négation déterminée)이다. 또는 모든 피규정적 정립(position déterminée)이 하나의 부정이라면——모든 규정은 부정이다(omnis affirmatio est negatio)——그에 못지 않게 모든 피규정적 부정이 하나의 특정한 정립이라는 것도 참이다. 의식이 감성적 知를 검증하고서 그가 직접적으로 파악할 수 있다고 믿었던 「여기 그리고 지금」이 그로부터 도주해 가고 있음을 발견했을 때 감성적 知의 직접성에 대한 이러한 부정은 하나의 새로운 知가 된다. 그리하여 「참되지 못한 의식을 그것의 비진리 속에서 서술한다는 것은 자연적 의식의 일방적 견해에서 보여지는 것처럼 단순한 부정적 운동으로 그치는 것은 결코 아니다」(PE, Ⅰ, 70; PG, 68; 정신현상학, Ⅰ, 140). 비진리를 비진리로서 서술한다는 것이 이미 그 오류의 극복이라는 것은 이미 사람들에 의하여, 특히 일종의 초월적 光學이었던 《현상학》에서 람베르트(J.H. Lambert)에 의하여 주목되었다. [14] 하나

---

14) J. H. Lambert 는 그의 저서 《*Neues Organon oder Gedanken über die Enforsch-ung und Bezeichnung des Wahren und dessen Unterscheidung von Irrtum und Schein*》, 2 Bände (Leipzig, 1764)에서 「현상학」이란 말을 처음으로 사용하고 있는 것 같다. 람베르트는 여기서 「현상학 또는 가상의 이론(Phenomenologie oder Lehre von dem Schein)」을 말하는데, 그는 이것을 「초월적 광학」이라고 명명한다. 또한

의 오류를 인식한다는 것은 또 하나의 다른 진리를 인식하는 것이다. 인지된 오류는 하나의 새로운 진리를 함의한다. 헤겔은 《정신현상학》 서설에서 극복되어진 오류가 진리의 한 계기임을 보여 줌으로써 이 오류의 특성을 강조하였다. 따라서 「Aufheben」이라는 말의 이중적 의미는 《정신현상학》 전체에 대해서 본질적이다. 그러나 경험에 간여된 의식이 이 부정의 긍정성을 스스로 인식치 못한다는 것도 그에 못지 않게 본질적이다. 앞으로 보게 될 것이지만 오류의 부정 속에서 또 하나의 새로운 진리가 생성하는 것을 통찰하는 자는 단지 철학자뿐이다. 헤겔은 모든 無란 그 無를 낳게 한 어떤 것으로부터의 無라고 말한다. 이와 반대로 의식의 여행 도정에서 불완전한 의식의 제 형태 가운데 하나로 나타나게 될 회의주의는 부정성을 그 내용으로부터 고립시킨다. 즉 회의주의에서 「이러한 無란 실은 바로 그 자신을 하나의 결과로서 자아내도록 한 바로 그 어떤 것으로부터 생겨난 無라는 점을 추상해 버린다」(PE, Ⅰ, 70; PG, 68; 정신현상학, Ⅰ, 141). 따라서 회의주의는 내용이 없으며, 無 또는 공허와 같은 추상적 개념으로 끝나게 된다. 바로 이것이야말로 회의주의가 더 이상 한 걸음도 나가지 못하는 이유이다. 부정성이란 모든 내용에 대립하는 어떤 형식이 아니다. 부정은 내용 속에 내재해 있으며, 또한 그것의 필연적인 전개를 이해하게끔 허락해 준다. 그 출발에 있어 소박한 의식은 가장 풍부한 의미에서의 知의 전체적 내용을 목적으로 하지만 결코 그것에 도달하지 못하게 된다. 그 의식은 자신의 부정성을 체험하여야만 하는 것이다. 그리고 오직 이 부정성이야말로 그 내용이 부정의 운동을 통하여 상호 연관되는 가운데 연속적인 제 긍정이나 특수한 제 정립으로 전개해 나가도록 허락해 주고 있다.

　그러한 결과를 진정한 의미에 있어서 특정한 피규정적 부정으로 파악한다면, 여기에는 직접적으로 하나의 새로운 형식이 발생할 뿐 아니라 바로 이와 같은 부정을 통하여 각이한 형태로 이어지는 완전한 전개과정을 스스로 노정시키는 이행작용이 행해질 것이다(PE, Ⅰ, 71; PG, 69; 정신현상학, Ⅰ, 141).

칸트의 《*Principes métaphysiques de la science de la nature*》에서도 「현상학」이란 말을 찾아볼 수 있다.

피규정적 부정으로서 새로운 내용을 창출하는 부정의 이러한 역할은 처음에는 잘 나타나지 않는다. 만약 우리가 특정한 項 A를 정립한다면 그것의 부정인 非-A는 참으로 새로운 항 B를 창출하는가? 그런 것 같지는 않다. 여기서 헤겔의 논의를 이해하고자 한다면, 우리의 견해로는 전체(Tout)가 항상 의식의 전개과정에 내재하고 있다는 것을 인정해야 한다는 것이다.[15] 부정이 창조적인 것이라면, 이는 정립된 항이 고립되어서 다시금 그 고립된 항 자체가 일종의 부정이 되기 때문이다. 이것에서 우리는 그 항의 부정이 전체를 세부적 국면에서 재발견하도록 허락하는 것이라고 생각해 볼 수 있다. 이와 같이 전체가 의식 속에 내재한다는 것을 전제하지 않으면 어떻게 부정이 진정으로 내용을 창출할 수 있는지가 이해될 수 없을 것이다.

b) 전개의 종말

전체가 의식 속에 내재해 있다는 것의 예증은 의식의 전개과정의 목적론적 성격에서 찾아볼 수 있다. 즉 헤겔은 「知에 있어서는 목표도 또한 연속적인 발전계열 못지 않은 필수적 의미를 지닌다」고 말한다(PE, Ⅰ, 71; PG, 69; 정신현상학, Ⅰ, 141). 사실 의식이란 知의 개념(concept du savoir)이며, 바로 이러한 이유로 해서 의식은 (개념일 뿐) 실제적으로 현실적인 知가 아니다. 의식이 知의 개념이라고 말하는 것은, 의식이 스스로를 초월한다(transcender)는 것을 말하는 것이며, 그가 그 자체 즉차적(en soi)인 것이면서 대자적(pour soi)인 것이 되어야만 한다는 것을 말하는 것이다. 「의식이란 곧 자기 자신에 대한 그 자신의 개념으로서 제약당해 있는 것의 한계를 직접적으로 초탈하는(outrepasser) 것이다. 그런데 바로 이 제약당해 있다는 것 자체가 그의 속성이므로 결국 의식은 자기 자신을 초탈하는 것이기도 하다」(PE, Ⅰ, 71; PG, 69; 정신현상학, Ⅰ, 141~2). 「Aufheben」의 두 가지 의미, 즉 부정적 의미와 긍정적 의미는 사실 초월한다(transcender)라고 하는 세번째 의미 속에서 결합된다. 의식은 사물이 아니며 피규정적 현존재(être-là)도 아니다. 의식은 언제나 자신을 넘어서 있으면서

15) 이러한 전체가 곧 자기(soi)이다. 자기란 한정된 방식으로 스스로를 정립하면서 스스로를 스스로에게 대립시키고 그리하여 스스로를 부정하며 초월하는 것이다.

자신을 초극한다. 또는 자신을 초월하고 있다. 바로 이러한 선험적 요구야말로 의식일반의 본성을 이루고 있는 것이다. 어떤 면에서 이는 칸트 철학에서도 마찬가지가 아닐까? 만약 진리가 주체와 객체간의 일치로서 정의된다면, 어떻게 이러한 일치가 확인될 수 있는가를 물어야 한다. 그런데 표상 자체는 그 대상과의 일치나 불일치를 정당화하는 데 필요한 자기초탈이 불가능한 상태에 있다. 그렇지만 만약 대상이 표상을 넘어선 곳에 정립되지 않는다면, 진리는 의식에 대하여 그 초월적 의미를 상실한다. 이와 반대로, 만약 이 초월성이 절대적으로 견지된다면, 표상은 철저하게 그 대상으로부터 단절된다. 따라서 대상이 일상적 의식에 내재한다는 것과 마찬가지로 그 (대상의) 근본적 초월도 다같이 진리 문제의 제기를 불가능한 것으로 만든다. 그러나 칸트에게서 대상의 객관성을 가능케 했던 것은 **확**실히 일상적 의식이 아니라 선험적 의식에 놓여 있었다. 그리하여 대상은 일상적 또는 유한한 의식에 대하여 초월적이었지만 선험적 의식에 대해서는 내재적이었다. 이로써 문제의 설정 위치가 바뀌게 되었다. 진리의 문제는 더 이상 의식과 대상간에 제기되는 것이 아니라 일상적 의식과 선험적 의식간에 제기되는 것이다. 그런데 모든 일상적 의식은 선험적 의식이기도 하며, 모든 선험적 의식은 필연적으로 선험적 의식이기도 하다. 일상적 의식은 오직 선험적 의식 속에서만 실현된다. 이것은 일상적 의식이 스스로를 넘어선다는 것을 의미하며 스스로를 초월하여 선험적 의식이 된다는 것을 의미한다. 그런데 스스로를 초월하고 스스로를 초탈하는 운동은 의식 자체의 속성이다. 모든 의식은 자신이 믿고 있는 것보다 엄밀히 그 이상의 것이다. 그리고 바로 이러한 이유로 해서 의식의 知가 양분된다. 즉 知는 (주관적) 확신이 되며, 그러는 한에 있어서 그것은 (객관적) 진리에 대립한다. 따라서 知는 끊임없이 자기 자신을 초탈해야 하기 때문에 그 자체가 불안한 상태에 놓여 있다. 헤겔이 실존적인 용어로 기술하고 있는 이 불안 상태는 과정의 최종 지점, 즉 문제가 주어짐으로써 필연적으로 설정되는 궁극 목표에 도달하기 전에는 결코 진정되지 않는다. 「이 목표는 知가 더 이상 자기 자신을 초탈할 필요가 없이 바로 자기 자신을 발견함에 따라서 개념은 대상과, 또다시 대상은 개념과 일치하는 바로 그와 같은 상태에 달했을 때 그 최종 지점에 다다른 것이 된다. 따라서 이러한 목표를 향한 전진적 과정은 바로 그 최종 목표에 다다르기 이전의 그 어떤 잠정적 단계에서도 결코 만족할 수도 중단할 수도 없는 성질의 것이다」(PE, I,71; PG, 69; 정신현상학, I,141). 의식의 知란 언제나 어떤 대상에 관한 知이다. 그리고 만약 개념이 知의 주관적 측면이고 대상은 그 객관적 측면이라고 이해된다면 그것의 진리, 즉 知는 개념에서 대상으로 나가는 자기초월의 운동이다. 그러나 《정신현상학》 전체는 엄밀히 말해서 이러한 대립의 양상이 반전될 수도 있음을 보여 준다. 대상이란 의식에 대한(pour conscience) 대상이며, 개념이란 자기知(savoir de soi), 즉 知가 자기 자신에 대하여 취하는 의식이다. 그러나 이러한 知의 자기의식은 자신이 믿고 있는 것보다 한층 심원하기 때문에 이 의식 자체가 대상을 자신에게 불충분하다든가 부적합한 것으로 발견하게 된다. 이것과 마찬가지로 정당하게 말해질 수 있는 것은, 바로 그 대상이 개념과 동일한 것이 되어야만 한다는 것이다. 그리하여 일상적 의식 자체에 현존하고 있는 이 불균형 상태야말로 현상학적 전개의 중추가 되며, 또 그 목적을 향하여 진개과정을 가차없이 이끌어가는 요소이다. 이러한 맥락에서 볼 때 철학자가 예감하고 있으며, 이 전개과정 전체를 특징지워 주는 어떤 내재적인 합목적성이 있다고 할 것이다. 《논리학》이 서술하고 있는 존재론, 또는 즉자대자적인 절대자의 學과 비교해 볼 때 현상학의 특징을 이루고 있는 것은 정확히 말해서 의식과 그 개념간의 이러한 불균형 상태·간극이라고 할 수 있다. 그리고 이 불균형은 오직 끊임없는 초월운동을 요구할 수밖에 없을 것이다. [16]

이러한 요구가 의식 자체의 근본적 특성이라는 사실이야말로 의식이 어떤 피규정적 존재나 자연적 존재가 아니라는 것을 말해 주고 있다. 다음과 같은 텍스트는 이 점을 명확히 지시하고 있다. 「자연적 生의 테두리에 갇혀 있는 것은 결코 자기 스스로의 힘을 통하여 자신

---

16) 로고스 안에는 여러 가지 구별들이 있다. 또한 로고스에 내재하는 운동, 즉 논리학의 변증법은 현상학적 변증법과 구별된다. 그러나 로고스 안에서의 제 구별은 「내용 자체 안에서의」 제 구별이다(특히 미묘한 이 문제에 관한 논의는 제Ⅶ부, 정신현상학과 논리학을 참조). (이 부분은 이 책의 제2권에 해당하므로 여기에서는 번역되지 않았다 ; 역자)

의 직접적인 현존재성을 초탈할 수 없고 오직 어떤 타자에 의해서 자기한계와 제약을 넘어서게 되는 바, 이와 같이 자기탈취된 상태(être-arraché à sa position)가 바로 자연적 生의 죽음인 것이다. 그러나 의식이란 오직 자기 자신에 대한 그 자신의 개념(pour soi-même son propre concept)일 뿐이다」(PE, Ⅰ,71; PG, 69; 정신현상학, Ⅰ,141). 「Dasein」, 즉 현존재는 그저 있는 것 이외의 아무것도 아니다. 헤겔의 용어를 빌어 말하자면, 그 개념은 전적으로 그것의 외부에 놓여 있기 때문에 현존재란 당연히 자연에 속해 있는 것이다. 현존재(être-là; Dasein)라고 하는 이 역어는 어원상의 의미와 그대로 일치한다. 이 말은 여기와 지금 이외의 아무것도 아니며, 자신의 외부에 또 다른 여기와 또 다른 지금을 가지고 있는 그런 자연적 존재의 상태를 충실히 번역하고 있다는 장점을 지닌다. 이 현존재의 유한성으로 해서 현존재의 부정이 필연적으로 성립되는 것이지만, 이 부정은 현존재에 소원한(étranger) 것이며, 현존재 자체가 대자적으로 포괄하고 있는 것도 아니다. 그러나 이러한 사정은 의식에 전혀 적용되거나 해당되지 않는다. 이는 의식이 대자적인 의미에서 자신의 고유한 개념이고, 그 자신의 고유한 실존방식에서 자신의 제약된 제 형식의 부정 또는 자신의 죽음의 부정이기 때문이다. 자연에 있어서의 죽음이 외면적 부정인 반면에 정신은 죽음을 자체 내에 소유하고 그것에 적극적 의미를 부여한다. 《정신현상학》 전체는 이 의식의 죽음에 관한 성찰이라고 할 수 있다. 이 의식의 죽음은 부정적이거나 추상적인 無로의 종말이 결코 아니다. 오히려 그것은 하나의 「Aufheben」, 즉 지양이다. 헤겔은 이 점을 자연적 生 가운데서 발발하는 자기의식들간의 투쟁에 관한 텍스트에서 명확히 말하고 있다. 「이러한 그들(자연적 현존재)의 행위는 한낱 추상적인 부정에 지나지 않는다. 이에 반해서 의식이 수행하는 부정에서는 일단 지양돼야만 하는 것도 어디까지나 그것이 보존되고 유지되는 방식으로만 지양됨으로써 끝내 의식은 스스로 지양됐던 바로 그 상태에 이르기까지도 연명하는 것이다」(PE, Ⅰ,160; PG, 145; 정신현상학, Ⅰ, 254).[17] 헤겔은 인륜적 정신과 관련하여 고대 도시국가에

---

17) 서설(PE, Ⅰ,29; PG,29; 정신현상학, Ⅰ, 88)을 참조.

서 행해졌던 죽음의 예식에 대해 말하는 가운데 그 죽음의 예식은 자연에서의 죽음을 진정한 인간적 죽음으로 승화시킨 것으로, 하나의 자기의식의 행위라고 했다.

자연적 현존재의 죽음은 그저 주어져 있을 뿐인 한 항 A의 추상적 부정에 지나지 않는다. 그러나 의식 내에서의 죽음은 계속 살아 연명하고 또 새로운 형태로 발전하게 해주는 필수적 계기이다. 이 죽음은 의식에게 새로운 삶의 시작이라고 할 수 있다.[18] 따라서 오직 자기 자신을 겨냥하는 그 자신의 개념인 이 의식은 끊임없이 자기를 초월한다. 그리고 의식이 진리로 여겼던 것이 사멸한다는 것은 새로운 진리가 출현한다는 것을 뜻한다. 「여기서 의식은 제약된 범위에서나마 스스로 취할 수 있었던 만족을 타파해야만 하는 강요된 피안적 힘으로부터의 고달픔을 감수하지 않을 수 없다」(PE, Ⅰ, 71; PG, 69; 정신현상학, Ⅰ, 142). 우리가 이미 지적했던 것처럼 《정신현상학》 전체는 인간 의식이 갖고 있는 이러한 고뇌나 불안이야말로, 그 의식을 더 이상 인간의식이나 또는 칸트의 예에서 보여지듯이 인간 오성에 머물도록 방치해 두는 것이 아니라 대상知이면서 동시에 자기知이고 자기知이면서 동시에 대상知인 절대知에 도달하기까지 끊임없이 앞을 향해 推動케 하는 힘임을 증명하려고 하는 것이다. 따라서 이러한 인간의식의 불안은 한낱 인식적 차원뿐만 아니라 실존적 차원의 불안을 이루는 것이다.

이러한 두려움이나 불안은 아무리 사유를 기피하는 나태한 상태에 머물러 있으려 할지라도 결코 한 순간도 정지할 수가 없는 것이다. 즉 여기서는 사상의 힘으로 해서 사유하기를 꺼리는 나태함이 자취를 감춤과 동시에 사상의 동요가 일게 됨으로 해서 나태함은 자체 내에서 뒤흔들리고 만다. 물론 어떤 면에서 보면 그와 같은 사상의 동요는 어느덧 모든 것을 그 나름의 양식에 따라서 뒤흔들어 놓기만 하면 된다는 식의 감상적 형식으로 굳어져 버릴 수도 있겠지만, 이와 같이 단순한 믿음에서 나온 단언이나 확신이란 결국 감상적 기분에서 그와 같이 동요된 상태를 양호하다고 본 이상, 이것을 양호하다고만은 할 수 없다고 보는 이성으로부터의 강압에 억눌릴 수밖에

---

18) Royce 는 《*Lectures on Modern Idealism*》에서 《정신현상학》에 있어서 여러 가지 형태들이 잇달아 일어나는 것을 轉生(métempsycose)이라는 말로 표현한다.

없다(PE, Ⅰ, 71; PG, 69; 정신현상학, Ⅰ, 142).

흔히 지적되고 있던 《정신현상학》은 의식적 生의 경험을 논리적 언어로 환원시키려는 것이라기보다는 오히려 특정한 논리적 형식을 지니고 있는 이 生에 대한 기술이다.[19] 우리는 서론에서 부정이 어떻게 해석되며, 또 그것이 어떻게 인간적 生에서의 죽음과 동일시되는가를 살펴 보았다. 더우기 이 서론에서 변증법은 의식의 경험 자체인 것으로 정의되고 있는 것이다.

Ⅲ. 현상학적 전개의 기법

이것은 우리가 마지막으로 검토할 문제이다. 전개의 방법은 무엇인가? 피히테는 〈표상의 연역〉에서, 셸링은 《선험적 관념론의 체계》에서 각각 의식을 철학적 知, 또는 자기知로 인도하면서 이미 의식이 밟아가는 단계를 제시한 바 있다. 여기서 피히테를 따르고 있는 셸링에 의하면 선험적 관념론이란 다음과 같이 규정된다.

만약 선험 철학자에게 오직 주관만이 유일한 실재라면 그가 직접적으로 관심을 갖는 것은 주관뿐일 것이다. 객관은 그에게 오직 간접적으로만 대상이 된다. 일상적 인식에서는 인식 자체(인식 활동)가 그 대상 앞에서 자취를 감추는 반면에 선험적 인식(知)에서는 대상으로서의 대상은 자취를 감추고 오직 인식(知)이 성립하는 활동만이 남는다. 따라서 선험적 인식은 그것이 순수히 주관적인 한에서 인식의 인식 내지는 知의 知라고 할 수 있다.[20]

그리고 일상적 의식은 우선 철학자에 의하여 전제되고 있는 이 知의 知(자기의식)를 자기 전개과정의 마지막 단계에서 다시 발견하게 되는 것이다. 이는 피히테에게도 마찬가지여서 자아란 언제나 자기 자신에만 사로잡혀 있는 것이다. 이것이 그의 주관적 관념론의 특징이다. 비록 일상적 의식이 자신의 대상 속에서 자기를 상실한다 할지

---

19) 예를 들어 Royce, 《*Lectures on Modern Idealism*》; 헤겔의 「법비극주의와 범논리주의」를 대립시키는 Hermann Glockner, 《*Hegel*》, 2 Bände (Stuttgart, 1929, 1940); 헤겔의 실재변증법에 관한 이론에서의 N. Hartmann, 《*Die Philosophie des deutschen Idealismus*》(Ⅱ, p. 155) 등.

20) Schelling, *op. cit.*, Ⅲ, p. 345.

라도 그는 자신이 느끼고 있다는 것을 느껴야 한다. 그리하여 일상적 의식은 자기 자신을 느끼며, 직관 속에서 자기 자신을 직관하며, 개념화의 과정에서 자기 자신을 파악하고 있다. 따라서 의식은 즉자적인 본래성을 견지하면서도 동시에 대자적인 자각에 도달하게 되는데, 다시 말해 이것은 그가 철학자에 대한(pour le philosophe) 의식이 된다는 것이다. 그리고 이 知의 知는 순수히 주관적인 한에서 일상적 의식의 발전의 마지막 단계이다. 의식은 언제나 자기에 대한 반성이다. 의식은 자신이 발견했다고 믿고 있는 대상 속에서 스스로를 발견한다. 이에 반하여 대상, 즉 이 자연이나 세계 또는 이러한 의식의 타자에 이름붙일 수 있는 그 무엇이나간에 그들은 소멸하게 된다. 반성이 언제나 자기에 대한 반성이라면, 그것은 언제나 단지 허울 속에 휘말려 있는 자아를 발견하는 데 그칠 뿐이다. [21] 그러나 헤겔의 관념론은 이와 전혀 다른 차원에 서면서 셸링이 그 용법을 충분히 간파하지 못한 동일성의 이론을 중시하고 있다. 즉 「學的 인식이란 참으로 자신을 대상의 생명성에 의탁하거나 또 다른 말로 하면, 바로 그 대상을 규제하는 내적 필연성을 과감히 자기 품안으로 받아들이면서 이를 분명히 언표하도록 요구한다」(PE, Ⅰ, 47; PG, 45; 정신현상학, Ⅰ, 107)는 것이다. 여기서 철학자의 대상은 물론 일상적 의식의 知일 것이나, 그는 이 知를 그것이 주어지는 그대로 취해야 하지 결코 그것에 개입해서는 안 된다. 이러한 요구로 인해 셸링이 자기 철학의 두번째 學으로 인정했던 주관에서 출발하는 주관적 관념론이 극복되며, 또 그럼으로써 그것이 객관적 관념론으로 이행할 수 있는 것이다. 여기서 단지 말장난으로 그칠 것이 아니라 이 차이가 매우 심층적인 것임을 강조해야 한다. 인식에 있어서 주관과 객관의 동일성이라는 이론에도 불구하고 셸링이나 피히테에게 있어서의 선험적 관념론이란 「순수히 주관적인 한에서의 知의 知」이며 동일성에로의 복귀도 다소 인위적인 방식으로 수행되고 있다. 그러나 헤겔에 와서는 사정이 달라진다. 의식은 그것이 주어지는 그대로 취해지면서 他者(l'Autre), 즉 대상이나 세계나 자연과의 관계로서 주어진다. 물론 이 타자知가 자기知라는 것은 참이다. 그러나 이 자기知가 타자知나 세계知라는 것도 그

---

21) 이것은 헤겔 자신의 표현이다(PE, Ⅰ, 72; PG, 70; 정신현상학, Ⅰ, 143).

에 못지 않게 참이다. 따라서 우리는 의식의 여러 대상들 속에서 그 의식 자체의 본성을 발견한다. 「세계는 우리가 우리 자신을 발견하는 거울인 것이다.」 그러므로 知의 知를 타자知에 대립시키는 것이 문제가 아니라 이 둘 사이의 동일성을 발견하는 것이 문제이다. 하르트만(Hartmann)이 잘 지적하고 있는 것처럼 이는 의식과 그것의 변양태들(métamorphoses)을 연구하는 새로운 방식이다. 즉, 「이 새로운 길은 헤겔 고유의 발견이자 철학에 있어서 하나의 혁신이다. 그것은 변형과정에 놓인 대상을 개념적으로 파악하는 것에 기초함으로써 변형과정에 놓인 의식이 자기 자신을 개념적으로 파악하는 길이다.」[22] 만약 우리가 의식을 파악하고 있다면, 의식에 대하여 이 세계란 무엇이며 그 의식이 자신의 진리라고 내놓는 것은 무엇인가를 물어야만 할 것이다. 그러면 우리는 그 대상 속에서 의식 자체를 객관적으로 발견하게 될 것이며 의식 자체의 歷史를 그 대상들의 역사 속에서 읽게 될 것이다. 이는 주관적 관념론과 다시 만나는 것이지만 역으로 의식은 이 대상의 역사가 자신의 것이며 자신의 대상을 파악하는 가운데 자기 자신을 파악한다는 것을 발견하여야 한다. 이 현상학적 전개의 마지막 단계에서는 知의 知란 그 어떤 것과도 대립하지 않는다. 사실 의식의 진보 자체에 따를 것 같으면, 知의 知란 결국 자기知이면서 동시에 대상知인 것이다. 헤겔의 절대자는 충만한 풍부성 속에 놓여 있는 정신인 까닭에 이 마지막 단계의 대상에 대해 우리는 의식 속에서 스스로를 인식하는 것이야말로 정신이며 의식은 스스로를 정신으로 인식하는 것이라고 말할 수 있다. 자기인식 내지는 자기知란 모든 반성을 넘어선 곳에 동떨어져 있는 절대자가 아니라 자기 자신 속에서 스스로를 반성하고 있는 절대자이다. 그리하여 절대자는 실체일 뿐더러 그와 못지 않게 또한 주체이기도 한 것이다.[23]

---

22) N. Hartmann, *op. cit.*, Ⅱ, p. 80.

23) 서설(PE, Ⅰ, 17; PG, 19; 정신현상학, Ⅰ, 71~2); 「물론 이것은 체계적인 서술 자체를 통해서만 비로소 정당화될 수 있는 문제이긴 하지만, 하여간 내가 생각하기에 무엇보다도 가장 중요하게 여겨지는 것은, 즉 궁극적 진리는 실체로서뿐만이 아니라 이에 못지 않게 주체로서도 파악돼야만 하며, 또한 그와 같이 표현돼야만 한다는 것이다.」 또한 PE, Ⅰ, 21; PG, 22; 정신현상학, Ⅰ, 76 을 참조; 「절대자를 주체로서 생각하려는 욕구.」

바로 이 점에서 현상학으로서의 헤겔 철학이 칸트적 반성과 구별되며 셸링의 선험적 관념론과도 구별된다. 우리는 앞에서 선험적 관념론의 입장을 「순수히 주관적인 한에서의 知의 知」로 정의하는 셸링의 텍스트를 인용한 바 있다. 사실 셸링은, 헤겔이 學이라고 명명한 철학적 자기의식을 가정하는 데서부터 출발하여 일상적 의식이 어떻게 자기반성을 통해 이미 전제된 이 學에 다시 도달할 수 있는가를 보여준다. 이는 곧 경험적 知가 철학적 진리의 척도에 비추어서 평가되어야 한다는 것이다. 「그러나 學이 처음으로 대두되는 바로 지금과 같은 단초적 상태에서는 學이라고 일컬어지는 그 자체나 혹은 그밖의 여하한 기준이 있더라도 결코 그것은 본질이나 궁극적 실재로서의 자기 타당성을 지닐 수 없다. 그러나 문제는 바로 이와 같은 본질이나 궁극적 실재가 전제됨이 없이는 어떠한 검증도 행해질 수 없다는 사실이다」(PE, Ⅰ, 72; PG, 70; 정신현상학, Ⅰ, 143).

사실 의식을 취하되 그것을 해석하지 말고 주어지는 그대로를 취해야 한다. 그런데 의식 속에는 두 가지 계기가 있다. 즉 의식한다(avoir conscience)는 것은 의식되는 대상을 자기로부터 구별하는 것인 동시에 자기를 그 대상에 관계시킨다는 것을 의미한다. 「말하자면 의식은 바로 거기에서 자기 자신이 관계하고 있는 그 어떤 것을 자신으로부터 구별한다」(PE, Ⅰ, 72; PG, 70; 정신현상학, Ⅰ, 143~4). 의식에 대한 존재는 그 의식을 위하여 존재하는 것이다. 동시에 의식은 이 존재를 즉자적으로——이 관계를 떠나서 존재하는 것으로——정립한다. 그리고 「이와 같은 즉자의 측면이 다름아닌 진리이다」(PE, Ⅰ, 73; PG, 70; 정신현상학, Ⅰ, 144). 따라서 의식은 그 어떤 것을 인식한다는 것이다. 다시 말하면 의식은 어떤 확신(certitude)을 지니며 그 확신과 독립된 어떤 진리를 갈망하고 있는 것이다. 그런데 만약 우리——철학자——가 知를 우리의 대상으로 간주한다면, 그 知의 즉자태는 바로 우리를 위해서 있는 우리에 대한 존재(être-pour-nous)가 될 것이다. 따라서 知의 진리태는 知의 知 안에 또는 철학자의 의식 안에 놓이게 된다. 일상적 의식의 知에 대한 평가기준은 피히테나 셸링이 출발할 때부터 전제하고 있는 知의 知인 것이다. 그러나 이 경우에 평가기준은 일상적 의식에 속하지 않고 철학적 의식에 속하기 때문에 일상적 의식의 외부로부터 부과되는 것으로 우리 역시 왜 일상적 의식이 그 기준을 받아들여야만 하는가를 이해할 수 없다.「결국 본질이나 평가기준마저도 우리 자신 속으로 귀착됨으로써 마침내 이러한 기준과 비교된다거나 혹은 그러한 비교에 의해서 어떤 결정이 내려져야만 하는 것은 모두가 그러한 평가기준을 인정해야만 할 필요가 없게 되었다는 것이다」(PE, Ⅰ,73; PG, 71; 정신현상학, Ⅰ,144). 바로 이러한 이유에서 현상知는 그 자신을 스스로 검증해야만 하며, 철학자는 단지 현상知의 경험을 관찰하는 것 이외에는 아무것도 될 수 없는 것이다.

　의식이 사용하는 평가기준은 사실 의식의 내부에 있는 것으로, 의식에 여전히 소원할 뿐인 외부의 철학적 知에 있는 것이 아니다.「의식은 이제 사물이나 가치의 평가기준을 자기 자체 내에 설정함으로써 지금과 같은 논구에 있어서 다만 스스로 자기 자신과의 비교를 행할 뿐이다」(PE, Ⅰ,73; PG, 71; 정신현상학, Ⅰ,145). 의식은 진리의 계기와 知의 계기를 정립하고 또 양자를 서로 구별한다. 의식 스스로가 그에 대해서 있는 진리를 명시함으로써 자기 자신의 知에 대한 평가기준을 제시하는 것이다　그러므로 우리는 의식의 경험, 즉 의식을 위해서 있는 진리로서의 즉자태와 그것에 관해 의식이 취하는 知의 양자를 비교하는 경험을 주시할 뿐이다.「그러므로 이제 우리는 의식이 스스로의 작용을 통하여 즉자적이거나 진리라고 언명했던 것에서 다름아닌 그 의식 자체가 설정해 놓은 가치기준을 소유할 뿐만 아니라, 바로 그 기준에 따라서 우리는 의식의 知를 측정하기에 이른다」(PE, Ⅰ,73; PG, 71; 정신현상학, Ⅰ,145). 우리가 현상학적 전개과정에서 만나게 될 각각의 특수한 의식은 하나의 특정한 구조에 의하여 특징지워진다. 그것은 하나의 형식(forme), 보다 잘 표현하자면 의식의 형태(figure; Gestalt)이다. 이 형태는 주관적일 뿐더러 객관적이다. 의식에 대해서 진리는 즉자적 존재로 정립된 특정한 세계이다. 이 세계는 감성적 직접성이거나 사물이거나 힘이거나 아니면 生이기도 하다. 그러나 이러한 진리에는 이 진리에 관한 知——즉자적 존재로 정립된 이 대상에 관한 知——가 연관되어 있다. 뿐만 아니라 知는 개념으로 불릴 수 있고, 진리는 대상으로 불릴 수 있다면, 그에 못지않게 진리는 개념으로 知는 대상으로 불릴 수 있다. 물론 이 양자——

진리와 知·개념과 대상——사이에는 언제나 괴리가 없을 수 없으며, 바로 이러한 괴리나 차이가 이러한 (의식의) 형태의 발전과정에 있어서 중추가 된다고 할 것이다. 「이제 여기서 검증해 볼 문제는 과연 이러한 대상이 그 자신의 개념과 일치하는지의 여부를 살펴 보는 일이 될 것이다」(PE, Ⅰ, 73~4; PG, 71; 정신현상학, Ⅰ, 145). 인식의 이론은 동시에 인식 대상의 이론이기도 하다. 의식은 그를 위하여 있는 대상과, 즉 의식이 진리로 여기고 있는 것과 분리될 수 없는 것이다. 그러나 만약 의식이 대상에 대한 의식(대상의식)이라고 한다면, 그 의식은 동시에 자기 자신에 대한 의식(자기의식)이다. 의식에는 두 가지 계기가 함께 주어져 있는 동시에 서로 구별된 상태로 있다. 「이것은, 즉 자기에게 진리인 것에 대한 의식과 또한 바로 이러한 점을 깨우친 자기의 知에 대한 의식이라고 하는 두 측면인 것이다」(PE, Ⅰ, 74; PG, 71; 정신현상학, Ⅰ, 146). 그러나 이 두 계기는 상호 연관되어 있으며, 정확히 말해서, 이 관계가 경험이라고 불리는 것에 해당한다. 의식은 자신의 知를 그가 진리로 여기고 있는 것 안에서 검증한다. 또 의식은 아직 유한한 의식이며 개별적 형태로 남아 있는 한에 있어서 자신을 초탈·극복하도록 강요당한다. 진리에 대하여 의식이 취하는 知는 그 부적합성(inadéquation)이 발견될 때마다 변화를 감수하는 것이다. 의식은 자신의 대상 속에서 자기 자신에 대한 경험을 얻고, 자신의 知 속에선 대상에 대한 경험을 얻는다. 이렇게 해서 의식은 하나의 특수한 형태로서의 자기 자신으로부터 또 다른 형태로 이행한다. 이때 철학자는 이 과정을 주시하는 방관자 이외의 어떠한 역할도 수행해서는 안 된다.

이상과 같이 개념과 대상, 또는 평가의 기준이 되는 것과 그와 같이 음미돼야만 하는 것이 다같이 의식 자체 내에 현존한다는 측면과 관련해서만 우리가 더 이상 구차스런 문제 제기를 할 필요가 없게 된 것이 아니고 이제 우리는 양측을 비교하거나 또는 이에 대한 엄격한 의미의 검증을 위한 노고를 기울일 필요도 없게 된 것이다. 말하자면 이제 의식은 오직 자기 자신을 음미하고 검증하는 것이라고 할 때 바로 이런 점에서도 우리는 다만 순수한 방관자의 입장을 취하기만 하면 되었다(PE, Ⅰ, 74; PG, 72; 정신현상학, Ⅰ, 146).

우리는 이미 경험이란 知에도 근거하지만 대상에도 근거한다고 지적하였다. 왜냐하면 이 특수한 知가 한 대상에 관한 知이기 때문이었다. 의식은 자신이 진리로 간주하는 것, 다시 말하면 즉자적 존재로 정립된 특정한 세계와의 적합성을 유지하기 위해 자신의 知를 검증하는데, 이때 의식의 知가 변화하면 동시에 그 대상도 변화한다. 대상이란 특정한 知의 대상이기 때문에, 知가 다른 것으로 되어 버리면 대상 또한 다른 것이 되어 버리는 것이다. 의식은 자신이 그야말로 즉자태로 여겼고 또 절대적 진리로 정립했던 것을 검증하는 과정에서, 이것이 그 의식에 대해서만 즉자태일 뿐임을 발견한다. 이와 같은 것이 바로 경험의 결과이며, 선행하는 대상의 부정이며, 새로운 대상의 출현이다. 또 이 새로운 대상은 다시 새로운 知를 낳는다. 「만약 자기 자신이 평가기준이 되려는 마당에 그 자체가 시험되는 것에 합당되지 않는다고 한다면 모름지기 그 검증이 가해지는 평가기준 자체도 변경되어야만 한다. 이렇게 볼 때 결국 이 경우의 경험이란 한낱 知에 대한 검증으로만 끝나는 문제가 아니라 그에 못지 않게 검증을 위한 평가기준 자체에까지 검증이 가해져야만 한다는 것을 뜻한다」(PE, Ⅰ, 75; PG, 72~3; 정신현상학, Ⅰ, 147). 따라서 인식의 이론은 동시에 인식 대상의 이론이기도 한 것이다.

「결국 의식은 자기 자신에 대하여 총체적으로, 즉 자기의 知와 동시에 자기 대상에 대해서도 변증법적 운동을 전개해 나간다고 하겠으니 모름지기 의식에게 이러한 운동을 통한 새롭고도 진정한 대상이 발생한다는 의미에서 바로 이것이 경험이라고 불리는 것이다」(PE, Ⅰ, 75; PG, 73; 정신현상학, Ⅰ, 147). 이 경험의 정의에서 헤겔은 의식이 겪어가는 경험을 변증법과 동일시하고 있다. 역으로, 그는 우리에게《정신현상학》에서의 변증법이 어떻게 적절한 의미에서의 경험인가를 이해하도록 해준다. 그렇지만 변증법과 의식이 겪어가는 경험 사이에는 차이점이 있다. 이 차이점에 대한 반성에서부터 우리는 현상학이 왜 하나의 學으로 성립할 수 있는가를 이해할 수 있고, 현상학이 왜 경험에 간여되어 있는 의식에 대해서가 아니라 철학적 의식에 대해서만 의미를 지니는 어떤 필연성을 서술할 수 있는가를 이해할 수 있다. 일상적 의미의 경험에서 의식은 그가 지금까지 진리 또는 즉자태로 여겨왔던 것이 소멸하는 것(disparaitre)을 바라보는 동시에 마치 새롭게 발견된 듯한 별개의 대상이 출현하는 것(apparaitre)을 바라본다. [24] 「이렇게 볼 때 결국 이 새로운 대상은 일차적 의미의 즉자태가 무력화됨으로써 나타난 것이라고 하겠거니와 모름지기 이 새로운 대상은 바로 그 첫번째 대상을 통해서, 그를 뛰어넘음으로써 얻어진 경험이기도 한 것이다」(PE, I, 75; PG, 73; 정신현상학, I, 148). 그러나 의식에게 있어서는 사정이 달라진다. 의식은 그 일차적 진리를 부정하고 나서 자신이 전혀 별개의 이차적 진리를 발견하는 것이라고 믿는다. 바로 이러한 이유로 해서 의식은 이차적 진리가 일차적 진리의 운동으로부터 유래된 것이거나 파생된 것임을 알지 못한다. 오히려 의식은 새롭게 얻어진 진리를 그 자신과 대립된 것, 즉 대상(Gegenstand)으로서 정립하지, 선행적 운동으로부터 생성·유래된 것(Entstandenes)으로 정립하지 않는다. 따라서 의식에게 경험이란 전혀 새로운 세계들의 발견처럼 보인다. 그 이유는 의식이 그러한 세계들의 전개과정을 망각하고 있기 때문이며, 회의주의처럼 선행하는 경험의 부정적인 결과만을 보기 때문이다. 또한 과거가 아니라 미래에로만 돌아앉아 있어서 이 선행하는 경험이 어떻게 새로운 그의 대상의 기원(genèse)이 되고 있는가를 이해하지 못하기 때문이다.

이러한 까닭에, 의식이 겪게 되는 경험의 필연성은 이중적인 조명방식 아래에서 제시된다고 할 수 있거나, 아니면 차라리 두 가지의 필연성이 있다고 할 것이다. 그것은 첫째, 경험의 검증 속에서 의식 자체에 의하여 수행되는 대상 부정의 필연성과 둘째, 선행하는 경험을 통하여 이루어지는 새로운 대상의 등장의 필연성이다. [25] 여기서 두번째의 필연성은 현상학적 전개과정을 재사유하는 철학자에게만 귀속되는 필연성이다. 이 필연성에는 의식 속에선 찾아볼 수 없는 즉자태의

---

24) 이러한 것이 일상적 의미의 「경험」이기도 하다. 경험에 있어서 의식은 그 자신과 대립된 어떤 새로운 것, 즉 대상이 나타나는 것을 본다. 그러나 철학적 의식에게 이 대상(Gegenstand)은 발생된 것이다. 다시 말해서 철학적 의식은 그것이 선행하는 전개과정으로부터 탄생된 것(Entstandenes)임을 안다. 이에 반하여 현상적 의식은 자신의 과거를 망각한 채 각각의 경험에서 마치 그것이 매순간 다시 탄생한다는 듯이 새롭게 시작한다.

25) 우리는 이것을 회상적(rétrospective) 필연성이라고 부를 수 있을 것이다.

계기 또는 우리에게 의식된 對我的인 것(le pour nous)의 계기가 있다.

이러한 상태하에서 이제 의식의 제 형태가 전개되어 나가는 전체적인 계열이 그의 필연성 속에서 진행되어 나간다. 오직 이러한 필연성 자체만이, 즉 어떻게 그것이 자신에게서 일어나고 발생하는지 알지도 못하는 가운데 바로 그 의식 앞에 모습을 드러내는 새로운 대상의 발생만이 바로 그 과정을 응시하는 우리에게조차도 마치 자신의 의사와는 무관하게 배후에서 행해지는 것으로 간주될 수가 있다. 이와 같이 하여 마침내 의식의 운동 속에는 즉자적 존재나 아니면 우리에게 의식된 對我的 존재(l'être-pour-nous)의 계기가, 즉 철학자의 계기가 자리잡게 되지만 결코 이와 같은 계기는 스스로 경험적인 推動의 한복판에 놓여 있는 의식 앞에 그 실상을 드러내는 법은 없다(PE, Ⅰ, 76~7; PG, 74; 정신현상학, Ⅰ, 149~50).

사실 내용은 의식을 위하여 의식에 대하여 있는 것이지만, 그 기원은 그렇지 못하다. 그것은 마치 의식이 자기 자신의 고유한 전개과정을 망각한 것과도 같은데, 사실은 이 전개과정이 각각의 특수한 계기에서의 의식의 형태를 성립시키고 있다. 「이제 그와 같이 발생한 것이 의식에 대해서는(pour elle) 한낱 대상(Gegenstand)으로서 등장하는 데 반하여, 이것이 우리에게 있어서는(pour nous) 변증법적 운동 및 생성의 의미를 지닌다」(PE, Ⅰ, 77; PG, 74; 정신현상학, Ⅰ, 150).[26]

과연 각각의 계기가 의식 자신이 모르고 있는 생성과정의 결과인지를 알아보기 위해서는 《정신현상학》의 몇몇 章을 살펴 보는 것으로 충분하다. 오성의 대상인 힘 속에서 지각하는 의식의 운동 결과를 파악한다거나, 다시 새로운 대상이 될 生 속에서 오성적 유한성의 변증법의 결과를 파악하는 것 따위는 오로지 철학자만이 할 수 있는 일이다. 따라서 《정신현상학》에서 만날 수 있는 여러 가지 특수한 의식들은 상호 연관되어 있지만, 이 연관은 보통 경험이라는 말이 의미하는 우연적인 생성과정에 의해서 성립하는 것이 아니라 오직 철학자만이 알고 있는 내재적 필연성에 의하여 성립한다. 「바로 이와 같은 필연성을

---

26) 정신현상학은 인식론이자 사변철학이다. 다시 말해서 그것은 현상적 의식에 관한 기술(description)이면서 동시에 철학에 의한 그 의식의 이해(compréhension)인 것이다. 그러나 그것은 단지 우리(철학자)에 대해서만 사변철학이다(이 점에 관해서는 제Ⅶ부, 정신현상학과 논리학을 참조).

통하여 學을 지향하는 이 도정 자체가 이미 學이 되는가 하면 또한 그 내용에 비추어 볼 때, 이것은 곧 의식의 경험의 學(la science de l'expérience de la conscience)도 되는 것이다」(PE, I , 77; PG, 74; 정신현상학, I , 150). [27]

---

27) 그러므로《정신현상학》에서 의식의 제 경험의 연속은 단지 현상적 의식에게만 우연적이다. 이 경험들을 회상하고 재사유하는 우리(철학자)는 한 단계에서 다른 단계로 이행하는 진보과정의 필연성을 발견한다.《정신현상학》이 논증하는 것은 모든 경험이 의식 속에 내재한다는 것이다. 그러나 이러한 (종합적) 필연성은 언제나 파악하기 용이한 것만은 아니며, 그 이행과정이 때때로 현대의 독자들에게 임의적인 것처럼 보인다는 점이 충분히 인정되어야 한다. 더우기 이러한 이행과정은《정신현상학》과 역사의 관계에 대한 문제를 제기한다.

2

역사와 《정신현상학》

I. 정신은 역사이다

《정신현상학》의 구조를 연구하기에 앞서, 도저히 회피하기 어려운 물음이 제기된다. 《정신현상학》은 과연 인간의 역사인가, 또는 적어도 그것은 이 역사에 관한 철학임을 주장하는 것인가? 셸링은 이미 그의 선험적 관념론의 체계에서 매우 일반적인 표현으로 역사철학이 해결해야 할 문제를 제기하고 있다. 여기서 이 점을 재검토하는 것도 그다지 무용한 일은 아닐 것이다. 이러한 재검토에서부터 우리는 그러한 역사철학과 《정신현상학》 사이에 있을 수 있는 유사성과 차이성을 더욱 잘 알아볼 수 있기 때문이다.

셸링은 스스로에게 「역사의 선험적 가능성」[1]이라는 문제를 제기하는데, 이 문제가 그를 역사철학으로 인도한다. 역사가 그의 선험철학에서 차지하는 위치는, 이론철학에서 자연이 차지하는 위치에 해당한다. 사실 자연에서는 이지력(intelligence)의 범주가 실현되고 있지만, 역사에서는 의지력(volonté)의 범주가 표현되고 있음을 알 수 있다. 실

---

1) Schelling, 《S.W.》, Ⅲ, p. 590.

천적 理想이란 세계 시민적 권리질서의 이상이다. 그런데 이것은 특수한 개체에게는 요원한 이상에 지나지 않는다. 왜냐하면 그 이상 실현의 관건이 제약된 개체의 자유의지뿐만 아니라 그 밖의 다른 합리적 존재들의 자유의지에도 달려 있기 때문이다. 따라서 역사는 개체에 근거하는 것이 아니라 種(espèce)에 근거한다. 「나의 모든 행위는 종국에 있어 그 실현이 개체만에 의해서가 아니라 種 전체에 의하여 이룩될 수 있는 그런 결과에 도달한다.」[2] 그러므로 역사에는 오직 인류의 역사만이 있을 수 있다. 그런데 이 인류의 역사는 자유와 필연, 주체와 객체, 의식과 무의식이 서로 화해된다는 조건에서만 가능한 역사이다. 말하자면, 「자유는 자연의 질서만큼이나 명백하고 불변적인 질서에 의해서 보증되어야 한다.」[3] 역사는 의미를 지녀야 할 것이다. 역사에는 자유가 필연적으로 실현되어야 하고, 개체의 자유의지는 거기서 단지 일시적이고 단편적인 역할만을 담당해야 한다. 이론철학에서 자연이 차지하고 있는 위치를 실천철학에서 차지하고 있는 이 인류의 역사가 진정으로 성립하기 위해서는 필연적으로 개체의 의식적인 행위에 (전체의) 무의식적인 행위가 결합되어야 하는 것이다. 이 자유의지와 필연성 사이의 동일성 관계를 통하여, 셸링은 역사 속에서 자신의 절대자를 재발견하며, 또한 지속적인 영향력을 발휘하리라는 보장이 없는 한낱 인간의 작품뿐만 아니라 절대자 자체의 발현과 현시도 보기에 이른다.

필연성은 자유 속에 있어야 한다. 이는 내가 나의 자유에 의하여 행위한다고 믿고 있는 반면, 내가 예견하지 못한 어떤 현상이 무의식적으로, 즉 나의 참여 없이도 발생해야 한다는 것을 의미한다. 달리 표현하자면, 의식적인 활동, 즉 자유롭게 규정하는 이 활동에는 무의식적인 활동이 대립하여야 한다. 이 무의식적인 활동에 의하여 가장 무한한 외적 발현상태의 자유에, 행위자가 주의했거나 의욕하지 않았으며 또 그의 의지에 의해선 결코

---

2) *Ibid.*, p. 596.
3) *Ibid.*, p. 593. 독일 철학에 있어서 이러한 역사 사상의 선행자들과 역사에 있어서 이러한 목적성의 라이프니츠적인 기원에 관한 논의로는 M. Guéroult, ⟨*L'Evolution et la structure de la doctrine de la Science chez Fichte*⟩ in 《*Publications de la Faculté de Strasbourg*》(1930), Ⅰ, 8 ff. 참조.

실현되지도 않을 어떤 결과가 결합된다. [4]

우리는 여기서 피히테와 셸링의 차이점을 읽을 수 있다. 피히테는 필연적으로 존재하고 있는 것은 아니지만 존재해야만 하는 당위적 세계의 도덕적 질서에 집착한다. 반면 셸링은 역사 속에서 자유 자체의 현실적이고 필연적인 실현——운명이나 섭리——을 재발견할 따름이다. 헤겔은 이 점에 있어서 셸링을 따르고 있다. 헤겔은 인간적 열정이나 인간이 추구하고 있는 목적 속에서 단지 이를 수단으로 하여 자기를 실현하고 있는 「이성의 간계」만을 간취할 뿐이다. 「역사란 神政(théodicée)이다」라는 표현은 헤겔 이전에 이미 셸링의 것이다.

그러나 셸링은 이런 식으로 역사철학의 가능성을 제시했다고는 하지만 이를 그 스스로 완성하지 못했다. 그는 다만 역사에 있어서 주체와 객체의 동일성을 발견하는 데 그쳤을 뿐이다. 이때 이 동일성이란 그에게선 절대자이다. 그러나 그는 이 절대자가 어떻게 정확히 역사라고 하는 형식으로 자신을 반성하고 있으며, 또 어떻게 자기 자신을 드러내기에 이르는가를 보여 주지 않는다. 과연 어떻게 의식적 활동과 무의식적 활동의 종합이 가능한 것일까? 셸링은 그러한 종합을 다음과 같이 제시 또는 전제했다. 「객체(법칙에 순응하는 것)와 규정자(자유로운 자) 사이의 그러한 예정조화는 이 양자를 넘어서 있는 고차적 존재에 의거해서만 생각될 수 있을 것이다. 따라서 이 최고의 존재는 이지력도 아니고 자유도 아니며, 다만 이 양자에 공통된 원천이다.」[5] 이와 같이 문제를 제기하는 방식 자체 때문에, 셸링은 절대자를 의식에 나타나는 반성으로부터 단절시키게 되었고, 본질을 그 발현상태로부터 분리시키기에 이르렀다. 아마 다음과 같은 인용문은 이 점을 가장 명료히 보여 줄 것이다.

만약 최고의 존재가……절대적 주체와 절대적 객체, 의식과 무의식간의 동일성의 원리 이외에 다른 것이 아니라면, 이 최고의 존재란 주체도 아니요, 객체도 아니요, 또한 이 양자도 아니다. 그것은 단지 이원성(dualité)을 전혀 간직하고 있지 않은 절대적 동일성일 뿐이다. 그런데 이원성이야말로 모

---

4) Schelling, *op. cit.*, Ⅲ, p. 594.
5) *Ibid.*, p. 600.

든 의식의 조건이기 때문에, 이 최고의 존재는 결코 의식에 도달하지 못한다.[6]

따라서 역사의 조건을 이루는 셸링의 절대자는 역사 자체를 넘어선 곳에 동떨어져 있게 되었다. 물론 셸링은 헤겔과 매우 근접한 공식을 적고 있었다. 「총체적으로 파악된 역사는 절대자의 계속적이고 점진적인 현시이다.」 그러나 그는 이 언명을 심각하게 간주하지 않았고, 이 때문에 역사로부터 진정한 정신철학을 이끌어내지 못했다. 셸링에게서의 역사란 자연과 동일한 자격을 가진 절대자의 발현이다. 그러나 이 절대자는 자기 내적 반성이란 것을 알지 못한다. 헤겔은 이 자기 내적 반성을 주체라 부르고 있다. 「물론 이것은 체계적인 서술을 통해서만 비로소 제대로의 설득력을 지닐 수 있는 문제이긴 하지만, 하여간에 내가 생각하기엔 무엇보다도 가장 중요하게 여겨지는 것은, 즉 궁극적 진리는 실체로서뿐만이 아니라 이에 못지 않게 주체로서 파악돼야만 하며 또한 그와 같이 표현돼야만 하리라는 것이다」(PE, I, 17; PG, 19; 정신현상학, I,71~2).[7] 따라서 헤겔이 볼 때, 셸링은 여전히 스피노자주의자로 남아 있다. 물론 그가 절대자의 동일성을 성공적으로 파악했다고는 하지만, 거기서부터 반성으로 이행하지 못했고, 그리하여 반성은 절대자의 生에 이질적인 낯선 것으로 그에게 남아 있다. 이러한 이유에서 셸링의 동일성 이론은 《정신현상학》 서설에서 신랄하게 비판된다. 「그러므로 이제 어떤 현존재가 절대의 경지 속에 놓여 있다고 간주하는 것은 오직 다음과 같은 한마디, 즉 아무리 그 현존재가 실제로 존재하는 어떤 것으로 표명된다고 할지라도 그러한 절대자의 상태, 이를테면 A=A 라는 상태 속에서는 바로 그 어떤 것도 결코 존재하지 않고 오히려 그 속에서는 모든 것이 단 하나로 귀일될 뿐이라는 식으로 풀이될 수밖에 없는 것이다.」 「또 다른 말로 바꾸어 보면 그와 같은 절대자를 일컬어 흔히 갖가지 빛깔을 지닌 모든 소들을 다같이 검게 보이게 하는 暗夜와 같은 것으로 여길 수 있

---

6) *Ibid.*

7) 점진적인 계시의 사상에 관해서는 Lessing의 (청년 헤겔에 대한 그의 영향은 중요한 것이었다), 특히 《*Das Christentum der Vernunft*》와 《*Die Erziehung des Menschengeschlechts*》를 참조.

다」(PE, Ⅰ, 16; PG, 19; 정신현상학, Ⅰ, 71).

이러한 역사의 문제를 통하여 우리는 셸링 철학과 헤겔 철학 사이의 차이점을 가장 잘 이해할 수 있다. 앞에서 인용됐던 셸링의 텍스트가 헤겔과 유사한 역사철학을 시사하고 있을지라도, 우리는 이 외관상의 유사성에 속지 말아야 한다. 셸링은 절대자의 직관으로부터 출발해서 무엇보다도 자연철학으로 진출하고 있다. 知는 生과 동일화되어야 한다. 유기적 生이 이지력의 무의식적 산물인 한에서, 그것은 의식과 무의식이 만나고 있는 예술적 산물처럼 절대자의 발현이다. 이 둘 사이의 차이성은 양적 차이나 능력의 차이에 지나지 않는다. 知는 이 차이성에서 거슬러 올라가 그 일차적 원천에까지 도달해야 한다. 그 일차적 원천과 일치하는 것을 셸링은 지적 직관이라고 부른다. 따라서 이 순수한 生에 대한 직관은 모든 반성의 너머에 있거나, 또는 그 반성 이전에 있게 된다. 즉 반성은 그것에 외면적이다. 물론 헤겔의 청년기 저작, 특히 《체계단편》에서는 셸링과 유사한 표현, 예를 들어서 「순수한 生을 사유하는 것, 바로 이것이 과제이다」[8]와 같은 표현을 찾아볼 수 있다. 그러나 이 모든 것에도 불구하고 헤겔의 청년기 저작은 또 다른 방향을 지시하고 있다. 그의 관심을 끌었던 것은 유기적 生이나 자연일반의 生이 아니라, 단지 이 生이 역사인 한에서 정신의 生이었던 것이다. 따라서 셸링이 자연 또는 生일반에 관해서 사유했다면, 헤겔은 그 초기 단계에서부터 인간의 역사에 관해서 사유했다고 할 수 있다. 그런데 헤겔이 역사를 바라보는 시각은 비극적이다. 이성의 간계는 단순히 무의식적인 것과 의식적인 것을 결합하는 수단으로 역사에 현재하는 것이 아니라, 다만 끊임없이 극복되고 혁신되는 인간과 그 운명간의 비극적 갈등으로서 현재하는 것이다. 바로 이러한 갈등이야말로 헤겔이 사유하려고 노력하였고, 또 절대자의 약동하는 심장 자체 속에서 사유하려고 노력한 점이다. 「구태여 얘기한다면 神的 생명의 실상이나 신적 인식이란 마치 자기 자신과 어울리는 사랑의 유희와 같다고 표현될 수도 있으니, 만약 이러한 관

---

8) 《*Études théologiques de Jeunesse*》, éd., Nohl, pp. 302, 345 ff., 또한 나의 논문 〈*Travaux de Jeunesse de Hegel d'après des ouvrages récents*〉 in 《*Revue de métaphysique et de morale*》(juillet-octobre, 1935) 참조.

념 속에 진지함과 고통스러움, 그리고 어려움들을 견뎌내는 힘과 부정적인 것으로부터 推動되는 노동이 결여되어 있다고 한다면 그것은 다만 信心을 북돋우면서 끝내는 얄팍한 무미건조함을 드러내는 것에 그치고 말 것이다」(PE, Ⅰ, 18; PG, 20; 정신현상학, Ⅰ, 73).　헤겔이 고통스러움과 부정적 노동을 동시에 말하고 있는 위의 인용문에서 잘 나타나고 있는 것처럼, 역사의 범비극주의(pantragisme)와 논리학의 범논리주의(panlogisme)는 하나의 동일한 것이다.

이원성이란 셸링이 절대자로부터 분리시켜 놓았지만, 여전히 역사의 기초를 이루고 있으며 《정신현상학》에서는 본질적인 계기가 되고 있다. 이 이원성은 의식을 특징지우면서도 이 때문에 의식이 절대자에게 소원하게 되지는 않는다. 오히려 반대로 의식의 역사적 전개과정은 절대자――정신――의 자기 내적 반성이다. 어떤 의미에서 의식의 이러한 반성을 하나의 역사라고 할 수 있는가를――그리고 이것이 어떤 종류의 역사인가를――묻기 이전에, 《정신현상학》의 몇몇 구절들을 통하여 헤겔에게서 그토록 중요한 이 정신과 역사의 관계를 명시하는 것이 필요하다. 정신은 역사이다라고 하는 이 근본적 명제는 절대자는 추체이다라고 하는 명제와 동일하다. 「그러나 유기적 자연은 역사를 지니지 못한다」(PE, Ⅰ, 247; PG, 220; 정신현상학, Ⅰ, 363~4). 왜냐하면 유기적 자연에 있어서 보편성이란 한낱 내면에 불과한 것으로 세계 속에서의 실제적인 전개나 발전을 결여하고 있기 때문이다. 비록 거기에는 살아 있는 개체들이 많다고 하더라도 생명은 거기에서 추상적인 보편자로밖에 표현될 수 없거나 모든 특수한 규정들의 부정으로밖에 표현될 수 없다. 다른 말로 해서, 유기적 생명의 의미는 고립적으로 존립할 수 있다고 주장하는 모든 것의 無化에, 즉 죽음에 있다. 보편적 생명으로서의 生에 대한 직관은 고립적 개체들의 우연성 속으로 자취를 감추거나, 또는 그들 속에서 그들을 무화시키기도 하고 생동하게도 만드는 힘(puissance)으로 나타난다. 언제나 새로운 개체를 창조하거나 아니면 이 개체를 파괴하는――창조와 파괴는 동일한 것을 의미하는데, 그것은 이 이중적 과정이 재생산과 죽음이라고 하는 하나의 동일한 과정을 이루고 있기 때문이다――힘으로서의 생명에 대한 이와 같은 직관에 도달하려는 것은 곧 「모든 소들을 다

같이 검게 보이게 하는 암야로」 빠져 들어가는 것이다. 우리가 여기서 논의하고 있는 것은 「유기적 전체로서의 자연의 관찰」로서 《정신현상학》에서 가장 애매한 부분 가운데 하나에 속한다(PE, Ⅰ, 238~48; PG, 216~21; 정신현상학, Ⅰ, 358~65). 그 부분은 이성으로 등장하는 의식에게 가능할 수 있는 자연철학을 다루고 있다. 셸링은 그의 선험적 관념론의 체계에서 자기 의식의 제 시기(époques)와 자연 또는 역사의 제 범주를 병행적으로 연역한다. 이차적 시기에서 자아는 산출적 직관으로부터 반성으로 고양되는데, 이때 자아는 일차적 시기에서 무의식적이었던 이 산출을 의식할 수 있게 된다. 이러한 조건에서 산출자로서의 자아, 즉 이지력은 그에게 외적이며 또 다른 것에서 유래하는 것처럼 나타나는 산출 내용을 의식해야 할 뿐더러 그 산출하는 활동까지도 의식하여야 한다. 그런데 이지력은 유한한 산출 내용만을 의식할 수 있는 까닭에 유한하면서 동시에 무한한 산출 내용, 다시 말하면 그것의 특정한 측면에 대해 이지력이 객관적 양식으로 자기 자신의 산출 활동을 직관할 수 있는 산출 내용이 그에게 제시되어야만 할 것이다. 그러한 산출 내용이 셸링에게서는 유기적 세계이며 생동하는 우주인 것이다. 「예를 들면 모든 식물은 이지력의 상징이다.」[9] 이 生의 우주 속에서 이지력은 자기 자신을 관조한다고 말할 수 있다. 이지력이 자기 자신을 유기화하려는 무한한 노력인 것처럼 전체로서의 生 또한 유기화의 과정이 점진적으로 더욱 자율성을 띠게 되는 일련의 단계나 일종의 「역사」 속에서 자기를 현시한다. 이지력이 최초로 자기 자신을 관조하는 것은 바로 이러한 生 가운데서이다. 「자연은 정신의 기나긴 방랑의 여정(odyssée)이 아니던가?」

헤겔이 쓴 저서는 자연현상학이 아닌 《정신현상학》이었지만, 자연에 관한 사유에도 자리를 마련해 놓고 있다. 그러나 셸링이 《선험적 관념론의 체계》에서 「주관적 知의 논구」라고 하는 자신의 출발점을 망각한 채 전적으로 자연에만 합당한 제 범주에 몰두하고, 또 그것들을 그 자체로서 다루고 있는 반면, 헤겔은 유기적 전체로서 총체적으로 이해된 자연이 그것 자신의 정확한 표현을 이성에 제공할 수 있는지의

____

9) Schelling, *op. cit.*, Ⅲ, p.489.

여부를 묻는다. 이러한 것은 우리가 여기서 문제삼고 있는 《정신현상학》의 그 인용 구절이 지닌 의미처럼 보인다. 그러나 그 대답은 부정적이다. 이성이 전체로서의 자연 속에서 관조하는 것은 곧 하나의 삼단논법이라고 할 수 있는데, 이 삼단논법을 구성하는 양극항의 하나는 보편자로서의 보편적 生이며, 다른 하나는 모든 생명체가 전개되고 있는 터전으로서의 환경이고 대지(terre)이다. 그리고 그 중간 매개항은 특수한 생명체들로 이루어져 있는데, 이 특수한 생명체들은 보편적 生의 표본들에 지나지 않으며 그것들이 의존하고 있는 외적 환경의 교란적 영향력 아래 놓여 있다. 類의 種으로의 유기화와 환경의 끊임없는 영향 사이에서 살고 있는 생명적 개체는 이성에 대하여 자기 자신을 단지 우연적인 것으로밖에 드러낼 수 없다. 18세기에 라마르크(Lamarck)는 그의 자연철학에서 모든 생명체류의 단일한 친족관계를 예상했다. 그러나 이어서 그는 환경의 막대한 영향력에 점점 더 중요성을 부여하게 되었다. 그리하여 이와 같이 상반된 두 가지 설명원리가 그의 자연철학에서 혼란을 초래하고, 또 그 해석을 유별나게 어렵도록 만들었다. 헤겔도 그와 유사한 견해를 지니고 있다.

이 경우에 類(즉, 보편적 生)는 類의 보편적 한정성에 따라서 자신을 種으로 분해하거나 혹은 예컨대 도형이나 색채 등과 같은 유적 현존재의 개별적 한정성을 구분의 원리로 삼을 수 있다. 그러나 하여간에 類는 은밀하게 이러한 기도를 수행해 나가면서도 보편적인 개체의 측면이라고 할 대지로부터의 압력에 봉착한다. 즉 보편적인 부정성을 발휘하는 위치에서 이러한 개체는 그 자신이 간직하고 있는 구별을 劃定할 뿐더러 또한 유적 체계화에 반하는 이와 같은 구분을 타당화시킨다. 결국 이러한 類의 활동은 불가피한 제약을 받을 수밖에 없는 용무라고 하겠으니, 즉 類는 다만 그 지대한 자연의 힘 속에서만 스스로의 활동을 펴나갈 수 있을 뿐더러 또한 이러한 활동은 자연의 위력이 휘두르는 포악한 힘에 의해서 중단되거나 결함과 차질을 빚게 될 것이다(PE, Ⅰ, 246; PG, 219; 정신현상학, Ⅰ, 362~3).

따라서 이성은 生의 무대 속에서 스스로를 발견할 수 없다. 확실히 생명으로서의 보편적 生은 헤겔이 개념(Begriff), 또는 언제나 자기 자신이면서 동시에 자기의 타자인 보편자(l'universel)라고 명명하는 것이다. 그러나 셸링의 절대자와도 같은 이 生은 모든 특수한 형식들 속에 자신의 보편적 성질을 간직한 채 스스로를 전개하는 데까지 이르지 못한다. 生은 물론 각각의 특수한 생명체 속에 전적으로 현재하는 것이며, 또 그것이 그 생명체를 탄생시키고 재생산하고 소멸시킨다. 그러나 生은 그의 특수한 차이성의 각각 속에서 그런 식으로 스스로를 드러내지는 않는다. 한 생명체의 죽음은 다른 생명체의 탄생과 밀접하게 관련되어 있다. 그러나 이 경우 生은 진정한 의미에서 자기 자신을 발전시키는 것이 아니라 반복·재현할 뿐이다. 類와는 달리 生은 자기의 역사 속에서 자기를 표현하는 것이 아니다. 「이때의 生은 그 자신을 구분하는 과정에서 결코 합리적인 계열이나 조직을 실현시킨 것도 아닐 뿐더러 또한 그것은 자체 내에 존립 근거를 지닌 형태나 형상의 체계도 아닐 것이다」(PE, I, 247; PG, 219; 정신현상학, I, 363).

이렇게 해서 우리는 「유기적 生은 역사를 지니지 못한다」고 하는 처음의 출발점으로 되돌아왔다. 오직 정신만이 역사를, 즉 자기에 의한 자기의 전개과정을 지닌다. 정신은 자신이 특수화되는 각각의 경우에서도 자기 동일성을 견지하며 또 이러한 자신의 특수한 형태들을 부정할 경우에도——이것이 바로 개념의 운동이다——그것은 동시에 이것들을 보존함으로써 보다 고차적인 형식으로 끌어올리기 위함인 것이다. 오직 정신만이 그것이 내면화(Erinnerung; 기억)하는 과거를 지니며, 또 자기에 대하여 즉자적 본래성을 지닌 자기가 되어야 하기 때문에 그가 자기 앞에 企投하는 미래를 지닌다. 여기에 시간의 개념과 《정신현상학》에 함의된 시간성의 개념이 있다. 여기에서 우리의 관심을 끄는 것은 정신을 역사로서 규정하고 있는 것이며, 또 그러한 규정이 《정신현상학》에 있어서 차지하는 비중이다.

보편자, 즉 生으로부터 벗어나 감각적 개별성 속으로 추락해 버리는 보편적 生과는 반대로 의식은 보편적이면서 동시에 특수적인, 즉 「구체적 보편」이라고 하는 전개과정 속에서 자기 자신을 표현할 수 있다고 헤겔은 말한다. 「그리하여 이제 의식은 한편으로는 보편적인 정신과 다른 한편으로는 개별성, 즉 감성적 의식을 서로 이어 주는 매개적 중심으로서의 다름아닌 의식 자체의 형태화된 체계를 취하게 되는 바, 이 체계란 곧 전체가 되기까지 스스로를 정비하고 독려하는 정신의 생명이다. 더 나아가서 이것은 지금까지 고찰되어 온 모든 의식 행위의 체계인 동시에 오직 자신의 대상적인 현존재를 다름아닌 세계사로 간직하는 체계이기도 한 것이다」(PE, I, 247; PG, 219; 정신현상학, I, 363). 엄밀히 말해서 감성적 확신은 개별적 의식이지만, 그러나 이것은《정신현상학》첫머리의 감성적 확신에 관한 章(PE, I, 81; PG, 79; 정신현상학, I, 155)에서 서술되고 있는 바와 같이 「여기」와 「지금」에 제한된 추상적으로 개별적인 의식에 지나지 않는다. 그러나 보편적 정신은 그 자체 추상적으로 보편적인 의식이다. 이 두 항(감성적 의식과 보편적 정신)은 상호 보족적 관계를 맺고 있다. 그리하여 모든 진정한 의식은 특수적이면서 동시에 보편적인 의식이며, 또 자신의 특수성을 통하여 그에게 본질적인 보편성을 발견할 수 있는 것이다. 모든 특수한 의식을 동시에 보편적 의식이 되게 하는 이러한 운동이 바로 본래적인 개별성(la singularité)을 성립시켜 준다. 그리고 자신의 전개과정의 모든 국면을 통해서 일어나는 이 개별성의 생성과정이 엄밀한 의미에서의《정신현상학》이다. 10)

II. 《정신현상학》은 세계사가 아니다

그러나 다른 한편《정신현상학》이 특정한 점에서는 하나의 역사이고 또 세계사와 관련되어 있다고는 할지라도, 그것은 세계사 자체는 아니다. 바로 이 점이 여기서 우리가 고찰해야 할 특수한 문제이다. 헤겔은《정신현상학》서설에서 그것이 세계사나 세계사의 철학과 구별된다고 하는 것을 잘 말하고 있으며, 또 우리가 방금 전에 인용한 「더 나아가서 이것은 지금까지 고찰되어 온 모든 의식 행위의 체계인 동시에 오직 자신의 대상적인 현존재를 다름아닌 세계사로 간직하는 체계이기도 한 것이다」라고 하는 원문에서도 명시하고 있다. 또한《정신현상학》뒷부분에서 그가 역사의 자유로운 시간적 전개를 그 자

---

10) 궁극적인 화해——구원과 속죄——는 엄밀히 말해서 특수한 의식으로 생성되어 가는 보편적 의식과 보편적 의식으로 생성되어 가는 특수한 의식이 각각 전개하는 이중적 운동이다. 바로 이러한 상관적 운동을 통하여 정신은 자신의 「타자」 속에서도 여전히 자기 자신을 인식하는 것이다. PE, II, 190; PG, 463; 정신현상학, II, 346 과 이 책의 제VI부 제2장의 이 구절에 관한 해설 참조.

체가 곧 《정신현상학》이 되는 개념적 역사와 대립시킬 때는 보다 애매모호한 방식으로 이야기하고 있다. [11] 다른 많은 구절들에서는 「세계정신(esprit du monde)」이 말해지고 있는데, 이 세계정신의 전개는 현상학적 전개와 구별된다. [12] 더우기 《정신현상학》이 총체적으로 본 세계사의 철학일 것이라고 전제하는 가설을 제거하기 위해선 《정신현상학》 내용 자체에 주목해 보는 것으로 충분하다.

역사가 《정신현상학》에서 담당하는 역할은 매우 커서 하임(R. Haym)은 그것을 「역사에 의해 오도된 선험적 심리학이며 선험적 심리학에 의해 오도된 역사」[13]라고 규정할 수 있었다. 그러나 역사는 《정신현상학》 전체를 통해서 동일한 역할을 하는 것이 아니다. 우리가 《정신현상학》의 제1부로 칭할 수 있는 의식, 자기의식, 이성에 관한 대단원을 포함하고 있는 전반부는——이 부분만이 《예비학》과 《엔치크로패디》에서 보존되고 있다——역사가 거의 본보기나 실례의 역할밖에 하지 못하고 있다. 그 대신 역사는 헤겔이 원초적이고 필연적인 것이라고 말하는 의식의 전개과정을 구체적인 방식으로 설명할 수 있게 해준다. 무엇보다도 가장 구체적인 것이라고 할 수 있는 자기의식과 이성에 관한 章에서 역사적인 설명을 발견할 수 있다. 자기의식은 대립된 자기의식들간의 투쟁관계, 즉 주인과 노예의 투쟁관계를 통하여 형성된다. 이때 비록 주인과 노예의 투쟁관계가 모든 인간 문명의 기원에서 발견되며, 또 인간 역사 전체를 통하여 여러 가지 형태로 재현되고 있다 할지라도, 이 관계는 적절한 의미에서의 시간적인 관계는 아니다. 그 뒤에 이어지는 전개과정은 보다 정확하게 인간 역사의 특정한 단계들——금욕주의, 회의주의, 불행한 의식——을 언급하고 있다. 비록 헤겔이 일반적 의미에서의 역사적 정확성을 기하는 데 주력하였고 또 언제나 예시적인 방식으로 진행해 가려는 태도를 보였을지라도, 자기의식을 추상적인 용어로 기술한 후에는 거리낌없이 다음

---

11) 좀더 정확히 말하자면 헤겔은 그것의 특정한 발현 속에 일어나는 우연적이고 시간적인 생성, 즉 현상知의 學(정신현상학)과 고유한 의미의 체계의 일부를 이루고 즉 자대자적으로 개념화된 진정한 역사가 될 그런 역사철학을 구분하고 있는 것 같다.

12) 특히 PE, I, 169, 198 등등; PG, 152, 175; 정신현상학, I, 264, 297 을 참조. 또한 뒤에서 곧 인용할 《정신현상학》 서설의 원문을 참조.

13) R. Haym. 《*Hegel und seine Zeit*》(Berlin, 1927), p. 243.

과 같이 말한다. 「이미 알려진 바와 같이 이와 같은 자기의식의 자유
는 그것이 정신사적인 국면에서 다름아닌 그 자신을 의식하는 현상으
로 대두되면서 금욕주의라는 이름으로 불리게 되었다」(PE, Ⅰ, 169; PG,
152; 정신현상학, Ⅰ, 264). 그리고 그는 금욕주의에 관한 이 구절의 마지
막에 이렇게 덧붙인다. 「다시 말해서 세계정신의 일반적인 형식으로
나타난 이러한 자유는 주로 일반적인 공포와 억압이 팽배했던 시대와
더불어 전반적인 문화가 고양됐던 시대에도 출현했던 것이니, 결국 이
것이 교양과 문화를 사상의 단계로까지 고양시켰던 것이다」(PE, Ⅰ,
170; PG, 152; 정신현상학, Ⅰ, 265). [14] 여기서 우리는 현상학적 전개가 자
기의식의 추상적 자유의 계기와 필연적으로 마주치면서 자신의 서술
을 예증하고 좀더 정확성을 기하기 위해 세계사의 해당 국면을 이용
하고 있음을 알 수 있는 것이다.

우리는 헤겔의 청년기 저작을 통하여 불행한 의식이 시초에 있어서
는 유태교적 전통과 뒤섞여 있으며 그 다음에는 중세의 기독교 전통
으로 확산된다는 것을 알고 있다. 그러나 불행한 의식에 관련된 《정
신현상학》 원문은 유대교에 관하여 뚜렷한 인급을 진허 하지 않고 있
다. 따라서 문제는 언제나 자기의식의 필연적 전개과정에 소용되는
역사적 설명인 것이다. 이러한 사정은 이성에 관한 章에서도 동일하
다. 거기서는 르네상스의 예를 발견할 수 있고, 또한 헤겔이 동시
대인의 작품들을——쉴러의 《군도(Die Räuber)》, 괴테의 《파우스트》,
세르반테스의 《동 키호테》처럼 낭만주의자들에게서 높이 평가된 작품
들을——아주 정확히 사용하고 있음을 볼 수 있다(PE, Ⅰ, 297 ff.; PG,
²62; 정신현상학, Ⅰ, 431). [15]

의식 전개의 제 계기에 관한 이 구체적 예증들과 해석들은 임의적으
로 선택된 것인가 또는 필연적으로 부과될 수밖에 없는 것인가? 이
것은 《정신현상학》 주석가가 헤겔이 스스로에게 제시했던 정확한 문
제를 고려함으로써 해결해 볼 수 있는 문제이다. 그러나 인간 역사에

---

14) 따라서 파스칼은 M. 드 사시와의 대담에서 정신의 필수적인 두 가지 태도를 대립시
   켜 보고자 했기 때문에 금욕주의와 몽테뉴(회의주의자)를 예로 들었다.

15) 또한 PE, Ⅰ, 296; PG, 262; 정신현상학, Ⅰ, 430 참조. 여기서 헤겔은 전개과정의
   필연적인 제 계기(쾌락과 필연성, 마음의 법칙 등)를 예증하기 위해서 자신이 동시
   대의 예를 선택한 것에 대하여 설명하고 있다.

관한 완벽한 철학이 이 저서 속에 담겨 있지 않다는 점은 확실하다. 더우기 헤겔 자신이 이 점을 명백하게 강조하고 있다. 즉 의식의 세 계기인 의식, 자기의식, 이성은 하나의 계기적인 연속으로 간주해서는 안 된다는 것이다. 이러한 세 계기는 시간 속에 있는 것이 아니다. 이 것들은 정신 전체의 내부로부터 고안되었고 또 그것들 각각의 개별적인 전개과정 속에서 연구된 추상태이다. 오직 이 계기들의 개별적인 형식들, 즉 감성적 확신·지각·오성 등만이 구체적 총체성을 반영하고 또 그것들이 속한 계기의 내부에서만 계기적 연속성을 띤 것으로 간주될 수 있다. 그러나 여기서 시간적 연속성이란, 고려가 되고 있는 계기의 원초적 전개를 나타내는 징표이다. 그러므로 감성적 확신에서 지각으로의 이행은 시간적인 이행으로 생각될 수 있다. 마찬가지로 주인과 노예의 관계에서 금욕주의로의 이행이나 금욕주의와 회의주의의 관계, 희랍적 회의주의와 구약성서의 모든 유한적 사물의 無常性의 관계, 그리고 이 모두와 기독교의 관계는 특정한 역사적 해석을 제시하고 있다는 것이 인정되어야 한다. 의식이나 자기의식과 같은 하나의 동일한 계기 가운데서 일어나는 현상학적 전개과정은 시간적 흐름과 일치하거나 또는 적어도 시간적 표현이 가능한 것이다.

우리가 《정신현상학》의 제 2 부라고 부를 수 있는 후반부, 즉 정신·종교 그리고 절대知에 관한 장을 포함하는 후반부에서는 이 문제가 더욱 복잡하게 된다. 거기서는 진정한 의미의 역사철학과 마주하고 있다는 인상을 종종 받게 되는데, 우리는 《정신현상학》의 구조를 살펴보는 다음 장에서 그와 같은 인상의 배경을 검토할 것이다. 확실한 점은 헤겔이 《예비학》과 《엔치크로패디》에서부터는 엄밀한 의미에서의 《정신현상학》의 정신과 이성에 관한 장을 생략하고 있다는 것이다. 이는 이 두 장에서는 개체적 의식의 진보가 오직 형식적으로만 문제시되기 때문이다. 예를 들어 정신에 관한 장에서는 구체적 총체성·특수한 정신들이 다루어지고 있는데, 희랍의 도시국가·로마제국과 로마법·서양문화·프랑스 혁명 그리고 게르만 세계 등이 그 실례이다. 헤겔은 이 점을 정신에 관한 장의 서두에서 말한다. 즉 오직 정신만이 「실존(existence)」이고 생동하는 세계로 화한 이성이며 또 개체이면서 동시에 세계라고 지적한 후에(PE, Ⅱ, 12; PG, 315; 정신현상학, Ⅱ,

10) 헤겔은 정신에 선행하는 제 계기인 자기의식과 이성이 한낱 이 정신의 추상태에 지나지 않는다고 말한다. 「지금까지 나타난 의식의 모든 형태는 바로 이 정신이 추상된 것에 지나지 않는다. 말하자면 그러한 형태란 오직 정신이 그 자신을 분석하고 그 자신의 제 계기를 서로 구별하는 가운데 이들 하나 하나마다의 계기와 더불어 함께 있는 것을 의미한다」(PE, Ⅱ, 11; PG, 314; 정신현상학, Ⅱ, 12). 그리고 덧붙여서 그는 그러한 계기를 개별적으로 분산·고립시키는 행위는 정신 자체를 전제하며 또 정신을 존립 기반으로 하여서만 가능하다고 말한다. 따라서 헤겔이 정신에 대하여 부여하는 의미에 비추어 볼 때, 오직 정신만이 전적으로 구체적인 것이며, 그 결과 당연히 정신만이 원초적인 전개과정과 실재적인 역사를 지니는 것이다. 이것이 또한 정신의 제 형태가 선행하는 의식의 제 형태와 구별되는 이유이다. 「그렇지만 이때의 (정신의) 제 형태가 선행하는 여러 가지 (의식의) 제 형태와 구별되는 점이란 정신의 제 형태는 곧 실재하는 개별적 정신, 다시 말하면 고유한 의미에서의 제반 현실을 뜻할 뿐만 아니라 더 나아가서는 한낱 의식의 제 형태로만 그치지 않는 다름아닌 세계의 제 형태로 군림한다는 데 있다」(PE, Ⅱ, 12; PG, 315; 정신현상학, Ⅱ, 11).

이 계기에서부터 정신의 전개과정은 실재적인 역사적 전개과정과 일치하는 것처럼 보인다. 그것은 곧 고대 도시국가로부터 프랑스 혁명에 이르는 초개인적 실재성으로 이해된 정신의 의식이 형성되어 온 역사이다. 그러나 실제적인 역사와 대조해 볼 때, 이 전개과정에는 많은 결함이 있다. 예를 들면 거기에는 르네상스나 종교개혁에 관해서는 전혀 언급이 없거나 논란의 여지가 많은 암시로서만 제시되어 있고, 이와 반대로 계몽주의(Aufklärung)나 프랑스 혁명에 대해서는 지나치게 많은 지면이 할애되고 있다. 이러한 취사 선택이나 삭제를 정당화해 주는 것은 무엇이며, 또 헤겔이 여기서 사용하고 있는 방법은 무엇인가? 만약 《정신현상학》이 역사에 관한 하나의 완벽한 철학을 제시하기 위한 시도라고 한다면, 우리는 그것을 실패작이라고 판정할 수밖에 없다.

그럼에도 불구하고 헤겔은 자기 저서의 과학적 성격과 그 전개의 필연성을 강조하고 있다. 따라서 이 필연성을 정당화할 수 있는 근거는 세계사 일반에서와는 다른 어떤 곳에서 찾아져야만 할 것이다.

종교에 관한 장에서도 동일한 문제가 제기된다. 종교와 관련해서 헤겔은 그것에 선행하는 어떤 것도 역사적 전개과정으로 간주되어서는 안 된다고 명시하고 있다. 종교는 자기 차례에서 다시 정신 전체를 전제한다. 그리하여 종교현상학을 정립하기 위해서는 이전의 모든 계기들을 재소환된 것으로 또 자기 자신의 의식으로 고양된 절대정신의 실체를 구성하고 있는 것으로 간주해야 하는 것이다. 「이 모든 계기가 전개돼 나가는 경과를 종교와의 관계에서 보면 그것은 결코 시간의 계열 속에서 표상될 수 있는 것이 아니다」(PE, Ⅱ, 207; PG, 476; 정신현상학, Ⅱ, 207). 그러나 이와는 반대로 그 자체가 역사적 의미를 지니고 있는 것처럼 보이는 종교의 전개과정, 즉 자연종교와 예술종교 그리고 계시종교의 전개가 제시되어 있다.

이와 같이 매우 일반적인 언급을 통해서 볼 때, 우리는 다음과 같은 결론, 즉 《정신현상학》은 정확히 말해서 세계사의 철학이 아니라는 결론을 도출할 수 있다. 《정신현상학》 전반부에서는 (정신현상학과 역사철학) 상호간의 동일시가 전혀 문제조차 되지 않는다. 그러나 후반부에서는 현상학적 전개와 역사적 전개 사이에 적절한 의미에서의 상호 긴밀한 관계가 성립될 수 있다. 그렇다 하더라도 정신은 시간 속에서 종교에 선행하는 것은 아니다. 정신은 단지 우리에 대해서만 (pour nous), 말하자면 실존으로서의(오직 정신만이 실존한다는 의미에서의) 정신의 전개과정을 이미 완성했을 필요가 있고 또한 종교의 의미를 이해하기 위하여 화해의 사상(la pensée de la réconciliation)에 이미 도달해 있을 필요가 있는 우리에 대해서만 종교에 선행하는 것이다.

결국 정신과 종교에 관한 이 두 장에서 취사 선택된 여러 가지 계기들은 보편적 역사들을 포괄하는 것이 아니라, 오로지 헤겔이 자신의 목적에 비추어 특별히 중요하다고 판단한 역사적 현상들과 일치하고 있을 뿐이다.

따라서 우리의 문제는 해결된 것이 아니다. 오히려 우리는 역사의 전개와 관련해서 현상학적 전개가 지니는 의미를 보다 세밀하게 규정하려고 시도해야 할 것이다.

Ⅲ. 개인적 의식의 역사로서의 《정신현상학》

《정신현상학》은 경험적 의식을 절대知로 고양시킨다. 이것이 곧 작품의 서론이 보여 주고 있듯 《정신현상학》의 일차적 의도이다. 작품 저작 이후에 쓰여진 서설에서 헤겔은 다음과 같은 형식으로 이 점을 고려하고 있다. 「지금까지 우리는 비학문적 관점에 매여 있는 정신이 學的 知의 단계에 다다르도록 하는 과제를 다만 일반적 의미에서만 파악해 보았거니와 이제는 보편자로서의 개인, 즉 자각적 정신이 펴나가는 정신적 도야나 형성과정을 살펴 봐야만 하겠다」(PE, Ⅰ, 25; PG, 26; 정신현상학, Ⅰ, 83). 그러나 이러한 경험적 의식의 절대知에로의 고양은 경험적 의식의 내부에서 그 상승의 필연적 단계들을 발견할 때만 가능하다. 이 단계들은 여전히 의식의 내부에 담겨 있다. 따라서 경험적 의식은 플라톤의 상기(réminiscence)에 비견할 만한 작용을 통해서 기억의 내면으로 하강해야 할 필요가 있다. 사실 시대의 아들인 개인은 자기 내부에 그 시대의 모든 정신적인 요소들을 담지하고 있어서 그는 단지 그것들을 자기화하고 새롭게 되살리기만 하면 되는 것이다. 「결국 보다 높은 단계에 다다른 정신을 자기의 실체로 삼는 개인은 이러한 과거의 제 형태를 거쳐 나가는 바, 이것은 마치 좀더 높은 學을 지향하는 사람이 자기가 오래 전부터 터득해 왔던 준비 단계에서의 지식의 내용을 다시 한번 명료하게 되살려내기 위하여 그러한 지식의 예비적 형태와 단계를 다지고 넘어가는 모습에도 비유될 수가 있다」(PE, Ⅰ, 26; PG, 27; 정신현상학, Ⅰ, 80).

따라서 《정신현상학》이 제기하는 문제는 세계사의 문제가 아니라, 오히려 헤겔이 (정신적) 실체라고 부르는 것을 자각하면서 필연적으로 學的 知로 형성되어 가야만 하는 개별자로서의 개인(l'individu singulier)의 정신적 도야(교양)의 문제이다. 이것은 이미 루소가 《에밀》에서 독자적으로 설정했던 과제와도 무관하지 않은 특수한 의미에서의 교육적(pédagogique) 과제이다. 루소의 작품에 대하여 혹자는 다음과 같이 말할 수 있다. 「그것의 근본 관념은 엄격한 의미에서 과학적이다. 만약 개체의 발전이 種의 진화를 압축적으로 반복하고 있다면 어린이의 교육은 대체로 인류의 보편적 운동을 재현해야만 할 것이다.」[16] 그러나 루소가 이 점에서부터 감성적 지각의 시기가 반성의 시기에 선행해야 한다는 결론을 내리는 데 비하여, 헤겔은 인류사 일반이 개인적 의식 속에 내재하는 문제를 진지하게 취급하고 있다.

비단 개인적 정신의 실체일 경우뿐만 아니라 또한 세계정신마저도 오랜 시간의 연속 속에서 그 모든 필연적 발전의 계기와 형식을 거쳐 나가는 데 따른 온갖 과정을 견뎌내야만 했을 뿐더러 또한 이 세계정신이 가능한 모든 범위에서 자기의 완전한 실질적 내용을 세계사의 모든 계기마다에서 발양시키는 데 필요한 엄청난 세계사의 노동을 담당하기 위한 노고를 견뎌낼 수밖에 없었다는 점을 감안할 때, 다시 말해서 이 세계정신이 오직 그 스스로의 힘겹고도 거대한 세계사적 노동을 통해서만 비로소 자신에 대한 제대로의 의식을 획득할 수 있었음을 감안할 때, 결국 지금까지 거론된 문제의 성격으로 보아서 결코 그 어떤 개인으로서도 이보다 덜한 노고를 기울임으로써 그 자신의 실체가 간직하고 있는 의미가 어떤 것인가를 파악할 수는 없을 것이다. 물론 이와 같은 노고와 노동의 성과는 이미 그 나름대로의 역사적 상황하에서 일정한 완결 상태에 다다랐으므로 여기서 새삼스럽게 어떤 개인이 기울여야만 할 노고는 덜할 것임에 틀림이 없다. 즉 여기서 실재하는 역사적 내용은 이미 개인에 의하여 정신적 가능성으로 도야되거나 승화된 현실로 化했으며, 또한 여기서는 직접성이나 여기서 기인된 그 어떤 형상적인 것도 모두 반성적 사유에 의하여 제어당함으로써 그 모두가 결국은 이들 자체의 압축된 지적 단면도, 즉 단순하고도 순수한 사유규정으로 환원되어 버린 것이다(PE, Ⅰ,27; PG, 27～8; 정신현상학, Ⅰ,85).

세계사가 완성된 후에 개별자로서의 개인은 그것을 자기 자체 내에서 재발견하기만 하면 될 뿐이다.

개별자로서의 개인은 보편자로서의 정신이 더듬어 온 그 동일한 형성단계를 거쳐 나가야 하는 것이 사실이지만, 그러나 이러한 제 단계는 바로 보편자로서의 정신이 이미 거쳐 간 형태이므로 결국 그의 도정이란 사전에 다져진 평평하게 넓혀진 길에 지나지 않는다. 그러므로 이제 여러 가지 형태의 지식과 관련해서 우리가 알 수 있는 것은 전 시대만 해도 원숙한 사고력을

---

16) Gustave Lanson, 《*Littérature française*》, chap. *Rousseau*, 22ᵉ éd., p. 796.

지녔던 인간의 정신을 사로잡아 온 것이 이제는 다만 소년기에 비유될 만한 미숙한 단계의 사람들이 아끼는 견문이나 연습거리 그리고 심지어는 장난거리로마저 전락해 버렸다는 것이다. 바로 이러한 교육, 문화의 진보과정 속에서 마치 우리는 그림자의 자국 정도로 새겨져 내려온 세계의 문명발달사를 눈여겨 볼 수가 있는 것이다(PE, Ⅰ, 26; PG, 27; 정신현상학, Ⅰ, 83～4).

이 보편적 역사야말로, 그것이 헤겔이 말하는 절대知의 예비 단계에 기여하는 한에서 개인적 의식 속에 환기되어져야만 한다. 개인적 의식은, 그가 철학적이며 인간직인 자신의 여정을 처음 출발할 당시만 해도 여전히 소원한 것으로 보였던 자신의 실체를 자기 자체 내에서 자각하여야만 한다. 우리가 앞에서 인용했던 원문에서 셸링은 이미 개인적 의식 속으로의 역사의 임재를 강조하고 있었다. 즉, 「만약 총체적인 역사가 개인적 의식에 선행하지 않았다면, 개인적 의식은 그와 더불어 정립되며 또 필연적으로 그에게 귀속되는 모든 규정을 갖춘 채 정립될 수는 없을 것이다. 이는 예술작품의 예를 통해서 쉽게 입증될 수 있다.」[17] 이러한 사실로부터 셸링은 세계의 현재적 상태와 그 세계 속에서 문제시되는 개체성의 현재적 상태를 이해하려는 한갓된 노력만으로도 역사가 재구성될 수 있다는 결론을 내렸다.

따라서 역사철학과 현상학 사이에는 특정한 관계가 있는 것이다. 현상학은 개인의 정신적 계발과 도야의 구체적이고 명백한 전개이며, 또한 유한한 자아의 절대적 자아로의 고양이다. 그러나 이 고양은 오직 개인적 의식 속에 내재하고 있는 세계사의 제 계기를 이용함으로써만 가능한 것이다. 개인적 의식은 널리 알려져 있다는 이유로 해서 사실은 제대로 파악되어 있지 않은 숙지된 표상들에 만족하고 있을 것이 아니라(PE, Ⅰ, 28; PG, 28; 정신현상학, Ⅰ, 87), 오히려 그것들을 자체 내에서 분석하고 발전시켜 나가야만 한다. 그러므로 개인적 의식은 자체 내에서 지나간 과거 역사의 제 국면을 재발견할 것이며, 또한 거기에서 자신의 관심사를 발견하지 못한 채 그것을 지나쳐 가는 것이 아니라, 이와 반대로 거기에 머물러서 지나간 과거 경험의 의미가 그에게 나타날 수 있도록 그 경험을 재구성해야 할 것이다. 「그런데 여기서

---

17) Schelling, *op. cit.*, Ⅲ, p. 590.

조바심을 일으키는 사람은 수단을 필요로 하지 않고서도 능히 그 목표에 도달할 수 있기를 바란다」(PE, I, 27; PG, 27; 정신현상학. I, 84). 그리하여 개인에 내재해 있으면서도 정작 그 개인은 자각하지 못하고 있었던 세계사는, 이제 개념화되고 내면화된 역사가 되고, 개인은 그 내면화된 역사로부터 점차적으로 의미를 이끌어낼 수 있게 된다.

이러한 방식으로 《정신현상학》을 구상하면서, 헤겔은 스스로에게 이중적인 과제를 설정하고 있는 것 같다. 한편으로 그는 경험적 의식을 절대知로, 말하자면 그에게 있어서 절대적 관념론의 체계——자기의식과 존재의식이 그 속에서 동일화되는 체계——인 철학애로 인도하고자 원한다. 다른 한편 그는 개인적 자아(moi individuel)를 인류적 자아(moi humain)로 고양시키고자 한다. 유한한 자아에서 절대적 자아로의 이행이라는 문제는 곧 피히테와 셸링의 문제이기도 하다. 이 두번째 과제의 정확한 의미를 생각해 본다면, 그것은 개인적 자아애서 인류적 자아로의 이행문제이며 또 개별적인 자아에서 자기 내부에 그 시대의 정신 전체를 포용하고 있는 자아로의 이행문제이다. 피히테는 이미 1794 년의 《지식학의 기초》에서 유한적 자아나 경험적 자아를 개인적 자아로서 말한 바 있다. 그러나 그는 그것이 함의하고 있는 충분한 범위에서의 개인적 자아와 인류적 자아의 관계문제를 제기하지 않았다. 이 문제는 오직 헤겔만이 제기할 수 있었다. 이는 그가 의식의 경험개념을 현저하게 확장시켰기 때문이다. 그에게서 문제시되는 것은 이론적 경험이나 협의의 도덕적 경험으로부터 의식에 의하여 경험된 모든 것, 즉 사유된 대상이나 궁극적 목적뿐만 아니라 모든 삶의 방식과 광의의 경험을 형성하고 있는 미적·종교적 세계관을 포함하는 의식의 총체적 경험이다. 이와 같이 경험 전체의 문제, 의식에 의하여 경험될 수 있는 모든 문제를 제기하기 때문에 헤겔은 필연적으로 개인적 자아와 인류적 자아의 관계로 나아가게 된 것이다. 경험적 의식은 개별적 의식으로서 점차적으로 種의 경험을 다시금 자각해야만 한다. 그는 자기 자신을 學的 知로 형성·도야해 나가는 과정에서 동시에 (개인적 아집의 차원을 벗어나) 인류적 지혜(sagesse)로 형성·도야해 나간다. 또한 그 스스로가 정신적 의식이 될 수 있기 위해서는 여타의 제 의식과의 연관성을 깨달아야 하며 보편적 역사를 통한 매개의 필연성을 파악해야 한다.

　이렇게 규정된 두번째 과제는 개별적 자아의 인류적 자아로의 고양으로서, 그 가장 심오한 의미에서 헤겔이 말하는 정신적 도야(culture; Bildung)이다. 그러나 이 정신적 도야는 개인적 도야에 국한되는 것은 아니다. 그것은 개인적 정신을 포용하면서 동시에 전체와 절대자의 본질적 계기를 이루고 있는 것이다. 사실 절대자가 실체일 뿐만 아니라 주체이기도 하다면 그것은 자기 자체 내에서의 반성이며 자기 자신을 정신의 의식으로 깨달아 가는 의식화의 과정이다. 따라서 의식이 하나의 경험에서 다음의 경험으로 발전해 나가고 또 그럼으로써 자신의 지평을 확장해 나간다면 개인은 인류에로 고양되고 동시에 인류도 자기 자신을 자각하게 된다.[18] 정신은 정신의 자기의식이 되는 것이다.

　　이 점과 관련하여 문명이나 정신적 도야라는 문제를 개인의 측면에서 고려해 보면 바로 이 개인은 자기의 목전에 현존하는, 그리고 자기의 수중에 들어올 수 있는 모든 것을 장악함으로써 그의 비유기적 성질을 자체 내에서 말끔히 消盡시키면서 또한 이에 유기적 생명력을 지니게 하여 마침내 이를 자기의 정신적 발전을 위한 토대로 삼는다. 그러나 다시 정신적 실체로서의 보편적 정신이라는 측면에서 보면 문화(Bildung)란 것은 결국 그러한 실체가 다름아닌 그의 자기의식을 스스로 획득함으로써 그 자신의 내재적 생성과 반성작용을 자체 내에서 싹트게 함을 의미한다(PE, I, 26; PG, 27; 정신현상학, I, 84).[19]

　그러므로 《정신현상학》은 철학적 學의 일부분이다. 그것은 개인의 관점에서 보면 學에로의 인도이지만, 반면 철학자의 관점에서 보면 자기 자신을 자각하는 이 學 자체이다. 그리고 반성은 절대知에 소원한 외래적인 것이 아니기 때문에 또 절대자는 주체이기 때문에 《정신현상학》은 그 자체가 정신의 절대적 生 안으로 진입해 들어가 있는 것이다. 이러한 과제를 성취하려는 의욕으로 인해서 헤겔은 비학문적 의

---

18) Kroner, 《*Von Kant bis Hegel*》(Tübingen, 1921, 1924), II, p. 377.

19) 헤겔이 자기 저서의 일반적 의미, 그것이 개체와 그리고 주체로 생성되어 가는 실체에 대해서 갖는 의미를 정확히 명시했던 것은 《정신현상학》초고가 완성된 이후에 쓰여진 서설에서이다. 《정신현상학》이전에 쓰여진 서론은 《정신현상학》 전체와 세계정신의 역사 사이의 관계를 예견하지 못한다.

식을 학문으로 인도한다는 최초의 계획을 확대하게 되었다. 그리하여 그는 절대知에 도달하기 전에 객관적 정신과 종교에 관한 보다 적절한 의미의 모든 역사적 전개를 《정신현상학》 속으로 통합시킨다. 개인은 여전히 그의 현재세계의 일부를 구성하고 있는 정신의 전개과정을 자기 내부에서 재발견하지 않고서는 그 자신의 실체를 이해할 수 없다. 이는 문제 자체가 개인을 정신의 의식으로 고양시키는 것이며, 정신으로 하여금 개인 속에서 자기의식이 되도록 하는 것이기 때문이다.

그럼에도 불구하고 우리가 방금 규정했던 두 과제, 즉 한편으로는 경험적 의식의 學에로의 이행이며, 다른 한편으로는 개별자로서의 개인의 시대정신으로의 고양이라는 두 과제가 어떻게 일치될 수 있는가는 의문이 되지 않을 수 없다. 헤겔은 그의 청년기 저작에서 무엇보다도 교육적이고 실천적인 작품을 생각했으며 또한 프랑스 개혁주의자들과 프랑스 혁명의 영향을 받아 동시대에 영향력을 행사할 수 있기를 원했지만 점차적으로 이러한 야심을 포기하였다. 예나 시절에 피히테와 셸링의 체계를 반성하면서 그는 철학을 세계사의 진행과정에서 출현하는 한 시기의 문화의 표현으로 규정하려고 노력했다. 그의 사변적 관심은 다분히 그 속에서 문화가 경직화되었던 제 대립을 해결하기 위한 철학의 시도에 집중되었다. 훨씬 뒤에 《법철학》에서 그는 다음과 같이 쓰고 있다.

세계가 어떻게 있어야만 하는가라는 교훈을 제시하려는 태도에 대해 한마디 하겠다. 철학은 여하한 경우에도 그러한 교훈을 제시하기에는 너무나 뒤늦게 등장한다. 세계로서의 철학은 현실의 형성과정이 다 완결되어 이미 끊기고 시들어 버린 다음에야 비로소 나타난다. 역사가 필연적으로 남기는 것이기도 한 개념의 교훈은 다음과 같다. 즉 현실이 충분히 성숙된 후에야 비로소 이념적인 것이 처음으로 현실적인 것에 대립하여 등장하고 또 이념적인 것이 성숙한 이 현실세계를 그것의 실체 속에서 파악하여 그것을 지적 왕국의 형태 속으로 대자적으로 구축한다는 것이다. [20]

그는 이와 동일한 생각을 다음과 같은 유명한 구절로 표명하였다.

---

20) 《*Philosophie du Droit*》, traduction française, éd., Gallimard(1940), p. 32.

「미네르바의 부엉이는 황혼이 깃들어야 비로소 날개를 편다.」아마도 1820 년의 이 구절은《정신현상학》보다 훨씬 보수적인 기조를 보여 주고 있다. 그러나 이미 1807 년에 헤겔은 철학, 즉 절대知가 한 특정한 시기의 정신의 반성과 일치하는 결과라는 것을 알고 있었다. 따라서 그가《정신현상학》서설에서 암시하고 있는 것처럼 절대적 관념론으로 가는 길이 세계 역사의 특정한 국면과 일치하는 것이라고 생각해 볼 수 있지 않을까? 절대知는 역사적 전제들을 지니고 있다. 그리하여 절대知에로 고양되기 위해서는 경험적 의식이 이 역사적 전제들을 자각하여야 한다. 말하자면 경험적 의식은 자신의 개별적 자아를 그 속에서만이 절대知가 출현할 수 있는 그런 시대의 인류적 자아로 고양시켜야 한다는 것이다. 칸트와 피히테의 관념론에 대하여 헤겔은《정신현상학》에서 다음과 같이 말한다. 「이와 같이 자기 진리로서의 이성을 향해서 의식이 거쳐 올 (관념론의 역사적 제 전제의) 도정을 추적함이 없이 불쑥 이와 같은 주장(자아=자아라는 주장)을 내세우곤 하는 관념론이란 결코 그 자신을 파악할 수도 없을 뿐더러, 또한 자신을 타자에게 이해시킬 수도 없는 순수한 단언적 주장에 지나지 않는다」(PE, Ⅰ, 198; PG, 177; 정신현상학, Ⅰ, 300~1). 그는 또한 동일한 생각을 보다 일반적인 방식으로 표명하고 있다. 「진리의 직접적 출현이란 그 진리의 현존 상태를 추상한 것에 지나지 않는다. 오히려 진리의 본질이나 즉자적 존재는 절대적 개념, 다시 말해서 그 진리의 생성 발전의 운동인 것이다」(PE, Ⅰ, 198; PG, 178; 정신현상학, Ⅰ, 301).[21] 칸트와 피히테의 관념론이 세계사에서 특정한 철학 체계로 등장했을 때, 그것은 정당화되지 못한 채 하나의 근거 없는 언명으로 남게 되었다. 그것의 진정한 정당화는 인간의식의 형성과정의 역사일 수밖에 없다. 헤겔《정신현상학》의 독창성 가운데 하나는 관념론을 역사를 통하여 정당화하고, 또 그것을 선행하는 제 경험의 결과로 간주하는 데 있다. 이러한 결과는 관념론의 전개과정이 없다면 無에 지나지 않는다(PE, Ⅰ, 7; PG, 11; 정신현상학, Ⅰ, 59).

따라서 우리가 구분했던 두 과제는 헤겔에게서 분리되지 않는다. 경

---

21) 정신의 역사의 한 현상을 뜻하는 관념론에 대해서는 N. Hartmann,《Die Philoso-phie des deutschen Idealismus》(Berlin, Leipzig, 1929), Ⅱ, pp. 112 ff. 참조.

험적 의식이 절대知로 고양되었을 때 그것은 동시에 정신의 특정한 역사를 자각하여야만 한다. 사실 이러한 역사가 없다면 절대知는 생각될 수 없을 것이다. 그리고 이 자각(prise de conscience)이라는 것은 과거로의 순수하고 단순한 복귀가 아니다. 오히려 자각은 그 회고적인 파악(appréhension rétrospective) 속에서 과거를 정당화하고 그 의미를 결정한다.

이와 마찬가지로 정신세계의 왕좌를 누리는 학문(즉, 절대知)도 역시 그것이 고개를 들기 시작하는 첫 단계에 이미 완성되어 있을 수는 없는 것이다. 새로운 정신의 시원이란 오직 다양한 형태의 정신적 자기형성이 뒷받침된 폭넓은 변혁의 산물이며 첩첩이 뒤엉킨 발전경로와 또한 여기에 잇따른 각고와 노력의 대가로서만 그 실마리가 열린다고 하겠다. 더 나아가서 그러한 시원은 계기적인 연속적 과정을 거치면서 동시에 전폭적인 자기의 내용을 펼쳐나감으로써 끝내는 자기 자체로 송두리째 복귀한 전체일 따름이니 이것은 또한 생성된 전체의 단순한 개념이라고도 할 수 있다. 그러나 이와 같이 단순한 전체의 완전한 자기구현은 다만 개별적 계기에 지나지 않던 형상이 각기 다시금 새로운——즉 지금 바로 얘기된 새로운 요소와 거기서 다져진 의미에 따라서 스스로 발전하는——또 하나의 형상으로 변모, 발전하는 데서만 가능한 것이다(PE, Ⅰ, 13; PG, 16; 정신현상학, Ⅰ, 67).

따라서 개인적 의식이 자기 시대의 정신의 의식이 되지 않는다면 절대知는 이 개인적 의식에게 주어질 수 없는 것이다. 그러나 반대로 헤겔은 이 절대知를 통상적으로 이해되는 바의 知(지식)로 생각하지 않는다. 그것은 세계사의 새로운 시대와 대응하고 있다. 그러므로 만약 헤겔에게서 그토록 격심한 제 변혁을 겪고 나온 인류가 새로운 국면의 역사로 진입했다는 점을 인정하지 않는다면 《정신현상학》 마지막 장[22]의 특정한 몇몇 구절들도 이해되지 않을 것이다. 이 역사에 절대知가 대응하고 있으며, 또한 절대知는 그것의 표현인 것이다. 「하여간에 지금의 우리 시대가 새로운 앞날을 지향하는 탄생의 시대이며 또한 과도기적인 전환기에 놓여 있다는 사실을 알아차리기란 힘들지 않다. 인간정신이 이제는 기존의 질서와 사유형태에 결별을 고하고

---

22) 《정신현상학》을 마무리짓는 절대知에 관한 부분.

그 모두를 과거의 유물로 돌려 버릴 찰나에 다다름으로써 바야흐로 변혁을 맞이할 수밖에 없는 단계에 와 있는 것이다」(PE, I, 12; PG, 15; 정신현상학, I, 66).

Ⅳ. 개인적 의식과 보편적 의식

《정신현상학》은 이제 우리에게 충분한 범위의 과제를 제시하면서 나타니는데, 이 과제가 제기하는 난점은 뛰어넘을 수 없는 것처럼 보이기도 한다. 그것은 개인적 의식이 자기 시대의 정신을——또는 헤겔의 표현대로 자신의 실체, 비유기적 본성을——자각하도록 인도하는 것이며, 동시에 이를 통하여 개인적 의식은 모든 시간적 전개를 초월할 뿐만 아니라 시간 자체를 지양하고 있는 절대知에로 고양시키는 것이다. 「이러한 이유로 해서 정신은 필연적으로 시간 속에서 그 모습을 드러낸다. 그리고 정신이 자신의 순수한 개념을 파악하지 못하는 한, 다시 말해서 시간을 근절시키지 못하는 한, 그것은 그와 같이 시간 속에서 그 모습을 드러낸다」(PE, Ⅱ, 305; PG, 558; 정신현상학, Ⅱ, 397). 여기에는 일종의 모순이 있는 것이 아닐까? 어떻게 의식은 한편으로 그에게 본질적인 끊임없는 자기초월의 요구를 뛰어넘어 자기진리가 자기확신이——진리와 生——되는 그런 진리와 절대적으로 合一하면서도 다른 한편으로 정신사의 특정한 시기에 관한 의식이 될 수 있는가? 이 시기가 이른바 시간의 종말이며 또 헤겔은 소박하게도 자신의 체계와 더불어 역사가 종말을 장식하게 되는 것이라고 믿었다고 생각해야 하는가? 종종 이러한 비난이 행해졌지만, 어떤 점에서 그것은 부당한 것처럼 보인다. 《정신현상학》 마지막 장——절대知——의 난해성은 단지 헤겔의 용어 사용법이나 서술방식에서 기인한 것만은 아니다. 그것은 곧 문제 자체의 본성에 내재하는 난해성이다. 즉 모든 초월성을 배제하면서도 정신의 生을 보존하는 것은 평이하게 생각될 수 없는 시간적인 것과 초시간적인 것간의 변증법적 관계를 전제하는 것이다. 그러나 여기서 우리는 이 문제를 다루지는 않겠다. 지금 우리의 관심사는 절대知에 도달한 의식에 나타나는 미래보다는 오히려 그 의식이 자신의 전개과정에서 활용했던 과거에 있다.

이 과거가 부분적으로만 세계사와 일치할 뿐이며, 또 엄밀한 의미에서는 역사철학이 아니라 學的 知로 고양된 개인적 의식 속에서의 이 역사에 대한 상기(la réminiscence)라고 한다면, 우리는 그것이 어느 정도 자의적으로 결정되고, 어느 정도 필연성을 제시하는가를 묻도록 하겠다. 아마도 이 절대知의 과거라는 문제는 그것의 미래의 문제와 크게 다르지 않을 것이다. 거기서도 문제의 해결은 여전히 변증법적인 해결일 것이기 때문이다. 문제는 언제나 개인적 의식이 자체 내에 보편적 의식과 특수적 의식의 양극단을 끌어안고서 보편성을 자신의 특수성 속에서 발견해야만 하지만, 또한 이 특수성을 완전히 회피할 수 없다는 데 있다. 헤겔에 있어서 의식이 언제나 보편적 의식인 동시에 특수적 의식이라는 것은 잘 알려져 있다. 그리하여 변증법적 종합은 스스로를 특수성에서 보편성에로 고양시키는 진정한 개별성(la singularité vraie)이며 보편적 개체(성)(l'individualité universelle)이다. 미래 문제와 관련하여 헤겔은 《법철학》에서 그가 자기 시대에 이르러 시간을 정지시킨다고 하는 식의 명제를 논박이나 하듯 다음과 같이 기술하고 있다. 「존재하는 것을 파악하는 것이 철학의 과제이다. 왜냐하면 존재하는 것은 이성이기 때문이다. 개인에 관하여 말하자면, 모든 개인은 그 시대의 아들이며, 철학 또한 사유 속에서 파악된 그 시대이다. 철학이 그 자신의 시대를 초월할 수 있다고 생각하는 것은 한 개인이 자기 시대를 뛰어 넘을 수 있다고, 로두스(Rhodus) 섬을 뛰어 건널 수 있다고 생각하는 것만큼이나* 어리석다.」[23] 그러나 이것은 존재하는 것의 개념이 단지 우연적이고 일시적인 요소의 개념에 불과함을 의미하지는 않는다. 오히려 이와 반대로 현재의 고난의 십자가 안에서 장미를 식별하고, 그것으로 기뻐할 줄 알아야만 하는 것이다.**

《정신현상학》에서 제시되는 과거 문제로 돌아가기 위해서는, 거기

---

23) 《*Philosophie du Droit*》, traduction française, éd., Gallimard(1940), p. 31.

* 이솝 우화에, 어떤 사람이 자기가 로두스 섬에서는 누구도 따를 수 없을 만큼 춤을 잘 추었다고 자랑하자, 다른 사람이 그에게 지금 서 있는 곳이 그 섬과 다르지 않으므로 자랑만 하지 말고 실제로 춤을 추어 보라고 말했다는 이야기가 있다. 이때 로두스 섬은 이상이나 이념을 의미하고, 그 사람이 지금 서 있는 곳은 현실을 의미한다.

** Rhodus는 장미라는 뜻도 가지고 있다. 헤겔은 《법철학》에서 이 장미를 이념이나 이상의 상징으로 사용하기도 했다. 「Hier ist Rose, hier tanze!」은 현실이 곧 이념이라는 것을 나타내는 명제이다.

서의 개체성(individualité)이란 지나치게 협의로 규정된 특수성 속에 잠겨 버린 이러저러한 임의적 개인이 아님을 주목하는 것이 중요하다. 「불완전한 정신이라고 할 특수자로서의 개인(l'individu particulier)은 그의 전체적인 현존 양태 속에서 다만 어떤 하나의 규정만이 지배하는 구체적 형태에 지나지 않을 뿐더러 그밖의 다른 규정은 그 자취마저 알아보기조차 힘들 정도의 희미한 모습을 지탱하고 있을 뿐이다」 (PE, I, 26; PG, 26; 정신현상학, I, 83). 오직 보편적 개체성 (l'individua-lité universelle)만이, 즉 스스로를 절대知로 고양시킨 개체성만이 자신의 생성과정 속에 함축된 제 계기를 자기 안에서 재발견할 수 있으며 독자적으로 전개시켜 나갈 수 있다. 그리고 동일한 (보편적) 의식이 철학知에 도달했을 때 자기 자신으로 복귀하는 것이며, 경험적 의식으로서 현상학적 여정을 시작하는 것이다. 다른 사람들에게 절대知에 이르는 도정을 보여 주기 위해서는 그것을 자기 자체 내에서 재발견해야 한다. 「이것이 보편자로서의 개인(l'individu universel), 즉 자각적 정신을 그것이 펼쳐나가는 정신적 도야나 형성과정에서 고찰해야 하는 이유이다」(PE, I, 25; PG, 26; 정신현상학, I, 83).[24] 그러므로 보편자로서의 개인에겐 상기(회상)이며 내면화인 것이 특수자로서의 개인에겐 상승의 통로가 된다. 그러나 개체성의 견지에서 볼 때, 보편적 개체성은 특수성의 요소를 반드시 포함하고 있다. 그는 그의 시대와 결부되어 있다. 그리하여 그에겐 프랑스 혁명이나 계몽주의가 다른 역사적 사건들보다 훨씬 중요한 것이다. 바로 여기에 그 무엇으로 돌릴 수 없는 우연성이 있는 것이 아닐까? 우리는 《정신현상학》에서 청년 헤겔이 계획했던 여정의 전체가 재사유되고 체계화된 형태로 다시 등장함을 알 수 있다. 딜타이(Dilthey)나 노올(Nohl)이 청년기 헤겔의 노트에서 발견했던 것, 헤겔이 슈투트가르트·베른·프랑크푸르트에서 고대세계의 기독교와 그 운명에 관해서 썼던 것, 또 그가 예나에서 민중 생활과 그 조직에 관해서 구상했던 것, 이 모든 것

---

24) 개인으로서는, 학문이란 마땅히 바로 그 개인이 學的 입장에까지 고양될 수 있도록 사닥다리 노릇을 해줌으로써 바로 그 자신 속에서 그러한 사닥다리를 지닐 수 있음을 명시해 줄 것을 요구할 권리를 지니는 것이다(PE, I, 24; PG, 25; 정신현상학, I, 81).

이 그를 철학적 사유에로 인도하였고 또 그의 시대를 사유케 하였으며, 그는 이것들을 《정신현상학》에서 재현시키고 있는 것이다. 이로부터 우리는 마치 《방법서설》이 간략하게 재구성된 사상 형성의 역사인 것처럼, 《정신현상학》은 헤겔의 고유한 철학적 여정을 표현하고 있다고 추측해 볼 수 있다. 「우리에게 그 자신을 이해시키는 것, 다시 말해서 우리에게 그의 불가피한 독백을 환기시키고 그의 맹세를 서약하도록 하는 것이 데카르트의 의도였다. 충요한 것은 바로 그가 그 자신에게서 발견했던 것을 우리가 우리 자신에게서 발견하는 일이다.」[25] 우리는 헤겔의 《정신현상학》——그의 발견의 여정——에 관해서 이와 똑같이 말할 수 있을 것이다. 즉 헤겔은, 우리 또는 차라리 동시대인들이 단지 그 자신의 도정으로만 그치지 않고 그 시대 역사의 특수성 속에서 보편적 의미를 지니는 도정을 발견할 수 있는, 그런 독특한 철학적 여정을 제시하고 있는 것이다. 데카르트보다 훨씬 커다란 중량감으로, 또 매우 상이한 태도로 (선행하는 역사를 거부할 것이 아니라 오히려 그것을 극복·초월하기 위해서 그것을 자기 자신에게로 통합시키고 재사유한다는) 헤겔은 자신의 특수한 여정 속에서 보편적으로 타당한 것을 끌어낸다. 확실히 그것은 데카르트의 길처럼 회의의 길이다. 더우기 그것은 절망적인 회의의 길이다. 그러나 이러한 회의는 단 한번에 취해진 결심의 결과가 아니다. 오히려 그러한 회의와는 반대로 「學의 단계로 형성·도야되어 가는 폭넓게 개진된 의식 자체의 역사」이다. 헤겔이 서론에서 이 구절을 썼을 때 그는 데카르트를 염두에 두었으며 또 자신의 여정을 그 프랑스 철학자의 여정과 견주었다.

그러나 도대체 어떤 권리에서 이 도정이 특정한 우연성과 한 시대의 특수성에 묶여 있으면서도 그 자체가 하나의 學으로 말해질 수 있는가, 다시 말하면 자기 자체에서 진정한 필연성을 제시한다고 말해질 수 있는가? 확실히 이 필연성은, 철학자가 그에게 우연적인 것으로 주어지는 것처럼 보이던 것을 재사유하는 여정의 마지막에 가서야 비로소 성립할 수 있다. 우리는 헤겔이 나중에 「學의 제 1 부」라는 부제

---

25) P. Valéry, 〈*Fragment d'un Descartes*〉 *in* 《*Variété*》(Paris, 1929), Ⅱ, p. 13.

를 삭제했음을 알고 있다. [26] 그러나 우리가 검토해 보았던 것처럼 서론은 모든 전개과정의 學的 성격을 강조하고 있으며, 이 점에서는 서설도 마찬가지이다. 그후 헤겔은 현상학이란 이름 아래 전반부의 계기(의식·자기의식·이성)만을, 그것도 극히 추상적이고 극히 일반적인 형식으로 남겨 놓았다. 그러므로 문제는 더 이상 제기되지 않는다. 그러나 반면 《정신현상학》은 가장 아름다운 철학적 문헌 가운데 하나가 될 수 있는, 구체적인 철학적 여정이란 성격을 상실하게 되었다.

1807 년의 작품에서 제시된 바의 현상학적 전개의 필연성 문제를 완전히 해결하겠다고 장담할 것이 아니라, 헤겔이 이미 몇 해 전의 청년기 저작에서 논급했던 것을 인용해 보도록 하자. 「인간은 불멸적인 것과 신성한 것을 우연적인 것에 관련시킬 수 있고, 또 관련시켜야만 한다.」 영원자를 사유함에 있어, 그는 이 영원자를 사유의 우연성과 결합시키는 것이다. 한 헤겔 연구가는 마찬가지로 이 청년기 저작을 인용하면서 다음과 같이 말한다.

> 《정신현상학》은 學으로서 등장하는데, 이는 그것이 개인적으로나 역사적으로 제약된 의식의 형성과정으로부터 이러한 과정이 동시에 學에 이르는, 즉 모든 피제약성을 초탈한 보편적 의식에 이르는 의식의 형성 도정이 될 수 있도록 도움을 주는 계기들을 추출해 내기 때문이다. [27]

추상적으로 개별적인 의식은 오로지 그가 자기 자신과 대립하기 때문에, 따라서 동시에 보편적인 의식이기 때문에 의식인 것이다. 그러나 보편적 의식은 단지 추상적으로 보편적인 의식이 아니다. 그가 자기 자신과 대립하며, 그리하여 개별적 의식인 한에서 그는 절대적 의식인 것이다. 헤겔은 청년기 초기 저작에서부터 특수한 의식과 보편적인 의식의 통일을 꾀하는 데 힘썼다. 소포클레스가 《안티고네》에서, 또 셰익스피어가 《햄릿》에서 그랬던 것처럼 헤겔 자신도 인간 역사의 한 계기를 구현하고 있는 인물들을 소생시키고자 노력한 것이다. 그는 여러 차례 「예수의 생애」를 썼다. 그러나 그는 예수에게서 도덕성

---

26) 그가 임종시에 준비하고 있었던 《정신현상학》 개정판에서.

27) Kroner, *op. cit.*, Ⅱ, p. 379. 인용된 헤겔 원문은 《*Études théologiques de Jeunesse*》, éd., Nohl, p. 143.

의 감성적 도식을 보았던 칸트와는 반대로, 그리스도의 환원 불가능한 개체성(개성)을 파악하려고 노력했고, 또 그의 특수성을 심화시키면서도 동시에 그에게서 보편적인 것을 발견하고자 했다. 헤겔에 있어서 철학적 제 교설은 추상적 교설이 아니라, 오히려 삶의 방식들(façons de vivre)이다. 그러므로 금욕주의, 회의주의, 불행한 의식, 도덕적 세계관 등은 특정한 철학적 사유의 논술이 아니라 삶의 체험들이다. 그것들의 인간적 보편성은 오직 특수한 의식이 겪는 실제적인 경험 속에서만 완성될 수 있다. 그러나 반대로, 이러한 실제적 경험은 오직 보편적 사유 속에서만 그 의미가 있다. 그렇기 때문에 프랑스 혁명에 선행하는 시기가 교양의 분열된 의식(conscience déchirée de la culture) 속에 구현되고, 또한 공포정치는 특정한 「형이상학」[28]의 형식으로 해석되는 것이다. 보편자와 특수자를 정신적 개체성 속에서 결합하려는 시도가 헤겔주의, 특히 《정신현상학》의 관심사이다. 헤겔은 그 이후 키에르케고르가 대변하는 실존주의나──실존주의에서는 개인을 단독자로 보며 또한 그 개인의 실존 조건을 보편성의 기호로 번역하기를 거부하므로 헤겔에게는 추상적이다──현실적 경험을 배제하는 보편주의 사이에서 양자택일을 하려고 하지 않는다. 진리는 오히려 양자의 통일에 있다. 즉 이 진리는 또한 삶(生)이며, 정신의 삶은 또한 진리이다. 따라서 현상학적 전개의 의미와 그것이 세계사에 대해 갖는 관계를 이해하기 위해서는 이러한 보편적 개체성의 변증법, 즉 특수성을 통해 보편성을 사유하고 보편성을 통해 특수성을 사유하는 변증법을 숙고해 볼 필요가 있다. 의식은 이 두 계기의 통일이 아니던가 ?[29]

---

28) PE, Ⅱ, 79; PG, 372; 정신현상학, Ⅱ, 100; 여기서 라모의 조카(Neveu de Rameau)는 의식의 분열을 구현하고 있다. 또한 PE, Ⅱ, 136; PG, 419; 정신현상학, Ⅱ, 176∼7; 여기서 공포, 로베스피에르 그리고 徒黨들의 법은 특정한 형이상학에 비추어 해석되었다.

29) 개체성(개인성)의 문제는 헤겔 철학의 중심 문제이다. 정신은 추상적 보편자가 아니라 개체(개별자; 한 위인의 정신, 한 민족의 정신, 한 종교의 정신)이다. 그러나 헤겔은 개체성을 부정의 부정으로서, 즉 자신의 특수성을 지양하는 운동으로서 파악하려고 힘쓴다. 따라서 청년 시대의 범비극주의(실정성──운명)는 범논리주의가 된다.

3

《정신현상학》의 구조

우리는 먼저 《정신현상학》 전체의 일반적 구조와 그 구성 내용을 연구해 보고자 한다. 물론 우리는 이와 같은 시도가 어쩔 수 없이 피상성을 탈피하기 어렵고, 특히 《정신현상학》이 문제의 작품일 경우 그 작품의 본질적 요소를 이해하는 데는 무리가 따른다는 점을 숨기지 않겠다. 왜냐하면 《정신현상학》은 그 전개과정이 가장 생동적이고 또 가장 유기적인 헤겔의 작품이기 때문이다. 동일한 개념들이 여러 가지 단계에서 다시 등장하면서 그 의미 내용을 풍부히 해 간다는 점은 우리를 당황케 하기도 한다. 그러므로 이러한 운동을 일별해 볼 수 있는 것은 오로지 그 작품의 진행과정이나 기본적인 내용을 그 변증법적 전개방식과 함께 면밀히 분석해 보는 수밖에 없다. 그렇지만 이러한 연구를 시작하기 전에 전개과정 전체를 개략적으로 살피고 그것의 주요 마디를 지적해 보는 것이 불가피하다.

I. 《정신현상학》의 성립 내력

작품이 출현하게 된 외적 상황을 명시하는 것 또한 중요하다. 헤겔은 예나 초기 〈인륜성의 체계〉와 〈자연법의 學的 취급방식에 관하여〉

이후 셸링과 멀어지기 시작하면서 칸트와 피히테에게 접근해 갔다. 사실 그의 후기 정신철학에서 이러한 자각(prise de conscience)이 그의 철학의 전개과정에 결정적인 역할을 한 것 같다.[1] 주관적 知는 자기반성을 하지 않는 직관에 대해 우위를 점하며, 따라서 실체를 넘어선다. 《정신현상학》은 그 내부에서 보았을 때 헤겔 사상의 전개과정에 있어 진정으로 필연적 요구에 부합하는 것처럼 보인다. 그러나 외부에서 볼 경우에는 그렇지가 않은 것 같기도 하다. 헤겔 연구가의 한 사람인 T. 헤링의 견해에 따르면, 「《정신현상학》은 결코 유기적 성격을 지닌 것도 아니며, 또한 헤겔 자신의 마음속에서 이미 자기가 거쳐 온 발전과정을 토대로 하여 세심한 숙고와 오랜 검토를 거친 끝에 마련된 계획에 따라서 성숙된 것도 아닐 뿐더러, 오히려 너무나 갑작스러운 內外로부터의 압력에 못 이겨 내려진 결심에 따라서 얻어진 소산이었다. 그리하여 이것은 거의 믿기 어려울 정도로 짧은 기간 내에 인쇄 절차에 맞추어서 하나하나의 소절마다 쓰여진 원고였으므로 자연히 이 글의 본 의도마저도 어떤 지속성을 지닌 것으로는 볼 수가 없다.」[2] 성급히 말하자면, 비록 전체적으로 볼 때 우리가 적어도 이 작품의 출판 배경에 관련하여 헤링의 결론을 받아들여야 한다고 할지라도 《정신현상학》이 헤겔 철학의 전개과정에 있어 어떤 필연적 요구에 부응한다는 우리의 기본 논점은 전혀 수정되지 않는다. 외견상 낯선 주위 환경도 종종 우리를 드러내기에는 최적 조건이 될 수 있다. 헤겔이 이 점을 의식했느냐의 여부에 관계 없이, 《정신현상학》은 완결된 체계가 아니라 고유한 자기 철학의 발전사를 대중에게 전달하는 수단이었다. 헤겔의 초기 저작들, 즉 슈투트가르트, 베른, 프랑크푸르트 시절에 쓰여진 저작들이 알려져 있는 까닭으로, 우리는 《정신현상학》의 의미를 더욱 잘 이해하게 되었다. 《대논리학》과 《엔치크로패디》는 예나 시절에 그 연원을 두고 있지만, 그러나 《정신현상학》 속에서 헤겔은 자기 자신의 철학적 여정을 대강 재현하고 있다. 그리고 그의 철학이 대체로 정신철학이며 또 인간역사에 기초해

---

1) 예나 시절의 《*Realphilosophie*》, éd., J. Hoffmeister 를 참조.
2) 〈*Entstehungsgeschichte der Phänomenologie des Geistes*〉 in 《*Congrès hégélien de Rome*》(Tübingen, Haarlem, 1934), Ⅲ, p. 119.

있다는 것이 사실이라면, 예나 시절의 정신철학이 이미 예견하고 있
듯 헤겔은 그의 첫번째 대작인 《정신현상학》 속에서 자신의 사상에
대하여 하나의 본격적인 표현을 부여했다고 말해져야만 한다.

마지막 개정판으로 나온 《정신현상학》에 J. 호프마이스터가 덧붙인
서론 속에서 다시 제시되고 있는 헤링의 논점을 간략하게 개괄해
보자. 3)

예나에 도착한 이후 헤겔은 자신의 철학 체계 전체를 단행본으로 발
표하는 데 전력을 기울였다. 그리하여 1802 년과 이듬해인 1803 년에
그는 「논리학과 형이상학 혹은 반성적 체계와 이성적 체계(Logik und
Metaphysik oder Systema reflexionis et rationis)」라는 제목이 붙은 한 책
에 대해 말했다. 그리고 나서 그의 의도가 정확히 드러나는 것을 볼
수 있었던 것은 1805 년 여름이었다. 그는 이때 다음과 같이 서술하
겠다고 공표했다. 「totam philosophiae scientam, id est (a) philosop-
hiam speculativam (logicam et metaphysicam), naturae et mentis
ex libro per aestatem prodituro, et (b) jus naturae ex eodem.」 사실
이러한 구분은 H. 에렌버그(H. Ehrenburg), G. 라손(G. Lasson), J. 호
프마이스터에 의해 출간된 첫번째 체계의 원고와 일치하고 있다. 주
목할 만한 것은 이 시기엔 아직 이 체계에 대한 서론과, 이른바 《정
신현상학》의 서론에 대한 언급이 전혀 없다는 점이다. 그러나 헤겔은
자신의 전체계를 단 한 권의 작품으로 발표한다는 생각은 단념한 것
같다. 그는 단지 서론으로 시작하여 논리학과 형이상학을 포함하게
될 체계의 제 1 부만 발표하려고 결심했다. 그러나 1806 년과 1807 년
사이의 겨울 학기에 가서야 이 서론은 비로소 《정신현상학》이란 제목
을 달게 되었다. 4) 그 다음 일은 알려진 바와 같다. 즉 그 서론은 결

---

3) 호프마이스터의 서문은 헤링의 논지를 명확하게 제시하고 있으며, 또 《정신현상학》
   이 발간되기까지의 정황에 관한 탁월한 논의를 담고 있다. 독자에게 이 서문과 헤링
   자신의 저술인 《*Hegel; Sein Wollen und sein Werk*》, 2 Bände (Leipzig, 1929)를
   읽어 볼 것을 권장한다.

4) 물론 1805 년 Voss 에게 보낸 편지가 있다. 그러나 이 점에 관한 적절한 논의에 대
   해서는 헤링의 전게논문을 참조. 또한 호프마이스터의 서문(p. xxxi)을 참조. 《정
   신현상학》을 체계의 일부로 본 그의 논지는 견지될 수 없다. 왜냐하면 1805~6 년의
   겨울 학기에 헤겔은 「(a) Logicam et metaphysicam sive philosophiam speculat-
   ivam, præmissa Phaenomenologica mentis ex libri sui; 《*System der Wissenschaft*》

국 집필과정에서 그 자체로 〈학문 체계의 제 1 부〉가 되고, 그리하여 《정신현상학》이 탄생하게 되었다. 그러나 여전히 밤베르크(Bamberg) 의 출판업자 괴프하르트(Göbhart)와의 계약 내용은 논리학과 형이상학을 《정신현상학》이라는 표제의 서론으로 시작할 체계의 제 1 부로 예상하고 있었다. 결국 서론은 그 자체로 충분한 하나의 작품이 되었으며, 그 풍부성과 중요성은 단지 점차적으로만 그 저자에 의해 발견되었던 것이다.

사실은 바로 여기에 있다. 체계의 서론에 불과하던 것이 그 자체로 불어나서, 철학에는 서론이 있을 수 없다고 한 헤겔 자신의 공언에도 불구하고, 자기 충족적인 전체가 되었으며, 현상학적 관점에서의 헤겔 철학 전체에 대한 논술이 되었다. 대략 1806 년 9 월에 니이담머(Niethammer)에게 보낸 편지를 통하여 우리는 헤겔이 바로 이 시기에 자기 초고의 일부를 넘겨 주었다는 사실을 알 수 있다. 이 부분은 가장 늦게 보내졌던 서설이 아니라 의식, 자기의식 그리고 이성에 관한 현상학 전체를 포함했었다. 그러나 그것은 진정한 정신철학을 구성하고 있는 작품의 상당 부분, 즉 정신, 종교 그리고 절대 知를 포함하는 부분을 빠뜨리고 있었다. 이 누락된 부분은 1806 년 10 월 중에 단지 부분 부분으로만 해서 편집자에게 전달되었다. 서설의 원고는 1807 년 1 월에 전달되었고 《정신현상학》의 첫 단행본은 동년 4 월에 배포되었다.[5] 《정신현상학》의 원고에 생긴 단절, 즉 「정신」章에 해당하는 이 단절은 확실히 그 작품의 편집자들을 애먹였던 사실을 설명해 준다. 헤겔 자신이 작품의 전반부는 세 부분, 즉 A) 의식 B) 자기의식 C)이성으로 구분되었음을 지적하고 있는 데 반해, 후반부에서는 이와 유사한 구분을 전혀 찾아볼 수 없다. 편집자들은 《엔치크로패디》의 현상학과 대응시키기 위해서 일반적인 보완과 더불어 이성에 관련된 장을 AA) 이성 BB) 정신 CC) 종교 DD) 절대知로 세분시켰다. 그러나 이러한 삼분류법 이외에도 헤겔은 스스로 다음과

---

proxime proditura parte prima……. (b) Philosophiam naturæ et mentis ex dictatis……」를 공고했기 때문이다.

5) 익히 알려져 있듯, 또한 그가 1807 년 5 월 1 일 셸링에게 보낸 편지에서 적고 있듯 헤겔은 《정신현상학》을 예나 전투가 시작되기 전날밤에 탈고했다.

같은 정신현상의 순서를 따랐다. (1) 감성적 확신 (2) 지각 (3) 오성——이 세 계기는 대제목 A(의식) 아래로 분류된다——(4) 자기의식(B), (5) 이성(C), (6) 정신 (7) 종교 (8) 절대知, 마지막 현상인 이성, 정신, 종교 그리고 절대知는 실제로 처음의 두 계기와 대비될 수 있는 단일한 세번째 계기에 대응하지 않는다. 6)

《정신현상학》이 체계의 서론인가 또는 체계의 한 부분인가라는 물음은 언제나 제기되어 왔던 문제이다. T.헤링에 따르면 그 답변은 명백하다. 시초에 《정신현상학》은 체계의 서론으로 계획되었지만, 집필 과정 자체에서 체계의 일부가 되었다는 것이다. 그러나 생동하는 체계에 있어 서론의 가능성을 늘상 비꼬아 오던 헤겔이 어떤 이유로 그러한 서론을 발표하게 되었을까? 확실히 그것은 교육(학)적인 이유에서 비롯되었다. 다시 말해서 돌발적으로 절대知로부터 출발할 수 없으며, 필연적으로 일상적 의식을 學에로 인도하여야만 한다는 것을 그가 깨달았기 때문이다. 7) 결국 이 서론은 웅장한 문체로 청년 헤겔의 고유한 여정을 재현하면서, 단지 정신에 관한 하나의 현상학으로 그칠 수밖에 없었다. 자연철학에서부터 출발하는 셸링과 반대로, 헤겔은 정신의 제 현상으로부터 출발함으로써 자신의 독창성을 명확히 표시하여야 했던 것이다.

확정된 체계에 있어서 《정신현상학》은 체계의 서론으로서나 學의 제1부로서는 자취를 감추게 된다. 그것은 부피가 줄어들다가 단지 정신철학 전개의 한 특수한 계기가 되는 것이다. 우리에게는 그의 대단한 천재성이 엿보이지만, 헤겔은 이 작품을 이야기할 때는 언제나 당황의 기색을 띠고 있다. 8) 셸링에게 보낸 편지에서 그는 다음과 같

---

6) 무리할 정도로 헤겔 사유의 도처에서 삼분류법(la division tripartite)을 발견하려는 시도는 오히려 어리석은 일이다. 정립과 반정립, 그리고 종합의 도식은 최초에는 생동하는 변증법이었지만 헤겔이 《엔치크로패디》을 저술할 즈음에서 그것은 교육적 장치가 되고 말았다. 더우기 변증법적 운동과 결부되어 필연적으로 3단계로 조직된 헤겔의 초기 논문들 속에서, 우리는 쉽사리 그 도식으로 통합될 수 없는 일련의 현상을 발견한다. 《정신현상학》은 스스로를 정립(의식), 반정립(자기의식), 그리고 이성으로서 제시하며 동시에 하나에서 여덟에 이르는 정신의 「현상(phénomènes)」으로 제시하고 있다.

7) 서설에서 헤겔은 이 점에 관해 다소 상세하게 설명하고 또 정당화하고 있다(PE, I, 25; PG, 26; 정신현상학, I, 81).

8) 이미 앞에서 지적했던 바와 같이 헤겔은 임종 직전에 손질했던 《정신현상학》 개정

이 쓰고 있다. 「나의 글은 이제야 완성되었다네. 그러나 이제 이 글을 친구들에게 보내려는 마당에 와서도 역시 그 모든 서적상이나 인쇄업자와의 관계에서, 그리고 부분적으로는 그 책을 집필하는 과정 자체에 있어서까지도 내가 견뎌내야만 했던 바로 그러한 달갑지 않은 낭패감이 또다시 야기되고 있다네.」[9] 연구가들을 당혹케 하는 것은 예나 시절 작품의 후반부를 이루고 있고, 또 헤링에 따르면 훨씬 늦게 편집자에게 전달됐던 정신과 종교에 관한 장이 체계의 현상학 부분에서는 자취를 감추게 되었다는 점이다. 사실 1807년의 작품에는 어떤 단절이 있었고, 그리하여 정신과 종교에 관한 장은 엄밀한 의미에서 이 서론에 속하지 않았을 그런 전개 부분을 이루고 있는 것일까? 물론 헤겔의 의도가 집필과정 자체에서 수정될 수 있었다는 것은 가능하다. 그러나 그가 전반부의 몇몇 장, 예컨대 「유기체의 관찰」, 「관상학」, 「골상학」에 부여했던 중요성에 비추어 볼 때 그는 뒤로 되돌아가 볼 수 있는 여유가 없었다. 그는 거의 자신도 모르는 사이에 의식의 현상학뿐만 아니라 모든 정신적 제 현상이 현상학적 관점으로부터 연구되어질 그런 정신의 현상학을 쓰기에 이르렀던 것이다. 이것이 또한 J. 호프마이스터가 지적하고 있는 점이기도 하다. 「〈이성적 자기의식의 자기실현〉에 관한 장을 통해서도 객관적 정신으로 推動해 나갈 가능성이 너무나 컸던 까닭에, 바로 그와 같이 거침없는 서술이 전개되는 상태에서는 자기의식으로 하여금 유일하게 그 자신의 진리에 도달하도록 해주는 〈세계의 제 형태〉라는 장 앞에서 정지한다는 것은 전혀 있을 수 없는 노릇이다.」[10] 그것은 마치 개별자로서의 이성을 떠밀어 정신으로서의 대자적 세계(monde pour soi-même comme esprit)가 되도록 하며, 마찬가지로 정신을 떠밀어 종교 속에서 자기 자신을 대자적 정신으로 발견하도록 하는 어떤 내적 요구와도 같다. 자각(prise de conscience)은 의식의 전개과정 전체를 지배하였지만, 이제 그것은 모든 정신적 제 현상으로 확장되며, 또 개인적 의식의 현상

판에서 「學의 제1부」라는 구절을 제목에서 삭제하였다(PE, I, 25; PG, 26; 정신현상학, I, 81).

9) 1807년 5월 1일, 셸링에게 보내는 편지에서.

10) 호프마이스터, 《정신현상학》 편찬 서문, p. xxxiv.

학이 필연적으로 정신일반의 현상학으로 된다.

이것은 이러한 변형이 아무런 문제도 제기하지 않는다는 것을 의미하는 것인가? 헤겔이 절대知에 도달하기 이전에 개인적 의식의 전개뿐만 아니라 자연의 知도 다루고, 또 객관적 정신의 전개뿐만 아니라 종교도 다루면서 자신의 전 체계를 《정신현상학》이라는 형태로 제시할 수 있었다는 것은 헤겔주의의 해석에 있어서 어떤 애매성이 개재해 있음을 잘 지시해 주는 것 같다. 정신현상학과 그후의 논리학간에는 어떤 관계가 있는가? 우리는 절대知에 관한 《정신현상학》의 마지막 장으로부터 영감을 받으면서 우리 연구의 결론 부분에 이르러 이 문제에 접근해 볼 작정이다. 그러나 이 문제는 헤겔 철학 그 자체가 현상학인가 아니면 존재론인가라는 물음으로 연결되는 까닭에 근본적으로는 거의 해결 불가능한 문제가 될 것이다. 그것은 확실히 그 둘 중의 하나이겠지만 이 둘 가운데 무엇이 본래적인 진행방식이며 헤겔주의의 원천인가? 헤겔의 논리학은 현상학 전체와 무관한 것인가?[11]

Ⅱ. 후기 저작에서의 《정신현상학》

논리학, 자연철학, 정신철학의 세 부분으로 구성된 《엔치크로패디》의 체계에 편입될 수 있기 위하여 1807 년의 《정신현상학》은 축소되어져야만 했다. 정확히 말해서 그것은 정신과 종교의 장을 상실했다. 이러한 변화는 뉘른베르크 시절의 《예비학》에서 나타나고 그 다음으로는 《엔치크로패디》에서 나타난다. 우리는 이러한 변화의 세부를 추적해서 그 이유를 명시할 것이다.

---

11) 헤겔 자신이 적고 있듯(PE, Ⅱ, 310; PG, 562; 정신현상학, Ⅱ, 405), 어떤 면에서 1807 년의 《정신현상학》은 헤겔 사상 전체를 나타내고 있다. 「學의 모든 추상적 계기마다에는 현상화되는 정신일반의 어떤 한 가지 계기가 대응하고 있다.」《정신현상학》에서 知의 모든 계기들은 대자(pour-soi)와 즉자(en-soi), 확실성(확신)과 진리의 「내적인 대립에 따라」 제시된다. 《정신현상학》은 진리가 자기 자신에게 나타나는 한에서, 혹은 개념이 양분되어 「내적인 대립에 따라 자기 자신을 표상」하는 한에서 진리이다. 이 책의 제 2 권 마지막 장을 참조. 또 호프마이스터가 《정신현상학》 편찬 서문에서(p. xvi) 인용한 David Strauss 의 「헤겔 의 유작들은 한낱 《정신현상학》으로부터의 발췌물에 지나지 않는다」는 구절을 참조.

a) 《예비학》에서

헤겔은 뉘른베르크의 김나지움 교장으로서 매우 미묘한 교육학적 과제에 직면하게 되었다. 문제는 자신의 사상을 대학교육이 아니라 오히려 초심자의 입문교육에 적응시키는 것이었다. 그가 니이담머에게 말한 것처럼 그의 사상은 좀더 이해하기 쉽고, 좀더 대중적인 형식을 채택해야 했다.[12] 이 교육학적인 배려가 언제나 그의 체계의 형성과 발전에 작용하였다. 헤겔은 무엇보다도 자기 자신을 교수라기보다는 오히려 「정신의 몽상가(visionnaire de l'esprit)」라고 생각했다. 예나 시절의 첫번째 논리학은, 그가 「논리학(Logique)」이라고 부르는 강의용의 논술(exposé didactique)이라기보다는 차라리 의사 전달의 가능성 여부를 고려하지 않고 또 교수법에 적합한 형식을 고수하지 않으면서 자신을 탐색하고 자신을 회복하고 또 자신의 고유한 길을 추구하는 하나의 사유의 역사이다. 뉘른베르크에서 그는 자기의 논리학을 15세의 청소년들에게 상의해야 했다. 따라서 그들에게 사변적 논리학, 즉 생동하며 변증법적인 정신의 논리학을 직접 교수한다는 것은 불가능한 일이었다. 그는 전통 논리학의 「화석화된 재료」를 취해서 그것에 다시금 생명을 불어넣고 또 그것을 변증법적 논리학으로 변형시키고자 노력했다. 그는 전통 논리학과 자신의 새로운 논리학 사이에 어떤 매개물을 발견하여야 했다. 이러한 논리학의 변형에 대한 필요성을 의식이나 한 듯 이미 《정신현상학》 서설에서 그는 다음과 같이 적었다.

그런데 이와는 달리 현대에 있어서는 모든 사람마다가 이미 사유의 추상적 정형화가 이루어져 있는 상태에 놓여 있다. ……그러므로 오늘날 우리가 할 일은 직접적인 감성적 존재양식에서 벗어나도록 개인을 순화시키면서 동시에 그로 하여금 사유하며, 또한 오직 사유를 통해서만 포착할 수 있는 실체로 화하도록 하느니보다는 오히려 그와 반대로 고정적인 확정된 사상을 지양함으로써 보편적인 것을 구체화하고자 여기에 활력을 불어넣는 일이 되겠다. 그런데 이미 고정된 사상을 유동화시킴으로써 이를 전체적인 흐름 속

---

12) 1811년 10월 10일, 니이담머에게 보낸 편지에서.

에서 용해시키는 일은 감각적인 현존재를 그러한 상태로 전환시키는 것보다
훨씬 어려운 일이다(PE, Ⅰ, 30; PG, 30; 정신현상학, Ⅰ, 89~90).

이러한 정신의 논리학은 형식논리학이 아니며 또 추상적인 사유의
제 규정을 있는 그대로 취하는 것이 아니라 운동과 생성 속에서 파악
하는 논리학이다. 1812 년, 헤겔은 이 정신의 논리학을 예나 시절의 예
비적 저작들의 그것보다 훨씬 더 이해하기 쉬운 형식으로 제시하였다.
교육학적인 필요성이 그에게 이러한 매개물을 발견할 수 있도록 해준
것이다. 그에게 「실 속의 바늘」은 「사변적 사유를 결여한 추상적 사
유」를 가르치는 일이었다. [13]

따라서 논리학은 뉘른베르크 시절 헤겔의 교육 실행에 많이 힘입고
있다. 《정신현상학》에 관해서 말하자면, 그것은 이미 헤겔이 뒷전에
제쳐 놓은 작품이었다. 그러나 《철학입문으로서의 정신론》에서 「知에
대한 서론」이 계속 언급되고 있음을 볼 수 있는데, 이는 1807 년의 《정
신현상학》과 동일한 목적을 지니고 있다. 정신현상학이란 이름은 거
기서 찾아볼 수 없지만, 헤겔이 이 정신이론과 더불어 제시하는 과
제는 1807 년의 《정신현상학》에서 제시된 과제와 동일한 것이다. 「철
학에서의 서론은, 특히 정신이 學에로 고양되기까지 수단으로 삼는
정신의 상이한 속성들과 활동들을 고려하여야 한다. 이 정신적 속성
들과 활동들은 필연적인 연관 속에서 제시되는 것이기 때문에 이러한
자기인식 또한 學을 구성하고 있다.」[14] 우리는 여기서 學의 서론인
동시에 하나의 특수한 學이 되는 《정신현상학》의 이념을 발견한다. 그
러나 또한 이 (특수한) 學과 철학 체계 전체 속에서 한 자리를 차지하
게 될 넓은 의미의 심리학간의 차이점이 무엇인가를 물을 수 있다.

내용면으로 볼 때 《예비학》에서 헤겔은 매우 도식적인 형태로 1807
년 《정신현상학》의 처음 세 계기, 즉 의식, 자기의식, 이성을 다루고
있다. 그러나 《정신현상학》에 있는 자기의식의 전개(금욕주의·회의
주의·불행한 의식)와 이성의 전개(관찰하는 이성과 행위하는 이성)가
빠졌다. 또한 정신과 종교에 관한 제 구분도 빠졌다. 그렇지만 헤겔은

---

13) 뉘른베르크 시절의 《예비학》과 호프마이스터의 《정신현상학》 편찬 서문, p. xvii 참
　　조.
14) Hegel, 《Propédeutique》(S.W., éd., Lasson, Ⅰ, p. 14).

의식이 세 가지 주요 단계, 즉 a) 불완전한 추상적 대상의 의식 b) 유한한 정신세계의 의식 c) 절대정신의 의식으로 구분된다고 말한다. 그러나 《정신현상학》의 정신이나 종교로 이끌어갈 법한 이러한 지적은 그 이상 심화되지 않는다. 단지 추상적이거나 불완전한 제 대상의 의식만이, 다시 말하면 의식, 자기의식, 이성만이 전개된다.

이제 헤겔에게 제기되는 문제는 《정신현상학》과 심리학의 관계의 문제인 것 같다. 이미 1807 년 10 월 《정신현상학》의 광고문에서 그는 다음과 같이 말하고 있다. 「정신의 현상학은 심리학적인 설명이나 지식의 기초에 대한 좀더 추상적인 논의를 대신하여 등장한다. 즉 그것은 學에 이르는 예비과정을 고찰하되, 바로 이 학문이 하나의 새롭고도 흥미로우며 동시에 철학이 다루어야 할 제 1 의 學이 되게 하는 그러한 관점에서 고찰하고 있다.」[15] 논리학의 제 법칙과 심리학의 제 법칙이라는 짤막한 장에서 관찰심리학 또는 기능심리학에 대한 간단한 비판을 찾아볼 수 있다. 그러나 《정신현상학》은 과연 정신철학의 서론인가 또는 이 정신철학 자체인가?

니이담머에게 보내는 한 편지에서 헤겔은 다음과 같이 적고 있다. 「나는 심리학의 서술을 1) 자기 자신을 현시하는 정신과 2) 즉자대자적인 정신의 두 부분으로 구분합니다. 첫부분에서는 나의 《정신현상학》의 관점으로부터 의식을 다루고 있읍니다만, 그러나 그것은 《정신현상학》의 전반부, 즉 의식, 자기의식, 이성만을 다루는 것입니다.」[16] 이 원문은 단지 현상학으로 그치는 것이 아니라, 자신의 체계 안으로 통합되는 그런 정신철학을 구성하려는 헤겔의 노력을 잘 보여 주고 있다. 정신적 의식은 여기서 즉자대자적인 정신 자체와 구별되는데, 이 즉자대자적인 정신이 엄밀한 의미의 심리학의 대상이다. 따라서 《정신현상학》은 (정신철학의) 서론 역할을 한다. 그러나 이 성장에 이어 계속되는 제 전개과정이 생략되면서, 그것은 《엔치크로패디》가 제공하는 知의 체계적인 연쇄 속에서 단지 하나의 특수한 계기만이 되는 것이다. [17]

---

15) 호프마이스터의 《정신현상학》 편찬 서문, p. xxxvii 에서 인용되었다.

16) 이 편지는 호프마이스터가 《예비학》에 대한 그의 편찬 서문 p. xix 에서 인용하였다.

17) 1807 년의 《정신현상학》이 이성(Vernunft)을 포함하는 정신의 제 형태(Gestalten)를

b) 《엔치크로패디》에서의 《정신현상학》

하이델베르크에서 간행된 《엔치크로패디》 초판 이후 이러한 철학의 서론은 완전히 자취를 감추었다. 현상학이란 이름은 보존되고 있지만, 그것은 주관적 정신의 철학이란 특수한 부분에 적용된다. 의식이론으로서의 현상학은 영혼(l'âme)을 대상으로 하는 인간학과 정신을 대상으로 하는 심리학 사이에 위치한다. 우리는 1817년의 《엔치크로패디》에서 헤겔이 현상학에 부여하고 있는 궁극적 위상을 간략하게 검토할 것이다. 체계의 커다란 세 계기는 로고스(논리적 이념), 자연, 그리고 정신이다. 그러나 주관적 정신 자체는 최초에는 자연이다. 다시 말해서 그것은 아직 자기 자신에 대해서 어떠한 구별도 하지 않은 영혼이며, 또 우리에게는 세계 내의 제 사건, 즉 그가 자체 내에 지니고 있는 제 사건을 반영할 뿐인 영혼이다.

이 영혼은 즉자적 정신이며, 아직은 대자적 정신이 아니다. 대자적 정신이 되기 위해서 그것은 의식이 되어야만 한다. 영혼에서 의식으로의 이행은 변증법의 진리인 바, 곧 자연외 변증법이며 지각의 변증법이다. 이때 자기의 내면 속에 침잠되어 있는 영혼은 잠들어 있는 영혼이다. 그러나 진실로 영혼의 자각(각성)이란 그 내용에 대한 의식, 즉 그에게 낯설고 외면적인 것으로 변모한 세계에 대한 의식이다. 「영혼은 그에게 세계인, 즉 타자인 자신의 내용과 구별된다.」 그리하여 영혼은 더 이상 자기확신일 수 없으며, 그 진리는 그와는 다른 타자, 즉 대상이 되었다. [18]

의식은 이제 특수학, 즉 현상학의 대상이다. 이 현상학은 인간학에 대립하며 엄밀한 의미에서의 심리학을 예비한다. 이 현상학에서 자아는 자기 자신에 대한 추상적 확신을 갖는다. 말하자면 그것은 대자적으로(pour-soi) 존재하는 것이다. 그러나 추상적 확신은 자아와 다른 대상, 타자의 현존에 대립한다. 헤겔의 말에 따르면, 그것은 자기에

대자의 측면에서 제시하고 있는 데 반하여, 후기 저작들에서의 현상학적 항목들은 단지 의식에서 이성으로의 이행만을 제시하고 있다. 이 저작들에 있어서 이성은 그 자체로 전개되는 즉자대자적인 진리이다.

18) Hegel, 《*Encyclopédie*》(S. W., éd., Lasson, V, p. 369).

대한 반성으로서 영혼의 직접적 동일성이 아니라 관념적 동일성이다. 「자아는 자기와 타자를 드러내는 빛이다.」 그러나 이러한 형식 아래선 영혼은 즉자대자적이 아니다. 그것은 단지 현상하는 정신이고 자기를 자기 자신에게 드러내는 정신일 뿐이다. 「의식으로서의 정신은 단지 정신의 출현(apparition)이다.」[19]

이와 같이 자기를 자기 자신에게 반사시키는(자기 반성적) 자아에 있어서 변화하는 것은 대상이다. 따라서 변증법적 진보는 대상 자체 내에서의 진보이다. 현상학적 변증법은 경험의 변증법이다. 그러나 우리에게 있어서 의식은 그의 대상과 함께 변화한다. 의식으로서의 정신의 기능은 자기의 현상을 자기의 본질과 일치시키는 것이다. 자아는 자기의 확신을 진리에로 고양시켜야 한다. 이러한 고양의 제 단계는 대상의식인 의식——대상은 타자일반이다——, 대상이 자아가 되는 자기의식, 마지막으로 의식과 자기의식의 통일, 즉 대상이 대상일 뿐만 아니라 동시에 자아이기도 한 이성이다. 「정신은 대상의 내용을 자기 자신으로 보며, 또 자기 자신을 즉자대자적으로 규정된 것으로 본다.」[20] 이성은 정신의 개념이다. 말하자면 자기 자신을 파악하고 더 이상 자기확신과 분리되지 않는 진리가 즉자대자적인 정신이다.

이와 같이 영혼과 의식의 통일을 이룬 정신은 이제 심리학의 대상이 된다. 이 심리학은 객관적 정신, 즉 한낱 내면적인 정신으로 그치지 않고, 인륜적·정치적 제도나 민족·국가·세계사 등처럼 현존하는 정신적 세계로 변화된 정신에 이른다. 마지막으로 주관적 정신과 객관적 정신의 통일은 절대적 정신이며, 이는 예술, 종교, 그리고 철학으로 드러난다.

우리는 도식적으로 헤겔 체계의 운동과정을 제시해 보았다. 우리는 거기서 현상학이 더 이상 체계의 서론이 아니라, 오히려 정신철학의 일부임을, 즉 자기 자신에게 스스로를 대상으로서 현시하는 정신적 의식의 한 계기에 해당한다는 것을 알 수 있다. 이 부분이 철학사에서 각별히 중요하다는 것은 헤겔이 《정신현상학》을 칸트와 피히테의 철학과 맥락을 같이 하는 것으로 기술할 때 스스로 지적하는 점이다.

---

19) *Ibid.*, p. 370.
20) *Ibid.*, p. 370.

칸트와 피히테의 철학은 의식 너머로 고양되지 못했고 그리하여 의식에 내재하는 이원성, 즉 주관과 객관, 확신과 진리, 개념과 존재의 이원성을 극복할 수 없음이 입증되었다. 「칸트 철학을 가장 명확하게 규정한다면 그것은 정신을 의식으로 파악한 것이어서 결국 그의 철학은 오직 정신의 현상학에 대한 규정만을 담고 있을 뿐, 결코 정신의 철학에 대한 규정을 포함하고 있다고는 할 수 없다.」[21] 칸트 철학은 자아를 그 추상적 규정에 있어 물 자체로 불리우는 피안과 관계된 것으로 간주한다. 그것은 지성과 의지를 오직 이 유한성에 따라서만 파악한다. 확실히 《판단력비판》에서 칸트는 자연과 정신의 이념으로 고양되어 갔다. 그러나 이러한 이념은 주관적 의미밖에 지니지 못한다. 따라서 그것은 자기 자신을 즉자대자적으로 파악하는 진리가 아니라 단지 하나의 (진리의) 현시에 지나지 않는다.

절대知의 체계 전체에 대한 일반적 서론으로서의 현상학은 이제 체계를 구성하는 특수한 계기 가운데 하나, 즉 의식의 계기가 되었지만, 동시에 그것은 자기 내용의 일부를 상실했다. 의식은 주관적 정신에 속한다. 그러나 그 외에도 의식 너머로 고양되는 객관적 정신, 그리고 진리의 현시일 뿐 아니라 진리 자체로서 예술, 종교, 철학 속에 담겨진 절대정신이기도 하다.

그렇다 할지라도 우리의 견해로는 헤겔이 자신의 정신철학 전체——주관적 정신, 객관적 정신, 절대정신——를 《정신현상학》이란 형식으로 제시했다는 것은 결코 우연한 일이 아니다. 객관적 정신에서 정신은 자기 자신에게 역사의 형식으로 나타나며, 또 절대정신에서 그것은 자기 자신에게 즉자대자적인 정신으로 나타난다. 이러한 자기현시는 정신의 본질적 요소로서 《정신현상학》을 체계의 특수한 계기 이상이 되게 한다. 가장 포괄적인 의미에서의 정신철학은 의식의 生과 그 생성에 관한 철학이며, 또 의식은 어떤 점에서는 정신의 내용 전체를 발현케 한다고 생각할 수 있다. 의식은 정신의 의식이 되어야 하며, 그 대상이 의식임을, 즉 자기 자신임을 깨달아야 한다. 절대知에 있어서 진리는 그 진리를 결여한 확신이 한낱 추상적 확신에 불과하듯, 확

---

21) *Ibid.*, p. 370.

신을 배제한 진리가 아니다. 오히려 그 진리는 자기 자신을 파악한 진리이다. 그것은 자기확신, 즉 의식이다. 현상학적 형식을 통해 정신을, 의식의 전개과정에 있어 정신의 자기발현으로 서술하는 것은 1806 년의 헤겔에게는 각별히 중요한 의미로 부각된다. 왜냐하면 이때 헤겔은 셸링과 대립하여 진리는 실체일 뿐만 아니라 그와 못지 않게 주체이기도 하다는 주장을 거듭 되풀이하고 있기 때문이다. 의식에게는 초월운동 자체가 본질적인 까닭에 의식에 대한 정신의 생성인 《정신현상학》은 사실 미완성이라고 할 수 있다. 그러나 의식이 실제적으로 지양된 절대知는 완성된 진리 체계이다. 따라서 이 양자 사이에 하나의 대립이 있다는 것은 의심할 여지가 없는 것 같다. 이러한 대립은 헤겔 철학 자체의 내부에서 또 그의 역사철학과 절대정신의 철학 속에서 제시될 수 있었던 것처럼 보인다. 만약 정신이 역사라면, 또 자각(prise de conscience)이 정신의 생성에 본질적 요소라면 현상학을 완전히 추방한다는 것은 불가능해 보인다. 현상학은 사실 여타의 모든 것을 흡수할 만큼 위협적인 계기이다.

Ⅲ. 1807 년 작품에서의 《정신현상학》의 구성

1807 년의 《정신현상학》을 좀더 상세히 검토하기 전에, 우리는 그것을 총체적 시각에서 조명해 보고자 한다. 이러한 시도는 좁은 의미에서의 의식의 현상학에 해당하며, 또 그것만이 앞으로의 체계에서 보존되는 전반부와 그리고 헤겔적 의미에서의 정신현상학, 즉 한편으로 객관적 정신으로서의 유한한 정신과 다른 한편으로 종교(어떤 점에서는 예술도, 그러나 예술은 종교에 포함된다)나 철학(절대知)으로서의 절대정신에 각각 해당하는 후반부, 이와 같은 두 부분 사이에서 나타나는 외견상의 현저한 단절에도 불구하고 그 작품의 통일성을 보여줄 것이다.

《정신현상학》 전반부의 세 계기인 의식, 자기의식, 이성은 그 뒤로 이어지는 제 전개의 초석이라고 말할 수 있다. 이러한 전개의 변증법은 이성의 한 가장자리에서 관찰하는 이성과 행위하는 이성간의 대립이라는 보다 구체적인 형식으로 재현될 것이다. 헤겔이 「자기 자신의 행위에 의한 이성적 자기의식의 실현」이라고 부른 것은 이성의 영역에서 되풀이된 자기의식의 전개와 다른 것이 아니다. 「마치 관찰하는 이성이 범주의 요소 속에서 의식의 운동으로 나타난 감성적 확신과 지각 및 오성의 단계를 반복해 나갔듯이, 이 관찰하는 이성이 이번에는 자기의식의 이중운동을 다시 한번 거쳐 나감으로써 마침내 자립성의 단계에서 바로 그 자기의식의 자유의 영역으로 이행하기에 이르는 것이다」(PE, Ⅰ,289; PG, 255; 정신현상학, Ⅰ, 421). 의식과 자기의식의 유기적 종합은 보다 구체적인 형태로 다시 한번 이 새로운 영역에서, 즉 헤겔이 「그 자신이 즉자대자적으로 실재하는 개체성」이라고 명명한 장에서(PE, Ⅰ,322 ff.; PG, 283 ff.; 정신현상학, Ⅰ,465 ff.) 성취된다. 종교가 실재적 정신과의 대립을 여전히 극복하지 못하고 있는 정신의 자기의식이 되는 반면, 여기서의 정신은 의식에 해당된다(PE, Ⅱ,206; PG, 475∼6; 정신현상학, Ⅱ, 265∼8). 이것이야말로 선행하는 제 계기 전체를 요약하고 재구성하여 그 완성에 이르도록 하는 절대知에 관한 장에서 헤겔이 제시하는 문제가 실제로 의식과 자기의식간의 변증법적 화해의 문제인 이유이다. 「이상과 같은 의식과 자기의식간의 화해는 이제 이중적인 측면에서 조성됐다고 볼 수 있으니, 즉 한편으로는 종교적인 정신과 또 다른 면으로는 본래 있는 그대로의 의식 자체로부터 이루어진 것이 된다」(PE, Ⅱ,298; PG,553; 정신현상학, Ⅱ,388).

우리는 《정신현상학》 전반부의 세 계기에서 헤겔이 연구 대상으로 삼은 것은 의식임을 알고 있다. 정신이 자기 자신을 분석하는 과정에서 오직 그 자신만이 대상적으로 존재하는 객관적 현실이라고 하는 계기를 고수하면서도, 그러나 바로 이 현실이 그 스스로의 자각적인 계기로서 이루어진 존재라는 점에 대해서는 간과하는 한, 그와 같은 정신은 좁은 의미에서의 의식(감성적 확신, 지각, 오성을 포괄하는 대상의식)에 해당한다. 「이와는 반대로 정신이 그러한 분석과정을 통하여 자기가 대상으로 하는 것이 곧 자기의 대자적 존재라고 하는 또다른 계기를 고수할 때 모름지기 그는 자기의식이 되는 것이다」(PE, Ⅱ,11; PG, 315; 정신현상학, Ⅱ,10).

그러므로 의식, 자기의식, 이성은 그것만이 유일한 구체적 실재인 정신의 추상태들이다. 다시 말해서 그들은 「정신이 자기 자신을 분석한다는 사실 때문에」존재하는 것이다. 「이와 같이 그들 각 계기를 분산·유리시킨다고 하는 것은 모름지기 정신 자체가 그의 전제이며 동시에 존립기반이 되어야 한다는 것을 뜻하거니와, 즉 이와 같이 고립된 계기는 바로 그 자체로서 실존하는 정신 속에서만 존립하는 것이다」(PE, Ⅱ, 11; PG, 314; 정신현상학, Ⅱ, 9). 이 원문은 의식, 자기의식, 이성을 시간 속에서 규칙적으로 잇달아 발생하는 것으로 간주하는 것이 무익한 것임을 잘 보여 준다. 그것들은 오히려 분산·유리될 수 있는 제 계기로서, 각기 독자적으로 시간적인 전개과정을 통하여 다른 계기들에 도달하게 되는 정신의 체 구성 요소이다. 우리는 여기서 헤겔의 진행방식 중의 하나를 발견한 셈인데, 이것은 앞으로 반드시 지적하여야만 할 본질적인 진행방식이다. 《정신현상학》은 추상적인 것에서 구체적인 것으로 진행한다. 그것은 선행 단계를 언제나 자기 내부에서 재생산하며, 또 그것들에게 새로운 의미를 부여하는 보다 풍부한 단계로 고양된다.

헤겔이 사용하는 각각의 개념은 고차적 단계의 전개과정 속에서 재수용되며 개작·변경되는 바, 말하자면 재사유된다. 점차적으로 그 내용을 더해 가는 추상적 계기들의 이와 같은 재수용은 헤겔적 사유의 근본 양태를 특징짓고 있다. 헤겔 자신도 이미 건넜던 제 단계가 새로운 의미를 띠고 등장하도록 끊임없이 논의를 거슬러 올라가 그 단계들을 개관할 필요성을 자각하고 있었다. 우리는 앞에서 의식과 자기의식의 전개과정이 이성의 영역에서 재현된 「이성」장의 원문과 또 이 계기들이 한낱 추상태로, 즉 소멸·해체되어 가는 일시적인 크기(grandeurs évanouissantes)로 변해 버린 「정신」장의 원문을 각각 인용해 보았다. 「이제 정신이나 혹은 그러한 계기가 자체 내로의 반성을 하고 난 이 단계에 와서 우리는 간단하나마 이들 제 계기(의식·자기의식·이성 ; 역자)에 대해 이러한 관점(정신의 본질은 그들 제 계기가 행하는 운동과 해체에 있다는 사실 ; 역자)에 따라 반성을 해볼 수 있다」(PE, Ⅱ, 11; PG, 315; 정신현상학, Ⅱ, 10).[22]

헤겔의 진행방식이 《정신현상학》을 진정한 유기적 체계로 만들고

---

[22] 헤겔 사유의 구성 단계에서 각각의 개념의 의미가 점차적으로 풍부해지는 현상에 관해서는 《정신현상학》제 2 권(이뽈리뜨의 《정신현상학》 불어판 번역서) 말미에 있는 분석목록을 참조.

있다. 첫 전개과정이 완성되면 새로운 요소가 잉태되고, 이 새로운 요소 속에 선행하는 단계가 재등장하면서 보다 풍부하고 보다 구체적인 의미를 획득한다. 이러한 진행방식이 작품의 마지막 단계까지 계속되어 《정신현상학》 전체를 구체적인 풍부성 속에서 기술하게 된다. 그리고 이러한 풍부성은 그 나름대로 다시 단순한 요소가 되어, 그 가운데에서 學은 자기의 전개를 새롭게 시작한다. 절대知의 요소는 사변철학, 특히 논리학의 요소가 되며, 논리학의 제 계기는 어떤 점에서 현상학의 제 계기와 대응한다. 그러나 여기서 양자의 차이란 마치 의식과 자기의식의 차이처럼 더 이상 제시되지 않는다. 그것은 내용 속에 내재한 차이가 되었지 내용 파악에 있어서의 차이가 되지 않는다. 이러한 관점에서 볼 때, 현상학적 변증법의 세 항목인 의식·자기의식·이성은 《정신현상학》에 고유한 요소이다. 그러나 이 경우 우리는 「객관적 논리학」과 「주관적 논리학」의 구분이 무엇을 의미하는가 물을 수 있을 것이다.[23]

A) 의식 B) 자기의식 C) 이성으로 구성되는 전반부의 세 계기를 그 추상적 국면에서, 말하자면 그것들이 이미 즉자적인 것으로 되기 전에 또 구체적인 정신의 제 계기로 되기 전에 고찰해 보자. 왜 그것들이 《정신현상학》 전체의 근간이 되는가를 이해하기란 그리 어렵지 않다. 자기의식을 사상했을 때 의식은 무엇을 의미한단 말인가? 《정신현상학》은 주관과 객관, 자기와 세계, 의식과 그 대상적 상관자, 확신과 진리 등 인식의 문제에 고유한 모든 대립을 진술할 수 있는 여러 가지 맞짝개념(couple)으로 표현되는 대립으로부터 출발한다. 단지 의식의 차원에 머물러 있는 한에서의 정신은 그에게 소원한 세계, 그리하여 감각될 수 있고 또 그가 수동적으로 수용할 뿐인 그런 세계로 접근하게 된다. 의식은 이 세계를 감각적으로 느끼고 지각하고 또 그의 오성에 따라 파악한다(concevoir). 의식의 이러한 세 구분은 의식 전개의 세 단계로 간주될 수 있다. 모든 감성적 의식은 필연적으로 지각하는 의식으로 되며, 모든 지각하는 의식은 오성으로 된다. 확실히 의식은 자기의식이기도 하다. 의식은 자기 대상을 진

---

23) 논리학은 「객관적 논리학」(존재와 본질)과 「주관적 논리학」(개념)으로 구분된다.

리로 안다고 믿는 동시에 또한 자기가 지닌 이 知 자체도 아는 것이다. 그러나 의식은 미처 이 점을 깨닫고 있지 못하다. 따라서 그것은 오직 우리에 대해서만(pour nous) 자기의식이며 그 자신에 대해서는 자기의식이 아니다. 사실 의식은 오로지 대상만을 지향한다. 다시 말해서 의식은 대상知에 대한 확실성에 도달하기를 원하지, 자기知에 대한 확실성에 도달하기를 원하는 것은 아니다. 이러한 대상지향이 곧 의식일반의 성격을 규정하고 또 현상학적 의식의 출발점을 마련한다.

확실히 현상학적 의식에 대한 대상은 절대知에 도달한 철학자에 대한 대상과 동일한 것이 아니며, 또한 이성, 즉 자기 대상 속에서 자기 자신을 모색하는 學에 대한 대상과도 동일한 것이 아니다. 의식의 대상은 전적으로 의식의 외부에 정립되며, 의식은 이것을 수동적으로 받아들이기만 하면 된다. 진리를 받아들이면서 그것을 직접적으로 소유하는 확실성(확신)은 헤겔이 「감성적 확신」이라고 부르는 의식의 국면의 특징이다. 대상, 즉 진리는 나의 앞, 저기에 존재한다. 그리하여 나는 그것을 받아들이기만 하면 된다. 나의 확신은 직접적으로 진리이다. 이 진리는 내적 반성이 결여되어 있다. 의식의 상관자는 知의 너머에 (초월해) 있는 것이 아닐지라도 그것은 모든 知에 소원한(étranger) 것이다. 세계에 대한 의식의 이러한 소박한 정립은 지양되어야 할 것임에도 불구하고 의식이 정신의 한 계기인 이상 우리는 그곳으로 끊임없이 되돌아가기 마련이다.[24] 의식은 이와 같은 확신에 머무를 수만은 없고, 오히려 그 진리의 발견에 주력해야만 한다. 이를 위해서 의식은 대상지향적이기보다는 자기지향적이어야 한다. 의식은 자기확신의 진리를 탐구해야 한다. 다시 말해서 의식은 대상의식보다는 자기知에 대한 의식인 자기의식이 되어야 하는 것이다. 대상의식의 진리는 자기의식이다. 이는 의식의 마지막 구분 단계인 오성에 의해 확립될 것이다.

우리는 「오성」 장에서,[25] 대단히 세밀하게 의식에서 자기의식으로의

---

24) 그것은 「의식적일이만큼」 18 세기의 감각주의 철학으로 되돌아가고 있다(PE, Ⅱ, 110; PG, 397~8; 정신현상학, Ⅱ, 140~1).

25) 이 책 제Ⅱ부 제 3 장.

이행을 검토할 것이다. 그런데 여기서 중요한 것은 자기의식——의식에 대립된 계기——이 자기 자신을 선행하는 운동의 결과로서 인식하지 않는다는 점이다. 그것은, 마치 그가 의식에서 자기의식으로의 이행을 잊어 버리기나 한 듯 구체적인 형식으로 제시된다. 현상학적 여정을 따라 의식의 전계기를 전개시켰을 때, 우리는 피히테가 《지식학의 기초》에서 출발했던 선험적 관념론의 관점에 도달하게 된다. 우리는 우리 외부의 대상을 인식한다고 믿지만(확신), 그러나 우리는 우리 자신만을 인식할 뿐이다(이 확신의 진리). 소박한 의식의 실재론은 선험적 관념론에 도달하는 것이다. 헤겔은 상상을 곁들여 다음과 같이 적고 있다. 「만약 우리가 내면세계를 은폐하도록 되어 있는 이른바 장막의 배후에 스스로 발을 들여놓지 않는 한 결코 그 배후에서는 우리에게 아무것도 눈에 띄지 않을 것인즉, 오직 무엇인가 발견될 만한 어떤 것이 장막의 배후에 가리워져 있다는 생각을 앞세울 때만 비로소 우리는 거기서 무엇인가도 찾아낼 수 있다」(PE, Ⅰ, 140~1; PG, 129; 정신현상학, Ⅰ, 231). C·안들러가 말했듯, 「사물의 내부는 정신의 구성물이다. 우리가 실재를 가리고 있는 장막을 거둔다면 우리는 거기서 우리 자신만을 발견하게 될 뿐이며, 또 우리가 오성이라 부르는 정신의 보편화하는 활동만을 발견할 뿐이다.」[26] 마찬가지로 경험과학은 실재적 힘, 전기, 인력 등을 연구한다고 생각하지만, 사실 그것은 자기 자신을 연구하는 것이며 자기 자신을 발견하는 것이다. 세계에 관한 지식은 자기 자신에 관한 지식이다. 타자에 대한 확신이 자기확신이 된다. 자아는 타자를 넘어섬으로써 자기 자신을 대상으로 취급하는 것이다.

그러나 이러한 자기확신——좁은 의미에서의 자기의식——은 또다시 하나의 추상태에 불과하다. 그것은 그 자신이 자각하지 못하고 있는 이전 단계의 변증법을 욕구와 충족이란 구체적인 형식으로 자기 내부에 응축시킨다. 대상은 나의 앞, 저기에 있다. 나는 그것을 관조하고 음미하는 것이 아니라, 오히려 적극적으로 받아들여 내 속으로 동화시킨다. 헤겔의 독창성은 이 자기의식을 의식에 대립된 제 2 의 계기로 간

---

26) C. Andler, ⟨*N° spécial consacré à Hegel*⟩ in 《*Revue de métaphysique et de morale*》(juillet-septembre, 1931), p. 317.

주하여 이것에서 그 자신의 독특한 변증법을 전개시키는 점에 있다. 이 의식은 學的 사유의 반성 속에서보다는 자신의 충동과 그 충동의 실현 속에서, 또 그 욕구의 운동 속에서 자아로 경험된다. 의식은 타자를 지향한다. 그러나 자기의식은 타자를 통하여 자기 자신을 지향한다. 이것이 곧 욕구(désir)이다. 자아가 자아일 수 있는 것은 오직 다른 자아와 대립되는 한에서일 뿐이며 또 다른 자아 속에서 자기 자신을 발견하는 한에서일 뿐이다. 원초적인 사회생활의 세 가지 관계(인정 투쟁, 지배, 봉사) 속에서 의식의 자기의식으로의 발전은 바로 이러한 기본적인 형식을 통해서이다. 보다 고차적인 형식에서 자기의식은 자신의 자립성과 자유의 의식이 된다. 그렇지만 금욕주의의 의식처럼 자기의식은 회의주의와 불행한 의식 속에서 이러한 확실성의 진리를 검증해야만 한다.

만약 확실성과 같이 추상적으로 고찰된 자기의식의 진리가 자기의식 자체를 부정하는 것이 아니라면, 이들 변증법이 시사하는 직접적인 의미는 무엇일까? 그러므로 타자의식으로서의 의식이 일정한 방식으로 도입된다. 의식은 자기 자신에 대해 전개될 때 우리를 자기의식으로 인도한다. 마찬가지로 자기 자신에 대해 전개된 의식은 우리를 의식으로 복귀시킨다. 전자의 경우 의식 그 자체는 추상적이고 보편적이다. 오직 그 내용만이 구체적이다. 그러나 의식에 대해서 이 내용은 「타자」이다. 후자의 경우 의식은 이미 구체적인 의식이 되었다. 즉 그것은 그 자신의 내용이다. 그러나 그것은 개체성에 한정된, 다시 말해서 자유를 갈망하면서도 현실적으로 그 자유에 도달하지 못하는 자아에 한정되어 있다. 세계, 보편자는 여전히 그에게 외적인 것으로 남아 있다. 보편자와 특수자의 통일은 불변자의 형태(figure de l'immuable) 속에서만, 즉 불행한 의식 속에서만 실현된다. 그러나 이러한 통일은 의식을 초월해 있다. 사실 그것은 의식과 자기의식간의 통일로서, 세번째 계기인 이성의 계기에서 실현된다.

「이성이란 곧 그 자신이 실재 전체라는 데 대해서 의식이 지니는 확신이다」(PE, I, 196; PG, 176; 정신현상학, I, 299). 이성은 의식과 자기의식의 변증법적 종합이다. 의식과 같이 이성은 보편자의 의식이며 대상의식이다. 그러나 자기의식과 같이 그것은 자아의 의식이며 주체의 의식이다. 의식에 있어서 사물의 실재성은 단지 객체적(대상적)이었고 즉자적이었지만, 자기의식에 있어서 그 실재성은 그 욕구의 충족을 위한 수단에 불과했다. 세계는 자기의식에 대해서 있는 것이지 즉자적으로 있는 것이 아니다. 이성은 근원적인 통일 속에서 이 두 계기를 결합한다. 즉자적인 존재 속에서 이성은 자기 자신의 진리를 발견한다. 사물의 세계 속에서 이성은 자기 자신을 경험하는 것이다. 이성은 관념론이다. 그러나 이 관념론은, 예를 들어 칸트나 피히테에 의해 철학으로 표현되기 이전에 역사적인 실재성을 지닌다. 우리가 의식과 자기의식을 상호 고립시켜 고찰한다면, 다시 말해서 一著에서 他著로의 이행과정을 망각한 채 그 결과만을 새로운 경험으로 간주한 다면——이는 경험을 재사유(반성)하기 위해서 다시 경험하는 것이 아니라 언제나 새로운 경험으로만 받아들이는 현상학적 의식의 일반적 태도이다——관념론 역시 (고립된) 의식이나 자기의식 못지 않게 하나의 구체적인 소여태이다.

　관념론은 그 생성과정을 고려하지 않은 채 「자아가 실재 전체이다」라는 결과를 정립한다. 그러나 그 생성과정은 이러한 언명에 본질적이다. 르네상스나 근대과학의 발전과정 전체는 역사적 현상으로서 나타난 바로 이 관념론이다. 그럼에도 불구하고 이성의 영역에서 의식과 자기의식간의 상호 대립은 보다 구체적이고 보다 심원한 형태로 재현된다.

　의식은 이성의 영역 속에서 관찰하는 이성이 되어 學的 관점에 입각하여 자기 자신을 고찰한다. 의식은 여전히 타자를 모색하지만, 그러나 감성적 확신의 그것보다 고차적인 수준을 이루고 있는 지금 그가 모색하는 것은 자기 자신이다. 「이성은 자기와 다른 타자를 추구하기는 하되, 그러나 이것은 어디까지나 바로 그 타자를 통해서 오직 자기 자신만을 발견할 것임을 충분히 깨닫는 가운데 행해질 뿐이다. 결국 이성은 오직 자기 자신의 무한성만을 추구하는 것이다」(PE, Ⅰ, 204; PG, 183; 정신현상학, Ⅰ, 310). 이러한 탐구의 종말에 가서 이성은 자기 자신을 하나의 존재로서, 즉 하나의 사물(chose)로서 발견할 것이다. 이성은 유기적 자연과 비유기적 자연, 즉 보편적 生을 관찰할 것이다. 그것은 자기 자신을 자기의식으로서 관찰할 것이며, 또 인체 내에서의 자기의식의 실현으로서, 즉 표현(관상학)과 죽은 사물(골상학)로서 관찰할 것이다. 그것이 도달하게 될 기이한 결과——그러나 이는 그것의 탐구의 요구 속에 함의되었던 결과이다——는 일종의 유물론이다. 이성은 하나의 사물이며 존재이다. 그러나 이제 동일한 이성의 영역에서 자기의식이 존재의 부정으로서 등장할 것이다. 이성은 자기 자신을 정립하기 위해 대상적 존재를 부정하면서 자기를 창출·형성한다. 여기서부터 의식과 자기의식의 대립은 이론이성과 실천이성——인식과 행위——의 대립으로 바뀐다.

인식은 보편자의 인식이다. 그것은 의식 속에서의 보편자(의 현존)이다. 그러나 행위는 개별적 자기의식의 행위로서 제시된다. 문제는 이미 자기의식의 경우에서 그랬던 것처럼 주관적 자아와 세계의 관계 문제이다. 그러나 자아의 의미나 세계의 의미는, 헤겔이 「범주의 요소」라고 부르는 것 속에서 정립될 때 더 이상 전적으로 동일한 의미를 지니지 않는다. 그것들은 보다 구체성을 띠게 된다. 자아는 비록 그 자체가 아직은 이성이 아닐지라도 이성을 소유한 자아가 됨으로써 이성에 의해 삼투되었다. 그리고 세계는 공동체 속에서 살고 있는 개인 등의 전체이다(PE, Ⅱ, 11; PG, 314~5; 정신현상학, Ⅱ, 8~11). 여기서 이미 이성의 진리인 정신이 예감된다. 헤겔이 개별적 이성 이후 현상학적 전개를 종결시킨다는 것은 불가능했었을 것이다. 왜냐하면 이성을 소유한 개별적 의식의 운동 전체가 주관적인 동시에 객관적인 세계에로, 또 「나, 즉 우리이며 동시에 우리가 곧 나인」(PE, Ⅰ, 154; PG, 140; 정신현상학, Ⅰ, 246) 정신적 공동체에로 각각 방향지워졌기 때문이다. 의식이 정신의 의식이 되기 위해서는 의식의 현상학이 정신의 현상학으로 확장되어야만 한다. 의식이 절대知가 될 수 있는 것은 사실 정신의 자기의식이 됨으로써만 가능하다.

행위하는 이성(raison active)은 개별적 자기의식의 이성으로서 세계(다른 개인들로 구성된 세계)와 대치해 있다. 그러나 그는 이 대립이 한낱 외견상의 대립, 즉 행위에 필요한 대립에 불과하다는 것을 파악하고, 그리하여 이 행위의 매개를 통해 존재 속에서 자기 자신을 발견해야 한다는 것을 알고 있다. 이러한 개인주의는 인식의 관점을 떠나 있다. 의식은 따라서 보편적 의식이기를 중단한다. 헤겔은 여기서 괴테의 《파우스트》에 나오는 시구를 인용한다. 「그것은 인간이 소유하는 최고의 능력인 오성과 학문을 경멸한다.」 의식은 知의 보편성을 포기하고서 대지의 정신(l'esprit de la terre; 地靈)에 스스로를 내맡긴다 (PE, I, 298; PG, 262; 정신현상학, I, 431).

보편적 의식에 대립된 개별적 의식이 추구하는 것은 자기 자신을 발견하는 것이다. 이것기 곧 계몽주의나 칸트적 정의의 진부성에 물들지 않으면서 무엇보다도 특수한 의식이 유일하게 열망하는 행복의 정의다. 그러나 또한 개별적 의식은, 비록 그 스스로는 자각하고 있지 못할지라도 보편적 의식이기도 하다. 그러므로 그는 개인적인 행복을 추구하는 과정에서 그것을 자신에게 드러내 줄 하나의 운명을 체험해야 한다. 세계는 그에게 낯선 존재로 나타나고, 그는 냉혹한 필연성과 마주쳐야 한다. 그러나 그는 자기에게 일어나는 것에서도 자기 자신을 확인할 수 없다. 정확히 말해서 이러한 것이 운명의 개념이다. 그럼에도 불구하고 이 운명은 자기 자신을 깨닫지 못하고 있는 개별적 의식 자체이다. 자신의 개인적 행복을 포기하면서, 그는 마치 쉴러의 희곡(《군도》)에 등장하는 주인공 칼 무어(Karl Moor)기 현존하는 제도에 대항하여 열정적인 요구를 표현하듯 세계를 변형시키고 또 인류의 복지를 위해 노력한다. 그러나 이 주인공은 도적의 두목이다. 그러므로 의식은 현실세계 안에서 자기모순을 경험한다. 이제 그는 자기 자신을 개혁하고 개별적인 목적을 포기하며, 자기에 대해서뿐 아니라 자기 주변에 대해서도 덕성의 지배가 확립되어야 함을 주장한다. 마침내 의식은 「실제로 세계의 행정은 겉으로 보듯이 그런 정도로 악한 것이 아니다」라는 사실을 깨닫게 된다(PE, I, 320; PG, 281; 정신현상학, I, 462).

이것을 기점으로 행위하는 이성은 관찰하는 이성과 통일된다. 헤겔은 이 새로운 단계에서 의식과 자기의식의 첫번째 종합, 즉 이성을 재생산하는 존재와 행위의 종합을 「그 자신이 즉자대자적으로 실재하는 개인」이라고 명명한 장에서 서술하고 있다. 이러한 개인은 더 이상 보편자를 부정하기 위해 그 보편자에 대립하지 않는다. 그는 단지 관조하는 이성도 아니며 비행위적인 보편자의 의식도 아니다. 그는 「즉자적 존재와 대자적 존재, 보편자와 개체성의 상호 침투이다. 이

러한 행위·행동은 그 자체에 있어서 스스로의 진리와 현실성을 지닌
다. 그리하여 그것에게는 개체성의 기술(Darstellung)이나 표현이 하
나의 즉자대자적인 목적이 된다」(PE, Ⅰ, 323; PG, 284; 정신현상학, Ⅰ,
466). 확신(확실성)과 진리의 종합이 다시 한번 실현된 셈이나, 그러
나 그것은 또다시 가상에 불과함이 밝혀진다. 변증법은 이러한 종
합 속에서 새롭게 시작된다. 이 이성의 성실성을 보증하는 것은「事
象 자체(die Sache selbst)」이다. 그러나 이「사상 자체」는 추상적이다.
왜냐하면 그것은 정신적 세계 자체 속에서 실현되는 이성이 아니라
개체성의 이성이기 때문이다. 사상 자체는「객관적 합리성(rationalité
objective)」인 한에서 한 개인을 다른 개인에 관계시키고 나아가서는
인류에 관계시킨다. 그러나 또한 사상 자체는 정념(passion)과 이해
(intérêt)의 事象이기도 하다. 자아와 세계의 구분은 자아에게 내재적
인 것이 되었다.「자기 자신의 행위에 의한 자기의식의 실현」장의 첫
머리에서부터, 헤겔은 단지 개인적 이성에 그치지 않고 이성의 진리,
즉 그것의 본래적 발현인 세계 속에서 성취된 실제적 이성으로서의
정신으로 기울어져 나갔다. 이 점은 이 장 서론의 몇 구절을 검토하고
또 그것들을「이성」장 서두의 몇 구절과 비교함으로써 알 수 있다.
「오직 자유로운 민중에 있어서만 진정한 의미의 이성이 실현된다. 이
러한 이성은 현재 속에 생동하는 정신이다」(PE, Ⅰ, 292; PG, 258; 정신
현상학, Ⅰ, 425).「그러나 자기의식은 아직도 직접척으로나 혹은 그 원
리에 있어서만 정신일 뿐이며, 동시에 이것은 자신의 목적지(규정)에
도달하여 그곳에서 生을 이끌어간다고 하는 행복한 상태로부터 탈피
해 있는 것이다. 이를 또 다른 말로 한다면——사실상 이것은 동일한
결론에 이른다——자기의식은 아직도 그러한 상태에 도달하지 못했다
는 것이 된다」(PE, Ⅰ, 292; PG, 258; 정신현상학, Ⅰ, 425).

　선행하는 변증법적 전개 전체는 이렇게 해서 인륜적 실체(substance
éthique), 즉 실제적 정신에 도달한다. 또는 이 인륜적 실체가 개인적
의식에 용해되어 있다고 한다면 선행하는 변증법적 전개 전체는 이
실체의 의식에 도달하게 된다. 이 인륜적 실체의 의식은 민중의 삶
(生)의 직접적 상태인 에토스(ἔθος)와 대립되어 근대세계에서 도덕
(moralité)으로 나타난다.「사상 자체」나 도덕성의 의식은 한낱 개인

적 (개별적인) 한 추상태에 불과하다. 진리란, 그 속에서 「사상 자체」
가 구체적 주체, 즉 정신이 되는 그런 세계이다.

《정신현상학》의 후반부가 전반부와 구별되는 근거는 우리가 이미
지적했던 것처럼 그것이 특정한 역사적 전개와 일치하고 있으며, 또
그 자체로는 통일성에서의 반성이 결여되어 한낱 추상태에 불과한 계
기들을 결코 기술하지 않는다는 점에 있다. 「정신」 장의 서두에서 헤
겔은 이 점을 분명하게 말하고 있다. 「이때의 (정신의) 제 형태가 앞서
간 여러 가지 (의식의) 형태와 구별되는 점이란, 그것들이 곧 실재하
는 정신, 다시 말하면 고유한 의미에서의 제반 현실을 뜻할 뿐만 아
니라 더 나가서는 그것들이 한낱 의식의 제 형태로만 그치지 않는 다
름아닌 세계의 제 형태로 군림한다는 데 있다(PE, Ⅱ, 12; PG, 315; 정신
현상학, Ⅱ, 11). 개인은 더 이상 추상적으로 개별적인 개인이 아니라
오히려 세계로서의 개인이다.

정신의 전개는 세계사의 제 계기와 일치하는 세 단계로 수행된다. 정
신——실현된 이성——은 처음에는 단지 직접적인 실체일 뿐이다. 말
하자면 그것은 단지 존재할 뿐이며, 아직 자기의식으로 고양되지 못
했다. 헤겔이 「참다운 정신(l'esprit vrai)」이라고 부른 첫 단계는 고
대 도시국가에 대응한다. 거기서 진리——객관성——는 확신(확실성)
을 넘어선다. 정신은 아직 스스로를 알지 못한 채 존재의 (직접적) 영
역 속에 있다. 이러한 인륜적 조직체(organisme éthique)——청년 헤
겔의 이상이었고 몇 년 후 예나 시절 그가 〈인륜성의 체계〉에서 기술
했던 인륜적 조직체——의 한가운데서 의식과 자기의식의 대립이 재현
된다. 자기의식은 개인의 자기(soi)에 부여되어 있지만, 개인은 아직
보편자 자기로서 존재하지 않는다. 그는 두 가지 法 가운데 하나만을
구현할 수 있는데, 실체는 의식의 이중성에 따라 이 두 가지 法으로
양분된다. 그 하나는 공식적으로 스스로를 현시하는 인간의 법, 국가
의 법이며, 다른 하나는 여전히 의식되지 않으면서도 개인을 母親的
실체(la substance maternelle)에 귀속시키는 신의 법, 가족의 법이다.
이 이중성은 행위에 있어서 비극적 대립이 된다. 그러나 행위는 필요
불가결한 것으로서, 바로 그것을 통하여 자기의식을 소유한 자기는
스스로의 불명료한 상태를 벗어나 실제적이 된다.

　동시에 인륜적 공동체들간의 갈등은 제국에 이른다. 왜냐하면 제 공동체가 여전히 자연과 합일된 통일체에 머물러 있어, 여기서는 개인들이 그들 실체와의 관계를 상실하기 때문이다. 실체는 완전히 개인들 내부로 이행한다. 그리하여 그들은 「인격(personne)」이 된다.

　　결국 개체성과 실체와의 생동한 직접적 통일로 복귀하기에 이르는 보편적 통일이란 정신이 결핍된 공동체로서, 이것은 더 이상 뭇 개인의 무의식적 실체일 수는 없는 까닭에 이제 그 속에서는 모든 개인이 저마다 독자적인 의식 주체로서의 대자적 존재성을 바탕으로 하여, 모름지기 자기존재이며 실체로서의 구실을 하는 것이 된다. 이와 같이 다만 무수히 많은 개인으로 이루어진 原子化된 보편자, 다시 말해서 한낱 사장된 정신이란 모름지기 누구나가 하나의 인격으로서 동등하게 가치를 인정받는 그런 평등성이다 (PE, Ⅱ, 44; PG, 342; 정신현상학, Ⅱ, 52).

　이 계기는 역사에서 로마제국과 대응한다.
　인격의 자기의식은 본질의 의식에 대립하며, 이로부터 직접적 정신은 두 세계, 즉 교양의 세계와 신앙의 세계로 양분된다. 교양의 세계에서 추상적 인격은 자기 스스로를 형성해서 구체적 인격이 되어야 한다. 이러한 형성과정(Bildung)이 소외의 세계로서, 정신은 인격을 포기함으로써 자기 자신을 실현하는 것이다. 이와 반대로 인격은 이러한 자기소외를 통해 구체적이고 현실적인 실재성을 획득한다. 소외의 영역에서 진행되는 이러한 형성과정은 근대세계와 대응하며 프랑스 혁명에서 정점에 도달한다.
　소외의 세계에는 본질의 세계, 신앙의 세계가 대립한다. 그러나 신앙은 그것이 소외에 대립하고 있는 한 그 소외로부터 자유롭지 못하다. 신앙의 세계는 현실세계로부터의 도피이다. 「현실세계 속에서 자기소외된 정신은 현실세계의 모든 대립을 화해시키는 대상 속에 도피처를 마련하지만, 그러나 이 대상 자체가 현실세계에 대립하고 있는 것이다.」 此岸과 彼岸의 구분은 이 단계의 정신의 전개과정에서 특징적 성격을 나타내는데, 그것은 신앙과 순수통찰(pure intellection) 간의 갈등에서 정점을 이룬다. 신앙은 본질로서의, 긍정적인 평온함 (repos positif)으로서의 정신의 자기의식이다. 이에 반하여 순수통찰

은 모든 타자의 부정, 특히 본질의 부정을 의미하는 자기의식으로서
의 정신의 자기의식이다. 계몽주의에 해당하는 신앙과 순수통찰간
의 갈등은 또한 프랑스 혁명과 더불어 종식된다. 이러한 세계사의 경
험 속에서「두 세계가 화해를 하고」천상은 지상으로 강림하는 것
이다.

이 새로운 경험의 실패 이후 정신은 자기 자신을 정신으로서 의식
하게 된다. 그것은 더 이상 참된 정신, 단지 객관적일 뿐인 시초의
정신에 그치는 것이 아니라 자기 자신을 확신하는 정신이다.[27] 그것
은 칸트와 피히테의 도덕적 세계관이며 헤겔 시대의 낭만주의와 독일
철학의 도덕적 세계관이다. 정신은 더 이상 실체가 아니다. 그것은
주체이다. 우리는 여기서 새로운 영역, 즉 종교의 영역으로 이행한다.

물론 종교의 형식은 시간상으로 정신의 형식에 이어서 계속되는 것
이 아니다. 종교 또한 역사 속에서 하나의 역사를 갖는다. 그것은 더
이상 직접적 정신이 아니라 정신의 자기의식이며 절대정신이다. 그리
고 이 자기의식은 자기 자신을 상실하지 않은 채 스스로를 대상으로
서 제시한다. 이러한 것이 종교의 변증법적 전개의 의미이다. 이 전
개는 정신의 자기의식이 자연적 대상들 속에서나 여전히 무의식적인
인간의 작품들 속에서 자기 자신만을 유일한 실체로서 파악하는 자연
종교에서부터 시작하여 예술종교를 거쳐 기독교인 절대종교에까지 이
르게 된다. 이 전개과정에서 다시금 변증법적 운동은 실체에서 주체
로, (객관적)진리에서 (주관적)확실성으로 나아간다. 이것이 끊임없
이 계속되는 자각(prise de conscience)을 통하여 진행해 가는《정신현
상학》전체의 일반적 의미이다.

그러나 종교는 참된 정신으로서 여전히 실제적 정신에 대립하고 있
는 그런 정신의 자기의식이다. 자기의식과 의식은 다시 한번 더 이
새로운 형식 아래에서 대립한다. 그들의 통일이 시사하는 의미를 해명
하는 것이 앞으로 중요한 과제가 되겠지만, 이러한 통일은 역사 속에
서 절대知, 즉 그 자체 하나의 역사를 지니는 새로운 시대의 철학을

---

27) 앞으로 살펴 보겠지만, 이로부터 어떤 연구가들——특히 로젠쯔바이크——이 생각
하듯 헤겔이 그의 국가이론을 포기했다는 결론이 도출되는 것은 아니다. 이 점에 관
해서는 제 V 부 서 론을 참조.

구성한다. 知에 다가서는 개별적 의식에 관련해서 뿐만 아니라 정신과 그 역사적 전개에 관련해서, 그리고 종교에 관련해서 이 새로운 형태가 지니는 의미란 무엇인가? 확실히 그것은 《정신현상학》에 있어서 가장 애매한 문제 가운데 하나이다. 절대知에 관한 매우 압축적이고 매우 추상적인 구절들도 이 점을 별로 밝혀 주지 못함을 우리는 솔직이 시인하여야 한다.

II.
의식, 또는 개념의 현상학적 생성

서　론

　헤겔이 의식에 관하여 자기 작품 전반부에서 제시하는 변증법은 피히테나 셸링의 변증법과 크게 다른 것이 아니다. 문제는 자기의 대상을 직접적으로 인식하거나 또는 인식한다고 믿고 있는 소박한 의식으로부터 출발하여, 그 의식이 사실은 그 대상의 인식에 있어 자기의식이며 또 자기 자신의 인식(자기知)이라는 것을 증명하는 일이다. 이 변증법의 운동은 감성적 의식——지각——오성의 세 단계로 시행되는데, 결국 의식에서 자기의식으로 나아가는 변증법이라고 할 수 있다. 그러나 이 의식의 대상은 우리에 대해서는(pour nous) 개념(Begriff)이 된다.[1] 피히테나 셸링과의 차이점은 헤겔이 자기의식, 자아=자아로부터 출발하는 것이 아니라 비철학적 의식의 진행과정 자체를 추적하고 나서야 거기에 도달한다는 점에 있다.

　따라서 자기의식은 전제로서가 아니라 결과로서 판명될 것이다. 17

---

1) 바로 이 점 때문에 본서의 제Ⅱ부에 「개념(Begriff)의 현상학적 생성」이라는 제목을 붙인 것이다. 《논리학》이 바로 첫부분인 객관적 논리학에서 개념의 존재론적 생성(genèse)을 서술한 것처럼, 《정신현상학》은 어떻게 의식의 경험과정 속에서 의식의 대상이 개념이 되는가를, 즉 「生」 또는 「자기의식」이 되는가를 보여 준다(이 점에서 譯者 역시 「genèse」를 발생이나 기원보다는 「생성」으로 번역하였다. 그것은 개념이 생성되어 가는 운동이란 의미가 강하다). 이러한 생성은 오로지 의식의 제 경험을 회상하는 우리에 대해서만(pour-nous) 있는 것이다.

세기와 18 세기 철학의 일반적 운동이 이러한 전개과정과 대체로 일치한다. 그 철학은 자연과학을 정당화하거나 기초를 지워 주다가 마침내는 비판적 반성에 도달했다. 사실 칸트 자신은 천체이론으로부터 시작하였고 또 자연에 대한 지식으로부터 시작하였다. 그러나 이것은 그 지식 자체를 반성하고 그것이 근본에 있어서 일종의 자기인식(자기 자신에 대한 지식)이었다는 것을 보여 주기 이전에 이미 그 지식으로부터 출발한 셈이다. 그럼에도 불구하고 자연철학 또는 세계의 철학에서 자아의 철학으로 이행하는 이 전개는「의식」장에서 헤겔이 추적하고 있는 전개보다 일층 고차적이다. 《정신현상학》에서 좀더 정확히 이러한 역사적 이행과정에 해당하는 부분은 존재 속에서 자기 자신을 모색하고 있는 이성의 전개라고 할 수 있다. 의식의 변증법이 전체적인 의미에 있어 이미 세계의 철학에서 자아의 철학으로의 이행을 예견하고 있다 할지라도——특히 마지막「오성」장에서——여기서 헤겔이 문제삼고 있는 것은 좀더 기초적인 연구라는 점에 주목해야 한다. 의식의 대상은 아직 이성의 대상이 아니다. 즉 그것은 아직 세계로 규정되지 않았다. 그것은 가장 단순한 단계의 대상으로서 모든 이성에 낯선 대상이다. 출발에 있어서 그것은 단지 주어진 것(소여태)이며, 그 주어진 것 이외에는 아무것도 아니다. 그러므로 첫번째 감성적 확신의 변증법은 오히려 희랍 철학의 주제나 플라톤 철학의 주제를 연상케 하며, 또 헤겔이 셸링의 잡지에 실었던 〈회의론과 철학의 관계〉라는 논문에서 연구하였던 고대회의론의 주제를 연상케 한다.[2] 두번째「지각」장은 제 성질(속성)과 구별되면서도 바로 그 성질들에 의해 규정되는 「사물(chose)」개념에 대응한다. 여전히 일상적 지각(la perception commune)이 문제시되고 있는데, 헤겔이 행하는 지각적 의식의 연구는, 예를 들어 로크의 철학처럼 일상적 지각의 수준에 머물러 있으면서도 그것을 비판하는 그런 철학에서 종종 영감을 얻고 있는 것처럼 보인다. 마지막으로「오성」장에서는——우리를 의식에서 자기의식으로 이행시키는 장이다——대상이 더 이상 직접적으로 주어지지 않는다. 그것은 더 이상 지각의 사물이 아니다. 오히려 그

---

2) 《*Erste Druckschriften*》 (*S.W.*, éd., Lasson, I, p. 161).

것은 힘 또는 법칙이다. 확실히 여기서 라이프니츠의 역학이론이나 뉴튼의 자연철학이 생각될 수 있다. 그러나 우리 견해로는 헤겔은 자연과학을 재발견하는 데 부심했다기보다는, 일상적 의식 속에서——자연과학의 아래 단계에서——이미 그 자연과학의 전조나 예감이 되는 것을 발견하려는 데 전력했다. 이 점을 강조해서 말하면, 헤겔의 논구는 일상적 의식의 논구이지 철학적 의식의 논구가 아니며, 그러면서도 그는 비록 어떤 철학자도 지칭한 바 없지만 자신의 분석에 정확성을 기하고 또 그것을 발전시키기 위해 철학사를 이용하고 있다. 목적은 언제나 의식을 자기의식으로 인도하는 것이다. 또는 좀더 자세히 말해 보자면, 의식이 자기 자신에 의해서, 즉 의식 자신은 깨닫지 못해도 철학자가 그 의식의 경험들을 추적해 가면서 발견하는 일종의 내적 논리에 의해서 자기의식으로 인도된다는 것을 보여 주는 것이다. [3]

---

3) 헤겔은 이러한 의식의 제 경험과 철학의 제 체계 사이에 일정한 관계가 있다는 것을 의심하지 않는다. 철학사는 철학 자체의 일부이다. 노발리스가 이미 말했던 것처럼 (*S. W.*, éd., Lasson, Ⅲ, p. 183) 「진정한 철학 체계는 순수한 철학사를 포함해야 한다.」

1

감성적 확신

의식에 관한 세 장——감성적 확신·지각·오성——은 다음과 같이 말함으로써 요약될 수 있을 것이다. 즉 의식의 대상은 우리에 대해서, 오직 우리에 대해서만 헤겔이 말하는 개념(Begriff)이 되는 바, 이 개념은 자기를 자기 자신과 대립시키고 또 그 대립 속에서 자기를 재발견하는 그런 자기운동을 통해서만 존재하는 주체 이외의 다른 것이 아니다. 개념의 세 계기——보편성·특수성·개별성——는 병치된 것으로 간주될 수 없다. 헤겔이 《대논리학》에서[1] 절대적 위력(toute puissance)과 사랑(amour)에 비교한 보편자는 오직 자신의 타자가 됨으로써만 그 자신일 수 있다. 보편자가 고립될 경우, 그것은 특수자이며 규정성(détermination)이다. 무규정자(l'indéterminé)는 사실 일종의 규정성이다. 마치 미학에서 숭고미 전체를 소박하게 상징하기 위하여 조각의 제 형태에 수반되는 여러 가지 상황을 배제시킨 것이 오히려 추상에 빠지고 마는 것처럼, 무규정성이란 규정은 하나의 추상이며 규정된 사태에 대한 대립이다. 따라서 보편자는 특수자이다. 또는 차라리 그것

---

1) 즉, 《*Wissenschaft der Logik*》(1812). 통상 이 책은 「소논리학」이라고 불리는 《엔치크로패디》의 「논리학」과 대비되어 「대논리학」으로 표기된다. 「개념」과 「절대적 위력」 또는 「사랑」과의 비교는 《대논리학》(*S. W.*, éd., Lasson, Ⅳ, p. 242) 2 권에 있다.

은 자기 자신이자 자기의 타자이며 多 속에 있는 一이다.[2] 반면 특수자는, 즉 피규정자는 오직 자신의 특수성을 부정하고 극복하는 한에서만 절대적으로 규정된다. 말하자면 절대적 부정성으로서 그것은 부정의 부정이다. 그것은 개별성이며 직접성으로의 복귀이지만, 이 직접성은 매개를 포함하고 있다. 왜냐하면 그것은 부정의 부정이요 자기 자신과의 대립을 통해 본래적 자기로 복귀하는 직접태의 내적 운동이기 때문이다. 헤겔 사상 전체를 파악하기 위해서는 이 헤겔 철학의 출발점, 즉 자기 자신과 대립하면서, 또 자기 자신을 회복하면서 전개되는 生 또는 자아에 관한 직관을 이해하는 것이 필수불가결하다. 예나 시절을 거치면서 이 출발점이 취한 논리적 형식은 단지 이러한 발단적 맹아를 재회복했을 뿐이며, 그것에 점차적으로 知的 일관성을 부여했을 뿐이다.[3] 참된 것은 주체 또는 개념이다. 말하자면 이는 그것 자신이 본래적 자기로 생성돼 가는 운동 또는 자기 자신을 정립하는 운동을 의미한다. 따라서 참된 것은 직접태가 아니라 오히려 「생성돼 가는 직접성(l'immédiateté devenue)」(PE, Ⅰ, 19~20; PG, 21~2; 정신현상학, Ⅰ, 74~6)이다.

헤겔은 《정신현상학》 서설에서 자기 철학 체계 전체의 기초를 해명하고, 또 나아가서 매개를 자체 내에 포함하는 자기의 진리 개념을 여타의 모든 체계, 즉 진리나 참된 것을 직접태, 존재, 매개를 초월한 실체로 정립하는 모든 체계와 대립시키는 일에 주력했다. 헤겔에 있어 매개는 진리에 소원한 외타적인 것이 아니라, 그 진리 자체 내에 있다. 달리 말하면 진리는 실체가 아니라 주체인 것이다. 참된 것은 부동의 상태로 존재하여 여전히 자기동일성 속에 머물러 있는 직접태일반이 아니다. 「진리란 곧 자기 자신의 생성이며 또한 스스로 다다르게 될 종말을 다름아닌 자신의 목적으로 전제하면서 동시에 이를 시원으로 삼을 뿐만 아니라 더 나아가서 그것은 구체적 전개를 거치고 난 종말에 가서야 비로소 현실적일 수 있는 圓과 같은 것이다」

---

2) 《*Leçons sur l'Esthétique*》 éd., Aubier, t. Ⅰ, p. 239.

3) 나의 논문 〈*Vie et prise de conscience de la vie dans la philosophie hégélienne d'Iena*〉 in 《*Revue de métaphysique et de morale*》(1936) 참조. 거기서 나는 어떻게 헤겔이 「유한자만큼이나 불안한」 무한자에 대한 그의 직관에 하나의 논리적 형식을 부여하려고 노력했는가를 보여 주었다.

(PE, Ⅰ, 18; PG, 20; 정신현상학, Ⅰ, 73).

　모든 현상학적 전개의 출발점——감성적 확신 또는 직접知, 즉 직접태에 관한 知——을 연구하기 앞서 이 원문에 주의를 환기시키는 것은 불필요한 낭비가 아니다. 사실 이 원문에서 헤겔은 어떻게 의식이 동등성(égalité)에서 출발하고, 이 동등성이 곧 그것의 종말이 되며, 또 그것이 도달하거나 반성적으로 재정복하고자 노력하는 목적이 되는가를 보여 준다. 이 동등성이란 (주관적) 확신과 (객관적) 진리의 동등성이다. 현상학적 전개 전체는 이러한 시원에서 유래하는 것이며 이 시원을 재구성하는 것이다. 왜냐하면 그것이 「시초에 자신의 종말을 자신의 목적으로」 삼기 때문이다. 이러한 의미나 방향에서 《정신현상학》 마지막 장인 절대知와 첫번째 장인 감성적 확신을 비교해 볼 필요가 있을 것이다. 그런데 감성적 확신에서는 직접태가 있는 데 반해, 마지막 장에서 그 직접태는 본래의 직접태로 생성된 것이다. 즉 그것은 내적 매개를 통하여 자기를 실현시켰다. 첫번째 장에서 진리와 확신은 직접적으로 동등하지만, 마지막 장에선 확신, 즉 주관성은 자기 자신을 존재 속에 정립하였고 스스로를 진리로서 정립하였다. 그리하여 진리, 즉 객관성은 스스로를 확실성(확신)으로서, 자기의식으로서 정립하였다. 이러한 동일성은 더 이상 직접적인 동일성이 아니라, 선행하는 전개과정 전체를 통하여 생성된 동일성이다. 따라서 진리는 의식에게 주체로서 정립되며, 또 의식은 그 자체가 이러한 진리이다. 헤겔은 이 점을 다른 형식으로 표현하여, 절대자는 자기 자신이 정신임을 깨닫는 정신이라고 말했다. [4]

　그러므로 우리는 의식이 출발하고 있는 이 감성적 확신을 의식의 최고 진리인 동시에 최대 오류로 간주할 수 있다. 이 의식은 가장 풍부하고 가장 참되며 가장 잘 규정된 지식을 소유한다고 믿지만, 그러

---

4) 기독교가 절대자 또는 진리의 주관성을 밝혀 주었고, 그 이후의 모든 철학은 「절대자는 주체이다」를 이해하기 위한 노력이었다. 《정신현상학》 서설에서 헤겔은 다음과 같이 기술한다. 「실체는 본질적으로 주체일 수밖에 없다는 것은 모두가 절대자를 곧 정신으로 표명하는 입장 속에 잘 드러나 있거니와——바로 이와 같이 가장 숭고한 원리는 주로 지금의 시대와 그의 종교에서 연유한 것이다.」 데카르트는 신을 「자기원인(cause de soi)」이라고 말했다. 그러나 Böhme는 여전히 소박하고 조야한 방식이기는 해도 주관성과 「위대한 신비는 자기 스스로를 드러낸다(Mysterium magnum revelans se ipsum)」를 뜻하는 신의 生을 어렴풋이 예감하였다.

나 이러한 인식은 그것이 가장 풍부하다고 상상하는 바로 거기서 가장 빈곤한 것이며, 가장 참되다고 상상하는 바로 거기서 가장 거짓된 것이며, 또한 무엇보다 가장 잘 규정되었다고 상상하는 바로 거기서 가장 규정되지 않는 것이다. 그렇지만 이 풍부성, 이 진리성, 이 완전한 규정성은 순수한 착각이 아니다. 그것들은 단지 사념되었을 뿐이며, 그리하여 억견($\delta\delta\xi\alpha$)일 뿐이다. 이러한 사념(visée)의 검증과정이 변증법적 반전(renversement dialectique)을 밝혀 줄 것이지만, 이 사념의 운동은 계속 존속할 것이다. 그리고 매개작용이라는 고난의 길을 통하여 의식은 자기가 출발했던 그 동일성을 자기 자신에 대해 확신하는 진리(vérité certaine de soi)로서 재발견할 것이다. 《정신현상학》 마지막 단계에서 신이 그리스도 안으로 성육화되는 것에 대하여 헤겔은 다음과 같이 기술한다. 「감각적 의식이라고 불리는 것은 엄밀한 의미에서 순수추상이며, 존재 혹은 직접태가 있다고 하는 순수사유이다. 따라서 여기서는 가장 저급한 것이 모름지기 가장 최상의 것으로 되는가 하면 또한 반대로 전적으로 표면에 나타난 것이야말로 오히려 그럴수록 가장 심오한 것이기도 하다」(PE, Ⅱ, 267~8; PG, 529; 정신현상학, Ⅱ, 350).

　의식의 경험을 추적하는 우리, 즉 철학자에 대하여 감성적 확신, 지각 그리고 오성을 통한 의식의 운동으로부터 귀결되어야 하는 것은, 처음에는 여전히 직접적인 형식에서의 개념이며, 다음에는 生이며, 마지막으로는 정신이다. 헤겔은 이 점을 우리가 방금 인용한 계시종교의 장에서 적절히 말하고 있다. 「따라서 우리에게는 직접적인 의식의 인식, 다시 말하면 존재하는 대상에 대한 의식의 인식을 통하여, 그리고 그 의식이 전개하는 필연적인 운동을 통하여 자기 자신을 파악하는 정신이 출현하게 되었다」(PE, Ⅱ, 264; PG, 526; 정신현상학, Ⅱ, 345). 사실 감성적 확신이 문제삼는 대상은 직접태, 직접태로서의 진리이며, 다시 말하면 규정성이나 개별성에 대립된 존재나 보편자이다. 그러나 이미 지각 속에서 이 대상은 사물로서 그것의 제 성질에 관련되어 있고 특수자와 결합된 보편자이다. 마지막으로 오성에서 이 사물은 더 이상 자신의 제 규정과 분리된 부동의 基體가 아니다. 그것은 다만 자신의 外化(extériorisation) 속에서 스스로를 표현하는 힘이 되거나 구별된(distincts) 제 항들을 통일하는 법칙이 된다. 마침내 대상 그 자체는 즉자적인 자기의식, 말하자면 더 이상 특수자와 보편자를 병치시키는 개념이 아니라 그것들의 운동과 생성이라고 할 개념이 된다. 그러므로 앞에서 언급된 세 장은, 우리에게(pour nous) 의식의 제 경험을 통해 이른바 헤겔이 말하는 개념이 생성(발생)되는 과정이라고 할 수 있다. 동시에 우리가 지적한 바와 같이, 이 의식은 그 자신에게는(pour elle-même) 자기의식이 된다.

I. 감성적 확신 ; 일반적 고찰

따라서 헤겔 변증법의 이 첫번째 장을 상세히 분석하는 것은 중요한 일이다. 그것은 직접知 전체에 대한 비판인 동시에 감성적 확신에서 지각에로의 이행이기도 하다. 더우기 헤겔의 이 감성적 확신의 비판은 희랍 철학으로부터 많은 영감을 받았다. 그는 몇 해 전 예나에서 철학사 강의를 처음 시작했고 또 근대경험론과 대비된 고대적 회의론(σχέψις)의 의미에 관하여 성찰했다. 이것은 그가 1807년 셸링의 잡지에 발표한, 각별히 중요한 논문 〈회의론과 철학의 관계〉가 잘 말해 주고 있다. W. 푸어푸스처럼[5] 이 장에서 나타난 암시 전체의 특성을 과장할 필요는 없다고 하더라도 우리는 《정신현상학》의 이 첫번째 변증법과 고대 희랍 철학자들의 변증법——파르메니데스와 제논——그리고 특히 플라톤 사이에 있는 유사성을 주목하지 않을 수가 없다.

헤겔의 출발점은 가장 소박한 의식의 상태이다. 《엔치크로패디》의 「정신철학」에서 그는 어떻게 감성적 의식, 곧 가장 저급한 의식의 형식이 인간학의 영혼에서부터 전개되어 가는가를 보여 준다. 《엔치크로패디》에서는 사실 인간학이 현상학에 선행한다.[6] 감성적 영혼은 아직 그 대상과 구별되지 않는다. 감성적 영혼은 그가 반영하고 있는 우주 전체를 자체 내에서 경험하지만 그는 이 점을 자각하지는 못하고 있

---

5) W. Purpus, 《*Die Dialektik der sinnlichen Gewissheit bei Hegel*》(Nuremberg, 1905)과 《*Zur Dialektik des Bewusstseins nach Hegel*》(Berlin, 1908).
6) Hegel, 《*S.W.*》, éd., Lasson, t. V, p. 369.

다. 다시 말해서 그는 우주를 자기와 대립시키지 않는 것이다. 그러나 의식의 단계는 주관과 객관, 확실성과 진리의 구별과 같이 분리(séparation)의 단계로 나타난다. 영혼은 더 이상 감각이 아니라 의식이다. 말하자면 그는 감성적 직관을 갖는다. 이러한 구별은 《정신현상학》 서두에서 가장 단순한 형식으로 제시되고 있다. 의식은 그 대상을 직접적으로 파악하는, 다시 말하면 가능한 한 긴밀하게 통일성과의 직접적인 관계를 맺는다. 「이 직접적인 관계는 사실에 있어서 통일성 이외의 그 무엇을 뜻하는 것이 아니다」(PE, Ⅱ, 188; PG, 461; 정신현상학, Ⅱ, 343). 헤겔은 《정신현상학》을 의식 자체에서 출발시켰기 때문에 이러한 일차적 구분을 모면할 수 없었다. 그러나 (분리된) 두 항은 그것들의 동등성 속에서 정립된다. 知가 있다는 것은 확신과 진리의 구분이 있다는 것을 의미한다. 또 이 知가 직접적이라는 것은 거기서 확신이 진리와 동등하다는 것을 의미한다. 그렇지 않을 경우 知가 대상을 넘어서거나 대상이 知를 넘어서게 되어서, 매개 작용인 반성, 즉 차별성(différence)을 끌어들이게 된다. 이러한 이유로 하여 헤겔은 이 知가 직접적으로 가장 풍부한 것처럼 보인다고 말한다. 그것은 시간과 공간 속에서 제약받지 않고 무한히 스스로를 전개시켜 나간다. 이는 마치 시간과 공간이 한없는 풍부성의 상징 자체인 것과 같다. 이 知는 또한 가장 참되고 가장 정확하고 가장 많이 규정된 것처럼 보인다. 「왜냐하면 이것(知)은 아직도 대상으로부터 그 중의 어떤 부분도 제외시키지 않았을 뿐 아니라 오직 있는 그대로의 완전한 모습을 지닌 대상을 눈앞에 두고 있기 때문이다」(PE, Ⅰ, 81; PG, 79; 정신현상학, Ⅰ, 155). 그러나 이와 같은 풍부성은 한낱 착각에 불과한 것인가? 그 답변은 감성적 확신의 내적 변증법에 의해 밝혀질 것이다.

　먼저 이 직접知가 직접태의 知임을 주목하자. 「단초적으로 혹은 직접적으로 우리의 대상이 되는 知는 오직 그 자체가 직접知, 즉——직접태와 존재자의 知 이외의 다른 어떤 것도 아니다」(PE, Ⅰ, 81; PG, 79; 정신현상학, Ⅰ, 155). 《정신현상학》의 마지막 단계에서 헤겔은 어떻게 절대知가 그 직접성 속에 스스로를 제시하면서 다시 의식으로 복귀하는가를 보여 준다.

사실상 자기 자신을 깨우치는 정신은 그 자신이 자기의 개념을 파악한다고 하는 바로 그러한 이유로 해서, 자기 자신과의 직접적인 동일성(우리가 말하는 직접知)이다. 또 이러한 동일성은 바로 그 자신이 간직하고 있는 구별 속에서의 직접태에 대한 확신, 즉 우리가 그로부터 출발했던 시원으로서의 감성적 의식이기도 하다. 결국 정신이 이렇듯 그 스스로의 자기라는 형식으로부터 방면되는 것이야말로 정신이 자기를 인식하는 데서 획득하게 되는 최고의 자유이자 더없는 안정성인 것이다(PE, Ⅱ, 311; PG, 563; 정신현상학, Ⅱ, 405).

직접知는 그리하여 의식에 함의된 구별과 더불어 직접태의 知이며 존재자의 知이다. 이러한 것이 감성적 확신이다. 감성적 확신은 그 대상을 변경시킬 수도 있는 모든 매개작용과 추상작용을 거부하는 까닭에, 존재를 파악하면서도 그 존재 이외에는 아무것도 파악할 수 없다. 그러므로 감성적 확신 자체는 의식으로 전개될 수 없다. 의식은 제 사물을 다양하게 표상하거나 그것들 상호간에 비교를 한다. 그런데 이러한 작용은 반성을 도입하는 것이고, 따라서 직접知를 매개知로 대치시키는 것이다. 만약 내가 지금은 밤이라거나 이 책상은 검다고 말한다면 나는 성질들을 지시하는 이름을 사용하는 격이 된다. 그런데 이와 같은 이름은 비교를 전제하는 것이고, 知 속에 매개작용을 도입하는 것이다. 밤이나 검정은 나의 직접적 경험을 지시할 뿐만 아니라 또 다른 밤들과 또 다른 검은 대상들을 지시한다. 이것은 하나의 추상작용——헤겔은 부정이라고 말한다——이라고 할 수 있다, 왜냐하면 밤은 이 밤이나 저 밤과 같이 특정한 밤이 아니기 때문이다. 더욱 커다란 이유에서, 어떤 한 사물에 관하여 그것을 책상이라고 말할 수 있는 것은 오로지 그것의 성질들에 의해서만 파악되었고 또 그 성질들로부터 추론되었기 때문이라고 할 수 있다. 만약 우리가 대상을 직접적으로 파악하는 이 소박한 의식의 상태를 기술하려고 한다면 우리는 《대논리학》에 나오는 헤겔의 표현대로 새로운 대상의 신기함에 접해 「여기 무엇인가 있다」라고 외칠 수밖에 없는 미개인의 정신 상태로 되돌아가야 할 것이다.

바로 이러한 이유로 해서 처음부터 헤겔은 이 의식의 외견상의 풍부성과 그것의 실제적인 진리를 대립시키고 있다. 「그러나 실제에 있어서 이러한 확신(확실성)이란 가장 추상적이며 또한 가장 빈곤한 의미의 진리에 불과하다. 이러한 확신은 자기가 아는 것에 대해서 다만 무엇이 있다(Il est)는 단 한마디 말을 할 수 있을 뿐이다. 따라서 이러한 진리는 다만 사물의 존재를 내포하는 데 불과하다」(PE, Ⅰ,81; PG, 79; 정신현상학, Ⅰ,155). 이러한 확신은 언표 불가능하다. 즉 그것은 ἄλογον(non-logos)를 포착하는 것이다. 그러나 헤겔에게 있어서 이것은 이미 확신의 무능력을 증시하는 근거이다. 언표 불가능한 것, 즉 ἄλογον은 단지 사념(visé)될 뿐이지 결코 도달되지 않는다. 내가 경험은 하지만 어떤 방식으로든 표현할 수 없는 것은 진리를 지니지 못한다. 언어(langage)는 좀더 진실에 가깝다.

우리가 비록 보편적인 「이것」, 혹은 존재일반을 염두에 두고 있지는 않다 하더라도 분명히 우리가 보편자를 언표하고 있는 것만은 틀림없다. 달리 말하면 우리는 결코 감성적 확신 속에서 私念하는(meinen) 바와 동일하게 말하지는 않는다는 것이다. 그러나 여기서 볼 수 있듯이 언어는 좀더 진실에 가까운 것이어서 모름지기 우리는 언어를 통해서 직접적으로 스스로의 사념을 부정하게 된다. 이렇게 볼 때 보편자야말로 감성적 확신의 진리이며, 또한 언어는 오직 이러한 진리만을 표현할 뿐이므로, 결국 우리가 사념하는 감성적 존재를 언표한다는(sagen) 것은 도저히 불가능한 일이다(PE, Ⅰ, 84; PG, 82; 정신현상학, Ⅰ,159).

조금 더 뒤에 가서 헤겔은 언어의 神的 본성에 관하여 말하는데 그 본성이란 언어가 우리의 의견을 직접적으로 전도시켜서 곧 다른 내용을 가지도록 변형시킴으로써 그것이 진정으로 언표되도록 내버려 두지 않는다는 점이다(PE, Ⅰ,92; PG, 89; 정신현상학, Ⅰ,169). 헤겔에게서 첫째 장에서부터 나타나고 있는 이러한 언어철학, 즉 로고스(logos)의 철학은 플라톤의 변증법을 연상시킨다. 플라톤에게서도 마찬가지로 知, λόγος(logos)에 대한 언표 가능한 표현과 그 표현이 우리에게 나타내는 저항이나 반발이 문제였다. [7]

---

7) 헤겔 사유의 현저한 결함 가운데 하나는 아마도 그의 언어철학과 개별성(singularité)의 개념에서 드러나는 것 같다──이 개념은 「개별적 영혼」을 사라져 버리게 만드는데, 그 이유는 그것이 언표 불가능하기 때문이다──헤겔에게 있어서 개별성(단일성)은 환원 불가능한 근원성(originalité)이 아니라 부정이다. 개별성은 부정으로서의

감성적 확신이건 직접태의 확실성(확신)이건간에, 그것은 매개작용을 끌어들이지 않고서는 그것의 대상을 말할 수 없다. 따라서 감성적 확신은 그 대상을 언표 불가능한 단일성(unicité ineffable) 속에서 경험한다. 이 대상은 그것을 파악하는 자아와 마찬가지로 사실 순수하게 개별적(singuliers)이다. 「감성적 확실성 속에서 의식은 한낱 순수한 자아에 지나지 않는다. 즉 자아는 여기서 오직 순수한 〈이것〉에 지나지 않으며 대상도 또한 마찬가지로 순수한 〈이것〉에 지나지 않는다. ……개별자는 순수한 〈이것〉, 즉 개별자만을 인지하는 것이다」 (PE, I, 82; PG, 79~80; 정신현상학, I, 155~6). 이 언표 불가능한 개별성 (singularité ineffable)은 자체 내에 부정이나 매개를 지니고 있어서 그것을 부정하기 위한 규정을 포함하고 있는 그런 개별성이 아니다. 우리가 본래적인 개별성에, 즉 그 자신이 개념으로서 생명체 또는 정신 속에 표현되는 본래적 개별성에 도달하기 위해서는 길고 긴 진보 과정이 필요하다. 이러한 개별성은 직접적이거나 긍정적인 개별성이며, 보편자에 대립하지만 사실 그것과 동일한 개별성이다.

어떤 사물을 놓고 우리가 다만 그것이 하나의 구체적인 사물이라거나 외적인 대상이라는 등으로밖에 말할 수 없다면 그것은 이미 더없이 보편적인 어떤 것, 다시 말해서 다른 모든 것과 구별되는 점보다는 오히려 서로의 동등성만이 언표된 데 지나지 않는 것이라고 해야만 하겠다. 그리하여 만약 내가 어떤 「개별적인 사물」을 지적해서 말한다고 할 때, 나는 오히려 그것을 완전히 보편적인 것으로 표현하는 것이다. 왜냐하면 모든 사물은 개별적 사물이기 때문이다(PE, I, 91; PG, 88; 정신현상학, I, 169).

가장 잘 규정(한정)된 것처럼 보이는 「여기」나 「지금」을 말하는 것도 사실은 시간 속의 어떤 순간이나 공간 속의 어떤 지점을 말하는 것임이 명백하다. 가장 정확한 것은 동시에 가장 애매모호한 것이기도 하다. 그러나 일반적으로 보았을 때, 직접적인 존재는 감성적 확신

규정을 통하여 스스로를 현시하거나, 또는 진정한 개별성으로서 그것은 부정의 부정, 즉 내적 부정(négation interne)이거나이다. 이러한 점은 물론 우리를 보편적 주체 (sujet universel)로 인도하지만, 개별적 존재자들(existants singuliers)은 제거해 버리는 경향이 있다.

의 본질적 진리이지만, 그 자체가 모든 존재이면서 또한 어떤 존재도 아니다. 그러므로 그것은 처음에 언명된 것처럼 단지 정립(position)일 뿐 아니라 부정(négation)이기도 한 것이다. 따라서 감성적 확신은 헤겔 철학의 제 1 정리를 시사하고 있는데 이에 따르면 직접태, 존재를 정립하면서 그것이 無(néant)와 동일함을 발견하는 것이며 존재의 정립은 자기 자신을 논박한다는 것이다.

우리의 분석에서 이 본질적인 점을 다시 검토해 보자. 그 자신 개별적인 감성적 확신에 의해 사념된 개별자는 사실 그와는 정반대로 가장 추상적인 보편자이다. 확실히 의식은 그 어떤 것을 사념하지만 그가 사념하는 것을 언표할 수는 없으며 그리하여 그것에 도달할 수 없게 된다. 언어는 자기 자신을 거부하는 것이다. 아리스토텔레스에 의하면 감성적 개체를 정의하기란 불가능하다. 「예를 들어서 우리가 당신을 정의할 때 당신이 마르고 흰 동물이라고 말하거나 그밖의 다른 속성을 지닌 동물이라고 말한다면 그것은 다른 사람에게도 마찬가지로 적용될 수 있는 특성일 것이다.」[8]

여기서 감성적 확신을 비판함으로써 헤겔은 직접知 전체를 비판하는 것이며 사유를 단념한 채 언표 불가능한 것, 즉 순수존재에 이르고자 하는 철학, 즉 직관의 철학이나 $\ddot{\alpha}\lambda o\gamma o\nu$ 의 철학 전체를 비판하는 것이다. 언표 불가능한 것의 감지는 그 자신에게 무한히 풍부하고 무한히 심원한 것처럼 보이지만, 그것은 어떠한 증명도 제시할 수 없고 또 그 자신의 직접성을 포기하지 않을 경우 그 자신을 검증조차 할 수도 없다. 「모든 소가 검게 보이는」 이러한 직관, 이러한 심원성은 지극히 피상적인 것에 불과하다.[9]

---

8) Aristote, 《*Métaphysique*》, z.15.

9) 존재와 존재의 知의 완전한 통일은 우리를 의식의 차안 또는 피안으로 인도하며, 이 때 의식의 특성은 바로 확실성(확신)과 진리, 知와 본질의 구별이다. 의식의 피안에는 절대知가 있으며, 거기서 존재는 동시에 존재의 知이기도 하다. 그러나 이러한 사변적 사유(존재론적 논리학)는 그 본성상 그 출발점인 無와 동일한 존재가(정신현상학과) 또 다른 형식에서 분열을 내포하고 있다. 만약 존재가 단지 존재이기만 한 것이 아니라면, 또 그것이 존재의 知의 가능성과 존재에 대한 물음의 가능성을 내포하고 있다면, 그 까닭은 존재의 자기부정 때문일 것이다. 《논리학》의 시초와 《정신현상학》의 시초는 서로 대응하고 있다(제 Ⅶ 부 정신현상학과 논리학 참조).

그러나 감성적 의식의 상황을 기술하는 과정에서 우리는 그 의식을 우리 자신으로 대체시켰다. 중요한 것은 감성적 의식이 그 외견상의 풍부성 이면에 놓인 빈곤성을 스스로 발견한다는 점이다. 감성적 확신의 변증법은 감성적 의식의 것이 되어야지 우리(철학자)의 것이 되어서는 안 된다. 그러나 어떻게 감성적 의식은 자신의 직접知를 검증하고 또 그것의 부정적 성격을 발견할 수 있는가? 다시 말하면 어떻게 자체 내에 매개, 즉 보편자를 도입할 수 있는가? 우리가 확실성과 진리간의 순수하고 단순한 동일성에 머물러 있다면, 이 의식은 진보해 나갈 수 없을 것이며, 더우기 동일한 이유로 해서 그것은 더 이상 의식이나 知일 수 없을 것이다. 의식 속에는 知와 (그것에 부정적인) 대상의 구분이 있으며 또한 그 知의 본질을 규정해야 한다는 요구가 있다. 사실 이와 같은 확신의 본질을 이루고 있는 순수존재 속에는 다수의 구체적인 개별적 확신들이 관계하고 있다. 「말하자면 구체적인 의미의 감성적 확신이란 결코 바로 여기 있는 순수한 직접성에 그치는 것이 아니라, 오히려 이 순수한 직접성의 한 가지 예이기도 한 것이다.」[10] 헤겔은 「Beispiel(例)」과 「Beiherspielen(스쳐 지나가는 잠정적인 것)」이라는 용어를 사용한다.

개별적인 감성적 확신은 절대적인 감성적 확신과 並存 상태에 있으므로 이와 같은 첫번째 단계의 변증법에서는 보편자와 개별자, 본질적인 것과 우연적인 것간의 상호침투를 찾아볼 수 없다. 그런데 본질적인 것과 우연적인 것간의 구별은 의식의 활동 자체에서 비롯된 결과이다. 즉자적인 것과 대자적인 것을 구별하는 것은 바로 의식이다. 만약 직접태가 의식의 진리라면 감성적 확신으로서의 의식은 자기 내부에서 스스로를 그 본질과 구별한다. 만약 우리가 이러한 구분에 관하여 반성해 본다면, 우리는 주관과 객관의 구별이 이미 일정한 매개를 함의하고 있음을 발견하게 된다. 「나는 하나의 타자를 통해서, 즉

10) 이 구별을 이해하기 위해서는 의식에 수반되는 것, 즉 진리(본질, 즉자)와 확실성의 구별을 회상해 볼 필요가 있다. 이 단계에서 진리는 의식에 대하여 직접적인 것이지만 의식의 확실성은 그러한 진리와는 구별된다. 「이른바 의식에 대해서 있다고 하는 이러한 타자는 의식에 대해서 있을 뿐만 아니라, 동시에 이러한 (의식에 대한) 관계를 벗어난 즉자적 상태에 있음으로써, 모름지기 이것은 진리의 계기가 되는 것이다」(PE, I, 73; PG, 71; 정신현상학, I, 145).

사물을 통해서 확신을 얻게 되었지만, 반대로 이 사물의 측면도 역시 어떤 타자를 통해서, 즉 자아를 통해서만 그 자신의 존재가 확실성을 띨 수 있는 것이다」(PE, Ⅰ, 82; PG, 80; 정신현상학, Ⅰ, 157).

따라서 의식은 때로는 그것이 본질적인 것으로 간주하는 대상의 측면으로 나가기도 하며, 때로는 대상이 비본질적일 경우 그것이 본질적인 것으로 정립하는 주관적 확실성의 측면으로 나가기도 한다. 자신의 본질을 이루는 직접성을 발견하는 데 실패하는 이와 같이 상반된 두 가지 입장 사이에서 방황하던 의식은 이제 그것이 처음 출발했던 직접적인 관계로 복귀하여 그 관계 전체를 본질적인 것으로 정립한다. 객관에서 주관으로, 또 주관에서 양자를 포괄하는 전체로 나가는 감성적 확신의 진보는 구체적인 진보이다. 객관을 정립하는 처음의 외적인 매개가 관계 전체를 정립하는 마지막 단계에 이르러서는 감성적 확신에 빈틈없이 삼투되고, 그리하여 감성적 확신은 더 이상 직접知가 아니라 지각의 知가 된다. 우리는 이것을 다음과 같이 세 계기로 구분하여 검토할 것이다. 1) 대상이 본질적인 것으로서 정립되는 계기, 이 변증법은 억견(δόξα)에 대립되는 파르메니데스의 존재에 다다른다. 그러나 이 존재는 직접적 존재와는 정반대로서 추상 또는 부정(이 두 용어는 헤겔에게서 동등한 가치를 지닌다)임이 판명된다. 2) 억견, 주관적 知가 이전 단계의 공허한 존재와 대립하여 본질적인 것으로서 정립되는 계기, 이 변증법은 프로타고라스가 말하는 만물의 척도로서의 「인간」에 이른다. 그러나 이렇게 도달된 자아 자체도 한낱 추상에 지나지 않는다. 자아는 개별적인 자아일 뿐만 아니라 자아일반, 모든 자아이기도 하다. 그럼에도 불구하고 보편자와 개별자간의 관계는 첫번째 단계에서보다 더욱 그 깊이가 있다. 3) 감성적 확신이 그 구체적 통일성 속에서 정립되는 계기, 「감각하는 것(자아)과 감각되는 것(대상)의 통일」인 관계의 전체. 그러나 이러한 통일성은 그 자체 내에 불가피한 잡다성을 포함하고 있으며, 또 여러 가지 상이한 「여기」와 「지금」의 매개가 되고 있는 것으로서 밝혀진다. 사물(chose), 즉 여러 가지 상이한 제 성질의 통일과 그들 상호간의 분리의 부정인 사물이 우리에 대하여(pour nous) 발생한다. 대상과 자아는 더 이상 직접적인 것이 아니라, 이제 전자는 연장된 사물

(chose étendue)이 되었고 후자는 사유하는 사물(chose pensante)이 되었다.

Ⅱ. 대상적 측면 ; 파르메니데스의 존재와 억견

知(savoir)는 자기의 규범, 자기에게 본질이 되는 것에 의하여 자기 자신을 판단해야 한다. 그런데 감성적 확신의 경우 그 규범은 그 직접성이다. 일차적 경험이란 존재가 본질로서 정립되는 경험이다. 즉 존재는 직접적이다. 이와 반대로 知는 비본질적이고 매개된 것이다. 그것은 있을 수도 있고 또한 없을 수도 있는 知이다. 「결국 이렇게 볼 때 대상은 분명히 존재하는, 즉 진리이며 본질이다. 그것은 자신이 인지되건 안 되건 이에 개의함이 없이 존재할 뿐이다. 이와 같이 대상은 설사 그 자신이 인지되지 않을 경우에도 여전히 존속하는 것임에 틀림없지만, 그러나 知의 경우에는 만약 대상이 없다면 존재할 수가 없는 것이다」(PE, Ⅰ, 83; PG, 81; 정신현상학, Ⅰ, 157). 知에 대한 존재의 우위성은 그 항존성에서 연유한다. 그러나 이 항존성은 무엇으로 이루어져 있는가? 그리고 의식은 여기서 주관적 확신——이는(바로 이 순수한 직접성의) 한 가지 예에 불과하며 또 그 대상의 직접성과 비교해 보아도 부수적인 위치만을 차지할 뿐이다——의 변덕에도 불구하고 그 대상에 관하여 어떠한 경험을 갖는가? 우리는 이 대상이 진정 무엇인가를 물을 필요는 없으며, 단지 어떻게 감성적 확신이 그 대상을 자체 내에 지니게 되는가를 물어야 한다. [11]

이와 같이 모든 知로부터 독립되어 있는 것이 파르메니데스의 존재이다. 비록 감성적 의식은 그러한 철학적 사유에까지 고양되지 않는

---

11) 우리에 대해서 그 두 항(존재와 知)은 서로서로 의지해 있는 반면, 감성적 확신에 있어서 존재는 처음엔 직접태이다. 다시 말해서 존재는 그것에 관한 우리의 知와는 무관하게(독립적으로) 즉자적으로 타당하다. 사실상 이러한 존재의 실재론(réalisme de l'être)은 소박한 의식의 특성이다. 「감성적 확신 속의 한쪽 측면은 단순하고 직접적인 존재자나 본질, 즉 대상으로서 정립되고, 반면 다른 한쪽은 비본질적이며 매개된 것으로 정립된다. 이 확신 속에서 즉자적으로 존재하는 것이 아니라 타자의 매개를 통해서 존재하는 것은 곧 자아이며 知이다. 知란 오직 이러한 대상이 존재하기 때문에만 그 대상을 인지하는 바, 그리하여 그 知 자체는 있을 수도 있고 없을 수도 있다」(PE, Ⅰ, 83; PG, 80; 정신현상학, Ⅰ, 157).

다 할지라도 이 계기의 논리야말로 감성적 의식의 진리를 표현하고 있다. 감성적 의식은 사실 「〈이것〉이 있다」라고만 언표할 수 있으며, 그리하여 모든 매개로부터 독립해 있는 존재자(étant)의 절대적 성격을 정립하는 것이다. 이 존재(être)는 필연적 존재이고, 이 필연성은 존재 자체 내의 직접적 반성에 지나지 않는다. 「그것은 단지 존재하기 때문에 존재하는 것이다(Il est parce qu'il est)」(PE, I, 82; PG, 80; 정신현상학, I, 156). 그러나 파르메니데스가 이러한 존재(τὸ ὄν)로부터 억견(δόξα)을 구별하였던 것처럼, 감성적 의식도 이러한 존재로부터 그것의 사념(Meinung)을 구별해야 한다. 감각知는 그것의 진리이며 본질을 이루는 존재와 관련하여 그것 자신의 비항존성(inconstance)을 경험한다. 이와 같은 비항존성(비일관성)의 경험을 고찰함으로써 우리는 감성적 확신이 존재(감성적 확신의 본질적 진리)가 오직 부정을 매개로 통해서만 그러한 본질적 존재가 된다는 사실을 발견하게 됨을 보게 될 것이다. 감성적 확신의 대상은 직접적 존재이기는커녕 오히려 하나의 추상태, 즉 모든 특수한 「이것(ceci)」의 부정으로서 나타난 보편자이다. 그것은 보편자가 의식 속에 출현하는 최초의 부정적 현시이다.

문제의 중요성은 여기에 있다. 이러한 감성적 확신에서 도대체 무엇이 남게 되는가? 「우리가 〈이것〉을 〈지금〉과 〈여기〉라고 하는 이중적 존재양식 속에서 살펴 본다면, 〈이것〉 자체가 지니고 있는 변증법은 〈이것〉 자체만큼이나 명료한 형식을 띠게 될 것이다」(PE, I, 83; PG, 81; 정신현상학, I, 158). 사실 감성적 확신은 「이것」, 「여기」, 「지금」이란 관념(notion)을 넘어갈 수 없다. 「〈지금〉은 낮이다」, 또는 「〈이것〉은 나무다」라고 말할 때 그것은 자신의 知 속에 質的 제 규정(déterminations qualitatives)을 도입하는 것이다.

그러나 이는 그것이 자신의 대상에 대하여 요구하는 직접성에 배치된다. 「밤, 낮, 나무, 집 등의 관념은 種(genres)과 屬(espèces)에 관계된 용어(termes génériques)이므로 아직 (감성적 의식의 단계에선) 사용될 수 없는, 보다 고차적으로 발전된 의식에 속하는 용어이다. 명사(noms)는 類와 種에 의한 분류를 전제하는데, 이는 가장 부정형적인 인식 단계, 즉 직접적인 감성적 의식에서는 있을 수도 없는 일이다.」[12] 사실 분류는 비교를 요구하는 바, 이는 의식이 그에게 직접적으로 주어진 것 너머로 고양될 것을 요구하는 것이다. 따라서 그것은 종적 특수성과 더불어 매개작용을 도입한다. 그러나 감성적 확신은 자신의 본질을 구성하는 것(직접성)이 目前에서 소멸되어 가는 모습을 보지 않기 위해서도 이러한 매개를 거부하여야 한다.

만약 헤겔이 밤, 낮, 나무, 집 등과 같은 관념들을 사용했다면, 그 이유는 이러저러한 방식으로 언명될 수 있는 판단 속에서 그것들을 사용하지 않는다는 것이 불가능한 점에 있다. 그렇지만 감성적 확신은 이러한 관념들을 그것들이 지니고 있는 본래적 성격대로, 달리 말하면 知에 있어서 매개의 체계 전체를 전제하는 개별적 규정들로 간주하지 않는다. 오히려 감성적 확신은 그 관념들을 「이것(ceci)」이라고 하는 언표 불가능한 성질의 순수본질로 간주한다. 따라서 만약 우리가 「〈지금〉은 무엇인가?」라고 물을 때 「〈지금〉은 밤이다」라는 대답이 주어진다면, 이것은 결코 밤이라고 하는 일반적 용어가 지시하는 것에 대한 이해를 의미하는 것이 아니다. 그것(밤)은 단지 이 「지금」의 질적 규정에 불과한 것으로, 이 「지금」의 개별성은 사념될 수는 있을지라도 언표될 수는 없다. 이러한 변증법의 연쇄과정은 바로 이 점을 명시해 주고 있다. 사실 「지금」은 자신의 진리성과 직접성의 성격을 상실하지 않기 위해서 자신의 존재를 보존하여야만 한다. 즉 「지금」은 존재한다. 그러나 이 진리를 글로 써서(PE, I, 83,.; PG, 81; 정신현상학, I, 158), 가령 정오가 되었을 때 「〈지금〉은 정오다」라는 새로운 판단을 언명하여야 한다면 무엇이 존재하는가? 따라서 「지금」은 자기 자신과 구별된다.

감성적 확신이 「지금」의 비일관성을 경험했을 때, 무엇이 보존되는가? 知가 변화할 때도 존재는 지속적으로 존립한다. 크세노폰과 그 이후 희랍 회의론자들은 이와 같은 「지금」의 영속적 변화를 존재하지 않는 가상(apparence)이라고 불렀다. 「지금」은 따라서 존재자인 것 같지는 않다. 그것은 끊임없이 변화하거나, 또는 더 나가서 언제나 타자화된다. 그럼에도 불구하고 우리는 여전히 「지금」을 말하고 있

---

12) Andler, ⟨*article cité*⟩ in ⟪*Revue de métaphysique et de morale*⟫(juillet-septembre, 1931), p. 322.

다. 그러나 자기 자신을 보존하고 또 그것의 항존성이 곧 감성적 확신의 진리를 이루는 「지금」은 존재한다고 주장되는 직접적인 그 무엇이 아니다. 그것은 매개된 그 무엇이다. 「지금」이 지속적으로 존재하는 것은 밤과 낮이 그것에 전혀 변화를 주지 못한 채 흘러가고 있기 때문이다. 「지금」은 그것들(밤과 낮)에 대한 부정이다(헤겔에게서 부정은 추상을 특징지우며, 모든 추상은 부정이다). 「지금」은 밤도 아니고 낮도 아니다. 그러나 여전히 「지금」은 밤일 수도 있고 낮일 수도 있다. 「〈지금〉은 자신의 타재성(être-autre)에 의해서 전혀 영향을 받지 않는다.」 이러한 것이 엄밀히 말해서 보편자에 대한 제1정의이다. 「부정의 과정을 통해서만 존재하는 것, 이것도 아니고 저것도 아닌 것, 그리고 특히 이것이 아닌 것이면서도 또한 이것이나 저것일 수 있는 것——이와 같이 단순한 성질의 것을 우리는 보편자라고 부른다」(PE, Ⅰ,84; PG, 82; 정신현상학, Ⅰ,159).[13] 그리하여 이러한 보편자야말로 진정한 의미에서 감성적 확신의 진리가 된다.

「지금」에 관하여 우리가 방금 전개시킨 변증법은 「여기」와 .관련해서 재현된다. 「〈여기〉에 나무가 있다」라고 하자. 그러나 내가 몸을 돌리면 (나무가 아닌) 집이 있다. 이와 같은 차이들은 매개작용을 통해서 확보될 일관성을 아직 지니지 못한, 한낱 억견에 불과하다는 이유로 거부된다. 따라서 「여기」는 나무도 아니고 집도 아니지만, 반면 나무일 수도 있고 집일 수도 있다. 그것은 자신의 타재성에 의해 전혀 영향을 받지 않는다. 그것은 자기 내부에서 진행되는 모든 사태에 대해 무관심한 보편적 「여기」이다. 마찬가지로 「이것」도 그것이 적용될 수 있는 모든 것에 대해 무관심하다. 「지금」이 보편적 지금이고 「여기」가 보편적 여기인 것처럼 「이것」도 보편적 이것이다. 사실 이와 같은 경험의 결과는 우리가 이미 예고했던 것이다. 즉 감성적 확신의 진리는 존재이며 보편적 공간이며 보편적 시간이다. 그러나 이 존재, 이 공간, 이 시간은 일반적으로 주장되듯 직접적인 소여가 아니다. 그것이 존재하는 것은 타자가 존재하지 않기 때문이다. 「따라

---

13) 우리가 이 변증법을 통하여 도달했던 것은 보편자에 대한 첫번째 정의이지만 그것은 「순수추상」의 존재이며, 다른 모든 추상의 전제 조건으로서의 보편자이다. 그리고 이 보편자 속에서 본질적인 것으로 판명된 것은 부정이다.

서 이러한 의미의 순수한 존재란 결코 우리가 사념했던 바의 존재가
아니고 오히려 추상태 혹은 순수한 보편자라는 규정이 가해진 존재이
다. 그러므로 보편자를 감성적 확신의 진리로 여기지 않는 우리의 사
념만이 공허하거나 무관심한 〈지금〉과 〈여기〉에 대치되는 입장에 놓
여 있을 뿐이다」(PE, I, 85; PG, 82; 정신현상학, I, 160).

　우리의 출발점은 언표 불가능하지만 긍정적으로 존재하는 「여기」와
「지금」이었다. 그리하여 우리는 그것들 자체 내에 놓여 있는 부정을
발견하였다. 그것들은 오직 그것들의 타재를 부정함으로써만 있을 수
있다. 개별성은 그것의 대립자인 보편성으로 전도되었다. 그러나 이
러한 보편성은 긍정적인 보편성이 아니다. 그것은 순수한 추상태로
나타나는데, 그러면서도 타자의 매개를 통한 추상태로서의 단순한 요
소로 나타난다. 그 자신이 아닌 모든 것(자신의 외타적 존재 전체)에
대하여 무관심하게 존재하는 것은, 모든 「이것들」의 기초가 되는 보
편적 「이것」이며, 또 「지금」이 자신의 타자화에도 불구하고 자기동일
성을 유지하면서 무한히 반복되고 있는 시간으로서의 보편적 「지금」
이며, 또한 모든 특수한 점들이 위치해 있는 공간이다. 이러한 경험
을 통하여 획득된 결과란 개별자에 대립되면서도 또 그것에 의해 매
개된 첫번째의 보편자 개념이다. 그러나 규정의 특수성, 즉 매개를
표현하고 또 지각 속에 나타나게 될 그런 특수성은 아직 확정되지 않
았다. 확실히 감성적 「여기」의 언표 불가능성 속에 있었던 성질은 오
히려 부정되었다. 그러므로 그 성질이 부정된 후에 남는 것은 낮이나
밤이나 보편자가 아니라 개별성을 의미하면서 동시에 보편성을 의미
하는 추상적인 「여기」와 「지금」이다. 이 단계에 해당하는 변증법은
엘레아 학파 제논의 논증에서 표현되고 있는 것처럼 공간과 시간의
영역에서 진행되는 순수 量의 변증법이다. 이 변증법은 개별적인 「이
것」에서 존재일반, 보편적 「이것」으로 이행하는 과정에서 質을 포기
하였지만 거기에는 여전히 一과 多의 변증법(dialectique de l'un et du
multiple)이 남아 있다. 사실 모든 「지금」들은 모든 「여기」들과 마찬
가지로 서로 동일하다. 또한 그것들의 共同群을 형성하는 이러한 동일
성이 공간과 시간의 연속성이다. 그러나 다른 한편 모든 「지금」들 각
각과 모든 「여기」들 각각은 서로 다르며, 이 차이성이 수의 불연속성

을 이룬다. 그런데 이 차이성은 단지 사념된 차이성(différence visée)
일 뿐이다. 즉 그것은 무차별적 차이성(différence indifférente)인 것이
다. 그리하여 공간의 각 점은 시간의 각 순간이 다른 순간들과 동일
하듯 다른 점들과 동일하다. 만약 우리가 그것들간의 동일성이나 연
속성에 출발한다면 우리는 필연적으로 그들간의 차이성에 도달하게
되며 그 불연속성에 부딪치게 된다. 이와 반대로 만약 우리가 그들간
의 불연속성, 즉 그들간의 차이성에서 출발한다면 우리는 필연적으로
그들간의 동등성과 연속성에 도달하게 된다. 모든 「一者(uns)」는 서
로 다른 동시에 동일하다. 이러한 것이 量의 영역에서 나타나는 개별
성, 즉 타자들과 상이한 一者(이 차이성은 오직 사념된 차이성에 불
과하며 대자적 존재나 자체 내에 부정을 지니고 있는 진정한 개별성
이 문제되는 것은 아니다)와 모든 타자들과 절대적으로 동일한 一者
(즉 보편자, 이 보편자는 자기 자신과 대립하지 않으며, 따라서 진정
한 보편자가 아니다)간의 대립이다.

Ⅲ. 주관적 측면

처음에 감성적 확신은 대상 속에 진리를 정립했다. 대상, 그것은
본질이었다. 知는 이와 반대로 비본질적이었다. 이제 감성적 확신은
자신의 첫번째 가설을 반전시켜야 한다. 대상은 감성적 확신에게 직
접적인 것으로 판명되지 않았다. 오히려 대상의 존재는 부정에 의하
여 정립된 것(매개된 것)으로 드러났다. 대상이 존재하는 것은 다름
이 아니라 타자, 정확히 말하자면 知가 존재하지 않기 때문이다. 따
라서 오직 지금 직접적인 것으로서의 知에로 복귀해야 하며, 이와 반
대로 존재는 비본질적인 것으로 만들어야 할 필요가 있다. 이러한 것
이 희랍 소피스트들의 입장이다. 감성적 확신은 존재 독단주의(dogm-
atisme de l'être)를 포기하는 대신 주관적 현상주의(phénoménisme sub-
jectif)를 채택함으로써 자신의 직접성을 보존할 수 있기를 기대한다.
「결국 감성적 확신의 진리를 이룩하는 힘은 자아 속에, 즉 내가 보고
듣고 하는 따위의 직접적인 사실 속에 놓이게 된다」(PE, Ⅰ,85; PG, 83;
정신현상학, Ⅰ,161). 「〈지금〉은 밤이다」라는 언명은 더 이상 밤의 직접

적인 즉자적 존재를 의미하는 것이 아니라 그것의 자아에 대한 존재 (대아적 존재)를 의미하는 것이다. 진리는 내가 그것을 경험하는 한 내가 직접적으로 경험하는 바의 것이다. 이것은 플라톤의 《테아에테투스》 편에 나타나는 프로타고라스의 테제이다. 「인간은 만물의 척도이다. 존재하는 것들에 대해서 그것들의 존재의 척도이며 존재하지 않는 것에 대해서는 그것들의 비존재의 척도이다. 」이로부터 《테아에테투스》는 학문이 감각작용(sensation) 이외의 아무것도 아니라고 결론지었다. [14] 헤겔은 이 점에 대해서 다음과 같이 말했다. 「감성적 확신의 진리는 〈나의〉 대상으로서의 대상 속에 혹은 내가 뜻하고자 하는 사념 속에 놓여져 있을 뿐이다. 즉 여기서 대상은 내가 그에 대해서 알고 있기 때문에 존재하는 것이다」(PE, I,85; PG, 83; 정신현상학, I,160~1). 「지금」이 밤이거나 낮인 이유는 그것이 즉자적으로(본래) 밤이거나 낮이기 때문이 아니라 내가 그것을 그와 같이 보기 때문이다. 진리는 직접적인 진리로서 나의 진리이다. 헤겔은 여기서 「Mein(나의)」과 「Meinen(사념하다, 의도하다)」의 유비를 통해 同音異義의 익살을 부리고 있다. 이러한 주관적 관념론은 이제 자아가 경험하는 것만을 인식한다. 그것은 언제나 자아, 또는 프로타고라스적 인간을 진리로서 정립하고 있다.

  그렇지만 이러한 입장은 선행하는 입장과 동일한 변증법을 체험한다. 진리는 자아 속에 놓여 있다. 그러나 그 자아는 어떤 자아인가? 「이 자아는 나무를 보면서 이 나무는 여기 서 있다고 주장하지만, 다른 자아는 집을 보면서 여기에 있는 것은 나무가 아니라 오히려 집이라고 주장한다」(PE, I,86; PG, 83; 정신현상학, I,161). 그런데 이와 같은 두 주장은 동일한 신빙성과 동일한 직접성을 갖는다. 한 자아가 직접적으로 파악하는 것은 다른 자아가 그와 못지 않게 직접적으로 파악하는 것에 대한 대립명제(antithèse)이다. 이러한 두 진리 중의 하나는 다른 하나의 진리 속으로 소멸되고 만다. 소멸되지 않고 남아 있는 것은 단일하고 언표 불가능한 이-자아가 아니라 보편적 자아이다. 이 보편적 자아는 주관의 측면에서 보편적인 「이것」, 보편적인

---

14) Platon, 《théétète》, 152 a.

「지금」, 보편적인 「여기」와 짝을 이루고 있다. (주관적 현상주의에 대한) 동일한 논박이 플라톤 《테아에테투스》 편의 소크라테스의 논증에서 나타나고 있다. 「그는 이렇게 말하고 있는 것이 아닐까? 즉 주어진 사물은 그것이 나에게 나타나는 것처럼 그렇게 나에게 있고, 또 자네에게 나타나는 것처럼 그렇게 자네에게 있다고. 그런데 자네가 사람이듯 나 또한 사람이 아닌가?」[15] 헤겔이 따르고 있는 변증법은 유아론(solipsisme)에 대한 소박한——그것이 논박하고 있는 관념론만큼이나 소박한——논박이다. 그럼에도 불구하고 이 단계의 의식에서 진행되는 개별적 자아들간의 상호작용(각기 동일한 하나하나의 공간적 실재들처럼 동일성과 차이성으로 인해 발생하는 견인과 반발)은 보다 고차적인 변증법, 즉 보편적 자아 속에서 개별적 자아들이 통일되는 변증법을 예상하고 있다.

그런데 여기서도 끝내 소멸되지 않는 것은 보편자로서의 자아일 뿐이니, 바로 이 보편자로서의 자아가 목격하는 것은 결코 특정한 나무나 집일 수 없고 오직 단순히 본다는 사실 이상의 것이 아니다. 이와 같이 단순히 본다는 것은 이 특수한 집의 부정을 통해 매개되었으면서도 동시에 집이나 나무 등과 같이 그 시야 속에 들어오는 모든 것에 대해서 여전히 단순하고 무관심한 상태로 남아 있다(PE, I, 86; PG, 83; 정신현상학, I, 161).

이러한 직접知에 대해서는 다른 형태의 논박, 즉 자아의 수다성에 호소하지 않는 논박이 가능하다. 나는 오로지 시간상 서로 구별되는 두 순간에서의 나의 知를 비교하기만 하면 되는 것이다. 「지금」은 내가 그렇게 보기 때문에 낮이다. 그러나 잠시 후 동일한 이유에서 「지금」은 밤이다. 자아는 이와 같은 차이성 속에서 지속적으로 존립하며 또한 여전히 자기동일성을 유지한다. 따라서 내가 염두에 두고 있는 바의 나의 사념의 진리는 보편적 자아로서의 자아이다. 그러나 헤겔이 자아의 수다성을 전제하고 있는 논박을 선택한 것은 의미심장한 징후를 보이고 있다. 사실 그 논박은 그의 철학을 형성하고 있는 본질적 제 전제 중의 하나인 공통적 자아(moi commun)에 도달하게 된다. 「나, 즉 우리이며, 동시에 우리가 곧 나이다(Ce moi qui est un nous,

---

15) *Ibid.*

ce nous qui est un moi)」(PE, I, 154; PG, 140; 정신현상학, I, 246). 이러한 변증법과 관련해서 안들러가 다음과 같은 논리학의 원문을 인용한 것은 매우 적절한 일이었다.

《순수이성비판》이 지닌 가장 심오하고도 가장 정당한 통찰들 가운데 하나는 개념의 본질을 형성하는 통일이 통각의 근원적이며 종합적인 통일로서, 즉 「나는 생각한다」 또는 자기의식의 통일로서 인정되어야 한다는 점이다. 따라서 우리는 우리 자체 내에서 상호 분리될 수 없는 두 자아를 분별하여야 한다. 개별적인 감성적 확신에 서 있는 나, 즉 감성적 자아(moi sensible)는 이 자아를 정립하는 보편적 자아 속에 자리하고 있다. 그러나 개별적 자아가 없다면 보편적 자아도 있을 수 없을 것이다. [16]

대상의 측면에서 우리를 존재일반, 공간 그리고 시간으로 이행하게끔 한 논증은 이제 주관의 측면에서 보편적 자아로 이행하게끔 한다. 「따라서 내가 어떤 개별적 자아를 사념한다 할지라도 결코 내가 〈지금〉, 〈여기〉를 염두에 두면서 이를 말로 나타낼 수 없듯이 바로 이 자아의 경우에도 역시 그에 대하여 사념하는 바를 그대로 말로 나타낼 수는 없는 것이다. ……이와 마찬가지로 내가 자아, 이 개별적인 자아를 말할 때 나는 이 모든 자아(자아일반)를 말하는 것이다. 그리하여 그들 각각은 내가 말한 자아, 이 개별적 자아가 된다」(PE, I, 86; PG, 83~4; 정신현상학, I, 161~2). 이 마지막의 점에 있어서도 우리는 마찬가지로 적극적인 개별성에 도달하지 못한다. 우리는 우리 자신이 유일무이한 존재라고 생각하며, 또 우리 자체 내에서 타자와의 비교를 통하지 않은, 즉 매개를 거치지 않은 자아, 하나밖에 없는 자아를 발견한다고 생각한다. 그러나 각각의 (개별적) 자아는 동일한 것을 말하고 있다. 개별자에서 보편자로의 이행은 시간과 공간 속에서 수행된 이행과 동일하다. 각각의 자아는 고유성을 지닌 하나밖에 없는 자아이지만, 그러나 모든 자아가 (동일한) 「이것」을 말하고 있다. 외견상 자아와 관련한 변증법은 대상과 관련한 변증법에서보다 별다른 진척을 이룩하지 못한 것처럼 보인다. 그러나 하나의 진전은 있다. 개별적 자아와 보편적 자아 사이에는 시공간적 대상의 경우에서보다

---

16) Andler, *op. cit.*, p. 324.

더욱 심오한 관계가 성립한다. 거기서는 보편자와 개별자간의 병치(juxtaposé) 이상으로 보다 긴밀한 상호 침투(pénétration)가 이루어지고 있으며, 이러한 상호 침투야말로 우리가 지향하는 구체적 진리인 것이다.

푸어푸스는 그의 주석서에서 《정신현상학》 첫장부터 나타나는 자아의 변증법의 중요성을 지적하면서 다음과 같이 기술하고 있다. 「주관적 관념론의 본질과 경험이 여기서 비교할 수 없을 만큼 훌륭한 방식으로 지적되고 있다.」[17] 이 관념론은 결국에 가서 그것에 대립하고 있는 자아를 유일한 현상(seule apparence)으로 규정할 것이겠지만, 어쨌든 동일한 권리를 독자적으로 주장하며 자신의 제 규정에 대해 동일한 가치를 부여하는 다른 자아의 견고성에 부딪쳐 좌절하고 만다. 사실 두 자아는 일자가 타자의 관념성으로 소멸하면서 지양되고, 그리하여 동일성과 견인의 관계 속에 놓여지게 된다. 그러나 이 두 자아는 또한 서로가 서로에 대하여 차이성을 지니는 관계(반발의 관계) 속에 놓인다. 이제 자아는 다른 자아 속에서 자기를 바라보고 자기를 제한한다. 자아의 이와 같은 자기제한이야말로 그 자체가 하나의 본질적인 진보를 함의하는 것이다. 여기에 바로 역동적인 관계가, 즉 보편자와 개별자 사이에서 생생하게 나타났던 매개가 있으며, 따라서 대상 속에서, 「이것」 속에서 제시되었던 것과는 다른 종류의 매개가 있다. 이로써 우리는 독단적인 존재의 철학(une philosophie dogmatique de l'être)과 관념적인 자아의 철학(une philosophie idéaliste du moi) 사이의 간극을 보는 셈이다. 이러한 간극은 오로지 자아가 자기 자신을 존재 속에서 발견하게 될 때, 다시 말하면 의식이 자기의식이 될 때만 사라질 것이다.

우리를 특수성(particularité)으로 인도할 세번째 경험으로 이행하기 전에 다음과 같이 말할 수 있겠다. 즉 헤겔의 논증은 아무리 매혹적이라 할지라도 그것이 인도하는 방향을 우리가 이미 파악하고 있을 경우에만 이해될 수 있다는 점이다. 우리가 거듭 강조했던 바와 같이 확실히 헤겔은 피히테와는 달리 자기의식이나 자아=자아를 전제하지

---

17) Purpus, 《*Zur Dialektik des Bewusstseins nach Hegel*》, p. 45.

않았다. 오히려 그는 의식의 전개과정 속에서 그것을 구명하고 있다. 그러나 그를 추적하기 위해서는 개별자에서 보편자로의 이행을 인정해야만 하는데, 이는 자아의 차원에서 이-자아와 보편적 자아의 근원적 동일성이고 또 개별적인 「나는 생각한다」를 초월하는 「나는 생각한다」와 「개별적인 나는 생각한다」의 근원적 동일성이다. 이러한 근원적 동일성을 발견하는 의식의 자기초월은 오직 선험철학의 차원에서만 의미가 있다. 달리 말하면 감성적 확신의 이러한 경험의 의미를 규정하기 위해서는 우리는 이미 보편자와 개별자가 상호 침투해야 한다는 점을, 또는 보다 잘 표현하자면 부정을 통해서 존립하는 보편자가 있다는 점을 파악하고 있어야 하는 것이다.

Ⅳ. 세번째 경험 ; 감성적 확신의 구체적 통일

세번째 경험은 우리를 개별자와 보편자 사이의 균형운동이나 일자의 타자로의 환원운동으로부터 벗어나게 해준다. 감각하는 것과 감각되는 것 모두에게 공통된 행위를 가리키는 감성적 확신의 전체를 감성적 확신의 본질로 정립함으로써, 우리는 보다 구체적인 영역으로 들어왔다. 그리고 매개는 더 이상 하나의 예(Beispiel)로서 취급되는 개별적인 감성적 확신의 외부에 있는 것이 아니라 그 내부에서 발견된다.

첫번째 경험에서는 대상이 본질적인 것으로 정립되었고 知는 비본질적인 것으로 정립되었다. 그러나 대상은 사념되었던 것과는 다른 것임이 판명되었다. 그것은 존재, 즉 하나의 추상적 보편자였다. 두번째 경험에 있어서 사념되었던 것은, 그리고 비본질적인 것과 관련하여 본질적이었던 것은 다름아닌 언표 불가능한 자아였다. 그러나 이 관념론은 자체 내에서 동일한 변증법을 경험하였다. 즉, 직접성을 목표삼고서도 이 관념론은 단지 추상적 보편자, 이-자아도 저-자아도 아닌 자아일반에만 도달했을 뿐이다.

이제 남은 것이란 처음의 출발점으로 복귀하는 일이다. 다시 말해서 知와 대상 가운데 무엇이 본질적인 것이며 무엇이 비본질적인 것인가를 구별짓고자 하지 말고 오히려 그것들의 직접적 관계를 정립하는 것이다. 본질은 오로지 이러한 단순한 관계의 통일일 뿐이다. 「〈지금〉은 낮이다. 그리고 나는 그것을 낮으로 안다」(PE, Ⅰ,87; PG, 85; 정신현상학, Ⅰ,163). 나는 이 개별적인 확실성을 뒷전에 남겨 둔 채 또 다른「지금」이나 또 다른「자아」를 고려할 것을 거부한다. 헤라클레이토스주의자들이 그랬던 것처럼 나는 대상의 측면이나 주관의 측면을 지향하는 논의를 거부한다. 소크라테스의 말을 인용해 보자.

그 어떠한 것도 즉자적이며 그 자체로 존재하는 것(자립적으로 존재하는 것, étant un en soi et par soi)으로 간주하지 말자. 그러면 우리는 검은색이나 흰색 또는 그밖의 다른 모든 색들이란 그 색들을 발생시키는 특수한 운동과 우리의 눈과의 만남에 의한 것임을 알게 된다. 또한 우리가 각각의 색의 고유한 요소라고 말하는 것도 사실은 만나는 것(능동적 요소)이나 만나지는 것(수동적 요소)이 아니라, 오히려 각 개인에게 고유한 산물로서 이와 같은 만남을 통해 (그 사이에서) 이루어지는 중간자적인 것임을 알게 된다. 18)

이러한 확실성은 스스로 발현하지 않으므로 우리가 그리로 다가가서 사념된 단일한 이「지금」을 명시할 것이다. 이러한 운동은 아직은 특정한 성질을 명명하는 행위가 아닐지라도 하나의 매개행위이다. 그것이 곧 사념된 직접태를 구성한다. 「이를테면 바로 이 시점상에 있는 〈지금〉이 제시된다고 할 때, 바로 여기에 있는 그 〈지금〉은 그와 같이 밝혀지기가 바쁘게 어느덧 그것은 원래의 〈지금〉과는 다른 것이 되어 버리고 만다. 즉 바로 이 순간을 의미하는 〈지금〉은 이미 그 첫 순간에 나타난 〈지금〉과는 다른 것이 되고 만다」(PE, Ⅰ,88; PG, 85; 정신현상학, Ⅰ,164). 그것(「지금」)은 존재했었다. 그러나 (과거에) 존재했었던 것은 (현재) 존재하는 것은 아니며, 반면 우리가 문제삼았던 것은 오직 존재(현재 존재하는 것)뿐이다. 따라서 대상이나 知에 본질이란 특권을 부여하지 않을지라도 감성적 확신의 한가운데에서 이미 매개가 이루어진 것이다. 정립된 것은 그것이 정립되는 순간 더 이상 존재하지 않지만, 그럼에도 불구하고 그것은 여전히 그 소멸 자체 속에서 존재하게 된다. 헤겔은 이를 (「지금」보다 더욱 풍부하고

---

18) Platon, *op. cit.*, 153 d.

더욱 구체적인) 현재를 구성하고 있는 다음과 같은 첫번째의 기본적 변증법으로 표현하고 있다.

1. 나는 「지금」을 진리로서 정립하고 곧이어 그것을 부정한다. 「지금」은 더 이상 존재하지 않는 것이다.

2. 따라서 나는 「지금」이 존재하지 않는다는 것, 「지금」은 존재했었다는 것을 진리로서 정립한다.

3. 그러나 다시금 나는 이 두번째 진리를 부정한다. 이러한 부정의 부정은 외견상 첫번째 진리에로 되돌이긴다. [19]

하지만 사실은 그렇지가 않다. 왜냐하면 내가 도달한 첫번째 진리로서의 「지금」은 이미 부정을 거친 「지금」으로서 자기의 부정을 부정했으며, 그리하여 자기의 타재성의 부정을 통해서만 존재하는 「지금」이기 때문이다. 「이와 같이 자기반성을 거친 첫번째 것은 처음 시작할 때의 직접적인 것과 더 이상 전혀 동일할 수는 없다. 오히려 그것은 자기반성적이며 또 타재성 속에서 그 자신인 채로 남아 있는 단순한 것이다. 그러므로 이러한 의미의 〈지금〉은 무수히 많은 절대적 의미의 〈지금〉이다」(PE, I, 89; PG, 86; 정신현상학, I, 165). 하루는 많은 시간으로 이루어져 있고 마찬가지로 시간은 많은 分으로 이루어져 있다. 그리하여 여전히 존속하는 것은 다양성 속에서의 통일, 즉 양(quantum)이다. 그리고 특수한 감성적 확신은 그것이 직접적인 것이라고 주장하는 것을 이루고 있는 이와 같은 매개에 대한 경험이다. 따라서 감성적 확신에서 문제가 되는 것은 단일하고 언표 불가능한 「지금」이나 「여기」가 아니라 자체 내에 매개를 포함하고 있는 「지금」이나 「여기」이다. 이것이야말로 보편성의 통일성과 개별적 성질들의 다양성을 동시에 포괄하고 있는 사물(choses)이다. 우리에 대해서 하나의 사물은 共存하고 있는 제 성질의 총화이며 또한 이러한 제 성질의 통일이다. 이것은 마치

─────────────────

19) 여기서 시간성의 첫번째 변증법이 지적될 수 있다. 이 운동 속에서 부정은 「지금」을 부정하는 미래에로의 도약으로부터 나온다. 이 부정은 존재했었고(gewesen), 그리하여 본질(Wesen)이 되는 과거(Vergangenheit, 본질은 지나가 버린 존재, das vergangene Sein 이다 ; 역자)에 도달한다. 그러나 이로써 자체 내에 매개를 지닌 구체적 통일이 이러한 부정의 부정에 의하여 이루어진다. 헤겔은 《정신현상학》 서설에서 시간성이 매개 자체라고 말한다(PE, I, 19; PG, 21; 정신현상학, I, 75).

공간 속의 명시된 지점이 (하나의 특정한 지점에 고착된 지점이 아니라 보는 위치나 각도에 따라서) 위나 아래, 또는 오른쪽이나 왼쪽일 수도 있는 것과 같다. 우리가 도달하는 것은 수많은 「여기」의 단순한 복합체이다. 「지금 바로 얘기된 〈여기〉는 물론 점이라고 할 수 있으나, 이 점은 결코 어떤 한 지점에 고착된 것이 아니다.」 이와 반대로 우리가 그것을 존재하는 것으로 명시할 때, 이러한 명시 행위는 직접知로 판명되지 않는다. 오히려 그것은 사념된 「여기」로부터 출발해서 무수히 많은 「여기」를 거쳐 단순한 「여기」의 수다성인——하루가 단순한 「지금」의 수다성이듯——보편적 「여기」에 도달하는 하나의 운동이다 (PE, I, 89; PG, 86; 정신현상학, I, 165).[20]

  따라서 우리는 보편자와 개별자의 특정한 상호 침투를 경험하고 다양성과 단일성의 특정한 통일을 경험한다. 그리고 이것은 우리의 새로운 경험 대상인 지각이 「다양한 제 성질이 부여된 사물」 속에서 밝혀 줄 것이다. 그러나 명시운동 속에서 감성적 확신은 자기 자신으로부터 벗어난다. 따라서 知와 대상은 모두 감성적 의식에 있어서 다른 知와 대상이 된다. 진정으로 감성적 의식은 지각을 하며 그 대상은 다양한 제 성질을 지닌 사물이다. 감성적 의식에 있어서 부정과 매개는 사실 존재와 知에 대해서 외적인 것이다. 「그러므로 감성적 知의 풍부한 내용은 지각에 속하는 것이지 직접적 확신에——여기서 그 풍부한 내용은 한낱 스쳐 지나가는 잠정적인 것이었다——속하는 것이 아니다. 왜냐하면 오직 지각만이 부정과 구별과 그리고 다양성을 스스로의 본질 속에 지니고 있기 때문이다」(PE, I, 94; PG, 90; 정신현상학, I, 172). 우리는 또한 감성적 확신의 본질이 단일한 이 존재와 이 자아로부터 분리된 존재와 자아라고 말할 수 있다. 그러나 이렇게 정립된 것은 존재의 통일성 속의 다양성이거나 자체 내에 부정을 지닌 존재이다. 마찬가지로 그것은 자아 속의 다양성이거나 자체 내에 부정을 내포한 자아이다. 이러한 것이 개념의 두번째 계기, 즉 특수성 (la particularité)이다.

---

  20) 이 구절은 칸트가 직관의 형식(순수다양성)과 형식적 직관(개관 synopsis 의 통일성)을 구분했던 것과 비교될 수 있다.

2
지　각

지각의 일반적 성격

　지각의 관점은 일상적 의식(상식)의 관점이며 어느 정도는 여러 가지 경험과학의 관점이다. 경험과학은 감성적인 것을 보편적인 것에로 고양시켜 감성적 제 규정과 사유의 제 규정을 혼합하지만 이때 거기서 발생하는 제 모순을 자각하지 못한다.[1] 왜냐하면 감성적인 것의 본질은 사유의 제 규정을 통해서만 인식되기 때문이다. 「오직 그것들만이 감성적인 것을 의식에 대해서 본질로 구성하고 또 의식과 감성적인 것간의 관계를 규정하는 바, 거기서 결국 이를 매개로 한 지각작용과 그 진리가 전개되는 것이다」(PE, Ⅰ, 107; PG, 101; 정신현상학, Ⅰ, 190). 우리는 데카르트가 「제 2 성찰」에서 말하고 있는 한 조각의 밀납이나 헤겔이 《정신현상학》「지각」장에서 말하고 있는 소금 결정체를 오직 감각에 의해서만, 또는 상상을 통해서만 지각한다고 믿는다. 그러나 사실은 우리의 오성이 개입하고 있다. 우리는 연장된 사물을 지각한다. 그러나 사물 자체로서의 사물은 보거나 만질 수 없다. 만약 그것이 이러저러한 감성적 규정에 의해서 완전히 드러나지 않는다면 우

---

1) 《*Encyclopédie*》 (*S. W.*, éd., Lasson, t. V. p. 373).

리는 그것에 관하여 무엇을 알고 있는가? 데카르트는 말한다. 「아마
도 그것은 내가 지금 생각하고 있는 것이었을 것이다. 즉 밀납은 이
달콤한 꿀맛도, 이 향기로운 꽃내음도, 이 흰색도, 이 모양도, 이 소
리도 아니었다.」여기서 부정을 도입한 것은 의미심장하다. 그리고 만
약 우리가 여기서 데카르트의 이러한 원문을 인용하였다면——이와
같은 분석에 있어서 데카르트의 의도는 소금 결정체를 정관하고 있는
헤겔의 의도와 상당히 다르다——그것은 두 예 사이의 평행적 대응성
이외에도 우리가 거기서 헤겔의 그것과 유사한 사유의 운동을 파악할
수 있기 때문이다. 내 앞에 있는 이 사물은, 비록 그것이 이것이나 저
것이 될 수 있고 또 상상조차 할 수 없는 형태를 취할 수 있을지라도,
이것도 아니며 저것도 아니다. 사물은 그것이 (개념적으로) 이해된다
고는 할지라도 그것의 제 성질 속에서 스스로를 표출한다. 달리 말하
면 사물은 우리가 지각하는 제 성질 속에서 존속하는 것이다.[2] 지각
한다는 것은 더 이상 감성적 확신의 언표 불가능자에 머무는 것이 아
니라 오히려 이 감성적인 것을 넘어 헤겔이 말하는 보편자에 도달하는
것이다. 그는 이 보편자를 앞 장에서 다음과 같이 정의하였다. 「부정
의 매개를 통해서만 존재하는 것, 이것도 아니고 저것도 아닌 것, 그
러면서도 또한 이것이나 저것일 수 있는 것——이와 같이 단순한 성
질의 것을 우리는 보편자라고 부른다.」 지각의 원리는 바로 이러한
보편자이다. 우리는 감성적 확신의 변증법이 진행되는 과정에서 이러
한 보편자가 등장하는 것을 보았으며, 따라서 이것이 현상적 의식의
새로운 대상이 된다. 만물은 연장된 사물이거나 사유하는 사물이거나
정신이거나 또는 神 자체이거나간에 모두 하나의 사물(une chose)이
다. 前비판주의적 독단주의는 형이상학에 있어서 단지 지각적 의식의
태도를 연장하고 있는 것에 지나지 않는다. 헤겔은 이것을 「객관성에
관한 사유의 첫번째 입장(première position de la pensée à l'égard de

---

2) 버클리의 주사위를 참조. 「(철학자들은) 〈주사위〉라는 말이 주어나 실체를 의미한
다고 주장할 것이다. 즉 이것은 그것에 관해 서술되는 단단함, 연장 그리고 형태와
는 구별이 되며, 또 그 속에서 이러한 것들이 존재한다는 것이다. 이 점을 나는 이해
할 수가 없다. 오히려 내가 보기에 주사위는 그것의 양태들이나 속성들이라고 칭해
지는 그런 것들과 전혀 구별되지 않는 것 같다.」(Berkeley, 《A Treatise concerning
the Principles of Human Knowledge》, §49.)

l'objectivité)」이란 제목 아래 서술하고 있다.[3]

그렇지만 보편자는 우리가 그 등장과정을 지켜보았듯 物性 그 자체 (choséité comme telle)로서 매개, 추상 또는 부정——이 세 용어는 헤겔에 있어서 동의어이다——을 결여하고 있는 것이 아니다. 그것이 존재하는 것은 타자가 존재하지 않기 때문이며, 따라서 그것은 반성의 도움을 얻어 존재하는 것이다. 이러한 반성은 시초에는 사물에 대해 외면적이었지만, 그러나 사물의 변증법적 전개는 그것이 내면적인 것으로 간주될 수 있음을 보여 줄 것이다. 그리하여 지각의 사물은 사물 자체로서는 해체될 것이다. 모든 모순을 제거하고 또한 사물의 자기동일성을 보존하기 위하여 계속적으로 사물에 부가되는 사유의 제 규정은 자체 내에 구별을 지님으로써 그 구별에 의하여 제약받지 않는 그런 보편자 속으로 통합된다. 대상은 더 이상 벌거숭이의 사물 (단순한 직접태)이 아니라 힘(force)이고, 법칙(loi)이고 또는 법칙의 필연성이다. 의식이 지각의 단계를 넘어서면서 진정 오성이 되었을 때, 반면 그 대상은 즉자적 개념이 된다. 《정신현상학》의 이 장에 있어서 사물에 관한 비판은 (주체가 되지 못한) 실체의 비판이며 또 어느 정도는 모든 지각적 의식에 붙박혀 있는 「물 자체(chose en soi)」의 관념에 대한 비판이다. 《엔치크로패디》에서 헤겔은 칸트 철학이 정신을 단지 지각의 단계에서 파악했을 뿐이라고 말한다. 그 철학은 지각적 의식을 분석하면서도, 이 분석 자체의 중심에 내재하는 변증법을 발견하지 못했다고 할 수 있다. 사물은 모순덩어리이다. 물 자체란 대상으로서 실현된 순수사유의 절대적 추상에 불과한 것으로 모든 「사물주의(chosisme)」의 마지막 종착점이다.

　　물 자체(物의 의미에는 물론 정신이나 신도 포함된다)란 의식에 대해서 있는 모든 것, 모든 감각 규정이나 모든 사유 규정을 추상하는 한에서의 대상을 표현하는 것이다. (이와 같이 추상을 하고 난 후에) 무엇이 남는가를 알기는 그다지 어렵지 않다——즉 완전한 추상, 철저한 공허, 오직 피안으로서밖에 규정될 수 없는 것, 말하자면 표상이나 감각이나 규정적 사유 등등의 부정만이 남는 것이다.[4]

---

3) 《*Encyclopédie*》(*S.W.*, éd., Lasson, t.V. p. 59).
4) *Ibid.*, p. 69.

이러한 「물 자체」는 버클리가 통찰했던 것처럼 유물론의 순수물질 (la pure matière)이거나 또는 계몽주의에서 말하는 자기동일적인 지고의 존재(l'être suprême)이다.

　여기서 무엇보다도 기본적인 의미를 지니는 것은 이 순수물질이 다만 우리가 감각적으로 보고 느끼고 맛을 본다는 등의 상태를 捨象하고 난 뒤에 남는 것을 가리킨다는 사실이다. 달리 표현한다면 물질이란 눈에 보이거나 마음으로 느껴지며 또 입으로 맛을 볼 수 있는 그러한 것이 아니라, 하나의 색깔이나 돌 또는 소금인 것이다. 오히려 물질이란 순수추상이다. 따라서 사유라는 순수본질 또는 순수사유 자체만이 자체 내에 아무런 구별도 지니지 않은 것, 혹은 아무런 규정도 가해질 수 없는 것 그리고 더 나가서는 술어에 의한 설명이 가해질 수도 없는 그런 절대자로서 현존하는 것이다 (PE, Ⅱ, 124; PG, 409; 정신현상학, Ⅱ, 160).

　그리하여 우리는 지각적 태도에 대한 비판의 중요성을 명백하게 알 수 있다. 지각적 태도는 감각한다고 믿으면서도 사실은 추상태들을 실재화시키는 태도이며, 또 (스스로는) 무비판적인 형이상학의 희생물이면서도 철학이 단지 「이성의 존재들(êtres de raison)」——그러나 엄밀히 말하자면 사물을 가리키는 非我(non-moi)가 이성의 존재이다——만을 취급한다고 비난하는 태도이다. 더 나가서 스스로 구체적임을 자처하는 사유는 실제에 있어서는 추상적 사유로서 자신의 제 규정을 지배하지 못하고 그것들을 고립된 상태에서 파악할 뿐이다. 그것은 비변증법적 사유이며, 따라서 그것을 초월하는 변증법의 제물이 된다. 헤겔은 이 점을 「지각」장 마지막 부분에서 강조하고 있다. 철학만이 유일하게 구체적인 것을 정복할 수 있는데, 이는 철학이 지각하는 인간 오성(상식)의 제 추상태를 지배하고 초월할 수 있기 때문이다. 「지각하는 오성은 자신을 가장 풍부한 것으로 여길 때, 사실은 가장 빈곤한 내용만을 담고 있을 뿐이다. ……그 자신이야말로 옹골차고 실제적인 의식이라고 자처하지만, 지각 작용 속에 나타나는 그것(의 진면목)이란 단지 이와 같은 추상태들의 유회에 불과하다.」
　지각의 태도(상식)는 철학이 한낱 사유물(des choses de pensée, Gedankendingen; 사유규정, 즉 개념)만을 다루고 있다고 비난한다. 실제로 철학은 그와 같은 사유물(사유규정)을 다루고 있을 뿐 아니라 오히려 이것들을 순수한 본질과 절대적인 요소와 힘으로 간주하고 있다. 그러나 또한 철학은 그것들을 그 나름마다의 규정에 따라서 인식함으로써 그것들을 통제한다. 「반면 지각하는 오성은 그것들을 곧 참다운 진리로 간주하므로 오류에서 오류로 전전하는 운명에 처하게 된다」(PE, I, 106; PG, 101; 정신현상학, I, 189). 몇 년 뒤 헤겔이 《예비학》에서 정의하는 변증법은 대조적으로 오성에 의해 고립된 각각의 규정들이 불충분하다는 것을 파악한다. 또 그 변증법우, 고립적인 각각의 규정들이 그 자체로서는 진리가 될 수 없고 오히려 그것과 반대되는 규정으로 이행한다는 것을 보여 준다.[5] 그런데 철학은 바로 이러한 이행 자체를 파악하며, 그리하여 진정한 경험론과 마찬가지로 구체적 전체를 결합한다. 반면 철학적 경험주의나 일상적 의식(상식)은 추상태에 머물러 있으면서도 자기가 머무르고 있는 그것이 추상태인지를 깨닫지 못하고 있다.[6] 이러한 이유로 해서 철학은 상식을 능가하는 것이다. 그런데 여기서 근본적인 두 가지 추상태는 物性의 보편성(universalité de la choséité)과 사물의 배타적 통일성(unité exclusive de la chose)이다.

헤겔이 지각적 의식에 할애하고 있는 장은 개념 발생의 여러 계기 중 한 계기이다. 우리는 이 장을 여기서 재구성해 보고자 하지만 그 세세한 진행과정을 뒤따라가기란 매우 어려운 일이다. 《예비학》과 《엔치크로패디》는 지각 대상에 내재하는 모순을 간략하게 요약하고 있다. 지각 대상은 제 성질이나 독립적인 자유물질들, 그리고 이 물질들이 용해되는 통일성이 동시에 공존하고 있는 장소이다. (어떻게 그것들이 하나의 동일한 장소에서 공존할 수 있는가? 어떻게 단일한 사물이 독립적인 제 성질의 총화가 될 수 있는가?) 따라서 이 두 저작은, 이러한 모순에 의하여 어떻게 사물이 자기의 내부(대자적 측면)를 외부(대타적 측면)에 드러내는 단순한 현상이 되는가를 보여 준다. 이에

---

5) 《*Propédeutique*》(*S.W.*, éd., Lasson, t. XXI, p. 32.)

6) 헤겔은 그의 논문 〈자연법의 學的 취급방식에 관하여〉에서 모든 규정들을 그것들 각각의 특수성 속에 고정시키지 않고 오히려 통제하고 있는 행동인(l'homme d'action)의 진정한 경험주의를 오성의 경험주의에 대립시킨다.

반하여 《정신현상학》은 이러한 모순의 다양한 측면들을 보다 면밀히 전개시키고 있다. 첫째로, 속성들 속에 표출되지만, 그러나 스스로에게 외면적인 반성을 통하여 표출되는 실체 개념이 지양된다. 다음으로 도달되는 제 성질의 부정적 통일로서의 모나드 개념도 마찬가지로 부적격의 판정을 받는다. 왜냐하면 모나드 상호간의 구별을 가능케 하는 모나드 각각의 고유한 규정이 동시에 각각의 모나드를 다른 모나드들과 관계 속에 정립시키며, 그리하여 이러한 대타적 관계가 모나드의 대자적 존재성(독자적 존립)을 부정하기 때문이다. 이러한 전개의 완성단계는 대자적 존재와 대타적 존재의 통일, 부정자와 수동적인 보편자의 통일이다. 이와 동시에 처음에는 대상과 대립한 채 의식 속에 있던 반성이 대상에 내재하는 것으로 나타난다. 이전에는 스스로를 대상과 의식으로 양분시켰던 대상 자체가 운동의 전체가 되고 그리하여 현상적 의식은 마침내 사물 속에서 자기 자신의 반성을 관조하게 된다. 요컨대 지각의 운동 전체는 실체(긍정적 통일성)에서 모나드(배타적 통일성)로, 物性에서 힘으로, 기계론(mécanisme)에서 역학론(dynamisme)으로, 사물에서 관계로 또는 대상에 대한 외면적 반성에서 내면적 반성으로 이행하는 것이다. 대상은 개념이 된다. 그러나 이는 단지 즉자적인 개념일 뿐이다. 왜냐하면 의식이 아직 그 자체로는 개념이 아니기 때문이며 「따라서 의식은 자신에게 되돌아온 일체의 반성적 대상 속에서 자기를 인식하지 못하기 때문이다」(PE, I, 109; PG, 103; 정신현상학, I, 192).

우리는 이러한 헤겔 변증법의 상세한 내용을 검토할 것이다. 우리는 특히 그 변증법의 출발점, 즉 현상적 의식의 전개를 주시하는 우리(철학자)에 대한 지각의 본성, 또는 현상적 의식에 대한 지각의 즉자적 본성을 강조할 것이다. 이 출발점은 사물의 본질적 요소들 전체, 즉 경험의 진행과정에서 그 진면목이 드러날 것이고 또 우리가 그 경험의 고유한 전개과정을 추적해 갈 수 있도록 허용해 줄 요소들 전체를 포괄하고 있다.

I. 지각적 태도, 사물의 개념

어떤 의미에서 보편자가 지각의 일반적 원리로서 등장하였는가? 감성적 확신의 마지막 경험에서 우리는 언표 불가능자 또는 직접태가 변증법적 운동을 통하여 지양됨으로써 보여질 수 있거나 명시될 수 있음을 살펴 보았다.

「지금」과 그리고 이러한 「지금」을 명시하는 행위는 그 어느 것도 결코 직접적이며 단순한 것이 아니고 오히려 각이한 계기들을 담고 있는 하나의 운동이다. ……(사념된 「여기」를 물론 점이라고 할 수 있지만, 그것은 존재하는 것이 아니다.) 오히려 그것이 존재하는 것으로 명시될 때조차 이러한 명시 행위는 직접知가 아니라 사념된 「여기」로부터 무수히 많은 「여기」를 거쳐 보편적 「여기」로 생성되어 가는 운동인 것이다. 특히 이러한 보편적 「여기」는 마치 대낮이 「지금」의 단순한 다양성이듯 「여기」의 단순한 다양성이다(PE, I, 88~9; PG, 85~6; 정신현상학, I, 165~6).

이러한 명시 행위는——칸트에 의하면 직관에 있어서 각지의 이러한 종합(cette synthèse de l'appréhension)은 逆으로 재생산과 재인식을 전제한다——매개 작용을 유발시켜 자체 내에 다양성을 포함하는 단순한 상태에 도달한다. 사념된 「여기」는 점이다. 그러나 그것은 존재하는 것이 아니다. 존재하는 것이란 그것의 타재성에 의해 유발된 「여기」이다. 따라서 「여기」는 위나 아래 혹은 오른쪽이나 왼쪽 등등을 포함한다. 이것이 바로 헤겔이 말하는 보편자이며 지양된(aufgehoben) 감성적인 것이다. 이러한 보편자는 다시 감성적인 것에 의하여 제약 당한다. 그것은 이 감성적인 것에 의하여 정립되고, 이 감성적인 것의 매개를 통하여 존재한다. 더우기 이러한 계기들 각각은 그 자체 보편자가 되지만, 그러나 이는 규정적 보편자(특수자, universel déterminé; particulier)이다. 이러한 이유에서 헤겔은 다음과 같이 말한다.

대상의 원리인 보편자는 그의 단순한 형태에 있어서조차 이미 매개된 것이므로, 이 대상은 바로 그와 같은 스스로의 본성을 명료하게 밝혀내야만 하겠다. 따라서 대상은 다양한 성질들을 지닌 사물로서 나타난다. 감성적

知의 풍부한 내용은 지각에 속하는 것이지 직접적 확신에——여기서 그 풍부한 내용은 한낱 스쳐 지나가는 잠정적인 것(das Beiherspielende)이었다——속하는 것이 아니다. 왜냐하면 오직 지각만이 부정과 구별과 그리고 다양성을 스스로의 본질 속에 지니고 있기 때문이다(PE, I, 94; PG, 90; 정신현상학, I, 172).

연장된 공간이 오른쪽과 왼쪽, 위나 아래 등등으로 이루어진 것과 같이, 보편자는 한낱 物性(Dingheit)——다양한 상태들의 단순한 총체로서의 場(milieu)——에 지나지 않는다. 이 소금은 단순한 「여기」이지만 동시에 다양한 「여기」이기도 하다. 즉 그것은 백색이면서 또한 (aussi) 짠맛을 내고 또한 입방체이면서 또한 일정한 무게를 지닌다. 이 모든 성질들이 소금 안에서 자연스럽게 共存하고 있다. 그것들은 상호 침투하거나 상호 촉발하지 않으면서 보편성에 참여하고 있는데 이는 그것들이 물성(choseité)——헤겔이 의도적으로 사용하고 있는 스피노자의 용어——을 표현하고 있기 때문이다. 존재 속에 고정되어 있는 감각적 성질은 명명될 수 있다. 즉 이 소금의 백색이나 짠맛은 그 직접성을 상실하지 않으면서도 그 자체가 규정적 보편자, 「이것이-아닌 것(non-ceci)」이다. 감성적인 것은 지각이 완전히 제거해 버린 것이 아니라 단지 지양했을 뿐인 것으로 여전히 이른바 규정성의 형식 아래에서 존재하고 있다. 「즉 이것의 無(없음)로서의 無는 직접성을 보존함으로써 그 자체가 감성적인 것이긴 하지만, 그러나 이러한 無는 보편적 직접성이다」(PE, I, 94; PG, 90; 정신현상학, I, 172~3). 모든 감성적 규정은 그것이 물성 속에서 포착될 때는 보편자가 된다. 물리학은 그것을 「자유로운 물질(matière libre)」로 간주하는데, 이는 전우주에 편재해 있으며 그 일부만이 개별적 물체 속에 놓여 있다.[7] 소금의 백색과 짠맛은 다른 광물의 백색이나 짠맛과 유사하다. 마치 공간적 연장이 언제나 단일한 점을 넘어서듯이, 그 성질들은 내가 관조하고 있는 이 소금 결정체보다 훨씬 멀리 퍼져 있다.

그렇지만 물성, 보편자는 그것의 성질을 가리키는 여러 가지 규정

---

7) 헤겔 당시의 자연과학에 있어서의 통상적인 용어. 열, 짠맛 등등은 「자유로운 물질」이라고 불릴 것이다.

속에서 표출되는 것으로, 이는 결코 감지되지 않는 하나의 사유 규정이다. 그것은 실체라고 할 수 있으며, 이 모든 규정을 결집시키는「또한(aussi)」이라고 할 수 있으며, 그 규정들이 공존하고 있는 場(milieu)이라고도 할 수 있다. 「따라서 이와 같은 〈또한〉이야말로 순수한 보편자 자체이거나 혹은 이 모든 성질들을 하나로 통합하는 물성인 것이다」(PE, Ⅰ,96; PG, 91; 정신현상학, Ⅰ,174). 그러나 우리는 물성만을, 즉 제 성질이 공존하는 단순한 매개물만을 지각하지는 않는다. 우리는 또한 즉자대자적으로 규정된 사물, 이 소금 결정체를 규정한다고 주장하는 것이다. 여기서 지각의 또 다른 특성 사유의 또 다른 규정이 등장한다. 이러한 규정이 순수한 개별성의 규정, 유일무이한 배타적 일자(l'un exclusif)의 규정이다. 그것은 실체일반이나 속성에 의해서는 드러나지 않고, 오히려 부정의 부정(실체의 부정인 속성마저도 부정한다는 의미에서의 이중부정 ; 역자)인 한에서의 양태에 의해서 드러난다. 헤겔에 따르면 스피노자는 개념의 세 계기——실체로서의 보편자, 속성으로서의 특수자, 양태로서의 개별자——를 정확하게 통찰했다. 그러나 그는 모든 규정이 부정이라면, 이 부정은 부정의 부정인 한에서의 양태 속에서만(더 이상 즉자적으로가 아니라 대자적으로) 표현될 수 있다는 것을 보지 못했다. 즉 그것은 자기 자신에 관계하고 그리하여 실체의 활동을 내적 활동으로서 또는 주체로서 표현하는 부정이다. 물성은 오로지 이-소금이라고 하는 하나의 사물로서만——개별적으로 단일한 사물로서만——즉자대자적으로 규정될 수 있다. 이러한 사물은 자기로부터 그밖의 모든 것을 배제하고 더 나가서 자기가 자기 자신에 대하여 한낱 외타적 존재(타재성)에 지나지 않는 한에서는 자기 자신마저도 배척한다. 우리는 아직 실체를 주체로, 사물을 힘으로 변형시키는 운동——라이프니츠의 모나드에서 인지할 수 있었던 운동——에까지 도달하지는 못했다. 그러나 우리는 지각된 사물의 한 가지 특성을 지적할 수는 있다. 즉 그것은 단일한 사물인 것이다. 더우기 각각의 성질은 절대적으로 규정되어 있다. 또 그와 같이 규정되는 한에 있어서 그 성질은 다른 성질을 배제한다. 즉 흰색은 검은색을 배제하고 단맛은 쓴맛을 배제하는 등등이다. 따라서 사물은 보편자인 동시에 개별자이다. 이러한 두 가지 성격, 즉 자유로운 물질들을 결합하는 「또한」이나 배타적 일자가 지각적 의식의 대상인 사물을 구성하고 있다. 「또한」과 「일자」, 추상적 보편자와 추상적 개별자라는 사유의 두 규정은 감성적인 동시에 보편적인 성질, 그리하여 의식에 직접적으로 나타나는 성질 속에 이미 주어져 있다. 「사물의 성질을 통해서 볼 때 피규정성으로서의 부정이란 곧바로 존재의 직접성과 동일하고, 반대로 이 존재의 직접성은 부정과의 통일을 통해 보편성이 된다. 그러나 부정이란, 그것이 자기에 반대되는 것(존재의 직접성)과의 이러한 통일을 필요로 함이 없이 즉자대자적으로 존립할 때 〈일자〉와도 같은 것이다.」헤겔은 계속해서 말한다. 「감성적 보편성 또는 존재와 부정의 직접적인 통일은 오직 일자와 순수한 보편성이 그로부터 전개되어 상호 구별될 때, 그리고 감성적 보편성이 그것들을 서로 결합시킬 때 비로소 하나의 성질이 되는 것이다. 감성적 보편성과 순수한 본질적 제 계기들간의 바로 이러한 통일이 비로소 사물을 완성시키는 것이다」(PE, Ⅰ, 96~7; PG, 92; 정신현상학, Ⅰ, 175~6).

우리가 지각되는 사물에 관해서 말한 것은 지각하는 사물에 관해서도 말해질 수 있다. 이 차원에서 연장된 사물(res extensa)은 사유하는 사물(res cogitans)과 병행하고 있다. 따라서 사물이 흰색이나 짠맛 등등으로 이루어진 것과 같이 영혼도 기억, 상상력 등등의 기능들 전체로 간주되어야 한다. 지각하는 의식이 하나의 場 속에서 다양한 성질들이 공존한다는 것을 설명하고자 할 때, 이 의식은 자기가 물리적 실재로서 제시하는 오성의 허구에 의존하고 있다. 예를 들어 의식은 한 물질의 氣孔——이 기공을 통하여 다른 물질이 침투해 들어온다——에 대하여 말한다. 그러나 그 逆도 참이기 때문에——그 기공을 통하여 그 물질이 다른 물질로 침투해 들어가므로——의식은 순환론에 빠진다. 사유하는 사물과 관련해서 우리는 이와 평행하게 「상상력에 대한 기억의 영향, 기억에 대한 상상력의 영향, 그리고 그들 상호간의 침투」에 대하여 말할 수 있다. 의식과 대상간의 이러한 평행관계는 우리가 알고 있는 것처럼《정신현상학》의 특성이다. 대상이 변하면 의식이 변하고 의식이 변하면 대상이 변한다. 그러나 여기서 특히 중요한 것은, 지각적 의식과 지각된 대상의 공동 출생을 지적하는 일이다. 우리(철학자)는 감성적 확신의 마지막 경험에서 그 둘이 함께 형성되어 가는 것을 보았다. 그것들이 상호 분리되는 것은 단지 그것들의 현시 단계에서뿐이다. 그러나 그것들을 규율하는 공통원리는 보편자이다. 그것들의 본질인 이 원리에 비교해 볼 때 그것들 모두 비본질적이다. 여기서 우리는 제 사물의 질서와 결합관계에 의해서뿐만 아니라 동시에 제 관념의 질서와 결합관계에 의하여 표현되는 스피노자의 (物-心병행론적) 실체를 생각할 수 있다. 그러나 이러한 두 계기를 그것들의 공통된 발생과정에 있어서 나타나는 바대로 고찰해 보자.

그런데 이러한 원리의 발생과정에서는 다음과 같은 두 계기가 나타나면서 동시에 이것이 양분된 채로 모습을 드러낸다. 즉 그 하나는 명시하는 운동이고 다른 하나는 동일한 운동이긴 하지만, 그러나 단순한 것으로서의 운동이다. 전자는 지각이고 후자는 대상이다. 그 본질에 비추어 볼 때, 대상은 운동과 동일한 것이다. 즉 운동이 지각작용을 이루는 제 계기의 발양, 전개, 구별을 의미하는 반면 대상은 그와 동일한 제 계기가 단일한 전체 속으로 통합된 상태를 뜻한다(PE, Ⅰ, 93; PG, 89; 정신현상학, Ⅰ, 171).

의식에 의하여 실행된 이러한 다양성의 종합이 지각행위이다. 그러나 다소 응결된 동일한 종합은 대상이다. 이러한 구별이 갖는 중요성은, 지각적 의식의 관점에서 본질은 대상에, 비본질은 의식 자체에 각각 귀속된다는 점을 고려해 볼 때 명확해진다. 뒤에 가서 불행한 의식과 불변적인 의식의 대립을 논할 때 헤겔은 이와 동일한 분할 상태를 지적할 것이다. 「불행한 의식은 그 자체가 이와 같은 모순을 안고 있는 의식이므로, 그것은 덧없이 변화하는 의식의 측면에 놓여짐으로써 그 자신이 비본질적인 것이 된다」(PE, Ⅰ, 177; PG, 159; 정신현상학, Ⅰ, 274). 따라서 의식은 비본질적인 반성을 스스로에게 귀속시키고 반면 자기동일성을 유지하고 있는 대상은 본질로 만드는 것에서부터 시작한다. 이러한 의식에 있어서 진리——진리란 대상과의 일치이다——는 대상에 관하여 행하는 반성으로부터 독립해 있다. 「이와 같이 단순태로 규정된 대상은 그 자신이 지각되느냐, 안 되느냐의 여부에 무관심한 본질이다. 그러나 운동으로서의 지각은 행해질 수도 있고 또한 행해지지 않을 수도 있는 한낱 無常한 요소이므로 그것은 비본질적인 것이다」(PE, I, 94; PG, 90; 정신현상학, I, 172). 이러한 이유에서 지각하는 의식은 자기가 진리를 파악함에 있어서 오류를 범할 수도 있다는 것을 알게 된다. 지각하는 의식의 원리, 즉 보편자 속에는——보편자는 진리의 자기동일성이다——타재성이 포함되어 있다. 그러나 그것은 지양된 계기로서 포함된 것이며 진리 속에 安存해 있는 것이 아니라 단지 자체 내에 위치해 있는 無로서 포함되어 있는 것이다. 그리하여 지각하는 의식에 있어서 진리의 기준은 대상의 자기동등성에 대한 추구이며 자기로부터 모든 타자성(altérité)의 배제 노력이다. 만약 모순이 있다고 한다면 그것은 오로지 의식 속에만 있을 수 있다. 대상, 진리는 무모순적이다. 일상적 사유와 이를 연장하고 있는 독단적 사유는 바로 이와 같이 진행해 간다. 즉 그들은 모순 속에서 진리에 대해 외면적인 우리 자신의 자기 내적 반성의 징표를 본다.

동시에 지각하는 의식은 다양한 계기들과 마주 대하고 있기 때문에, 여기서 그것이 할 일이란 그것이 파악하고 있는 이 다양한 계기들 상호간을 관계지워 주는 것이다. 그러나 만약 이와 같은 비교를 행하는 과정에서 부등성이 나타난다고 하면, 이것은 결코 자기동일자로 부각됐던 대상의 비진리가 아니라 오히려 지각작용에서 연유된 비진리일 뿐이다(PE, I, 97; PG, 93; 정신현상학, I, 176~7).

이로써 우리는 헤겔이 명명한 이 장의 제목 「지각 ; 사물과 기만」을 이해할 수 있다. 사물은 대상적 측면으로서 진리이며, 기만은 주관적 측면으로서 반성이다. 그러나 또한 우리는 (다음에 이어질) 불가피한 反轉을 이해할 수 있다. 의식은 자신의 소박한 입장이 견지될 수 없음을 발견할 것이다. 이 입장에 따르면, 대상을 전혀 변경시키지 않은 채 있는 그대로 다루는 것으로 충분하다. 그리하여 진리는 우리에게 주어지는 것이고 우리는 그것을 다만 재현시키기만 하면 될 것이다. 사실 사물의 순수 규정 속에서 모순을 발견한 것은 칸트보다는 로크에 가까운 비판적 입장으로 인도한다. 따라서 우리는 사물 자체, 즉 진리로부터 유래하는 것과 그 진리를 변경시키는 우리의 반성으로부터 유래하는 것을 구별하고자 한다. 그러나 진리에 외면적인 이 반성은 그 자체가 다양한 형식으로 표출되기 때문에 진리가 이것이면 반성은 저것이고 진리가 저것이면 반성은 이것이다. 결국 진리 자체는 자기 외부에서뿐 아니라 자기 내부에서 동시에 행하는 자기반성으로서, 즉 자체 내에 자기의 타재성을 담지하고 있는 것으로 나타난다. 여기서부터 상호 관련을 맺고 있는 대상의 운동과 지각하는 의식의 운동은 (양자를 포괄하는) 대상의 총체적 운동이 된다. 그리고 의식은 우리가 이미 지적했던 것처럼 이를 알지 못한 채 그 자체가 개념인 자기대상 속에서 자기 자신을 본다. 「이러한 대상은 의식의 운동을 통해서 우리에게 인식된다고 하겠으니, 의식은 대상의 생성과정 속에 함께 얽혀 들어 있어서 반성은 의식과 대상의 양측에 동일한, 즉 오직 하나의 반성이 되는 것이다」(PE, I, 110; PG, 103; 정신현상학, I, 192~3). 헤겔은 지각의 끝부분에서 이렇게 말하고 있다. 「대상은 여하한 관점에서 보더라도 오직 자기 자신과 반대되는 것일 수밖에 없다. 다시 말해서 대상은, 그것이 대타적으로 존재하는 한에서는 대자적으로 존재하는 것이고 반대로 대자적으로 존재하는 한에서는 대타적으로 존재하는 것이다」(PE, I, 104; PG, 99; 정신현상학, I, 187).

이제 우리는 현상적 의식의 전개를 탐구하는 이 장 전체의 관심이 무엇인지 알 수 있겠다. 문제는 상식으로부터 출발해서 절대적 부정성이 아닌 실체의 형이상학, 또는 문도 없고 창도 없는 모나드의 형이상학으로 매진해 들어가는 이른바 사물주의(chosisme)를 결정적으로 극복하는 일이다. 이러한 독단적 형이상학은 진리 파악에 있어서 우리의 반성이 담당하는 역할을 명백히 가려내려는 비판철학에 의해서도 교정되지 않는다. 진리는 사물이 아니며 실체도 아니며 또한 모나드도 아니다. 그것은 주체, 즉 동일성과 비동일성의 동일성이며 자기 자신의 생성운동이다. (주체로서의) 진리는 자기를 정립하기 위해서 스스로를 외부로 표출시켜 자기 외적 존재(탈자적 존재)가 되며 또한 이러한 자기의 타재성 속에서도 자기 내적인 반성적 복귀를 단행한다. 출발 당시의 보편자는 자기 외적인 매개와 반성을 지녔지만, 이제 우리가 도달한 보편자는 자기 자신을 정립하며 또 자체 내에 매개를 포함하고 있다. 엄밀히 말해서 이러한 보편자가 헤겔이 이 장 마지막 부분에서 「무제약적 보편자(l'universel inconditionné)」라고 명명한 바의 것이다. 이 무제약적 보편자는 즉자적 상태에 있는 개념이

다. 그것은 대자적 개념이 되기에는 아직도 자기 자신을 알지 못하고
또한 자기의식을 결여하고 있다.

Ⅱ. 의식의 경험

  이제 지각하는 의식이 겪어 나가는 경험들을 고찰해 보자. 이러한
경험들의 맹아는 이미 선행하는 모든 단계 속에 간직되어 있다. 의식
은 사물을 파악하고자 원하지만, 그러나 그는 이 사물의 모순들을 경
험한다. 따라서 의식은 그의 반성이 진리를 벗어나 있음을 깨닫고 이
를 순수한 진리 파악과 구별시킨다. 그러나 이 반성 역시 사물 자체
를 구성하고 있는 요소로 판명되는데, 사물은 이와 같이 「그 자체 내
에서 대립된 진리(une vérité opposée à soi)」(PE, Ⅰ, 102; PG, 97; 정신현
상학, Ⅰ, 183)를 포함하고 있는 것이다. 의식의 타재성과 동시에 개별
적 사물의 타재성을 배제하고, 또한 각각의 특수한 사물 안에서 한편
으로 그것을 모든 타자로부터 구별 가능케 하는 규정적 본질(모나드
의 개체화 individuation 원리)을 발견하거나 다른 한편으로 비본질적
이지만 여전히 그 사물에게 필수적인 다양한 성질을 발견하더라도 사
물들의 수다성(pluralité)은 그 사물의 해체를 방지할 수 없다. 완강히
저항하는 오성이 자신의 독단주의를 보존하기 위하여 동원하는 이 모
든 수단들은 쓸모없는 것으로 드러난다. 따라서 사물 또는 상호 교통
하고 있는 제 사물은 한낱 현상들, 즉 그것을 통하여 오성이 추구하는
무제약적 보편자가 출현하는 그런 현상들로 화할 뿐이다. 「끊임없는
변화 속에서 이 어떤-사물(ce quelque-chose)은 지양되어 타자로 이행
한다. 그러나 타자 또한 변화한다. 그런데 타자의 타자 또는 가변적
인 것의 변화는 불변적인 것, 즉자대자적으로 지속하는 것, 내재적
인 것의 생성이다.」[8] 이제 더 이상 Esse est percipi(존재하는 것은
지각되는 것이다)라고 말해서는 안 되고, 오히려 Esse est intelligi(존
재하는 것은 이해되는 것이다)라고 말해야 한다.
  사물의 모순은 단순하다. 사물은 먼저 우리에게 一者(une)로서 나

---

8) Hegel, 《*Wissenschaft der Logik*》(S.W., éd., Lasson, Ⅲ, pp. 104 ff.).

타나고 그 다음 무한히 가분될 수 있는 것(partes extra partes)으로 나
타난다. 이러한 것은 칸트가 선험적 변증론에서 제시한 이율배반이기
도 하다. 한편으로 우리는 분할작업을 중단하고 단순자에 도달하여야
한다. 그러나 다른 한편으로 이 단순자는 복합물임이 판명되고 그리
하여 분할작업은 무한히 계속된다. 대상적 본질은 헤겔이 말하는 것
과 같이 때로는 「일자」나 원자(atome)로 나타나고, 때로는 집합체(co-
mmunauté)나 연속체(continuité), 「데카르트적 연장」으로 나타난다. 우
리는 이제야 비로소 대상적 본질일반에 도달해 있을 뿐, 아직은 다양
한 성질들이 부여된 사물에는 못 미쳐 있다. 헤겔은 실존(Existence)
범주에 관련하여 이러한 변증법을 다시 취하고 있는 《대논리학》에서
——그는 여기서 실존, 즉 사물이나 사물들은 한낱 현상에 불과하다
는 것을 보여 주고자 한다——보다 직접적인 표현으로 다음과 같이 지
적한다. 「〈또한(aussi)〉은 외면적으로 표출되는 가운데에 공간적 연장
으로 나타나고 반면 부정적 통일로서의 〈이것〉은 사물의 點性(la pon-
ctualité de la chose)으로 나타난다. 」⁹⁾ 그러나 이러한 이율배반이 단지
연장에 대해서만 적용된다고 믿는다면 오류에 빠질 것이다. 지각의
대상은 추상태와 우리가 성질이라고 부르는 감성적인 것의 혼합물이
다. 그런데 이 성질은 추상적이며 일반적이다. 그것은 부정의 산물로
서 우리가 관조하고 있는 단일한 사물보다 더 넓은 외연을 갖는다. 이
소금 결정체는 하얗다. 그러나 그 하양(하얀 성질)은 보편적인 감각
규정이다. 따라서 우리가 그것을 하얀 것으로 지각할 때, 우리는 이
소금 결정체를 넘어서는 것이다.

그러나 성질은 보편적인 것이면서 또한 규정된 것이기도 하다. 우
리가 그것을 단지 보편적인 것으로뿐만 아니라 규정된 것으로 볼 때
우리는 그것이 그 자신으로부터 그밖의 다른 성질들을 배척한다고 말
한다. 이 소금 결정체는 희고 따라서 검지 않다. 그것은 특정한 형태
를 지니고 있으며 따라서 다른 형태를 지니고 있지 않다. 우리는 다
시금 一者로서의 사물에 다가선다. 그러나 이제는 더 이상 추상적 통
일성이 아니라 구체적 통일성이 문제된다. 이 소금 결정체는 다른 사

---

9) *Ibid.*, 《*S. W.*》, Ⅳ, pp. 116~7. 따라서 칸트의 순수다양성이 뒷받침이 될 것이다. 사
실상 그것은 경험적 다양성의 순수한 상징이다.

물들을 배척하지만, 그러나 그것은 우리가 공존하는 것으로 지각하는 다양한 성질들을 담지하고 있다. 고립된 一者 속에서 우리는 제 성질이 공존하고 있는 하나의 場(milieu)을 발견하는데, 이 場 속의 성질들 각각은 대자적으로(독자적으로) 존립하며, 또 그것이 규정된 것인 한에서 다른 성질들을 배척한다. 각각의 성질들은 다른 성질들을 이 소금 입방체로부터 배척하는가, 아니면 그것들 서로간에 상호적으로 배척하는가? 오성은 모순으로부터 사물을 구출하기 위해서 그 대립을 이 소금 입방체라고 하는 특수한 場 바깥으로 추방해 버리려고 시도한다. 그러나 그것은 성공할 수 없다. 하양, 알칼리성, 무게 등등으로 화해 버린 이 성질들이 어떻게 단일한 통일성 속에서 공존할 수 있는가? 두 가지 선택知가 있을 수 있다. 즉 사물이 「一」이고 제 성질은 그 사물 속에서 용해되어 있는 경우와, 이와는 반대로 사물은 「多」로서 흰색이면서 또한 짠맛을 내고 또한 입방체이거나의 경우이다. 전자의 경우 제 성질은 더 이상 서로가 서로에 대해 무관심한 보편성 속에서 각기 대자적으로 존재하지 않는다. 오히려 그것들은 서로가 서로의 내면으로 침투해 들어가서 상호 부정을 한다. 후자의 경우 우리는 복합체를 다루게 될 것이다. 일정수의 「물질들」, 즉 발열물질, 화학물질, 전열물질이 이 특수한 테두리 속에 모여 병존하고 있다. 그러나 어떻게 그것들 각각은 서로 이웃해 있는가? (그러기 위해서는) 하나가 다른 하나의 사이에 끼여야 하고 그 逆도 성립하여야만 한다. 그러나 이러한 조직물은 오성이 창출한 허구이다. 오성은 끊임없이 상상력을 발동하여 자기모순을 無限素의 안개 속으로 은폐시키고 있다. 만약 이러한 물질들이 상호 침투한다면, 그것들의 독립성은 소멸되고 단지 한정되지 않은 단일한 사물만 남게 된다. 만약 물질들이 병존한다면, 그것들의 독립성은 보존될 수 있다. 그러나 단일한 사물이 상실되며 우리는 대상적 본질로, 즉 그 어떤 것의 부분도 아니면서 그 자체는 무한히 작은 부분으로 가분되는, 그런 부분으로 이루어진 먼지 구름으로 되돌아가게 된다. 이러한 모순을 회피한다는 것은 불가능하다. 왜냐하면 우리가 출발하고 있는 감성적 성질들, 예를 들어 이 소금 결정체의 알칼리성은 보편적인 동시에 규정된 것이기 때문이다. 보편자인 한에서의 감성적 성질은 物性 속에 확고히 뿌리박고 있으며, 독립적이며, 또 실체이다. 규정된 것인 한에서의 감성적 성질은 개별적이며 또 타자성(다른 감성적 성질)을 배척한다. 바로 이러한 이유에서 감성적 성질 이후 사물의 모순적인 두 계기가 전개되는 것이다. 그 모순된 두 계기란, 한편으로 사물을 그것의 모든 부분들에 대하여 무관심하게 만드는 보편성, 실체성과——보편자는 이것이나 저것일 수 있으면서 또한 이것임이나 저것임에 대해 무관심하다——다른 한편으로 사물을 배타적인 것으로 만드는 개별성, 부정적 一者이다. 순수한 차원에서 볼 때, 보편성과 개별성이라고 하는——이 양자 사이에서 특수자, 규정된 보편자가 갈피를 못 잡고 있다——두 계기는 서로 절대적으로 결합된다. 순수한 개별성, 또는 배타적 통일성은 규정이 없기 때문에 곧 보편자 자체이다. 모든 사물은 단일한 사물이다. 그러므로 이러한 측면에서 만물은 동등한 것이다. 그러나 이러한 변증법은 논리적인 것이므로 지각은 그것을 깨닫지 못하고 있다. 따라서 지각은 다시 감성적 성질로 복귀하여 이 성질들을 一者의 場 속에서 고찰하지만 그것들을 용해·혼합할 것인지 아니면 그것들을 서로서로 절대적으로 구별한 것인지를 결정하지 못하고 있다. 따라서 지각에게 무엇이 남는가? 각기 대자적 존립을 고수하고 있는 성질들, 즉 이 소금의 흰색, 알칼리성, 입방체의 모양 등이 남는다고 할 수 있다. 그러나 物性의 場이 없다면, 또 사물의 단일한 통일성이 없다면, 이 성질들은(그것들이 공존하고 있는 터전으로서의) 場 속에 내재하는 것이 아니기 때문에 더 이상 성질일 수 없으며, 또 그것들은 서로 배척하지 않기 때문에 더 이상 규정된 것도 아니다. 지각하는 의식은 다시금 「이것」을 사념한다. 즉 그것은 (보다 강도가 낮다는 의미에서의) 제 2 급의 주관주의(subjectivisme à la seconde puissance)로 복귀하는 것이다. 이 결정체는 내 혀에 대해서만 알칼리성이고 내 눈에 대해서만 회다. 「이것」에 대한 사념에서부터 지각에로 나아가는 운동을 다시금 나는 그로부터 헤어나지 못한 채 되풀이해야만 하는가? 그렇지는 않다. 왜냐하면 이러한 주관주의 덕분에 나는 사물을 인식하는 과정에서 나의 자기 내적 반성을 자각할 수 있기 때문이다. 말하자면 주관주의는 나를 비판적 입장으로, 즉 이미 로크에 의해서 발단되었고 칸트가 사물 자체(la chose en soi, 물 자체)와 對我的

사물(la chose pour nous, 현상)을 구별했을 때 선험적 관념론의 이름 아래 발전시켰던 비판적 입장으로 인도하는 것이다. 사물은 언제나 힘이고 자기 자신과 동등하지만, 그러나 사물에 관한 나의 인식(知)은 나의 자기 내적 반성에 의하여 방해를 받는다. 나의 지각은 더 이상 순수하고 더 이상 단순한 파악이라고 할 수 없다. 그것은 사물을 변경시키고 또 즉차적인 사물의 본성을 나에 대한(對我的인) 사물로 변질시켜 버리는 반성으로 얼룩진 파악이다. 그리하여 사물은 참된 것으로 남고 착각은 오로지 의식 속에서 발생하는 것일 뿐이다. 그러나 의식의 진리는 자기의 외부에, 자기를 벗어난 곳에 있을 뿐이다라고 생각한다면 그 역시 과오를 범하는 것이다. 왜냐하면 의식 자체가 반성의 측면과 대상의 측면을 분별하고 있으므로 이 의식은 저 자신도 모르는 사이에 진리의 척도 자체가 되기 때문이다. 우리의 출발점은 지각되는 대상이 본질이고 지각하는 의식은 비본질이라는 것인데, 이러한 출발점은 그와 같이 양자를 분별하고 있는 의식에 대해서는 아닐지라도 적어도 철학을 하는 우리에 대해서는 이미 지양되었다. 우리는 이미 모든 지각하는 의식의 원리를, 즉 보편자는 존재인 동시에 또한 자아라는 것을 알고 있으며, 또 의식에 정면으로 저항하는 이 완고한 사물이 단지 자아의 자기 밖으로 향한 투사(la projection du moi hors de soi)에 불과하다는 것을 알고 있지 않은가 ?

이제 의식은 이중적인 경험을 겪는다. 때로는 의식은 제 성질이 공존하면서도 서로 융해·혼합되지 않는 무관심한 場, 수동적 보편자로 등장한다. 때로는 이와 달리 의식은 一者(un)로서 등장한다. 첫번째 경우 「사물 자체(chose en soi, 즉자적 사물)」는 일자이며 순수한 다양성은 의식에 대해서만 있다. 이러한 다양성은 칸트가 말하고 있듯, 사물에 속하는 것이 아니라 사물의 단일한 통일성을 자체 내에서 굴절·변형시키는 多形의 감성능력(sensibilité multiforme)에 속한다. 이 결정체는 내 눈에 대해서 회고 내 측각에 대해서 입방체고 내 혀에 대해서 짠맛을 낸다. 이것은 궁극의 결론에까지 밀고 나간다면 일상적 의식(상식)에게 낯설지 않은 일종의 심리학적 관념론이라고 할 수 있다. 이 나뭇잎의 녹색과 그 안에 있는 습기는 오로지 나의 것일 뿐이다. 그러나 사물은 그 자체 하나(一)이다. 사물이 나에게서 여러 가지 성질을 산출한다면 그것은 내가 그것을 포착할 수 있는 다양한 감관을 지녔기 때문이다. 이러한 심리학은 헤겔이 어디선가 말한 것처럼, 심오한 깊이는 없다. 왜냐하면 그것은 수동성을 나에게 귀속시키지만, 이 수동성은 나의 능동적인 의식 활동에 대해서 가장 소원해 보이기 때문이다. 그러나 이와 같은 방식으로 사물의 응집성(cohérence)이 구제되고 일자로서의 진리성이 보존되는 것이다. 그렇지만 여기에만 머물러 있는다는 것은 불가능하다. 어떻게 한 사물이 다른 사물과 구별될 수 있는가? 만약 사물이 일자라고 한다면, 그것은 그 사물이 다른 모든 사물로부터 구별될 수 있기 때문이다. 그리고 그 사물이 구별될 수 있는 것은 그것이 그 자체 일자이기 때문이 아니라 그것을 완벽하게 규정하고 있는 특수한 성질들을 그것이 지니기 때문이다. 사물의 이러한 완전한 규정은 라이프니츠가 식별 불가능자 동일성의 원리(le principe des indiscernables)에서 생각했던 것이기도 하다. 더우기 칸트 철학에 있어서 질료는 형식을 규정하는 것으로 등장하기도 하고 형식이 질료를 규정하는 것으로 등장하기도 한다. 마이몽(Maimon)에 따르면 이념이 바로 대상의 완전한 규정인데, 이러한 대상의 완전한 규정은 이성에 의해서 주조된 관념에 지나지 않는다.

(의식이 일자로서 등장하는) 두번째 경우 우리는 사물의 통일성을 책임져야 하고 그 통일성에 필연적으로 다양성을 귀속시켜야 한다. 만약 사물이 실제로 규정되었다면, 그것은 그 사물이 자체 내적으로(en elle-même) 규정되었기 때문이며, 또 이러한 완전한 규정은(본래적으로 지니는) 내재적 다양성이 없다면 불가능하기 때문이다. 사물은 유일한 한 가지 성질만을 가질 수 없다. 왜냐하면 이 경우 사물은 구별되지 않을 것이기 때문이다. 라이프니츠는 로크와의 논쟁에서 관계가 외재적(extrinsèque)이라기보다는 내재적(intrinsèque)이며, 단일한 사물은 다양성을 자기 내부에 지님으로써 다른 모든 사물로부터 즉자적으로(그 자체로) 구별될 수 있다는 점을 로크보다 훨씬 잘 간파하였다. 「그러나 사실은 모든 물체는 가변적이며 또 언제나 현실적으로 변화하고 있다. 따라서 물체는 자기 내부에서 다른 모든 물체로부터 구별되는 것이다.」[10] 만약 다양성이 그와 같이 사물 안에 있다면, 그것은 무

---

10) Leibniz, 《*Nouveaux essais sur l'entendement humain*》 Liv. II, chap. XXVII.

관심한(무차별적인) 수다성의 형태로 거기에 있는 것이다. 그러므로 통일성을 도입하는 것은 우리 자신이다. 그런데 이는 앞서의 경우와 반대되는 가설이다. 「사물 자체」는 희고 입방체 모양이고 짠맛이 나고 등등이다. 사물의 통일성은 우리에 의해서 창출된다. 제 성질을 통합하는 것은 그 모든 지각(작용)에 있어서 제일적인(uniforme) 정신의 활동이다. 「결국 여기서 이들 다양한 성질들이 일자적 통합체가 될 수 있는 근거는 오히려 그 사물들이 지니는 여러 성질을 단순한 일자의 상태로 귀착시켜 버릴 수만은 없는 의식에서 찾아져야만 할 것이다」(PE, Ⅰ,101; PG, 96; 정신현상학, Ⅰ,182). 이러한 이유에서 한 사물이 입방체의 모양을 하지 않는 한에서 흰색이고, 흰색인 한에서 짠맛을 내지 않는다고 말하는 것이다. 바로 이「어떠어떠한 한에 있어서(en tant que)」에 의해서 우리는 사물의 모순을 피할 수 있고, 이 성질들 또는 이 자유로운 물질들(matières libres)을 일자로 통합(정립)하는 행위를 보존할 수 있다. 「이와 같은 방법으로 사물은 〈또한〉의 단계로 고양됨으로써 이제 여기서는 그 많은 물질의 집합체가 일자 대신에 단지 그 물질들을 감싸고 있는 표면이 되고 마는 것이다.」

 이러한 이중적 경험에 대한 반성을 통하여, 즉 사물의 파악에 있어 우리의 일차적 반성을 고려해 봄으로써, 우리는 우리 자신과 사물을 때로는 다양성을 결여한 순수한 일자로 만들고 또 때로는 상호 독립적인 물질로 용해된 「또한」으로 만드는 등의 일을 번갈아 가면서 하고 있음을 발견한다. 결과적으로 이러한 우리의 일차적 반성은 이차적 반성의 대상이 되며 또 우리에게는 사물 자체에 내재하는 것처럼 보인다. 자기 자신에 관해 반성을 하는 것은 사물이다. 그리하여 사물은 대자적 존재와 대타적 존재(정확히 말하자면 우리의 의식에 대한 존재 ; 대-의식적-존재)로 구별된다. 사물은 그것이 다양한 것(多)으로 나타날 때는 단일한 것(一)이기도 하고, 단일한 것으로 나타날 때는 다양한 것이기도 하다. 사물은 자체 내에 자기와 대립된 진리를 함유하고 있다. 이것은 하나의 모순, 즉 대자적 존재이면서 동시에 대타적 존재라는 모순이다. 이 새로운 형식의 대립(대자적 존재와 대타적 존재)이 내용의 대립(一者와 多者)을 대치시킨다. 그러나 우리는 사물의 일관된 응집성(cohérence)을 말함으로써 이러한 대립을 모면히고 또 모든 모순으로부터 순화된 진리를 보존할 수는 없는가? 우리가 말한 것처럼 사물은 대자적인 동시에 대타적이며——두 상이한 존재——또 사물의 대자적 측면은 대타적 측면과 구별된다. 말하자면 이는, 사물이 다수의 사물들이나 모나드들이어서 모순을 이러한 모나드적 사물들간의 교호관계에 귀속시킴으로써 그 모순이 제거되는 것으로 생각할 수 있다. 이렇게 해서 일원론은 다원론이 되는 것이다. 우리는「지각」장에서 매우 압축적이고 매우 애매한 방식으로 서술된 이 헤겔의 변증법을 통하여《정신현상학》의 모든 단계에서 등장하게 될 진행방식을 예측할 수 있다. 예를 들어 힘은 두 힘으로 양분되고 자기의식은 두 자기의식으로 양분된다. 그러나 이러한 다원론은 이제 다시 가상에 지나지 않게 된다. 또한 사물로부터——자기 자신과 구별되는 사물이 아니라 타자와 구별되는 사물로부터——추방되었던 모순은 이제 자기 자신과 구별되는(자체 내에 차별성을 지닌) 사물의 내부에 거주하기 위해서 사물로 복귀한다. 즉 외면적 반성 안에서의 내면적 반성이 되는 것이다.

  따라서 모든 타자로부터 구별되는 사물이나 모나드를 고찰해 보자. 사물은 자신의 고유한 규정들——오직 그것에게만 합당하고 또 그것의 본질을 구성하는 규정들——속에서 자기 자신과의 통일을 이루고 있는 대자적 존재이다. 확실히 사물에는 다양성도 있다. 왜냐하면 이러한 다양성이란 사물의 대타적 존재로서 이것이 없다면 사물이 규정될 수 없기 때문이다. 그러나 다양성은 사물에게 비본질적인 것이고 또 사물의 외면성(extériorité)이다. 이러한 본질적인 것과 비본질적인 것에 의하여 모순은 그럭저럭 모면되었지만 비본질적인 것은 언제나 필수적인 것으로서 은폐된 새로운 모순이라고 할 수 있다. 그러나 이 모순은 명확한 형식 아래 재등장한다. 사물이 비록 자기 자신과 동등하고 대자적인 존재라 할지라도 이는 오직 모든 타자와의 절대적 구별 속에서만 그렇다. 그런데 구별은 다른 사물과의 관계를 함의하며, 바로 이러한 관계가 사물의 대자적 존재(성)의 정지·박탈을 의미한다.「사물은 다름아닌 그것의 절대적 성격 및 대립성에 의하여 타자와 관계를 맺으며 또한 본질적으로 사물은 이와 같이 관계 맺는 자일 뿐이다. 그러나 관계라는 것은 사물의 자립성을 부정하는 것이므로 여기서 사물은 마침내 그 자신의 본질적 성격으로 인해 파멸되기에 이른다」(PE, Ⅰ, 104; PG, 99; 정신현상학, Ⅰ, 186).

 이러한 변증법에 의하여 우리는 사물에서 관계로, 지각의 사물주의 (chosisme)에서 오성의 관계성으로 진행한다. 그리고 이러한 이행은 과학사와 철학사에 있어서 이미 잘 알려져 있는 것이기도 하다. 이러한 이행과정에서 소멸되는 것은 독립적이고 일자적인 사물, 본질적인 것과 비본질적인 것의 구별, 대자적 존재와 대타적 존재의 분리 등을 보존하려는 일상적 의식(상식)의 책략이다. 헤겔은 다음과 같이 적고 있다. 「대상은 여하한 관점에서 보더라도 오직 자기 자신과 반대되는 것일 수밖에 없다. 다시 말해서 대상은 그것이 대타적으로 존재하는 한에서는 대자적으로 존재하는 것이고, 반대로 대자적으로 존재하는 한에서는 대타적으로 존재하는 것이다」(PE, Ⅰ, 104; PG, 99; 정신현상학, Ⅰ, 187). 새롭게 등장하는 것──이것이 헤겔의 독특한 점이다──은 生(la vie)을 드러내 주는 관계적 사유이다. 관계란 生의 분리인 동시에 통일이다. 올바로 이해된다면 그것은 통일성(一)과 다양성(多)의 통일(抱一)이며, 동일성과 비동일성의 동일성이다. 헤겔은 그의 청년기 저작 이래로 이것을 절대자의 生으로서 숙고할 것을 계획했다. 확실히 헤겔의 변증법은 물질적 존재보다는 오히려 생명적 존재나 의식적 존재에 보다 적합한 것처럼 보인다. 오직 대타적 존재 속에서만 대자적일 수 있는 헤겔의 이 대자적 존재에 관한 변증법을 이해하고자 할 때, 인간생활과 인간의 제 관계로부터 빌어 온 예들이 소금 결정체의 예보다 훨씬 적절한 것 같다. 왜냐하면 존재──존재는 곧 관계이다──속에 역학론(dynamisme)을 도입해야 하는데, 이 역학론은 생명체나 의식에 적용하기는 쉬워도 일반적으로 말하는 부동적 물질 (la matièr inerte) 속에 도입하기는 어렵기 때문이다. 그러나 헤겔적 사유는 보편적 존재를 개념으로서, 즉 주체로서 파악하고자 하며 또 자연 속에서는 오로지 이 변증법의 특수한 한 가지 계기만을 볼 따름이다.

 그러나 이러한 고찰들은 이 장에서의 우리 주제를 벗어나 있다. 이제 지각하는 의식은 지양되었다. 사물은 곧 모순이므로, 그것은 자기 동등적인 사물로서는 해체되어 현상(phénomème)이 된다. 감성적 성질이 구성하고 있는 감성적인 것과 사유의 혼합물은「또한」과「일자」, 「대타적 존재」와「대자적 존재」라는 양 극단으로 분해되었으며, 또 이러한 양 극단은 무제약적인(감성적인 것의 제약을 받지 않는) 보편자 속에서 상호 동일화되었다. 이 무제약적인 보편자가 오성이 된 의식의 새로운 대상이다. 이제 우리는 이와 같이 (오성에 의해) 이해되는 존재(esse, qui est intelleigi)를 추적해야 할 것이다. 왜냐하면 그것이 즉자적 개념일지라도 아직은 대자적 개념이 되지 못했기 때문이다. 의식에 대해서 먼저 그것은 힘과 그 힘의 발현이고, 다음으로는 법칙과 그 법칙의 필연성이다. 마지막으로 그것은 자기가 그 자신의 타자 속에서 자기 자신을 발견하게 되는 무한한 生이다. 이 단계에서 타자의식은 자기의식으로, 즉자적 개념은 대자적 개념으로 된다.

3

오　성

이 장의 일반적 전개

　지각하는 의식에게는 모든 것이 「사물」이었다. [1] 실체, 즉 버클리가 《Three Dialogues of Hylas and Philonaus》에서 비판하고 있는, 감성적 성질들을 떠받치는 基體(substrat)로서의 실체의 범주는 새로운 범주로 대치된다. 오성은 실체에서 원인으로 사물에서 힘으로 고양된다. 오성에게는 우선은 모든 것이 힘이다. 그러나 이 힘은 개념, 감성적 세계에 대한 사유, 이 세계의 자기 내적 반성——또는 우리에게는 결국 동일한 의미인 세계의 의식 내적 반성——이외에 다른 것이 아니다. 이러한 감성적 세계의 사유는 처음에는 이 세계의 공허한 피안, 초감성적 세계 자체로서 의식에 나타나지만, 결국 법칙들의 체계 속에서 이 세계의 내면이 된다. 이러한 법칙들, 즉 경험의 법칙들은 현상의 너머에 있으면서도 그 현상들의 틀(l'armature)을 구성하고 있다. 의식은 자연법칙의 우연성을 경험한다. 그리하여 의식은 그 법칙의 필연성을 찾아서 세계로부터 자기 자신에게로 되돌아온다. 이들 법칙들에 대한 의식의 설명은 처음에는 동어반복이어서 의식은 한낱 분석적 필연성밖에 도달하지 못한다. 그러나 이러한 필연성이 의식의 대상 속

----

1) 事象(Sache)이 아니라 사물(Ding). 양자의 차이에 관해서는 제Ⅳ부 제 5 장을 참조.

149

에서 의식에 나타날 때 그것은 종합적 필연성이 된다. 감성적 세계와 초감성적 세계, 현상과 법칙은 진정한 개념, 즉 무한성에 대한 사유 속에서 상호 동일화된다. 이 무한성의 사유는 라이프니츠의 역학론 이후 뉴튼과 칸트의 법칙주의, 셸링의 양극성(polalité)*을 거쳐 도달될 헤겔 자신의 입장을 표현한다. 무한성 또는 절대적 개념은 생동화된 관계이고 절대자의 보편적 生이다. 이 절대자는 스스로의 타자 속에 머무르면서 분석적 동일성과 종합적 동일성, 一者와 多者를 화해시킨다. 이 단계에서 타자의식(la conscience de l'Autre)은 타자 내에서의 자기의식(conscience de soi-même dans l'Autre)이 되며, 또 더 이상 구별(différence)이라고 할 수 없는 (자기 안에서의) 구별에 대한 사유가 된다. 의식은 자신의 대상 속에서 자기 자신에 도달한다. 말하자면 자신의 진리 속에 깃들어 있는 의식은 자기확신이며 자기의식이다.

　이상의 내용이 이번 장의 일반적 전개과정인데, 앞으로 우리는 그것을 상술하고자 할 것이다. 우리는 무엇보다 의식에서 자기의식으로의 이행에 각별한 관심을 기울이겠다. 먼저 의식은 보편적 의식, 존재의 場이었다. 반면 그러한 의식의 대상은 접근하기 어려울 정도로 구체적 풍부성을 지닌 감성적 「이것」이었다. 이와 반대로 자기의식은 먼저 개별적 의식이었고 자기와의 순수한 관계에 있어 모든 타자성(altérité)의 부정이었다. 그러나 자기의식은 이러한 부정적 개별성으로부터 보편성에로 고양되고 또 보편적 자기의식인 의식의 계기로 복귀한다. 의식의 보편성과 자기의식의 개별성간의 통일은 그리하여 이성(Vernunft)으로서 성립한다. [2]

Ⅰ. 힘

　오성은 이제 무제약적(unbedingt) 보편자를 자기의 대상으로 삼고 있다. 이 무제약적 보편자는 독일어 어원에 따르면 사물(chose)이 아

---

2) 이와 반대로 이 장의 제목인 「오성」은 독일어 「Verstand」에 해당된다.
* 셸링은 주관과 객관, 관념과 실재, 예지계와 경험계, 정신과 자연 따위를 절대자를 이루는 兩極으로 본다. 이들 양극은 상호 배척하면서도 서로가 서로의 존재조건이 되므로 각기 독자적으로는 존립할 수 없고 무차별적 동일성으로서의 절대자를 성립시키는 계기로서만 존립한다.

니다.* 우리에 대해서[3] 이 보편자는 개념, 즉 지각하는 의식이 주관과 객관 속에서 교대로 정립했던 모순적 계기들을 자기 안에서 경험하는 개념이다. 모순적 계기들이란 다양하게 존속하는 제 차이성(구별), 즉 물리학의 물질들이나 물질화된 감성적 성질들을 통해 스스로를 표출시키는 물성의 계기와 또한 자기 자신으로부터 모든 다양성을 배척하고 있는 단일한 사물의 계기이다. 이러한 계기들은 대타적 존재와 대자적 존재라는 형식으로 제시되었다. 지각의 실패는 그것이 양자를 동시에 함께 생각할 수 없다는 데에 있다. 그러나 이 선행하는 변증법의 결과가 경험에 개입된 의식에 대해서는 부정적인 것일지라도 우리(철학자)에게는 그와는 반대로 긍정적인 것으로 나타난다. 「이러한 결과가 그 나름의 긍정적 의미를 지니고 있는 바, 왜냐하면 일단 얻어진 그 결과 속에는 이미 대자적 존재와 대타적 존재의 통일, 다시 말하면 그들 양자가 지닌 절대적 대립이 하나의 동일한 본질로서 직접적으로 정립되어 있기 때문이다」(PE, Ⅰ, 110; PG, 104; 정신현상학, Ⅰ, 193~4). 이러한 결과는 형식뿐만 아니라 그 내용에도 적용된다. 제 구별의 場으로의 확산과 대자적 존재의 통일성으로의 수축(la contraction dans l'unité de l'être-pour-soi)이 차후에 의식에 나타날 수 있는 모든 내용을 구성하고 있다. 그러나 이제 더 이상 이러한 확산과 수축이 단순하게 서로 고립될 수 없으며, 따로 떨어진 채 정립될 수 없다. 오히려 양자간의 통일이야말로 보편자의 무제약성을 가능하게 하는 것이다. 「여기서 우선 눈에 띄는 것은 이 두 계기가 오직 무제약적 보편성 속에 존재함으로써 이들은 더 이상 상호 분리된 채로 남아 있을 수는 없고 오히려 그들 자체 내에 본질적으로 자기 자신을 지양한다는 특성을 지닌다는 것, 그리하여 오직 그들 상호간의 이행작용만이 정립된다는 것이다」(PE, Ⅰ, 111; PG, 104; 정신현상학, Ⅰ, 195). 이러한 이행작용이 바로 지각하는 의식의 운동 자체였다. 이 운동에서 지각하는 의식은 때로는 자기 안에 공존하고 있는 제 측면의 다양성을 보존하기 위하여 배타적인 통일성을 사물에게 귀속시키기도 하였고,

---

3) 애매성을 피하기 위해서 다시 한번 더 이 「pour nous」는 현상적 의식과 대립되는 철학자의 관점을 의미함을 상기하자.

* un-be-dingt, 곧 사물의——상태가——아닌 것.

때로는 이 다양성을 그 대상에 귀속시키면서 배타적 통일성을 자기 자신이 보존하기도 하였다. 이러한 운동은 지각하는 의식에게는 대상이 아니었다. (그러나 오성적 의식의 단계인) 지금 그것은 의식의 대상이고 또 의식은 이 이행작용을 인식하고 있다. 반면 우리 자신은 지각하는 의식의 경험을 반추할 때에야 비로소 그것을 인식한다. 이제 오성적 단계에 도달한 의식에 주어지는 것이 이행작용 자체——연관성——라는 점은 특기할 만하다. 그러나 이때의 이행작용은 이 의식이 오르는 사이에 이 의식 속에서 일어났으며, 따라서 이 의식의 계기들에 외면적인 것이었다. 그럼에도 불구하고 이 이행작용은 처음에는 오성에게 대상적 형식을 띠면서 나타난다. 즉 오성에 대하여 이행작용은 힘으로 나타나는 것이다. 자신의 다양한 성질들과는 아무런 관계도 지니지 못하는 사물과 반대로, 힘은 오직 자기 자신을 표출시키고 또 자기 내부에 있는 것을 자기 외부에 정립시킬 때에만 의미를 지닐 수 있다. 따라서 힘은 그 자체가 한 계기로부터 다른 계기로 나아가는 이행의 필연성을 표현하고 있다. 그러나 오성에 있어서 힘은 여전히 하나의 대상일 뿐이다. 「그러나 이러한 운동 속에서 의식은 의식 자체가 아니라 단지 대상적 본질만을 자기의 내용으로 삼고 있다. 따라서 이렇게 얻어진 결과가 의식에 대해서는 대상적 의미를 지니는 데 불과하고 또 의식은 아직도 자기와 대상간의 운동을 통해 생성된 결과로부터 물러나 있는 상태에 있다. 그리하여 대상적 의미를 지니는 이와 같이 생성된 결과가 의식을 이루는 것이다」(PE, Ⅰ, 110; PG, 103; 정신현상학, Ⅰ, 193). [4]

실재는 만질 수 있고 볼 수 있고 모든 방식으로 지각될 수 있는 그런 사물들 가운데 나타나다가는 돌연 자취를 감추어 자기를 은폐시킴으로 지각 불가능하게 된다. 우리는 실재의 (외적) 발현상태(effets)는 알 수 있으나 (내적) 본성(nature)은 알 수 없다고 믿는다. 그리하여 우리는 하나의 이성적 존재(un être de raison)를 창출하고 이를 힘이라 부른다. 이 힘은 기운을 다하여 스스로를 드러내다가 기운이 떨어지면 사라지게 된다. [5]

---

4) 오성이 존재로 간주하는 것이 곧 선행하는 의식(지각하는 의식)의 반성 자체임은 매우 주목할 만하다. 그러나 현상적 의식은 언제나 자신의 전개과정을 망각하기 때문에 이 대상이 다름아닌 자기 자신임을 깨닫지 못한다. 현상적 의식은 한 단계에서 다음 단계로의 이행 속에서 스스로를 인식하지 못하고 있다.

5) Andler, 〈 article cité 〉 in 《Revue de Métaphysique et de Morale》, p. 328.

이러한 것이 바로 힘이다. 힘은 자기 자신과 그 발현상태의 통일이다. 힘을 정립함과 동시에 우리는 바로 이러한 통일성 자체를 정립하는 것이다. 「다시 말하면 자립적인 것으로 정립된 제 구별이 직접적으로 그 통일성 속으로 이행하고 다시 이러한 통일성이 제 구별의 전개로 직접적으로 이행하다가 마침내 이러한 전개는 다시금 통일성 속으로 환원된다. 바로 이러한 운동이 다름아닌 힘으로 불리는 것이다」 (PE, I, 112; PG, 105; 정신현상학, I, 195). 감성적 확신의 보편적 존재는 서로 구별된 성질들이나 물질들의 (공존을 위한) 場(매개물)이었다. 그리고 이러한 매개물은 그 구별된 성질들과 물질들의 확산 수단인 한에서 그에 못지 않게 그것들을 통일성에로 복귀시키는 환원 수단이 되었다. 따라서 라이프니츠에 있어서 물질의 본질은 무한한 다양성에 불과한 연장에 있지도 않으며 또 감각적 이미지일 뿐인 원자에 있지도 않다. 오히려 그것은 유일하게 실재하는 통일성으로서의 힘에 있는 것이다.

단순한 물질이나 또는 한낱 수동적인 것에서는 진정한 통일성의 원리를 발견한다는 것이 불가능하다. 왜냐하면 거기서는 모든 것이 무한히 작은 부분들의 집합이거나 더미에 불과하기 때문이다. 그런데 다양성이 지닐 수 있는 실재성은 진정한 통일성에서만 유래할 수 있다. 이 진정한 통일성은 집합이나 더미와는 다른 곳에서 유래한다. ……나는 형식적인 원자에 의존할 수밖에 없다. ……따라서 나는 그것의 본성이 힘에 있다는 것, 또 이것으로부터 감정(sentiment)이나 욕정(appétit)과 유사한 어떤 것이 따라 나온다는 것, 그리하여 이 어떤 것은 우리의 영혼 개념을 모방해서 상상할 수밖에 없다는 것을 발견하였다.[6]

Ⅱ. 힘의 개념과 힘의 실재성

힘에는 두 계기가 있다. 그것은 자기 자신을 제 구별의 場으로 표출 또는 확산시키는 힘과 「자기 내부로 떠밀려 들어간 힘(la force refoulée en elle-même)」, 또는 고유한 의미의 힘이다. 이 두 계기의 힘은 처음에는 구별되지 않는다. 예나 시절의 《논리학》에서 헤겔은 양태의 범

---

6) Leibnitz, 《*Système nouveau de la nature*》, éd., Janet(1900), I, p.636.

주(la catégorie de modalité)를 논의하면서 힘을 다루었다. 자기 내부로 떠밀려 들어간 힘 또는 자기에게로 집중된 힘은 가능성으로서의 힘이고, 그 힘의 표출이 그 힘의 실재성이다.[7] 우리가 공간상의 물체의 낙하운동을 생각할 때 우리는 동일한 존재를 두번 정립하게 된다. 실재성으로서의 운동은 (제 부분의) 병렬(무수히 많은 부분들의 연속)이다. 따라서 이 운동은 부분들로 파괴・해체될 수 있거나, 또는 적어도 이러한 분해는 공간적 탄도 속에 나타나 있다. 그러나 또한 우리는 「운동의 전체」, 즉 이 운동이 실현하고 있는 바의 총체를 고려할 수도 있다. 그리하여 우리는 그 발현상태와 형식적으로는 구별되지만 내용적으로는 동일한 힘을 갖게 된다. 감성적 표출 상태의 자기 반성으로서의 힘은 그 표출 상태와 동일하다. 바로 여기에 헤겔이 예나 시절의 《논리학》에서 강조했던 이중화(dédoublement)가 있다. 우리는 실재의 통일성을 힘으로 간주한다. 따라서 이와 같이 힘의 견지에서 실재를 설명하는 것은 동어반복적이다.[8] 그렇지만 힘은 상호 외면적인 제 실체를 정립하지 않고서도 인과성과 관계를 생각할 수 있게끔 해준다. 공간상의 두 물체는 서로 끌어당기며 자석은 쇠를 끌어당긴다. 지각하는 의식에 대해서 이것은 실체화된 두 사물간의 외면적 관계를 의미한다. 引力이나 磁力을 생각하는 것은 곧 관계 자체를 생각하는 것이며 한 계기에서 다른 계기로의 이행을 생각하는 것이다. 그러나 힘은 우리가 방금 정의했던 것처럼 그것의 발현상태와 절대적으로 동일하기 때문에 구별은——자기 내부로 떠밀려 들어간 힘과 표출된 상태로서의 힘 사이의 구별——오로지 의식에 있어서만의 구별인 것이다. 우리가 두 계기를 그들 상호간의 직접적 통일성 속에서 파악한다면, 이는 힘의 개념을 포함하고 있는 오성이 그야말로 구별된 계기들을 구별된 것으로 지탱하는 개념이기 때문이다. 힘 자체 내에서는 그 두 계기가 구별되어 있지 않다. 구별은 오로지 사유 속에만 있는 것이다. 달리 말하자면 이상에서 우리는 힘의 개념만을 정립하였을 뿐, 아직 그 실재성은 정립하지 않았다(PE, I, 112; PG, 105; 정신현상학, I, 195).

---

7) Hegel, 《*Logique de Iena*》(S.W., éd., Lasson, t. XVIII^a, pp. 41 ff.).
8) *Ibid.*, pp. 44ff.

힘이 의식에게 더 이상 개념으로서가 아니라 실재성으로서 드러난
다는 것은 그 힘의 제 계기가 특정한 독립성을 견지하고 있음을 의미
한다. 그러나 다른 한편 이러한 독립성은 힘의 본질에 반대되는 것이
므로 그것은 동시에 그 독립된 제 계기가 스스로 소멸되어 개념 또는
무제약적 보편자의 통일성에로 복귀한다는 것을 의미한다. 이 무제약
적 보편자는 이러한 변증법 전체과정을 통해서 오성의 항구적 대상이
된다. 그러나 이렇게 도달된 개념은 더 이상 우리의 출발점이었던 직
접적 개념이 아니다. 그것은,

> 감성적이며 대상적인 힘의 否定態(le négatif)로 규정되었다. 다시 말해
> 이 두번째 보편자는 그 자체의 진정한 본질에 비추어 볼 때 다만 오성의 대
> 상일 수밖에 없는 그러한 힘이다. 그리하여 첫번째 보편자(오성의 개념)가
> 자기 내면으로 떠밀려 들어간 힘, 또는 실체로서의 힘이라고 한다면, 이와
> 반대로 두번째 보편자(힘의 본질)는 사물의 내면, 즉 개념 자체와 동일한 내
> 면이라고 할 수 있다(PE, Ⅰ, 118; PG, 110; 정신현상학, Ⅰ, 203∼4).

여기서 의식이 겪는 경험은 각별히 주목할 만하다. 의식은 힘을 현
실화시키는 과정에서, 「이러한 힘의 현실화가 곧 실재성의 상실이다」
(PE, Ⅰ, 118; PG, 110; 정신현상학, Ⅰ, 203)라는 것을 발견한다. 감성적 세
계 속에서 힘은 먼저 타자와 대립하는 것처럼 보이고 또 이 타자 없이
는 존재할 수 없는 것처럼 보인다. 다음으로 이러한 타자는 또 다른
힘으로서 나타난다. 그러므로 정립된 것은 보스코비치(Boscovitch)와
칸트가 이미 통찰했던 바와 같이, 힘의 이중성(la dualité des forces)이
다. 그러나 반대로 이 두 힘은 단지 외견상으로만 상호 독립적이다.
그들은 서로가 서로를 전제하고 있다. 「모든 인력(견인)에는 척력(반
발)이 대응한다. 이 척력이 없다면 우주 전체의 물질은 우주의 한 점
으로 응결되고 말 것이다.」 따라서 각각의 힘은 다른 힘을 전제하고
또 그 다른 힘에 의해서 전제된다. 우리가 잠시 후 자기의식의 관계
로서 재검토할 힘들의 유희(Spiel der Kräfte)는 하나의 상호적 관계이
어서 이러한 유희에 대한 사유, 현상적 실재성에 대한 개념, 또는 사
물들의 내면만이 제 규정의 영속적인 상호작용 속에서 존속하는 것이
다 힘은 앞서 우리에게 있었던 상태, 즉 현상적 세계에 대한 사유가

된다. 이 현상적 세계의 사유는 힘들의 유희로 나타나는 제 규정의 끊임없는 교환, 즉 사유 내에서만 일관성과 통일성을 갖는 영속적인 불안정성일 뿐이다.

힘의 현실화는 헤겔이 다음과 같이 면밀하게 구분한 세 단계의 변증법으로 표현된다. 1) 힘과 타자, 2) 독립적인 두 힘, 3) 힘들의 상호작용, 힘들의 유희. 먼저 힘은 제 구별의 場으로 자기 자신을 무한히 확산·전개시키는 힘으로 정립된다. 그러나 자기 내부로 떠밀려 들어간 힘, 자기에게로 복귀한 반성적인 힘으로서 존재할 수 있기 위해서는 타자가 그 힘에 다가서서 자기 내면을 성찰하도록 독촉할 필요가 있다. 예를 들어 피히테의 자아(moi)는 외부에서 오는 충격(Anstoss)에 의해서만 스스로를 반성하게 된다. 마찬가지로 비록 힘이 이미 자기 내부에로 떠밀려 들어간 것으로서, 그리하여 순수한 가능성으로서 정립되었을지라도 그것이 표출된 상태로 존재하기 위해서는 타자의 자극을 받아야만 한다. 타자의 이러한 두 가지 역할을 비교해 볼 때, 우리는 이 타자 자체를 힘으로 정의하지 않을 수 없게 된다. 그러므로 이와 같이 정립된 것은 더 이상 힘과 힘 이외의 다른 것이 아니라 서로 작용을 미치는 실재적인 두 힘이다. 「따라서 타자는 힘에 대해서 존재하고 또 힘은 타자에 대해서 존재한다는 사실로 인해 힘은 아직 자신의 개념을 벗어나 있는 것이 아니다. 두 개의 힘이 동시에 현존하고 있다. 확실히 이 두 힘의 개념은 동일하지만 그것은 자기 자신의 통일성에서 (두 힘이라고 하는) 양분성으로 이행된 상태에 있는 것이다」(PE, I, 115; PG, 107; 정신현상학, I, 199). 이 모든 변증법은 의식에 나타난 제 사물의 존재와 관련된 것으로 정신의 변증법을 예견케 한다. 이 정신의 변증법은 자연에서보다 정신세계에서 훨씬 심층적인 것으로 드러난다. 여기서 헤겔의 치밀성은 다소 공허하고 강요된 것처럼 보인다. 본질적으로 중요한 것은 그의 논의 전체의 방향, 즉 실재의 변증법 속에서 지성(l'intelligence)의 변증법을 간파하도록 유도하는 것을 이해하는 일이다. 「자연의 정신은 은폐된 정신이다. 그 정신은 정신의 형식으로 나타나지 않는다. 그것은 오직 인식하는 정신에 대해서만(pour l'esprit connaissant) 정신이다. 달리 말하자면 그것은 즉자적 정신이지 대자적 정신은 아니다.」 따라서 문제는 역학론과 힘들의 유희 속에서 또 대립된 두 힘의 양극화 현상 속에서 인식하는 정신에게만 대자적 의미를 떠는 변증법을 발견하는 것이다. 두 힘이 상호 독립적으로 정립될 때 그들간의 유희(상호작용)는 그들의 상호 의존성을 드러내 준다. 「이 두 힘은 어떤 고정적인 것에 집착하면서 서로가 단지 자기의 외면적인 성질만을 중간 지점으로 내밀어서 비로소 서로가 접촉하게 되는 것이 아니라 오히려 이 두 개의 힘이 실존하기 위해서는 그들이 이미 양단간의 중심점에서 서로 접촉하는 한에서만 가능할 뿐이기 때문이다」(PE, Ⅰ, 117; PG, 109; 정신현상학, Ⅰ, 202). 각각의 힘은 다른 힘 속에서 소멸된다. 그리고 이러한 소멸운동이 감성적 객관성을 지니는 제 힘의 유일한 실재성이다. 그리하여 오로지 발현 또는 현상(Erscheinung)만이 남는데 이는 더 이상 자체 내에서 일관성과 안정성을 지니지 못하고 오히려 자기 자신의 피안에 등장하는 내면적 진리로 복귀하는 현상이다. 여기서 현상의 본성을 서술하고 있는 《정신현상학》 서설의 다음 구절을 상기해 보자. 「현상이란 생성과 소멸의 과정이 반복되는 것을 뜻하지만 이 과정 자체만은 결코 생성되거나 소멸되는 일 없이 즉자적으로 존재할 뿐 아니라 더 나가서 그것은 현실성과 진리의 활력적인 운동을 이루는 것이기도 하다」(PE, Ⅰ, 40; PG, 39; 정신현상학, Ⅰ, 101~2).

Ⅲ. 사물의 내면, 또는 그 근저

오성은 진리의 요소가 사물의 내면(Intérieur) 또는 그 근저(fond)라는 것을, 그리고 이러한 내면은 현상적 발현(phénoménale manifestation)과 대립한다는 것을 발견하였다. 이러한 대립, 즉 힘과 그것의 표출(extériorisation)간의 대립은 처음에는 의미 없이 공허한 것이다. 내면은 현상의 無(le néant)로서 현상의 피안에 있다. 그러나 헤겔의 변증법 전체는 이 양자를 서로 근접시켜서 동일화시키려고 한다. 이러한 동일화는 이미 우리가 방금 인용한 「서설」의 원문 속에서 표명되었던 것이다. 현상으로서의 현상(현상 자체)은 초감성적인 것, 즉 소멸해 가는 과정 속에서도 소멸되지 않는 그 무엇으로 파악된 현상이다. 헤겔이 자신의 개인 노트에 적고 있는 바에 따르면 사물들이 있는 그대로 있다(les choses soient comme elles sont)는 것 자체가 위대한 간계 (grande ruse)이다. (지금 있는 그대로의) 사물들을 넘어설 하등의 이유가 없다. 다시 말해서 사물들은 물 자체(choses en soi)로 정립되는 것이 아니라 단순히 그들의 현상성(phénoménalité) 속에서 취해져야만 한다는 것이다. 본질의 본질이란 자기 자신을 현시하는 것이고 또 그 현시는 본질의 현시이다. 따라서 우리의 변증법의 궁극적 도달점은 절대적 개념의 무한성 속에서 감성적인 것과 초감성적인 것을 새롭게 결합하는 것이다.

　종교에 선행하는 계기들을 요약하면서 헤겔은 다음과 같이 기술하고 있다. 「의식이 오성인 한에 있어서 이미 그 의식은 초감성적인 것의 의식, 혹은 대상적 현존재의 내면에 관한 의식이 된다. 그런데 흔히 우리가 초감성적인 것, 혹은 영원한 것 등으로 통칭하는 것들이란 실은 자기(soi)가 없는 것에 지나지 않는다. 다시 말해서 그것은 처음에는 자기 자신이 정신임을 깨우치는 그런 정신이 되기에는 여전히 요원한 상태에 있는 한낱 보편자에 불과한 것이다」(PE, Ⅱ, 203; PG, 473; 정신현상학, Ⅱ, 263). 이러한 보편자는 먼저 우리가 생각(pensée)할 수는 있어도 인식(connaissance)할 수 없는 가능한 예지적 세계로서 의식 바깥에 그리고 현상 바깥에 정립된다. 칸트는 현상계(phénomènes)와 본체계(noumènes)의 구별을 다루는 〈선험적 분석론〉의 마지막 장에서 다음과 같이 주장한다. 즉 우리는 이-세계, 此岸의 세계를 물 자체로 간주할 수 없으며 반면 범주의 선험적 사용을 통하여 이 차안의 세계를 초월하자마자 우리는 오직 공허한 장소(place vide), 소극적 의미의 본체계만을 갖게 된다는 것이다. 그러나 헤겔에 있어서 현상의 피안이란 일종의 시각적 착각이다. 오성은 자신의 반성을 실체화시킨다. 다시 말해서 오성은 자기 자신에 대한 반성을 하지 않으며, 그리하여 오성은 자연 속에서 거기에 함의된 자기인식을 깨닫지 못한다. 현상知는 자기知이며, 또 그러는 한에서 현상知는 더 이상 피안에 위치해 있지 않은 진리를 지니고 있다. 그러나 이러한 관념론에 도달하기 위해서는 칸트가 그의 비판철학에서 사용했던 반성이 자기 스스로를 반성하여야만 한다. 「자기가 결여된 보편자로서의 내면(Intérieur comme l'universel sans le Soi)」을 대상화시키면서, 오성은 사물의 내면세계를 은폐하도록 되어 있는 장막의 배후에「우리 스스로 발을 들여놓지 않는 한 결코 그 배후에서는 우리에게 아무것도 눈에 띄지 않을 것인즉, 오직 무엇인가 발견될 만한 어떤 것이 장막의 배후에 가리워져 있다는 생각을 앞세울 때만 비로소 우리가 거기서 무엇인가 찾아낼 수 있으리라는 것」(PE, Ⅰ, 140～1; PG, 129; 정신현상학, Ⅰ, 231)을 깨닫지 못한다. 마치 〈선험적 감성론〉의「물 자체」가 지각의 변증법에서 비판되었던 것처럼 여기서는 소극적 의미의 본체계가 비판된다. 이러한 운동으로부터 출발해서 의식은 그가 진리(대상) 속에서 반성한 것과 마찬가지로 자기 자신에 대한 반성을 한다. 그러나 다시 한번 의식은 이 진리의 대상화된 내면을 파악하고 사물에 대한 반성을 자기 자신에 대한 반성과 구별한다. 마찬가지로 이러한 의식에 대해서 매개작용을 수행하는 운동은 여전히 대상적 운동으로 남아 있다(PE, Ⅰ, 119; PG, 110; 정신현상학, Ⅰ, 203～4). 따라서 이 기본적인 삼단논법의 세 항——오성, 현상적 세계의 운동, 사물의 내면 또는 그 근저——은 서로 상관적인 표출 상태 속에서 정립된다. 그러나 이 내면세계에 관해서는 그것이 (매개되지 않은 채) 직접적인 한 어떠한 인식도 불가능하다. 이는 칸트가 주장한 것처럼 이성의 한계 때문이 아니라 사물의 단순한 본성에 기인하는 것이다. 즉 공허한 곳 속에서는 아무것도 인식될 수 없기 때문이며, 보다 정확히 말하자면 이 내면세계가 의식의 피안으로 정립되기 때문이다.

  그럼에도 불구하고 사실 이 내면세계는 우리에 대하여(pour nous) 생겨났다. 그것은 현상의 매개를 통해서 정립되었다. 이러한 이유로 해서 헤겔은 내면세계의 본성에 관하여 다음과 같이 주목할 만한 방식으로 언급하고 있다.「그것(내면세계, 초감성적 피안의 세계)은 현상의 세계로부터 싹터 나왔으며 현상은 초감성적 세계의 존재 가능성 자체를 매개하는 것이다. 이렇게 볼 때 현상은 그것의 본질일 뿐만 아니라, 또한 실제에 있어서 그것을 채우고 있는 충만된 내용인 것이다. 다시 말해서 초감성적인 것도 어디까지나 감성적인 것 또는 지각된 것이 스스로 진리의 모습을 띠고 나타난 것으로 봐야만 한다. 그러나 감성적인 것과 지각된 것의 진리는 현상화되어야 하는 것이다. 따라서 초감성적인 것은 현상으로서의 현상(현상 자체)이다」(PE, Ⅰ,

121; PG, 113; 정신현상학, Ⅰ, 201). 그렇다고 해서 우리가 앞서의 감성적 세계나 지각에로 또는 대상적 힘에로 복귀하는 것은 아니다. 우리는 다만 이 세계의 진면목(ce monde ce qu'il est en vérité)을 바라보는 것이며, 말하자면 이 세계로 하여금 끊임없이 소멸되고 또 그 자신을 부정하도록 하는 운동을 간파하는 것이다. 현상의 이러한 불안정성과 현상의 제 계기의 끊임없는 교환작용 속에서 지속적으로 존립하는 것은 물론 (현상의) 구별성이다. 그러나 그것은 사유 속에서 포착된 구별성이며 보편자로 화한 구별성, 즉 현상의 법칙(la loi du phénomène)이다. 따라서 보편자는 더 이상 현상 너머의 저편에 있는 無가 아니다. 보편자는 자체 내에 구별이나 매개를 간직하고 있다. 보편자의 중심에 있는 이러한 구별은 자기 자신과 동등화된 구별로서 현상의 단순한 반영(reflect)이다. 이러한 구별은 「영원히 불안정한 현상의 불변적 영상(image constante du phénomène toujours instable)」으로서 표현된다. 따라서 초감성적인 세계는 고요한 법칙의 왕국이다. 「물론 이러한 법칙들은 지각된 세계의 피안에 위치해 있는 것이다. 왜냐하면 지각된 세계는 법칙을 어디까지나 지속적인 변화를 통해서만 제시하기 때문이다. 그러나 법칙들은 또한 이 세계 속에 생생하게 현존하며 그리하여 이 세계에 대한 직접적이고도 부동의 모상이 되는 것이다」(PE, Ⅰ, 123~4; PG, 115; 정신현상학, Ⅰ, 211).

〈선험적 분석론〉에 있는 칸트의 말을 따르면 자연은 법칙의 지배를 받는 현상들의 총체이다. 이러한 법칙들은——적어도 그 보편성에 있어서는——현상들의 형식이다. 법칙들은 그 고정성 속에서 현상들의 끊임없는 생성을 반영하고 있다. 마치 힘이 자신의 표출 상태에 대한 자기 내적 반성이었던 것처럼 법칙은 감성적 세계의 통일성이다. 그러나 이러한 통일은 자체 내에 구별을 지닌 통일이며, 그러한 불변적 구별을 통하여 현상의 운동을 번역하는 통일이다. 물체의 자유낙하운동에서 시간과 공간은 끊임없이 변화한다. 그러나 그들의 관계는 일정하다. 따라서 $e = 1/2\,rt^2$ 이라고 하는 잘 알려진 수학공식은 두 항의 끊임없는 변화를 불변적인 형식으로 표현하고 있다. 현상적 자연의 내면인 법칙은 이 자연 속에서 자신의 내용을 발견하고, 또 교호적으로 그 자연에게 자신의 형식을 부여한다.

  그러나 형식과 내용은 여전히 불일치(inadéquats)하고 있다. 칸트 철학은 형식이 내용을 완전하게 규정하고 또 내용이 형식 속에 완전히 수용된다고 하지만 이미 오래 전에 마이몽(Maimon)이 해석한 것처럼 그것은 한낱 이념(idée)에 지나지 않을 것이다.[9] 이러한 완전한 일치는 결코 실현되지 않는다. 내용, 즉 오성의 질료는 무한히 다양하고 가변적이다. 또한 가장 고차적인 능력 속에서 취해진 오성의 형식은 추상적 구별의 추상적 통일이다. 보다 생생한 이미지를 동원하자면, 〈선험적 분석론〉은 우리에게 법칙들의 법칙, 자연일반의 골격을 제공하지만, 이러한 골격과 구체적 자연 사이에는 깊은 협곡이 놓여 있다. 확실히 이 협곡은 부분적으로는 경험적 귀납에 의해 메우어진다. 경험적 귀납이란 특수한 법칙에서 보다 일반적인 법칙으로 고양되어 가는 것이지만 모든 조건들의 완전한 규정을 요구하는 이념에는 여전히 도달하지 못하고 있다. (개별적 사례들을 일반적 법칙 아래) 포섭하고 구체화시키는 과정에서 나타나는 바로 이러한 결점을 시정하기 위하여 판단력 비판——내재성에 관한 라이프니츠주의——은 「마치 ～처럼」의 철학(philosophie du comme-si), 가설의 논리를 만들어내는 것이다. 결론적으로 보았을 때 현상 그 자체에는 여전히 (법칙의) 내면세계로 포섭되지 않는 측면이 남아 있다. 「다시 말하면 아직 진정한 의미의 현상으로서, 즉 지양된 대자적 존재로서 정립되지 않은 측면이 남아 있다는 것이다」(PE, Ⅰ, 124; PG, 115; 정신현상학, Ⅰ, 211). 자연법칙에는 상호 보완적인 두 가지 측면으로 나타나는 우연성이 있다. 즉 법칙은 현상의 총체성을 표현하지 못하거나——이 경우 현상은 가능적 즉자태로서 여전히 무정돈한 잡다의 상태를 유지한다——또는 단일한 법칙의 특수한 부분들로 통합될 수 없는 다수의 경험법칙이 존재하거나이다. 현상에서 법칙으로의 이행과정에서 제기되는 문제는 법칙의 수다성의 문제에서 재현된다.

  우리는 모든 법칙들을 단일한 법칙의 통일성 아래로 환원시키려고 노력할 수 있다. 예를 들어 뉴튼은(보다 특수한 케플러의 법칙들 속에서 표현되고 있는 것과 같은) 지구로 떨어지는 물체의 자유낙하운동과

---

9) Salomen Maimon, 《*Gesammelte Werke*》(Hildesheim, 1965～71); 「나의 견해로는 물 자체에 대한 인식은 현상에 대한 완전한 인식에 지나지 않는다.」

태양 주위의 항성운동 일반 등 다양한 현상들을 보편적 인력작용으로
서 서술하고 있다. 그러나 헤겔은——항성운동에 관한 예나 시절의
논문 이래로——그와 같은 환원의 오류를 지적하려고 노력하였다. 그
것은 추상적 공식밖에는 도달하지 못한다. 물론 이러한 추상적 공식
은 자신의 합법성을 표명할 근거를 지니고 있지만 그것은 내용의 다
양성을 소멸시킨다. 따라서 통일성을 성취하기 위하여 진정한 질적
구별성을 포기하여야 하는가, 아니면 이 구별성을 상실하지 않기 위하
여 통일성을 포기하여야 하는가? 우리는 여기서 동일성과 현상적 실
재성의 문제 한가운데 놓여 있다. 그러나 헤겔의 해결방식은 언제나
이 둘을 대립시키는 것이 아니라 변증법적인 관계 속에서 그들 상호간
의 통합을 모색하는 것이다. 헤겔에 있어서 변증법적 관계란 「절대적
개념」 또는 무한성이다.

법칙의 개념——제 구별의 통일——은 경험법칙의 수다성과 상충될
뿐 아니라 법칙 자체와도 상충된다. 왜냐하면 법칙의 개념은 법칙의
언명 속에서 구별된 요소로 등장하는 제 項——예를 들어 공간과 시
간, 견인자와 피견인자 등등——간의 결합(liaison)의 필연성을 다음과
같은 방식으로 표현하기 때문이다. 즉 이러한 결합의 사유 속에서,
이러한 통일의 사유 속에서 「오성(구별)은 다시금 단순한 (불가분적)
통일로서의 내면세계로 복귀한다. 이러한 통일이 다름아닌 법칙의
내적 필연성인 것이다」(PE, I, 125; PG, 116; 정신현상학, I, 213).

Ⅳ. 설명 ; 법칙의 분석적 필연성

특수한 법칙, 예를 들어 물체낙하의 법칙이나 양전기와 음전기간
의 인력의 법칙을 검토해 보자. 이러한 법칙은 구체적 구별성——시
간과 공간, 양전기와 음전기——을 지니며 또 이들 두 因子간의 관계
를 표현한다. 이러한 관계나 법칙의 개념을 우리는 힘이라 부르는데
이들은 분석적 형식에서의 법칙의 필연성을 가리키고 있다. 그러나
분석적 필연성은 필연성이 아니다. 왜냐하면 우리는 어떻게 한 인자
가 다른 인자와 결합되거나 또는 한 인자가 다른 인자로 되는가를 알
수 없기 때문이다. 법칙의 두 항 중 하나가 정립되었다는 사실에 의

해서 나머지 다른 항도 정립되는 것은 아니다. 결국 힘——예를 들어 중력이나 전기일반——에서 출발함으로써 그들간의 관계의 필연성이 정립되었다고 할지라도 이 필연성은 공허한 낱말에 지나지 않는다. 왜냐하면 왜 이 힘이 이러저러한 특수한 구별 속에서 표출되는지가 설명되어야 하기 때문이다. 예를 들어 왜 중력은 그 중력을 지닌 물체로 하여금 일정하고 정확한 규칙에 따라서 낙하하게끔 하는지, 다시 말해서 시간과 공간 같은 구별을 지니면서도 그러한 구별을 $e=1/2\,rt^2$ 이라는 수학적 공식으로 언명하는 그런 규칙에 따라서 낙하하게끔 하는지가 설명되어야만 하기 때문이다.

헤겔이 여기서 제기하고 있는 문제는 관계의 필연성이란 문제이다. 이는 흄이 「필연적 결합(la connexion nécessaire)」의 문제라는 물음으로 제기했고, 칸트가 《순수이성비판》에서 해답을 주었다고 장담했던 문제이다. 흄에게는 (표상 속에서) 구별되는 것은 모두가 분리 가능하며, 또 분리될 수 없는 것은 어떤 것도 식별 불가능하다. 왜냐하면 구별이 없을 경우 식별도 불가능하기 때문이다.[10] 이러한 흄의 이론은 우리에게 추상작용을 금지시키는 한편 필연적 결합을 불가능하게 한다. 예나 시절의 논리학에서 헤겔이 지적하고 있는 것처럼 흄과 칸트에 의해서 정립된 것은 감성적 표상과 같이 상호 무관심한 실체적 항들(termes substantiels)의 다양성이다.[11] 이 경우 흄이 필연성을 부정하고 그것을 단지 착각(illusion)으로 간주한 것은 전적으로 정당한 것이다. 「사실 필연성은 대립된 제 규정간의 관계나 통일체(l'être-un)로서 파악된 실체일 뿐이다. 이 대립적 제 규정은 (타자와 무관하게) 절대 독자적으로 존립하는 물질과 같이 절대적인 성질들이나 실체들이 아니라 오히려 그 자체에 있어서(즉자적으로) 타자와의 관계를 갖는 본질적으로 자기 자신의 대립자이다.」[12] 오성이 자신의 설명과정 속에서 도달한다고 장담하는 동일성은 형식적인 동일성이요 동어반복으로서 제 항의 다양성에 아무런 변화를 주지 못한다. 흄에게는 오직 실체적 요소들——헤겔은 이를 실체들이라고 말한다——만이 있다. 이

---

10) Hume, 《*A Treatise of Human Nature*》, 1 vol, 제 I 부, section 7.
11) 《*Logique de Iena*》(*S.W.*, éd., Lasson, t, XVIII*ᵃ*, p. 48).
12) *Ibid.*

요소들은 상호 무관하고 상호 분리된 채 존립하며 외적으로만 결합되어 있다. 그러므로 오성에 있어 동일성은 여전히 분석적 동일성을 넘어서지 못하는 동어반복에 불과하고, 반면 감성적 다양성은 여전히 다양성인 채로 남아 있다. 물론 이러한 동일성은 종합에로 나가지만 그것은 경험적 종합이어서 필연성을 결여하고 있다. 「이러한 동일성은 한낱 동어반복에 머무르며, 또 감성적 다양성은 단지 제 실체의 특수한 대자적 존재에 지나지 않는다. 따라서 동일성과 다양성은 서로가 외적으로 분리되어 있다. 다양한 제 실체간의 관계는 결코 필연적 관계가 아니다. 왜냐하면 이러한 관계가 그들에게 내적이지 못하기 때문이다.」[13] 이 관계가 내적 관계가 되기 위해서는 무엇이 요구되는가? 계속 이어지는 헤겔의 논의가 보여 주고 있는 것처럼 각각의 규정은 무한자로서, 즉 자기 자신의 타자로서 간주되어야 할 것이다. 이 경우 공간은 스스로 시간이 되고 시간은 공간이 된다. 관계는 더 이상 외부에서 실체적 규정들에로 부과되는 것이 아니다. 오히려 관계는 이러한 규정들의 生(la vie) 자체이다. 이로써 우리는 관계가 내포하고 있는 의미, 즉 변증법적 生의 의미를 이해할 수 있다. 관계는 추상적인 통일성이 아니며, 또——마찬가지로 추상적인——다양성도 아니다. 그것은 오히려 양자의 구체적 종합이며, 또는 헤겔이 그의 청년기 저작 속에서 生에 관하여 말할 때 지적하고 있는 것처럼 「결합과 비결합의 결합(lien du lien et du non lien)」, 「동일성과 비동일성의 동일성(l'identité de l'identité et de la non identité)」이다. [14]

칸트는 유일하게 관계의 필연성을 가능케 하는 이러한 변증법을 통찰하지 못했고 따라서 진정으로 흄에게 답변하지도 못했다. 「칸트는 흄과 동일한 사실을 말했다.」 계기적으로 이어지거나 병렬적으로 발생하는 흄의 실체적 요소들은 칸트에게서도 마찬가지로 상호 무관심한 채로 있다. 이러한 요소들이 사물(자체)로서가 아니라 현상으로서 불리어진다고 하여도 그 문제에 하등의 변화도 미치지 못한다. 칸트

---

13) *Ibid.*

14) 첫번째 표현은 헤겔의 《*Travaux de Jeunesse*》(Nohl, p. 348)에서, 두번째 표현은 《*différence des systèmes de Fichte et de Schelling*》(S.W., éd., Lasson, I, p. 77)에서 각각 인용하였다.

는 흄의 다양성으로부터 출발해서 거기에 관계의 무한성을 부가시켰다. 그러나 이러한 부가는 여전히 외적인 부가에 지나지 않는다. 관계의 무한성, 즉 필연성은 다양성과 분리된 그 무엇이다. 다양성은 현상적인 것이요, 감성에 속한다. 필연성은 오성의 개념이다. 그러나 이 두 계기는 서로에 대해 무관심한 채 각기 자기 자신만을 위해서 있다. 「칸트에 있어 경험은 현상과 개념간의 관계이다. 다시 말해서 경험은 상호 무관심한 실체적 요소들을 활성화(mobilmachen)시킨다. 그러나 관계를 벗어날 경우 이러한 실체적 요소들 각각은 (상호 무관심한 채) 독자적으로 존립할 뿐이다. 그리고 통일성으로서의 관계 자체도 관계된 것(피관계 항)에 대해 외적인 것이 된다.」[15] 따라서 칸트는 무한자로서의 관계를 파악하지 못했다.

지금까지 우리는 예나 시절의 《논리학》에서 자연법칙에 관한 변증법——감성계의 예지계로의 첫번째 직접적 고양——을 명확하게 조명해 주는 구절을 인용·검토해 보았다. 이러한 고양은 직접적인 것이므로 아직 현상계의 총체성(totalité)을 표현하지 못한다. 이 고양과정에 있어서 현상은 아직 (법칙의 내면세계로 포섭된) 현상된 현상으로서, 즉 지양된 대자적 존재로서 정립되어 있지 않다. 그리고 이러한 결함은 (구별된) 제 성질간의 무관심한 구별로서 법칙 자체에 나타나 있다. 법칙은 불안정성과 생성을 자기 내부에 간직하고 있는 현상 전체를 표현하지 못한다. 또는 동일한 의미이지만 법칙은 현상을 고정된 구별의 형식 속에서, 그러나 필연성을 결여한 채 직접적으로 표현한다. 우리는 여기서 헤겔적 사유의 가장 심원한 특성 가운데 하나를 엿볼 수 있다. 그것은 곧 현상으로——흄에게서처럼 더 이상 실체적 요소들로 절단되지 않고 직접적인 직관 속에서, 즉 언표 불가능한 생성운동 속에서 파악되는 현상으로——복귀하기 위하여 사유를 단념하는 것이 아니라 오히려 사유 자체 내에 生과 생성(la vie et le devenir)을 도입하는 것이다. 헤겔에 있어서 의식의 직접적 소여는 제 요소의 불연속적 계기를 제공하는 것이 아니라 후에 베르그송이 증명한 것처럼 표현 불가능한 이행과정을 제공하는 것이다. 사유가 완전하게

---

15) 《*Logique de Iena*》 (*S.W.*, éd., Lasson, t, XVIII ͣ, pp. 48~9).

현상계와 재결합하는 길은, 또는 헤겔의 표현을 빌자면 현상이 그 총
체성 속에서의 현상으로서, 즉 자기 본질의 완전한 발현으로서 정립
되는 길은 生을 법칙이라고 하는 직접적 관계 속에 재도입하는 것이
다. 이와 같은 것이 헤겔의 목적이기도 하다는 점은《정신현상학》서
설의 다음과 같은 구절이 잘 말해 주고 있다. 「그러므로 오늘날 우리
가 할 일은…… 고정적인 확정된 사상을 지양함으로써 보편적인 것을
구체화하고서 여기에 활력을 불어넣는 일이 되겠다. 그러나 이미 고
정된 사상을 유동화시킴으로써 이를 전체적인 흐름 속에서 용해시키
는 일은 감성적 현존재를 그러한 상태로 轉化시키는 것보다 훨씬 어
려운 일이다」(PE, I, 30; PG, 30; 정신현상학, I, 90). 이와 마찬가지로
헤겔은 예나 시절의 한 논문에서 (오성의 경험주의가 아닌) 행동인
(l'homme d'action)의 심원한 경험주의를 정당화시키고 있다. 행동인
이란 실재의 생성과정을 임의적으로 절단시키지 않고 다만 직관적으
로 파악하는 인간을 말한다. 헤겔은 이 심원한 경험주의를 경험의 제
규정을 응결시키고 고정시키는 오성의 경험주의와 대립시킨다. 그러
나 철학적 방법은 사유를 포기하면서까지 이 심원한 경험주의로, 즉
감성적 확신의 언표 불가능자로 복귀할 수는 없다. 이러한 이유에서
철학적 방법은 오성을 이성으로 고양시켜야 하고 사유의 제 규정을 활
성화시켜야 한다. 즉 철학적 방법은 변증법적으로 사유하여야만 하는
것이다. [16]

　법칙들의 세계——현상계의 직접적이며 불충분한 모사——로부터
절대적 개념——무한성——으로의 이행과정을 추적한다는 것은 매우
어려운 일이다. 헤겔은 오성의 설명을 비판하는 것에서부터 시작한다.
오성의 설명은 필연성을 추구하는 과정에서 자신의 대상은 방치해 둔
채 그 필연성을 자기 자체 내에서만, 즉 자기 자신의 동어반복 속에
서만 발견한다. 다음으로 헤겔은 오성 속에서만 진행되는 이러한 운
동으로부터 「事象 자체(chose même)」 내의 운동으로, 즉 「고요한 법
칙의 왕국(calme règne des lois)」에 생명(la vie)을 불어넣음으로써 오
성과 현상의 완전한 재결합을 허용하는 변증법으로 이행해 간다. 이

---

16) 문제의 논문은 Hegel, 〈*Le Droit Naturel*〉(*S.W.*, éd., Lasson, VII, p. 343)이다.

마지막 과정을 추적하는 것이야말로, 특히 헤겔이 급작스런 비약을
단행하고 있는 탓으로 우리에게는 가장 난해한 작업이라고 할 수 있
을 것 같다.

  오성은 법칙의 필연성을 추구하는 과정에서 구별이 아닌 구별(事象
자체에 정립된 구별이 아니라 단지 오성 속에만 있는 구별 ; 역자)을 창출하
고 또 자기 자신이 방금 분리시켰던 것의 동일성을 확인함으로써 스
스로 필연성이라 일컬은 단순한 동어반복에 그치고 만다. 이것은 아
편의 수면효과라고 말할 수 있다. 왜 물체는 $e=1/2 \, rt^2$ 의 공식에 따
라 낙하하는가? 그것은 물체가 그 본성에 의하여 그와 같은 방식으
로만 실현되는 힘, 중력의 작용을 받기 때문이다. 다시 말하면 물체
는 그와 같이 낙하하기 때문에 그와 같이 낙하하는 것이다.

  예를 들어서 번갯불이 일어나는 개별적 사건이 보편자로서 파악된다면, 이
  때 이 보편자는 전기의 법칙으로 표명된다. 그리하여 설명이란 법칙을 다름
  아닌 법칙의 본질을 형성하는 힘으로 종합하는 것이다. 그런데 이러한 힘은
  다음과 같은 성질을 지니고 있다. 즉 그 힘이 외부로 표출될 때 두 개의 대
  립적 전하(음전기와 양전기)가 발생하여 상호 소멸작용을 빚게 된다. 다시
  말해서 힘은 정확히 법칙과 동일한 성질을 갖고 있는 것이다. 그러므로 이
  양자는 전혀 구별되지 않는다고 말할 수 있다(PE, I , 129; PG, 119; 정신
  현상학, I , 217).

  그러나 여기서 힘은 법칙의 필연성으로 정립된다. 힘은 즉자적으로
존재하며 또 오성의 외부에서도 그 본연의 상태로 남아 있는 데 비해
서 구별은, 특히 즉자적 힘과 그 힘을 외부로 표출시켜 주는 법칙 사
이의 구별은 오성의 책임으로 돌아간다. 「구별은 순수한 보편적 표출,
즉 법칙이며 또한 순수한 힘이다. 그러나 법칙과 힘은 동일한 내용,
동일한 성질을 지니고 있다. 따라서 내용상의 구별이란, 즉 事象의 구
별로서의 구별이란 다시금 포기될 수밖에 없는 것이다」(PE, I , 129;
PG, 119; 정신현상학, I , 217).

  그러나 오성과 그것의 즉자적 대상, 즉 힘 사이의 구별도 또한 오성
의 구별일 뿐이다. 그러므로 이러한 구별은 이제 다시 자취를 감추고
事象 자체, 즉자적 힘이 운동하는 것으로 드러난다. 이 즉자적 힘의
운동은 앞에서 의식의 운동으로서만 간주되었다. 「그러나 이와 같이

오성 개념으로서의 개념이 바로 사물의 내면성과 동일해짐으로써 이러한 변화가 오성에게는 내면성의 법칙으로 등장한다.」이와 같은 것이 우리가 위에서 지적했던 난해한 이행과정이다. 우리는 「하나의 강변에서 또 다른 강변으로」(PE, Ⅰ, 130; PG, 120; 정신현상학, Ⅰ, 218∼9), 즉 자신의 대상과 구별되는 설명의 운동으로부터 대상의 운동 자체에로 나간다. 왜냐하면 오성과 대상 자체(즉자적 힘)간의 구별은 단지 오성 내의 구별이기 때문이다. 형식과 내용의 구별 자체가 그 과정의 일부를 이루는 까닭에 형식의 변화는 내용상의 변화가 되는 것이다. 그러나 이로써 분석적 필연성인 동어반복은 내용의 필연성, 즉 종합적 필연성으로 된다. 동일성이 모순 속에서 재발견되는 것처럼 동어반복은 異種構造(hétérologie) 속에서 재발견된다. 여기서 우리는 변증법적 사유, 「통일성과 다양성의 통일」과 만난다. 이는 헤겔에 따르면 흄과 칸트 모두가 간과했던 점이다. 그러나 우리는 헤겔이 「설명(Erklären)」이라고 부르는 이 오성의 과정에서 멈추도록 하겠다. 물론 아편은 수면효과가 있기 때문에 잠들게 만든다고 하는 것처럼, 단지 언어적인 공식만이 문제된다고 생각할 수 있다. 그리하여 헤겔이 그것을 무척 장황하게 진술하고 있다는 것에 놀랄지 모른다. 사실 설명의 과정은 매우 일반적이다. 그것은 동일한 것에서 동일한 것으로(du même au même) 진행한다. 설명은 구별이 아닌 구별을 행하는데, 그것은 곧이어 그들간의 동일성을 엄밀하게 증명하기 위해서이다. 그리하여 오성의 형식적 운동이 A=A 라는 추상적 동등성 속에서 표현되고, 그 동등성 속에서 A는 A로부터 구별되지만 곧이어 양자는 동일시된다. 그러므로 모든 설명은 동어반복적이거나 형식적이다. 그러나 이러한 진행과정은 아편의 수면효과보다 훨씬 넓은 외면을 가진다. 풍부한 것처럼 보이던 수많은 설명들이 그 근본에 있어 이러한 형식주의, 생명이 결여된 이러한 동등성의 연장선상으로 환원된다. 헤겔은 예나 시절의 《논리학》에서 이에 대한 예를 인용하고 있다. 「설명은 한낱 동어반복의 산물에 지나지 않는다. 冷은 열의 상실이고 등등…… 오성에게는 진정한 질적 변화가 있을 수 없다. 오직 부분들의 장소 변화가 있을 따름이다. ……나무의 열매는 습기, 산소, 수소 등등으로부터, 간단히 말하자면 나무 자체를 이루고 있는 모든 것으로부터 생겨난다.」[17] 따라서 헤겔은 오성의 형식주의가 추상적인 보존의 공식에 있어서 질적 구별(차이성)을 부정한다고 비난한다. 특히 우리는 그가 수학적 항등식의 풍부성을 신뢰하지 않는다는 점을 지적할 수 있을 것이다. 헤겔은 뉴튼의 일반법칙을——그 수학적 함의를 고려하지 않은 채——비판하였다. 이와 마찬가지로 설명에 대한 비판에서도 그는——적어도 암암리에——우주에 관한 수리과학을 비난하고 있다. 수리과학은 일상적 의미의 언어적인 것에 그치는 것이 아닐지라도 그 항등식의 체계 속에 질적 구별(차이성)을 보존하지 못하는 형식적인 언어라는 점에서 동일하다. 좀더 명료한 방식으로 행해진 수학에 대한 비판을 찾기 위해서는《정신현상학》서설을 들춰 볼 필요가 있다.

현실적인 것은 결코 수학에서 다루어지듯 한낱 공간적인 것이 아니다. 구체적인 감성적 직관이나 철학의 경우 그 어느 쪽도 수학이 대상으로 하는 그와 같은 비현실성을 문제로 삼을 수는 없다. ……따라서 이와 같은 원리와 요소에 힘입어서——바로 이 점에 수학적 명증성의 형식적 성격도 나타나지만——知는 동등성이라는 선상에서 전개될 뿐이다. 왜냐하면 자기 스스로 운동하지 못하는 죽어 버린 것은 그 스스로의 본질에 대하여 구별을 짓는다거나 또는 본질적인 대립과 부등성에 이르지도 못할 뿐더러 더 나아가서 하나의 대치된 상태에서 다른 또 하나의 대치상태로 이행하지도 못하는, 즉 질적 내재적인 자기운동에까지 다다를 수도 없는 것이기 때문이다(PE, Ⅰ, 38; PG, 37~8; 정신현상학, Ⅰ, 99~100). [18]

헤겔이 추구하는 것은 질적 구별(차이성)을 포기하지 않으면서도 학문으로서의 자격을 온전히 갖춘 그런 학문이다. 그리고 그가 이 문제에 제시할 수 있다고 믿고 있는 해결책——변증법——은 질적 구별을 다루어 나감으로써, 즉 대립과 모순을 수단으로 하여 이 구별을

---

17) 《*Logique de Iena*》(*S.W.*, éd., Lasson, t. XVIIIª, p. 47).

18) 《정신현상학》서설은 수학적 知에 대한 일반적인 비판을 담고 있는데 이러한 비판은 《대논리학》의 量의 범주에 관한 곳에서 재현되고 있다. 헤겔은 수학의 형식적 知에 변증법적 知를 대립시킨다. 전자에서는 반성(또는 매개)이 사상 자체에 외면적이지만(PE, Ⅰ, 37; PG, 36; 정신현상학, Ⅰ, 97~8), 후자는 외래적인 매개를 담고 있는 것이 아니라 오히려 그 자체가 사상 자체의 운동인 동시에 그 사상에 대한 우리의 사유의 운동인 것이다. 특히 수학은 시간——「生의 순수한 불안, 절대적 구별의 운동」(PE, Ⅰ, 40; PG, 39; 정신현상학, Ⅰ, 101)을 사유하지 못한다.

밀고 나아가서 그것이 마침내는 해소되는 데까지 도달함으로써 얻어진다. 예나 시절에 그는 다음과 같이 썼다. 「일반적으로 대립은 질적이다. 그리고 절대자 외부에는 아무것도 있을 수 없으므로 대립은 그 자체가 절대적이다. 또한 그것이 절대적이라고 하는 바로 이 사실에 의해서만 대립은 자체 내에서 지양될 수 있다.」[19] 사유 속에 모순을 도입함으로써 우리는 무관심한 제 구별의 경험주의뿐만 아니라 설명의 형식주의도 피해 갈 수 있다. 우리는 규정성 속에 무한성을 도입함으로써 절대자의 동일성과 그 발현상태의 질적 제 구별을 화해시키는 데 실패한 셸링의 동일성의 철학을 넘어설 수 있다. 셸링에 있어서 그러한 화해가 가능하기 위해서는 「양극성(polarité)」을 모순으로까지 밀고 나아가야 했었다.

따라서 변하지 않은 채 남아 있는 내용과는 대조적으로 설명의 운동은 하나의 순수한 운동이며 형식주의이다. 그러나 이러한 형식주의는 이미 그 자신의 대상——법칙의 세계——에 결여된 것을 포함하고 있다. 그리하여 그것은 자기 내부에서 진행되는 운동이다. 「그러나 어느덧 이 소용돌이 속에서 우리는 바로 법칙의 경우에서는 찾아볼 수 없었던 절대적인 변화 자체를 인식하게 된다. 왜냐하면 이러한 운동을 좀더 곰곰이 따져 보면 결국 그것은 직접적으로 바로 그 운동 자체와는 반대되는 것이기 때문이다」(PE, I, 129~30; PG, 120; 정신현상학, I, 218). [20] 오성은 전혀 구별이 없는 곳에서 구별을 제기한다. 나아가서 오성은 자신이 방금 구별했던 것을 즉시 동일화시킨다. 이는 곧바로 자기와 반대되는 바의 순수형식이 보여 주는 내용 없는 비고정성이다. 우리가 A는 A이다라고 말한다면, 우리는 구별을 행하는 동시에 그것을 동일시하는 것이다. 자기동등적인 것은 자기 자신을 배척할 뿐 아니라

---

19) 《Logique de Iena》(S.W., éd., Lasson, t XVIIIᵃ, p. 13).

20) 다시 말해서 사유의 운동이 오로지 우리의 오성 속에서 고찰되어지는 한, 법칙을 세우고 그것을 설명하는 그런 우리의 사유의 운동은 형식적이다. 그것은 동어반복이다. 즉 우리는 구별을 행하지만 곧이어 우리가 구별했던 것이 동일한 것임을 발견하게 된다. 그러나 이 운동이 사상 자체의 운동으로 간주되는 한, 그것은 종합적이다. 왜냐하면 자기 자신과 대립하며 또 자기 자신과 통일하는 것은 사상 자체이기 때문이다. 설명은 더 이상 우리의 설명이 아닌 것이다. 그것은 곧 자기동일적인 존재가 행하는 설명이다. 따라서 사유와 존재는 동일하다.

자기 자신을 통일하기도 한다.

이러한 운동이 내용 자체에서 발견되어진다면——이 경우 내용과 형식의 구별은 그 자체로 지양되었다——내용, 내면성에서는 무엇이 그 결과로 주어지는가? 오성은 하등의 구별일 수도 없는 구별이 발생한 것이 현상 자체의 법칙임을 경험한다. 「그뿐만 아니라 (오성은) 여하한 구별도 이 경우에 진정한 구별이 될 수 없는 탓으로 이것은 다시 지양되어 버릴 수밖에 없다는 것을 경험한다.」오성의 형식적 운동을 거친 후에 파악된 개념은 자기 자신과 반대되는 것으로 역전되고, 또 형식은 형식대로 다시 내용에 의하여 풍부해진다. 우리는 여기서 「절대적 개념」또는 무한성을 가진다. 그러나 헤겔이 기묘하게 「전도된 세계(monde renversé)」라고 부르는 경험에 잠시 멈추기로 하자. 최초의 초감성적 세계——감성적인 것의 예지적인 것으로의 직접적 고양——가 자체 내에서 자기 자신을 전도시키거나 반전시키기 때문에 비로소 운동이 초감성적 세계 안으로 도입되며, 또 그 초감성적 세계가 현상의 단순한 모사(réplique)에 그치지 않고 그 현상과 완전하게 결합할 수 있다. 그리하여 현상은 자체 내에서 자기 자신을 매개하여 본질의 발현이 되는 것이다. 헤겔이 진정 두 세계가 존재하는 것이 아니라, 오히려 예지계는 「현상으로서의 현상」, 자신의 본래적인 생성과정 속에서 자기에 의한 자기 자신의 발현으로서의 「발현」이라고 말할 때 우리는 그가 무엇을 의미하는지 이해할 수 있다.

V. 두 세계와 그 변증법적 통일

이러한 세계 전도의 경험은 처음에 생각되는 것 이상으로 훨씬 평범하고 흔한 경험이다. 아마 이것을 이해하기 위해서는 과학이나 셸링의 양극성을 참조하는 것보다는 겉으로 드러난 세계와 진정한 세계를 끊임없이 대립시키고 있는 복음서를 참조하는 것이 나을 것이다. 감성적 세계의 첫번째 변형과정에서, 우리는 이 세계에 내재하는 구별을 보편성에로 고양시킴으로써 단지 직접적으로만 이 세계를 본질에로 고양시켰다. 그러나 여기서는 이 세계를 심층적으로 변화시키지 못했다. 반면 우리는 이제 첫번째 세계가 반전된 세계에 도달한다.

본질과 가상간의 구별은 절대적인 구별이 되고, 그 결과 우리는 事象 그 자체는 그것이 타자에게 비추어진 모습과는 반대되는 것이라고 말한다. 사실 우리는 가상(apparences)에 머물러 있을 것이 아니라 그 가상을 부정함으로써 그것의 진정한 본질을 발견해야 한다고 상식적으로 말할 수 있겠다. 마치 내면적인 것과 외면적인 것이 대립했던 것처럼 심층적인 것과 피상적인 것이 대립한다. 「피상적으로 본다면 이와 같이 전도된 세계는 첫번째 세계와는 반대되는 것이다. 즉 전도된 세계는 첫번째 세계를 자기와 동떨어진 바깥 쪽에 놓고서 그것을 전도된 현실로 간주하여 자기 자신으로부터 밀쳐내 버린다. 따라서 후자(첫번째 세계)는 현상을 가리키는 데 반하여 전자(전도된 세계)는 즉자태를 가리킨다. 다시 말해서 후자는 대타적으로 존재하는 바의 세계이지만, 이와 반대로 전자는 대자적으로 존재하는 바의 세계이다」(PE, I, 133; PG, 122; 정신현상학, I, 222). 따라서 복음서에 있어서는 이 세계에서 영예롭게 여겨지는 것이 저 다른 세계에서는 멸시되고 권능 있어 보이던 것이 사실은 무력한 것이며 마음속에 감추어진 단순성이 겉으로 드러난 덕보다 그 자체로 더 우월하다. 산상수훈에서 그리스도는 겉으로 드러난 가상——「사람들이 너희에게 말하여」——과 내면의 실재——「내가 너희에게 이르노니」——를 거듭 대립시키고 있다. 헤겔은 내면과 외면의 이러한 대립을 받아들여 가능한 한 충분히 발전시킨다. 달콤한 것처럼 보이는 것이 본래는 쓴 것이며, 자석의 북극이 그 초감성적인 즉자적 상태에서는 남극이고 또한 그 역도 마찬가지이다. 또 산소전극이 수소전극이 된다. 그러나 헤겔은 동시대의 과학에서 차용된 이와 같은 예들로부터 정신적인 예들로 넘어가는데, 우리 견해로는 이 정신적인 예들이야말로 이 변증법의 진정한 의미를 밝혀 주고 있다. 그는 특히 청년기 신학적 저술을 연상케 하는 유명한 범죄와 형벌의 변증법(la dialectique célèbre du crime et du châtiment)에 관해 말하고 있다. 형벌은 외부로부터 범죄인에게 가해지는 징계처럼 보이지만 실제로 형벌이란 자기에 대하여 자기가 가하는 벌이다. 피상적으로 보았을 때 제약인 것 같던 것이 심층적인 의미에서 볼 때는 하나의 해방이다. 감추어진 의미는 드러난 의미의 역전이다. 더우기 한 인간을 불명예스럽게 하는 것 같은 벌이 「전도된 세계에 있어서는 오히려 그 사람의 본질을 보존함으로써 그에게 영광을 안겨 주는 은총과 사면이 되는 것이다」(PE, I, 133; PG, 122; 정신현상학, I, 221). 우리는 도스토예프스키의 유명한 소설(《죄와 벌》)을 생각할 수 있다. 더 나아가서 헤겔의 변증법이 그 이후 러시아 소설가들이 전개시켜 나갔던 직관들을 암시하고 있다는 것은 이 한번의 경우에만 그치지 않는다.

현상과 본질, 드러난 의미와 감추어진 의미 사이의 구별이 너무 심층적이 되어서 그와 같은 구별 자체가 붕괴된다. 사실 그 구별은 절대적 대립, 자기 내적 대립, 다시 말해서 모순이다.

> 따라서 내면세계는 현상으로서 완성된 모습을 갖추게 된다. 사실 첫번째 초감성적 세계는 단지 지각된 세계의 보편적 요소로의 직접적인 고양에 지나지 않았다. (지각된 세계의 직접적 모상으로서의) 초감성적 세계는 그 자신의 필연적 반대상을 지각된 세계에 두고 있는 바, 이 지각된 세계는 여전히 독자적으로 변화와 變轉의 원리를 보존하고 있다. 첫번째 법칙의 왕국은 이러한 원리를 결여하고 있었지만 이제는 그것을 천도된 세계로서 갖추게 된다(PE, I, 132; PG, 121; 정신현상학, I, 220).

이제 각각의 규정은 자체적으로 붕괴되고 자신의 타자가 된다. 그 규정은 무한성으로서 사유된다. 다시 말해서 그것은 일종의 자기 자신의 한계(limite)로의 이행 속에서 붕괴되는 것이다. 이 한계로의 이행에서부터 헤겔은 예나의 초기 논리학의 기법을 끌어냈었다.[21] 그러나 이러한 무한성의 논리가 의미를 지니게 되는 것은 오로지 두 대립된 세계를 다시 새롭게 실체적 요소로 현실화시키지 말아야 한다는 조건에서만 가능하다.

> 여기서는 내면과 외면, 현상과 초감성계와 같은 두 개의 현실간의 대립이 더 이상 존재하지 않는다. 이와 같이 완전히 떠밀쳐진 제 구별은 더 이상 그들을 지탱해 왔고 또한 그들에게 각기 분리된 존재 근거를 마련해 왔던 두 개의 실체로 새삼 양분되지도 않는다. 만약 양분된다면 오성은 내면세계를 벗어나 그 자신이 앞서 견지했던 입장으로 되돌아가지 않을 수 없게 될 것이다(PE, I, 133~4; PG, 123; 정신현상학, I, 222).

---

21) 나의 논문 〈*Vie et prise de conscience de la vie dans la philosophie hégélienne d'Iena*〉 in 《*Revue de métaphysique et de morale*》(1936), p. 50 참조.

현상 자체가 부정적인 것이며 자기 자신의 자기 자신과의 구별이다.

현실적인 범죄는 그것의 전도와 그것의 즉자적 형태를 의도 그 자체 속에 가능성으로서 간직하고 있지만, 이러한 의도는 선한 의도는 아니다. 왜냐하면 의도의 진리성은 오로지 행위 자체에 의해서 판정되기 때문이다(이 경우 범죄 행위로 표출된 의도이므로 선한 의도가 아닌 것이다). 그러나 그 내용면에서 볼 때 범죄는 현실적인 형벌에 직면하여 자기반성 혹은 자기전도를 경험한다. 이러한 형벌은 法과 범죄로 인해 저질러진 그 법에 배치되는 현실과의 화해이다. 결국 현실적 형벌은 자체 내에서 자기 자신의 전도된 현실을 경험하는 것이다. 사실상 그것은 법의 실현인 바, 이로써 형벌로서의 법이 전개한 활동은 자기 자신을 지양하여 다시금 안정된 효력법이 된다. 그리하여 법에 반하는 개인의 운동이나 개인에 반하는 법의 운동 모두가 소멸된다(PE, Ⅰ, 135; PG, 123~4; 정신현상학, Ⅰ, 223).

그러므로 전도된 세계는 또 다른 세계 속에서 추구될 것이 아니다. 그것은 바로 이-세계 속에 존재한다. 이-세계는 자기 자신인 동시에 자기의 타자(또 다른 세계)이기도 하며 「절대적 개념」 또는 무한성으로서의 현상적 총체성 속에서 파악된 세계이다. 셸링이 파악하지 못했던 이 무한성의 사유가 가능한 것은 모순을 회피하는 것이 아니라 오히려 규정된 내용의 한가운데서 그 모순을 기꺼이 사유하고 그리하여 이 규정된 내용이 절대적 규정 또는 자기 부정이 될 때이다.

이제 순수한 변화나 자기 내적 대립, 즉 모순을 사유해야만 한다. ……따라서 전도된 세계인 초감성적 세계는 다른 세계마저 잠식해 들어가 그 다른 세계를 자기 자신 속에 예속시킨다. 즉 초감성적 세계는 자기 자신에 대해서 전도된 것, 달리 말하자면 자기 자신이 전도된 것이다. 그것은 一者的 통일 속에 존립하는 자기 자신이면서 자기 자신의 대립자이다. 오직 이렇게 함으로써만 이 초감성적 세계는 내적 구별로서의 구별이며 자기 자체에 卽해 있는 구별이다. 또 오직 이렇게 함으로써만 그것은 무한성으로서 존재하는 것이다(PE, Ⅰ, 135; PG, 124; 정신현상학, Ⅰ, 224~5).

앞서 등장했던 법칙의 제 항은 이제 감성적 표출 상태 속에서 정립되는 것이 아니라 마치 음극과 양극처럼 서로가 서로에게 활력을 불어넣어 주고 있다. 그들의 존재는 본질적으로 비존재로서 정립되었다가

통일성 속에 지양되는 데 있다. 그러나 이러한 통일성은 다시 셸링의
절대자처럼 수다성으로부터 분리된 것이 아니다. 다양성으로부터 분
리된 절대자란 양분의 한 계기이며 다양성과 대립하고 있는 특수한
단계에 지나지 않는다. 예나 《논리학》의 표현을 빌자면 절대자는 유
한자가 자기의 외부로 벗어나 있지나 않을까 불안해 하고 있다. 그
와 같이 유한자로부터 동떨어진 절대자는 단지 상대적으로만 절대적
이거나 무한할 뿐이다. 이러한 이유에서 절대자는 오로지 스스로를
양분시킴으로써만 구체적으로 무한할 수 있는 것이다.

혼히 사람들이 통일로부터는 그 어떤 구별도 나타날 수 없다고 말할 때
의미하는 그런 통일이란 사실 그 자체가 단지 양분된 상태의 한 계기에 지
나지 않는다. 다시 말해서 그와 같은 통일은 구별에 대치해 있는 단순성이
란 추상이다. 그러나 그와 같은 통일이 추상이라고 할 때, 그리하여 대립
을 이룬 양자 중의 하나에 불과하다고 할 때, 이는 그 통일을 양분작용이라
고 말하는 것이나 다름이 없다. 왜냐하면 만약 통일이 어떤 부정적인 것,
대립적인 것이라고 한다면 모름지기 이 통일은 바로 그 대립을 자체 내에
간직한 것으로 정립된 것이나 다름없기 때문이다. 따라서 양분작용과 자기동
일화 작용간의 구별이라는 것도 어디까지나 지금까지 개진되어 온 바와 같
은 자기지양의 운동(Bewegung des sich Aufhebens)일 뿐이다(PE, Ⅰ, 137;
PG, 126; 정신현상학, Ⅰ, 227∼8).

이렇게 해서 우리가 도달한 것이 곧 「절대적 개념」인데 우리는 그
것의 생성과정을 감성적 확신의 존재 이래로 추적해 왔다. 좀더 구체
적으로 표현하면 그것은 「生의 궁극적 본질, 세계의 영혼 그리고 만
사 형통하는 氣運이라고도 하겠거니와 여기서 우러나오는 힘은 여하
한 구별에 의해서도 흐트러지거나 끊겨 버리는 일이 없다. 오히려 이
것은 그 자체가 온갖 구별적 요소를 스스로 간직함으로써 그 속에서
는 어느 하나도 지양되어 버리지 않은 것이 없다고 하겠다. 따라서 이
것은 마치 靜中動과도 같이 스스로 움직이지 않으면서 실은 끊임없이
맥박치는가 하면 또한 떠들썩하게 수선을 피우지 않으면서도 가장 깊
은 내면까지도 뒤흔들어 놓는 것이기도 하다」(PE, Ⅰ, 136; PG, 125; 정
신현상학, Ⅰ, 226). 플라톤이 《소피스트》에서 말했던 不動者($\dot{\alpha}\kappa\acute{\iota}\nu\eta\tau o\nu$)와
운동($\kappa\acute{\iota}\nu\eta\sigma\iota s$)의 종합이 여기서 재현되고 있다. 그것은 발현이되 자기

에 의한 자기의 발현이며 직접태의 자기 자신과의 매개이다. 그것은 이미 자기(soi)인 것이다.

그러나 사정이 우리에 대해서(pour nous) 이러하다면, 또 보편적 生으로서의 개념이 스스로를 우리에게 제시한다면, 의식은 자신의 상승 도정에 있어 새로운 단계에 이르렀다. 달리 말하자면 의식은 자신의 현시(발현)를 자기나 자기의 인지가능한 대상으로부터 분리시키는 대신 그것을 자기 고유의 부정성으로서 파악하였다. 그리고 이러한 절대적 구별 속에서의 자기동일성의 변증법은 무엇보다 먼저 자기의식이라고 하는 직접적 형식 속에 등장한다. 자기의식에 있어서 사실 자아는 절대적으로 타자이지만, 그럼에도 불구하고 이 타자가 자아이다. 의식은 이제 자기의식이 되었다. 확신성을 넘어서 진리는 그러한 확신성 자체 속에 정립된다. 진리는 순수한 주관성인 이러한 확신성 속에서 스스로를 온전히 진리로서 보존할 수 있는가?

Ⅲ.
자연적 자기의식에서 보편적 자기의식으로

서론 ; 의식에서 자기의식으로의 이행

Ⅰ. 의식의 진리로서 자기의식

칸트 이후 그의 철학을 전개시켜 나간 독일 철학자들의 해석에 비추어 볼 때, 칸트의 철학은 다음과 같은 공식으로 요약될 수 있을 것이다. 즉「자기의식은 의식의 진리이다.」칸트는 〈선험적 분석론〉에서 다음과 같이 말함으로써 자신의 연역의 의미를 명시하고 있다. 「경험일반의 가능조건은 동시에 경험 대상의 가능조건이기도 하다. 바로 이러한 이유 때문에 그 조건들은 선천적 종합판단에 있어서 객관적 타당성을 지니는 것이다.」[1] 경험적 오성이 그 대상을, 다시 말해서 자연을 인식하고, 또 이 자연의 다양하고 특수한 법칙들을 발견할 때 그 오성은 그 자신 이외의 타자를 인식하는 것이라고 생각한다. 그러나 순수이성의 비판이 내세우고 있는 반성은 대상의 조건, 더 정확히는 자연의 조건이 이 자연에 대한 인식(知 ; savoir)의 조건 자체라고 하는 그런 근원적이며 종합적인 통일에 의해서만 타자인식이 가능하다는 것을 보여 준다. 따라서 오성은 자연을 파악할 때, 자기 자신을 파악하는 셈이다. 오성의 타자인식(타자知)은 자기인식(자기知)이며 인식의

---

1) I. Kant, 《순수이성비판》, 최재희 譯(박영사, 1983), p. 178.

인식(知의 知)이다. 세계는 거기서 의식이 자기 자신을 발견하게 되는 「거대한 거울」이다.[2]

사실 칸트는 자신의 사유를 이러한 정도의 관념론으로까지 전개시키지 않았다. 오성이 자연에서 규정하는 것은, 말하자면 뼈대와 같은 것으로서 보편적 조건 또는 자연을 자연되게 하는 규칙일 뿐이다. 그리하여 후천적인 것(a posteriori), 즉 무한한 다양성이 남는데, 이는 인식의 선천적(a priori) 조건에 의해서 실제적으로 규정되지 않는다. 「경험적인 의미에서 자연이라는 말은 필연적 규칙, 즉 법칙에 따른 실재적인 현상들의 연결을 의미한다.」[3] 따라서 세일 먼저 자연을 가능케 해주는 것은 특정한 법칙들 그리고 선천적인 법칙들이다. 경험적 법칙이 발생하고 또 발견될 수 있는 것은 오로지 경험을 수단으로 해서이지만, 이는 근원적인 법칙에 의거해서 그럴 수 있는 것이며, 이 근원적인 법칙들이 없다면 경험 자체가 불가능하게 된다. 칸트 철학에서 절대적 a posteriori 의 존재는 「물 자체」의 개념에 도달한다. 이 개념은 물론 〈선험적 감성론〉에서부터 나타나며 가장 통속적인 경험, 즉 지각의 경험에서부터 차용된 개념으로서(「물 자체」의 개념은 헤겔에 의해서도 지각의 차원에서 비판된다), 칸트 체계의 모든 단계 과정에서 변형되고 있지만, 칸트는 이 물 자체 개념의 난점에서 벗어나지 못하고 있다.[4] 〈선험적 분석론〉의 본체계는 더 이상 〈선험적 감성론〉의 물 자체가 아니다. 그리고 〈선험적 변증론〉에서의 인식의 한계 개념과 인식으로 하여금 그 한계를 밀쳐내도록 하는 이념(idée)의 개념은 또 다른 성격을 지닌다. 칸트적인 물 자체의 실재론은 모든 독일 관념론 철학자들의 표적이 되었다. 그것은 《순수이성비판》, 특히 대

---

2) 「오성」장의 끝부분에서 헤겔은 다음과 같이 적고 있다. 「설명을 하는 과정에서 의식은 극도의 자기만족을 누리게 되는데, 왜냐하면 여기서 의식은 직접적인 자기 자신과의 대화 속에서 오직 자기와의 놀이만을 즐기고 있기 때문이다. 그리하여 의식이 어떤 다른 것을 취급하는 듯이 보일지라도, 사실상 그것은 오직 자기 자신에만 관여하고 있다」(PE, Ⅰ, 139; PG, 127; 정신현상학, Ⅰ, 229). 자연에 대한 오성의 知는 사실상 자기知이다.

3) I. Kant, *op. cit.*, p. 213.

4) 이러한 「a posteriori absolu」에 관해서는 〈*Glauben und Wissen*〉(Hegel, 《*S. W.*》, éd., Lasson, Band Ⅰ, p. 244)에 나타난 헤겔의 칸트 연구를 참조. 「물 자체」를 별로 대수롭지 않다는 듯 「눈 밑의 바위」로 해석한 것에 관해서는 Hegel, *Ibid.*, Ⅰ, pp. 167, 209 참조.

상의 형이상학 그리고 모든 존재의 형이상학에 종언을 고하는 〈선험적 변증론〉이——그때까지의 모든 형이상학은 다소간 존재의 형이상학(une métaphysique de l'être)이었다——또 다른 질서의 형이상학, 즉 주체의 형이상학(une métaphysique du sujet)을 잉태하고 있었기 때문이다. 사실 칸트에게 있어서 분석론의 선험적 오성에 의하여 구성된(경험적 의미의) 이 자연이 본래 의도된 것과 달리 이해되지 않아야 하며 또 임의적으로 물 자체로서 통칭되지 않아야 한다는 것은 중요한 의미를 지닌다. 그런데 종종 그렇게 믿어지는 바와 같이 자연의 현상성(phénoménalité)에 대한 책임은 범주의 주관성에 있는 것이 아니다. (범주가 선험적인 한에서 이 주관성은 객관성과 동일하다.) 이와 반대로 이 현상성 또는 우리 인식의 유한성을 이루고 있는 것은 질료(matière)의 비선험적 주관성, 오성이 어쩔 수 없이 필요로 하는 수동성 또는 수용성이다. 그렇지만 이러한 유한성이 존재하는 것은 오로지 오성이 한계 없는 오성의 이념을 생각할 수 있기 때문이고, 그리하여 자기 자신을 유한한 것으로 파악하기 때문이다. 유한한 주체의 대상은 그 자체가 유한하다.

Ⅱ. 실천적 의식으로서의 자기의식

그런데 유한한 주체는 마치 객체가 한계지워져 있는 것처럼 한계지워지지 않았다. 객체는 그에게 외면적인 그 자신의 한계를 스스로 인식하지 못한다. 그러나 주체는 자신의 한계를 끊임없이 초탈하려고 한다. 그는 무한자, 무제약자를 지향하고 있다. 그러는 한에서의 이 오성(Verstand)은 이성(Vernunft)이다. 그러나 또한 그러는 한에서 이 오성은 객체들의 영역 자체를 넘어서 간다. 이러한 무한자는 객체가 아니다. 그것은 결코 성취될 수 없는 영원한 과제이다. 이성은 더 이상 〈원칙의 분석론〉에서와 같이 경험을 통제하는 개념이 아니다. 그것은 이념이요, 무한한 실천적 과제이며, 이것과 관계하여 모든 인식, 모든 지식이 유기적으로 조직된다. 칸트에게서 자기의식은 의식의 진리 이상의 의미를 지닌다. 왜냐하면 그 자기의식은 그것 못지 않게 또한 실천적 의식이며 모든 유한성의 부정, 그리하여 모든 대상의식의 부정이기 때문이다. 이미 〈선험적 변증론〉에서 무한한 과제로서의 이념은 경험 속에서 현시하는 물 자체가 아니다. 그것은 오성의 경계를 확장시키지 않는다. 그것은 차라리 이론적 의지의 격률(maxime)이요, 과학적 사유에 대한 명법(impératif)이다. 이념은 오성을 확장시키지만 오성으로서가 아니라 의지로서 확장시키며, 또 이론적으로가 아니라 실천적으로 확대시킨다. 왜냐하면 이념은 오성의 모든 경험적인 인식을 유한성에 젖어들게 하여서, 그것으로 하여금 자기초월을 위한 무한한 노력에 매진한 것을 촉구하기 때문이다. 무한한 과제로서의 이념, 실천적 자아로서의 자기의식이 바로 피히테가 칸트 철학 전체, 즉 순수이성비판과 실천이성비판을 재구성하기 위하여 출발했던 계기이다. 따라서 피히테의 관념론은 도덕적 관념론(un idéalisme moral)이다. (만약 우리가 헤겔이 알고 있었던 유일한 부분이었고, 또 그가 그의 초기 저작 〈피히테와 셸링의 철학 체계의 차이〉에서 분석했던 피히테의 첫번째 저작 《지식학의 기초》만 문제를 삼는다면 그렇다.) 헤겔적 관점에 서서 칸트적 사유의 전개에 대한 지금까지의 개략적 논의는, 한편으로는 어떻게 헤겔의 현상학에서 자기의식이 의식의 진리로서 또 타자인식(타자知)이 자기인식(자기知)으로서 등장하는가를 이해하기 위하여, 다른 한편으로 어떻게 이러한 자기인식, 자기의식이 타자인식이나 자연에 관한 인식보다 우월한가를 이해하기 위해서 필요했었다. 자기의식은 본질적으로 실천적 의식이며 타자인식의 초월에 대한 의식이다. 마치 《실천이성비판》에서 자기의식, 자율성이 자연의 부정으로서 생각되는 것처럼, 또한 《지식학의 기초》에서 실천적 자아가 모든 지식학 이론의 정립적(thétique) 원리인 최초의 동일성, 자아=자아를 재회복하기 위한 무한한 노력으로서 생각된 것처럼, 《정신현상학》에서 의식과 대립하고 있는 자기의식은 행위하는(active) 의식으로서 등장한다. 의식의 긍정성은 자기의식 속에서 부정성으로 된다. 이러한 활동은 물론 욕구와 같이 가장 보잘것 없는 형식 속에서 나타난다. 그러나 그것의 전개과정은 이 욕구가 함의하고 있는 것이 무엇인가를 보여 줄 것이고 또한 그 욕구가 스스로를 세계에, 그리고 세계의 존재로서의 자기 자신에 대립시킴으로써 어떻게 우리를 보다 고차적인 실천적 의식의 형식으로 인도하는가를 보여 줄 것이다.

　이러한 분석은 이론적 의식과 실천적 의식의 불충분성, 의식과 자
기의식의 불충분성을 보여 줄 것이다. 그것은 보다 고차적인 종합, 즉
이성을 요구하며 이 이성은 의식과 자기의식의 동일성, 존재와 행위
의 동일성을 간직하면서 우리가 새로운 형식으로 인간의 문제를 제기
할 수 있도록 허락해 줄 것이다.

Ⅲ. 生과 자기의식

a) 절대적 개념

　자체적으로 전도되어 있고 그 각각의 규정은 그 자신의 반대가 되
는 바의 이 세계 속에서 객관적인 형식을 띠고 오성 앞에 등장하는
것은 절대적 개념, 「보편적인 생 또는 세계의 영혼」[5]이다. 다른 한
편, 의식은 그 자신에 대해서는 자기의식으로 된다. 우리의 탐구를
좀더 진전시키기 위해서는 그 철학자(헤겔)에 있어서 이러한 생과 자
기의식의 존재론이 무엇을 의미하는가를 명백히 해 놓아야 할 것이다.
현대적인 표현을 빌자면, 헤겔이 사유하고자 노력했던 것은 生의 존
재와 자기의식의 존재이다. 그가 절대적 개념이나 보편적 生에 관하
여 말할 때, 그가 출발하고 있는 것은 이러저러한 특수한 존재자나
한정된 생물학적 성찰로부터가 아니라 다만 生일반의 존재로부터이다.
그리고 마찬가지로 생으로부터 출현하는 (인간적) 자기의식도 이 존
재 자체 속에서 특징지워진다. 보편적 생의 한가운데서 이루어지는
이러한 자기의식의 전개는, 어떻게 인간의식이 도달하고 또 그에게
진리가 되는 그런 자기확신(certitude de soi)이 진리의 조건 자체 혹
은 보편적 이성(raison universelle)이 되는가를 보여 줄 것이다. 이성
또는 보편적 자기의식이 말해질 수 있는 것은 오로지 (주관적) 확신
이 (객관적) 진리의 형식을 취할 때, 그리고 (객관적) 진리가 자기확
신이 될 때뿐이다. 절대적 개념 또는 개념의 개념은 차후의 《논리학》
에서 보편자, 특수자, 개별자라는 세 계기의 형식으로 표현된다. 그러

---

5) 이 책 제Ⅱ부 제3장.

나 이 《논리학》에서 헤겔이 청년기 저작 속에서는 생각될 수 없는 것
이라고 선언했었던 生 또는 자기(soi)의 존재 자체에 관한 직관을——
그는 유한한 生에서 무한한 생으로의 이행은 철학이 아니라 종교라고
《체계단편》에서 말하였다[6]——합리적인 방식으로 표현하기에 이르렀
다고 해도 이것에서부터 그 일차적인 직관이 그 이후 완전히 사라지
게 된 것이라고 결론지어서는 안 된다. 바로 그 生에 대한 일차적 직
관이 그의 체계 전체의 근원이기 때문이다. 헤겔은 그의 《논리학》에서
「Begriff」가 의미하는 바를 이해시키고자 할 때 뜻깊은 이미지를 사용
하고 있다. 개념은 절대적인 위력(la toute puissance)이다. 그러나 이것
은 오로지 타자 속에 스스로를 현시하고 또 타자 속에서 스스로를 확증
할 때만 절대적 위력일 수 있다. 그것은 특수자의 영혼으로서 등장하는
보편자이며, 또한 그 특수자 속에서 부정의 부정으로서 또는 본래적인
개별성으로서 완전히 규정된다. 달리 말하자면 그것은 이중성(dualité)
을 전제하는 사랑이지만 이 사랑은 그 이중성을 끊임없이 넘어선다.[7]
개념의 보편자는 특수자의 외부에 있는 것이 아니며 그것에 병치되어
있는 것도 아니다. 보편자는 이러한 분열 속에서 그 자체로 특수자일
수밖에 없으며 언제나 자기 자신이면서도 동시에 자기 자신의 타자이
다. 마찬가지 방식으로 특수자는 오로지 보편자와 대립하면서 그와 같
이 특수자로서 성립한다. 그런데 이러한 대립은 그 특수자 자신의 부
정이며, 따라서 보편자에로의 복귀이다. 개념은 그 자신의 변화(alté-
ration) 속에서도 자기동일성을 견지하는 자기(soi), 즉 오로지 이러
한 자기생성의 운동 속에서만 존재하는 자기 이외의 다른 것이 아
니다.

　헤겔이 출발했던 이러한 근본적인 직관을 완전히 명료한 방식으로
표현하기란 대단히 어려운 일이다. 아마도 이러한 직관은 초기 독일
철학자들 중의 한 사람인 야곱 뵈메(Jakob Böhme)의 직관에 비교될
수 있을지 모른다. 「예 속에서 아니오를, 아니오 속에서 예를 파악하
는 것」이 실제로 그 신학적 철학자의 사변적 야망이었다. 헤겔은 인
간적 생을 탐구하면서——왜냐하면 그에게는 生일반보다 인간적 생이

---

6) 《*Études théologiques de Jeunesse*》, éd., Nohl, p. 347.
7) 《*Wissenschaft der Logik*》, éd., Lasson, Ⅳ², pp. 242 ff.

훨씬 더 중요한 것이기 때문이다——야곱 뵈메와 유사한 사상을 지니
게 된 것 같다. 그러나 한편으로는 야곱 뵈메가 무엇보다도 神的 생
의 이미지, 즉 위대한 신비는 자기 스스로를 드러낸다(Mysterium m-
agnum revelans se ipsum)의 이미지를 발견하려고 노력했다면 반면 혜
겔은 좀더 직접적으로 인간의 존재에 관심을 두었다. 다른 한편으로
혜겔은 일상적 의미에서 비합리적이라고 할 수밖에 없는 이러한 직관
에 주목할 만큼 독특한 논리적 형식을 부여하려고 시도했다. 이러한
이유에서 오성은 일상적 사유의 틀을 깨뜨려야 하고, 지각의 사물주
의(choisme), 오성이 인과법칙이나 힘을 사유하기 위해서 사용하는 역
학론(dynamisme)의 틀도 깨뜨려야 한다. 「단순한 것(불가분적인 것)
이 외면적 수다성 속에 편재한다는 것은 오성에게 신비한 일이다.」[8]
그렇지만 부분과 전체의 이와 같은 분리와 동시에 비분리가 바로 무한
성을 이루는 것이며, 「결합과 비결합의 결합(lien du lien et du non-
lien)」으로서 또는 「동일성과 비동일성의 동일성」으로서의 보편적 생을
이루고 있다. 그런데 오성이 분리·고립된 규정들에 부딪혀서 그것들
의 단일한 통합의 요구 앞에 설 때 그 오성이 만나는 것은 바로 이
무한성이다. 이러한 규정들을 무한한 것으로서 사유함으로써, 달리
말하자면 그 규정들 속에서 그것들이 그 자신의 대립자로 화하게 되
는 운동을 발견함으로써 오성은 자기(soi)를 사유할 수 있게 되는데,
이때의 자기란 자기 자신을 하나의 규정 속에 정립하면서도 스스로
자기 자신을 부정하고 논박하는 자기이다. 바로 이러한 운동이 그 자
체에서 볼 때 「보편적 生, 세계의 영혼」을 이루고 있다. 그러나 자기
자신에 대해서 그것은 보편적 生에 대한 의식으로서의 인간적 자기의
식 속에만 있다.

　이렇게 볼 때 우리는 왜 자기의식을 다루는 《정신현상학》의 텍스트
가 일반적 生철학(une philosophie générale de la Vie)을 제시하면서 시
작되고 있는가를 알 수 있겠다. 이러한 生이란 즉자적으로(그 자체에
있어) 자기의식이 대자화 될(깨우치게 되는) 바의 것을 말한다.[9] 여
기서 즉자에서 대자로 이행하는 것은 아무런 본성(nature)의 변화도

---

8) *Ibid.*, pp. 416 ff.
9) 「자기의식」장은 生과 생명체에 관한 일반적 철학으로 시작한다.

없이 단지 한 형식에서 다른 형식으로 이행하는 것이 아니다. 인간에 의한 보편적 生의 차각(prise de conscience)은 창조적 반성(réflexion créatrice)이다. 셸링에게서 生이란 여전히 자기 자신을 모르고 있는 知이며, 그 知가 자기 자신을 파악하고 있는 生이어서 그 양자의 동일성은 철학적 직관에 속한다. 반면 헤겔에게서 정신은 오직 知 속에서의 生의 반성을 통해서만 이루어질 수 있다. 그리고 이러한 정신은 그것이 곧 자연에 대한 반성이기 때문에 자연보다 우월하다. 生은 결코 그 生 속에서 대자적으로 주어지지 않는 총체성의 의식으로 복귀하고 있다. 그러나 자기의식은 자기 자신을 類(genre, γένος)로서 파악하고 또 이 점을 자각할 때 그것은 진리의 원천이 된다. 이러한 진리는 대자적이면서 동시에 즉자적인 것이며, 또한 다양한 자기의식들의 매개를 통하여 역사적으로 전개된다. 그리고 이때 이 다양한 자기의식들간의 상호작용과 통일만이 정신을 구성하고 있다. [10]

헤겔 철학의 근본적 직관이 예를 들어 운동성(mobilité)과 같은 「生 일반의 존재」에 있었다고 하는 것은 틀린 말인지도 모른다. 이러한 보편적 生의 존재론은 인간 존재의 개념(conception)에 대한 기초 역할을 할 뿐이다. 우리가 오늘날 (실존주의에서) 인간의 실존을 말하고 있지만 이는 훨씬 이전에 헤겔의 청년기 저작에 있어서 그의 본질적인 관심이었다. 그는 「순수한 생을 사유하는 것, 바로 이것이 과제이다」라고 자주 인용되는 그의 저작 속에서 기술하고 있다. 그리고 그는 「이 순수한 生의 의식은 인간의 본성에 대한 의식이다」[11]를 덧붙이고 있다. 그 당시 헤겔은 순수한 生과 인간의 존재를 동일시하였었다. 하지만 이 순수한 生은 그것이 인간의 실존이 지닌 한정된 양태로부터 추상되었다는 의미에서 순수한 것이 아니다. 그것은 발현상태(manifestation)의 다양성에 대립하고 있는 추상적 통일이 아니다. 예를 들어 그것은 경험적 특성의 구체적 규정들로부터 추상된 보편자와 같이 추상적으로 이해될 수 있는 특성이 아닌 것이다. 「특성(caractère)은 사실상 오로지 활동성(l'activité)으로부터 추상된 것」이기 때

---

10) 나의 논문 〈*Vie et prise de conscience de la vie dans la philosophie hégélienne d' Iena*〉 in 《*Revue de métaphysique et de morale*》(1936), p. 45.

11) 《*Études théologiques de Jeunesse*》, éd., Nohl, p. 302.

문에 그것은 한낱 「규정된 행위들의 보편자」만을 표현하고 있다. [12] 그러나 순수한 生은 이러한 분열 또는 이러한 분열의 외양을 넘어선다. 그것은 구체적 통일이다. 헤겔은 이 점을 청년기 저작에서는 아직 변증법적인 형식으로 표현하기에 이르지 못했다.

이러한 生의 존재는 실체가 아니라 오히려 자기의 불안(l'inquiétude du Soi)이다. 최근 한 헤겔 철학의 주석가에 따르면 헤겔 철학이 유래하는 근본적인 직관이 生의 운동성(la mobilité de la vie)이라는 것이다. [13] 우리에게는 이러한 해석이 적절하지 못한 것 같다. 헤겔의 변증법에서 가장 빈번히 사용되는 형용사는 「unruhig(불안한)」이라는 말이다. 이 生은 불안이고 또 자기 자신을 상실하였다가 다시 자신의 타자성(altérité) 속에서 자기 자신을 회복하는 자기의 불안이다. 하지만 그것은 결코 자기 자신과 완전히 부합·합치될 수 없다. 왜냐하면 그것은 자기 자신이 되기 위해서 언제나 타자이기 때문이다. 그것은 언제나 자기 자신을 하나의 규정 속에 정립한다. 그런데 이 규정은 이미 그 자체로 자기의 일차적 부정이기 때문에 그것은 언제나 자기 자신이 되기 위하여 자기 자신을 부정하는 것이다. 인간 존재란 「결코 그 자신인 바의 것이 아니며 또한 언제나 그 자신이 아닌 바의 것 (qui n'est jamais ce qu'il est, et est toujours ce qu'il n'est pas)」이다. 사랑과 실정성(positivité)——다시 말해서 한 민족, 한 종교의 역사적 규정, 또는 유한성으로서 자체 내에서 무한성의 요구와 대립하고 있는 한 인간의 역사적 규정——또는 운명에 관해서 서술하고 있는 헤겔의 청년기 저작들을 알고 있는 사람에게는 이러한 인간 존재에 관한 직관이야말로 헤겔 사유의 출발점으로 등장한다. 이것은 예나 시절에 유한자와 무한자의 변증법에 의하여 표현되고 있다.

예나 시절에 헤겔은 철학의 기능, 보다 구체적으로 말하면 자신의 철학의 기능을 자각하게 되었다. 철학은, 비록 비사유적인 방식에서일지라도[14] 유한자와 무한자의 생동적인 관계를 사유해야 한다. 이

---

12) *Ibid.*, p. 303.

13) Marcuse, 《*Hegels Ontologie und die Grundlegung einer Theorie der Geschicht·lichkeit*》(1932).

14) 《*différence des systèmes de Fichte et de Schelling*》(*S.W.*, éd., Lasson, I, pp. 104~5).

유한자와 무한자의 관계는 《체계단편》에서 단지 종교에 의해서만 체험되는 것으로 제시되었다. 이것이 그가 칸트, 야코비, 그리고 피히테의 반성철학을 비판하는 이유이다. 이들의 반성철학은 유한자와 무한자의 대립에 머물러 있으며, 그리하여 절대자의 다양한 발현 속에서 절대자의 동일성을 직접적으로밖에 파악하지 못하는 셸링의 직관철학과 다를 바 없다. 그러나 헤겔은 이미 암암리에 이러한 철학에, 다시 말해서 질적인 구별(차이)을 제거해 버리고 그것을 무관심한 정도의 차이로 환원해 버리는 이 철학에 반대하고 있다. 사유해야 할 것은 단지 동일성뿐만 아니라 「동일성과 비동일성의 동일성」이다. 이 공식은 청년기 저작의 「결합과 비결합의 결합」라는 공식을 기술적인 언어로 다시 취한 것이다. 대립은 소멸되어서는 안 된다. 이와 반대로 그 대립을 사유하기 위해서는 그 가운데 모순이 등장할 때까지 그것을 전개시켜 나아가야만 한다. 「일반적으로 대립은 질적이다. 그리고 절대자의 외부에는 아무것도 있을 수 없으므로 대립은 그 자체가 절대적이다. 또한 그것이 절대적이라고 하는 바로 이 사실에 의해서만 대립은 자체 내에서 지양될 수 있다.」[15] 따라서 절대자는 반성이나 매개에 대해 소원하지가 않다. 절대자는 그 속에서 모든 질적 구별이 사라져 버리는 심연이 아니다. 그것은 그 자체가 대립이다. 대립은 절대자의 한 계기이며 따라서 절대자는 실체가 아니라 주체이다. 이것은 곧 「예」 속에 담긴 내용으로서의 「아니오」를 생각하는 것과 같다. 여기에 바로 하나의 신비적인 이미지, 즉 절대적이 되기 위하여 자기 자신을 양분시키고 분열시키며 또 「아니오」에 「예」라고 말함으로써만 「예」가 될 수 있는 그런 절대자의 이미지가 담겨 있다. 그러나 이러한 신비적 이미지는 헤겔에게서 변증법적 사유의 발견으로 이어지며 또 변증법적 사유는 그것이 실현하고 있는 강렬한 知的 노력에 의하여 가치를 지닌다.[16] 청년기 저작의 범비극주의(pantragisme)는 이러한 범논리주의(panlogisme) 속에서 그 적절한 표현을 발견한

---

15) 《*Logique de Iena*》(*S.W.*, éd., Lasson, t. XVIIIª, p. 13).

16) 헤겔 철학 속에는 기독교에 대한 특정한 해석이 암암리에 담겨 있다. 이 해석에 따르면 神이 신이 되는 것은 오직 인간이 됨으로써 가능하고 또 죽음과 인간의 운명을 통찰하여 그것을 극복함으로써 가능하다. 「인간이 없는 신이란 신이 없는 인간과 다를 바 없다.」(제Ⅵ부 제3장을 보라)

다. 범논리주의란 구별에서 대립으로, 대립에서 모순으로 나아가는
전개에 힘입어 존재(Être)와 자기(Soi)의 로고스가 되어 가는 논리이
다. 규정은 물론 스피노자가 통찰했던 것처럼 하나의 부정이다. 그러
나 이 규정은 외부로부터 존재를 한정하는 것 같지만 사실은 그 존재
에 고유하게 속하는 것이다. 이러한 이유 때문에 부정은 구체적이고
완전한 규정인 한에서, 그리고 절대적으로 규정된 양태인 한에서 자
기의 내부에서 움직이는 자기모순의 운동이며 자기 자신을 부정하는
운동이다. 「유한자의 진정한 본성은 무한자가 되는 것이고 존재로서
의 자기 자신을 지양한다는 데 있다. 규정된 것으로서의 피규정자는
본래적인 자기가 되지 못한다는 이 절대적 불안 이외에 아무런 다른
본질을 지니지 않는다.」[17] 따라서 철학의 진정한 과제는 상식적 오성
이 고착과 고립의 상태에서 추상 내용으로만 파악하는 규정을 전개시
켜 나아가서 그 규정 속에서 그것을 살아 있게 만드는 것이며, 절대
적 대립, 즉 모순을 발견하는 데 있다.[18] 「따라서 절대적 대립, 무
한성이란 피규정자, 즉 자기 자신의 타자인 피규정자가 자기 내부에
서 행하는 반성이다.」 마찬가지로 무한성 그 자체, 유한자의 부정은
분리된(séparé) 절대자나 「대립의 피안」으로 생각되어서는 안 된다. 무
한성은, 그 개념에 비추어 볼 때, 대립의 지양(행위)이지 대립의 지
양된 상태(l'être-supprimé de l'opposition)가 아니다.[19] 지양된 상태란
대립이 자기 자신과 대립하는 공허한 것에 지나지 않는다. 이러한 이
유에서 무한자는 유한자 못지 않게 불안하다. 「무한자의 無化적인 불

---

17) 《*Logique de Iena*》(*S.W.*, éd., Lasson, t. XVIII*, p. 31). 이 모든 구절들은 pp.
　　26～34 의 무한성에 관한 장에서 발췌되었다.

18) 만약 우리가 헤겔의 사유를 이해하고자 한다면 추상작용(l'abstraction)은 한낱 심
　　리적 행위, 즉 우리의 추상작용이 아님을 상기해야만 한다. 그것은 오히려 대립만큼
　　이나 존재 속에 내재하는 것이다. 헤겔이 〈*Glauben und Wissen*〉의 칸트 부분(p.
　　247)에서 지적하고 있는 바와 같이 추상적인 제 규정을 사유하는 오성은 우리의 오성
　　이면서 또한 객관적 오성이다. 이 점은 《정신현상학》 서설에서 보다 상세히 서술된
　　다. 「이것은 현존재의 오성이다」(PE. Ⅰ, 48; PG, 46; 정신현상학, Ⅰ, 111); 「그리
　　하여 오성이란 곧 생성이며, 이러한 생성인 한에서 오성은 이성인 것이다」(PE, Ⅰ,
　　49; PG, 47; 정신현상학, Ⅰ, 112.).

19) 이것은 또한 「(대립의) 초월(la transcendance)이 아니라 (대립의) 초월행위(l'acte
　　de transcender)」로 번역될 수 있다.

안은 오로지 그것이 무화시키는 것의 존재 때문에 생겨난다. 피지양자는 그것이 지양된다는 것만큼이나 절대적이다. 그것은 그것의 무화작용 속에서 잉태된다. 왜냐하면 무화작용은 무화되어지는 그 무엇이 있는 한에서만 무화작용일 수 있기 때문이다.」[20]

이 철학은 실체를 주체로, 존재를 자기로 파악하는 철학이다. 헤겔이 그토록 자주 사용하는 말 「Selbst」는 희랍어의 「αὐτός」에 해당하는데 그것은 자아(Moi)와 그 자체(Même), ipse 와 idem, 자기성(ipséité)과 동일성(identité)을 동시에 의미한다.* 生은 자기와의 동일성이다. 또는 헤겔이 피히테의 표현을 빌어서 말하는 것처럼 자기 자신과의 동등성이다. 그러나 이러한 동등성은 그 자체로서 자기(Soi)이지만 동시에 자기의 자기와의 구별이기도 하다. 그 존재는 그것이 자기가 되기 위하여 자기와는 다른 것으로 자기를 정립하는 운동이다. 여전히 직접적인 형식을 띠고 있는 이러한 자기의 존재는 보편적 生이며 한낱 즉자적인 자기이다. 그러나 그것의 반성에 있어서 그 자기는 대자적 자기(le Soi pour soi), 즉 자기의식이다. 따라서 生과 자기의식은 서로 관련되어 있다. 만약 生이 자기라면——청년기 저작 속에서 헤겔은 때때로 生을 「순수한 자기의식」이라고 부르고 있다——그것은 오로지 자기知(la savoir de soi) 속에서만 도달된다. 「生은 자기 자신과는 다른 그 무엇으로 향하고 있다.」 따라서 그 生은 知이며, 그 결과 자기知이다. 왜냐하면 그렇지 않을 경우, 그 生은 자기 자신이라고 할 수 없기 때문이다. 진리는 生의 바깥에 동떨어져 있는 것이 아니다. 「진리란 生이 자체 내에 간직하고 있는 빛이다.」 이 빛이 生을 통하여, 그리고 生 속에서 드러나는 生의 진리이다. 정확히 말해서 진리는 자기의식 속에서 탄생하며, 그 자기의식 속에서 동시에 진리는 자기확신으로 된다.

---

20) 《*Logique de Iena*》(S.W., éd., Lasson, t. XVIII*, p. 34).

* identité를 분석적 동일성(A＝A)이라 한다면 ipséité(Selbigkeit)는 종합적 동일성(A ist A)이라 할 수 있다. A는 A이다에서는 A의 존재방식이 규정된다. 즉 각각의 A 자체는 그 자신과 더불어(mit) 동일하게 존재하는 것이다. 따라서 종합적 동일성 속에는 A의 A 자신과의 구별 및 그 구별의 지양이란 매개의 운동이 내포되어 있다. 헤겔은 이것을 타재 내에서의 자기동일성의 견지(bei sich selbst im Anderssein)라고 말한다.

b) 일반적 生철학

　일반적 生철학은 이중적 운동, 즉 生의 통일성(natura naturans)에
서 생동하는 형식들이나 구별들의 다양성(natura naturata)으로 나아가
는 운동과 이와는 반대로 구별된 형식들에서 출발하여 그 형식들 속에
서 또는 그 형식들을 통하여 이 동일한 통일성을 발견하는 운동으로 이
루어진 이중적 운동의 결과이다. 이와 같은 두 운동은 활력적인 과정인
소멸과 생성(meurs et deviens)의 과정 속에서 하나로 합쳐진다. 그리
하여 一者의 분열은 통합의 과정인데 이것은 그와 못지 않게 분열의 과
정이기도 하다. 生은 따라서 자기 내적 반성을 행하는 원환적 생성운동
이다. 그러나 生의 참다운 반성은 그것이 대자적 존재로 생성되어 가는
것으로, 다시 말해서「자기의식의 출현」이다. 이러한 자기의식의 전개
는 새로운 형식 속에서 生의 전개를 재산출한다. 이 일반적 生철학은
일원론과 다원론을 화해시키며 또 정지와 운동을 종합한다.「본질이란
모든 구별이 지양된 상태를 뜻하는 무한성이며 스스로의 軸을 감도는
순수한 운동이며 또한 절대적 불안을 안고 있는 무한성으로서의 자기
평온이기도 하다」(PE, I, 148; PG, 136; 정신현상학, I, 239). 왜냐하면
본질이 자기이며, 이 자기는 외래적인 것에는 진정으로 대립할 수 없
는 그 무엇이기 때문이다. 生의 場(milieu) 속에 등장하는 모든 타자
성은 잠정적인 것이다. 그리하여 이와 같은 타자의 가상은 자기의 통
일성 속으로 직접적으로 해소되어 버린다. 정확히 말해서 生은 타자
를 자기 자신으로 환원하고 또 이 타자 속에서 자기 자신을 발견하는
운동이다. 이러한 이유에서 헤겔은 生을 자립성(Selbständigkeit)이라
고 말한다.[21] 이 자립성 속에서 生의 운동이 빚는 갖가지 구별들이
해소된다. 헤겔은 덧붙여 말한다.「본질은 시간의 단순한 본질이며,
또 이러한 자기동등성 속에서 견고한 공간의 형태를 띠고 있는 것이
다」(PE, I, 148; PG, 136; 정신현상학, I, 239). 첫번째 계기에서 우리는

---

21)「Selbständigkeit」를「indépendance」(독립성)로 번역할 경우「Selbst」의 의미를 부
　각시키지 못하는 점에 주목해 보자. (그러나 우리 말의 경우에는 自立性이란 개념을
　통해 그 의미를 전달할 수 있다 ; 역자) 자기는 스스로를 타자 속에서 확인하고, 또
　그 타자를 스스로에게 환원시키기 때문에 자립적이다. 보편적 生이란 場(매개물)은
　우리가 처음에 보편성의 형식으로서 발견했던 활력 없는 장이 아니다.

구별된 존재들의 지속적 존립을 본다. 특수한 생명체로서의 유한한 양태는 스스로를 보편적 실체의 바깥에 정립한다. 다시 말해서 그 유한한 양태는, 마치 그것이 그 자체로서 무한하고 자기로부터 生 전체를 배제하는 것처럼 스스로를 정립하는 것이다. 스피노자의 일원론 속에 결여되어 있는 것은 바로 이와 같이 대자적으로 자기 자신을 정립하는 활동이다. 그의 일원론에서는 유한한 양태가 하나의 부정으로서 등장한다. 그리고 오직 무한한 실체만이 절대적 긍정(affirmation absolue)이다. 그러나 무한한 실체가 유한한 양태 속에서 나타나는 (apparait) 것이라면 이 절대적 긍정은 그 양태를 통하여 가현되는 것이다. 따라서 무한한 실체는 구별된 개체성이 자기 자신을 부정하고 그 자신의 분리를 부정하는, 즉 그 자신의 부정이 되고 그리하여 다시 生의 통일성을 낳게 된다는 사실에 의하여 현시될 것이다. 특수한 생명체는 「보편적 실체와 대립하면서 등장하는 가운데 그의 유동성이나 그 실체와의 어떤 연속성도 거부한다. 따라서 그것은 결코 자신이 이러한 보편자 속에서 소멸되어 버릴 수 없는 것으로 고집한다. 오히려 그것은 그 자신의 비유기적 성질로부터 스스로를 분리시키고 또 그러한 성질을 말끔히 소모시킴으로써 스스로를 보존하는 것이다」(PE, I, 150; PG, 137; 정신현상학, I, 240~1). 그리하여 生은 이러한 (의식의) 형태들의 운동이 된다. 즉 그것은 과정으로서의 生이 되는 것이다. 그러나 이러한 운동 속에서 분리된 생명체(le vivant séparé)는 그 자체만으로는 하나의 비유기적 자연이다. 이러한 까닭에서 「그것은 자기 자신을 소모시키고 자신의 고유한 비유기적 실재성을 지양하며 자기 자신으로부터 양분을 취하여 자체 내에서 스스로를 유기화시킨다.」[22] 마치 전우주가 생동하는 개체성을 지양했던 것처럼 죽음이란, 비록 그것이 외부에서부터 도래하는 듯이 보이고 또한 외래적 부정(une négation étrangère)의 결과인 듯이 보일지라도 사실상 생명체 자체에서 유래하는 것이다. 그 생명체가 과정으로서의 生인 한에 있어서 그것은 생성하기 위하여 소멸되어야 한다. 전체 앞에서의 한 생명체의 출현은 그것 자신의 부정이며 통일에로의 복귀이다. 「어린아이의 성장은 부모

---

22) 《*Realphilosophie*》, éd., Hoffmeister, II, p.116 (t. XX, éd., Lasson-Hoffmeister).

들의 죽음이다.」 왜냐하면 이러한 복귀란 상호적으로 새로운 개체의 출현이기 때문이다. 하지만 生은 이러한 생성 속에서 그 자신에게 도달하지 못한다.

이러한 전체적 순환작용이 곧 生을 이룬다. 生이란 이미 우리가 말했던 바와 같이 직접적인 연속성과 그것의 본질이 지닌 견고성이 아니며 또한 지속적으로 존립하는 형태나 따로 떨어져서 독자적으로 존재하는 불연속적인 것도 아니다. 그뿐만 아니라 또한 生이란 그와 같이 지속적인 형태가 움직여 가는 순수한 과정도 아니며 그러한 과정상의 제 계기를 단순히 통합·결집시켜 놓은 것도 아니다. 오히려 生이란 자기전개를 이루면서도 어느덧 그 자신의 전개상을 해소시키는 가운데 바로 이와 같은 운동 속에서 자신을 단적으로 보존하는 전체이다(PE, I, 151; PG, 138; 정신현상학, I, 242~3).

그러나 이러한 결과 속에서 生은 「자기가 아닌 어떤 타자, 즉 의식에 주목을 돌리게 되는데, 이 의식에 대해서 生은 앞에서 언급된 보편적 통일이나 類로서 존재한다」(PE, I, 152; PG, 138; 정신현상학, I, 243). 자기 자신에 대해서 類인 이러한 類는 활력적인 전개과정 속에서 표현될 뿐만 아니라, 또한 그 스스로가 대자적 존재가 된다. 그것은 자기의식의 동일성 속에서 직접적으로 나타나는 바의 차아(moi)이다. 따라서 자기의식은 生의 진리이다. 그러나 그것과 더불어 또 다른 生이, 즉 우리가 生 속에서 보아 왔던 모든 전개과정을 자체 내에 포괄하게 되기까지 풍부하게 확대될 어떤 경험이 시작된다(PE, I, 152; PG, 138; 정신현상학, I, 243). 그 직접적인 출현 상태에 있어서 자기의식은 보편적 生에 대립하여 대자적으로 정립될 것이며, 또 그 대립을 극복해야 할 것이다. 우리는 그것의 경험을 자기知라고 하는 새로운 요소 속에서 추적하게 될 것이다. 이성, 즉 보편적 자기의식에까지 고양된 이후 자기의식이 실현시켜 나아갈 정신은 그 스스로가 生의 場 속에 내포되어 있었던 보편성과 다양성이라는 사실을 차각하고 있다. 「이러한 과정으로서의 정신, 자아로서의 정신은 자연 속에 존재하는 것이 아니다. 자연이란 자아로서의 정신의 존재가 생성되는 과정이다. 자연 속에서 이루어지는 이러한 생성은 자연의 내면을 반전시킨다. 그러나 자연의 내면은 단지 개별적인 생명체를 지배하고 있는 위력(puissance)으로서만 나타나는 것이다.」[23] 죽음, 다시 말해서 개체성과 살아 있는 種의 부정은 존재들에 있어서는 외부의 소원한 위력이지만 사실상 그것은 生의 통일이며, 아직 자신을 파악하지 못하고 있는 類의 生이다. 이러한 이유로 해서 순수한 生인 정신에 이르지 못한 生에 있어서 「無는 그런 식으로(자연적 生에 소원한 위력으로서 ; 역자) 존재하지 않는다.」[24] 이 의미심장한 구절은 그밖의 다른 어떤 것보다도 심대하게 자기의식의 자아가 적절한 의미에서 존재가 아니라는 사실을 표현해 주고 있다. 존재로서의 자아는 한낱 무반성적으로 존립할 뿐인 비유기적 실재의 영역으로 떨어지고 말 것이다. 그러나 자아란 대자적으로 자기 자신을 부정하고, 또 이러한 자기 부정 속에서 대자적으로 자기를 보존하는 것이다. 生의 진리로서의 자기의식, 자기의식의 진리로서의 정신은 자연을 멀찌감치 뒷전에 남겨두는데 이는 자연이 오로지 그것을 인식하는 정신에 대해서만 정신일 수 있기 때문이다.

---

23) 《*Logique de Iena*》 (*S.W.*, éd., Lasson, t. XVIII*, pp. 193~4).
24) *Ibid.*, p. 194. 그러나 「우리는 無이다」(《*Realphilosophie*》, II, p. 80)

1

자기의식과 生 ; 자기의식의 자립성

서론 ; 자기의식의 운동

자기의식은 욕구(Désir)이며, 자기와 마찬가지로 살아 있는 또 다른 자기의식을 발견함으로써만 자신의 진리에 도달할 수 있다. 이로써 세 계기가 성립한다. 그것은 외면성의 요소 속에 정립되는 두 자기의식의 계기와 또한 외면성 자체, 즉 生의 현존재(être-là)의 계기이다. 이 세 계기가 유발하는 변증법은 인정투쟁에서 주인과 노예의 대립으로, 그리고 여기서 다시 자유로 이어져 간다. 이러한 변증법은 외면성의 한가운데에서 성립하고 있지만 《정신현상학》의 기본 도식에 따라서 다시 자기의식 자체의 내면으로 이전된다. 마치 오성의 힘들이 서로가 서로에게 낯설게 보이다가도 자체 내적으로 양분된 단일한 힘인 것으로 판명되었듯이——각각의 힘은 자기 자신이면서 동시에 그 자신의 타자이다——마찬가지로 생동적인 자기의식의 이원성은 자기의식의 자기 내부에서의 분열과 재생산이 된다. 주인의 자립성과 노예의 끈질긴 형성(도야)은 환경이나 운명의 장난에 상관치 않고 언제나 자유로울 수 있는 금욕주의자의 자제력이 되거나 또는 자아 그 자체 이외의 다른 모든 입장들을 해체시켜 버리는 회의주의자의 절대적 자유의 경험으로 되어 간다. 마침내 이 금욕주의적 또는 회의주의적 자유의 진리는 그 자신의 내면에서 양분되어 있는 불행한 의식 속에서 표현되기에 이른다. 불행한 의식이란 절대적인 자기확신의 의식인 동시에 그 확신의 무상성(néant)의 의식이기도 하다. 불행한 의식은 이러한 변증법 전체의 진리이다. 그것은 자체 내에 더 이상 실체를 소유하지 못하고 있는 순수주관성이 겪는 고통이다. 불행한 의식은 자아의 순수한 주관성의 표현이지만 자기소외의 운동을 통해서 실체의 의식으로 돌아간다. 그러나 이 의식은 더 이상 《정신현상학》 초기 단계의 의식이 아니다. 왜냐하면 이제 존재는 그 자체로서 소외된 자기(le Soi lui-même aliéné)이기 때문이다. 자기의식은 이성이 된 것이다. [1]

우리는 이 운동과정을 추적할 것이다. 그것은 곧 욕구로서의 자기의식의 정립, 生의 요소(환경) 속에서의 자기의식들간의 관계, 타자 속에서의 자기인정(승인)의 운동, 그리고 금욕주의, 회의주의, 불행한 의식의 세 단계 속에서 이루어지는 그 운동의 내면화 과정이다.

욕구로서의 자기의식의 정립, 욕구의 연역

「자기의식은 욕구 일반이다」(PE, I, 147; PG, 135; 정신현상학, I, 237). 피히테는 《지식학의 기초》의 실천적 부분에서 실천적인 의식의 근저 뿐만 아니라 이론적인 의식의 근저에도 충동(Trieb)이 자리하고 있다는 것을 발견하였다. 그리고 그는 이 감성적 충동이 그 일차적 조건으로서 「충동을 위한 충동(une impulsion pour l'impulsion)」, 순수한 행위를 전제한다는 것을 보여 주었고, 또 그 순수한 행위 속에서 자아가 자기의식의 청립적 동일성(l'identité thétique)을 회복하려고 노력한다는 것을 보여 주었다. 우리는 이 점에 관하여 이미 피히테와 헤겔간의 유사성과 차이성을 지적한 적이 있다. 여기서 우리는 굳이 그

---

1) 불행한 의식에서 이성으로 진행되는 이 전 개과정을 헤겔은 「골상학」장에서 명확하게 요약하고 있다. 「불행한 자기의식은 스스로의 자립성을 소외시킴으로써 자신의 대자적 존재가 사물로 변형되도록 각고의 노력을 기울였다. 그럼으로써 불행한 의식은 자기의식에서 의식으로, 즉 그에게 있어서 대상이란 곧 하나의 존재, 하나의 사물이 되는 그런 의식으로 복귀하였다. 그러나 이와 같이 등장한 사물은 모름지기 자기의식인 까닭에 그것은 또한 자아와 존재의 통일, 즉 범주이기도 한 것이다」(PE, I, 284; PG, 252; 정신현상학, I, 414~5).

것을 다시 들추지는 않겠다. 왜 자기의식은 욕구일반인가? 그리고 현대적인 용어로 말해서 이 욕구의 지향성은 무엇이며, 또 여기서 기술되고 있는 주-객 관계의 새로운 구조는 무엇인가? 헤겔은 욕구와 욕구로서의 자기의식이 성립해야 할 필연성을 매우 압축적인 몇 줄 속에서 연역해 내고 있다. 이 연역의 출발점은 자기知와 타자知의 대립이다. 의식은 타자의 知였으며 감성적 세계일반에 관한 知(인식)였다. 이와 반대로 자기의식은 자기知이며 자아＝자아라는 동일성으로 표현된다. 대상으로서의 자아는 자기에 대한 대상이다. 그것은 주체이면서 동시에 객체이다. 다시 말해서 그것은 자기를 자기에 대해서 정립한다. 「자아는 관계의 내용이며 또한 상관작용 자체이다. 타자와 대립해 있는 것은 자아 자체이지만, 동시에 자아는 그 타자를 감싸고 넘어선다. 그런데 이 타자라는 것도 자아에게는 단지 자아 자체에 지나지 않는 것이다」(PE, Ⅰ, 146; PG, 134; 정신현상학, Ⅰ, 236). 그리하여 우리는 일상적으로 욕구라 불리는 것과는 다소 멀리 떨어져 있는 것 같다. 그러나 이러한 자기知는 일차적인 것이 아니라는 점에 주목하자. 「사실 자기의식은 감성적 세계와 지각된 세계의 존재로부터 벗어나려는 반성이다. 그것은 본질적으로 타재로부터의 자기 내 복귀이다」(PE, Ⅰ, 146; PG, 134; 정신현상학, Ⅰ, 236~7). 이것은 피히테의 경우와 반대라고 할 수 있다. 피히테는 정립적 행위(acte thétique)의 절대성 속에서 「Ich bin Ich」를 정립하는데(poser), 이때 그 절대적인 정립적 행위에 비하여 반정립(antithèse)과 종합(synthèse)은 이차적인 행위가 된다. 하지만 헤겔에 있어서 자아의 반성은 감성적 세계, 즉 타재(l'être-autre)로부터 출발하는 것이며 바로 이 점이 자기의식의 본질이다. 따라서 이 자기의식의 본질은 오직 그와 같은 복귀와 운동에 의해서만 가능하다. 「결국 자기의식으로 볼 때 이것(자기의식)은 곧 운동인 것이다」(PE, Ⅰ, 146; PG, 134; 정신현상학, Ⅰ, 237). 추상적인 자아＝자아만을 염두에 두고 있다고 하면 활력 없는 동어반복밖에 얻을 것이 없다. 그리하여 자기의식의 운동은 이와 같은 방식으로 자기의식 속에서 보존되는 타재, 즉 의식의 세계를 요구한다. 그러나 그것은 즉자적 존재, 다시 말해서 의식이 수동적으로 반영하는 대상으로서 보존되지는 않는다. 그것은 오히려 부정적 대상(objet négatif)으로 보존된다.

말하자면 그것은 자기의식이 이 타재성의 부정 속에서 자기 자신과의 통일을 확립하기 위하여 부정되어야 하는 대상이다. 따라서 여기에는 구별하여야 할 두 계기가 있다. 「첫번째 계기에서 자기의식은 의식으로서 존재한다. 그리고 감성적 세계에 폭넓게 펼쳐진 모든 소재들이 의식에게서 보존된다. 그러나 동시에 그것은 두번째 계기, 즉 자기의식의 자기 자신과의 통일이라는 계기와 관계되는 한에서만 보존되는 것이다」(PE, Ⅰ, 147; PG, 134; 정신현상학, Ⅰ, 237). 이러한 의미에서 우리는 감성적 세계인 우주가 자아 앞에서는 단지 현상 혹은 현시(Erscheinung)에 불과하다고 말하는 것이다. 이 세계의 진리는 이제 그 세계에 있는 것이 아니라 자아에 있다. 그것은 자기의식의 자기(soi)이기도 하다. 나는 오로지 타재성을 부정하고 다시 자아의 자기 자신과의 통일을 이룩해 가는 운동을 통하여 그 통일을 확립하기만 하면 되는 것이다. 세계는 더 이상 즉자적으로 존재하지 않는다. 세계는 오직 이 세계의 진리인 자기의식과의 관계 속에서만 존재하는 것이다. 자아가 존재의 진리이다. 왜냐하면 존재란 그것을 탈취하는 자아에 대해서만, 그리하여 자기를 자기에 대해서 정립하는 자아에 대해서만 있기 때문이다. 「이와 같은 자기의식의 자기 자신과의 통일은 자기의식에게 본질적인 것이 될 수밖에 없는 바, 말하자면 자기의식이란 욕구일반인 것이다」(PE, Ⅰ, 147; PG, 135; Ⅰ, 237). 욕구는 존재를 존중하기보다는 오히려 그것을 부정하는, 다시 말해서 그 존재를 구체적으로 탈취하여 자기의 소유물로 만들고 있는 그런 의식의 운동이다. 이 욕구는 세계가 현상적인 성격을 지녀야 한다는 것을 전제한다. 현상적 성격의 세계란 자기(soi)에 대해서 한낱 수단에 불과하다. 지각하는 의식과 욕구하는 의식간에는 형이상학적 언어로 번역될 수 있는 차이성이 있다. 물론 이 형이상학이 그 양자 어느 것에서도 명확히 의식되는 것은 아닐지라도 이미 《정신현상학》의 첫번째 장 「감성적 확신」에서 우리는 이러한 차이를 보았다.

　이와 같은 지혜에 대해서는 심지어 동물조차도 충분히 양지하고 있을 정도일 뿐더러 더 나아가서 그 가장 깊은 내면에 걸쳐서까지 이들 동물이 그러한 존재의 무상함을 감지하고 있음을 보여 준다. 왜냐하면 동물도 단순히 즉자적으로 존재하는 데 불과한 감각적 사물에 그치는 것이 아니라 오히려 그와 같은 표면적 실재성에 대한 절망감으로 인하여 그러한 존재의 허망성에 대한 철저한 확신에 도달함으로써 바로 이 허망함 자체를 생리적인 욕구로 메워 나가기 때문이다. 이와 마찬가지로 마치 동물의 경우처럼 모든 자연도 감각적 사물의 진리가 무엇인가를 가르쳐 주는, 위에서 본 바와 같은 계시적인 신비로움에 축복을 내려 준다(PE, Ⅰ, 90~1; PG, 87~8; 정신현상학, Ⅰ, 167~8).

욕구의 의미

따라서 자기의식은 「자아＝자아라는 활력 없는 동어반복」이 아니다. 오히려 자기의식은 세계와 투쟁하는 가운데 있다. 자기의식에 있어서 이 세계란 소멸되어 가는 것으로 지속적으로 존립하지 못하는 것이다. 그러나 이러한 소멸 자체는 자기의식이 스스로를 정립하기 위해서 필수불가결하다. 따라서 자기의식은 가장 일반적인 의미에서의 욕구이다. 욕구의 지향 대상은 감성적 의식에 의하여 사념된(visé) 대상과 성격을 달리한다. 헤겔은 의식의 이 새로운 구조를 기술함에 있어서 매우 압축적인 형식이기는 해도 정확성을 기하고 있다. 우리는 헤겔이 초기 정신철학에 관한 시론들에서, 특히 예나 시절의 〈인륜성의 체계〉에서 일종의 철학적 인간학을 구성하였던 사실을 기억하여야 한다. 거기서 대상들은 그것들의 독립적인 존재에서보다는 오히려 의식에 대하여 존재하는 측면에서, 즉 욕구의 대상, 노동의 재료, 의식의 표현이라는 면에서 파악되고 있다. 1803~1804년과 1805~1806년의 정신철학이 총체적인 인간세계를 근원적인 변증법 속에서 기술·설명하려고 노력하면서 도구(l'instrument), 언어(langage) 등등을 논구하였던 것도 마찬가지의 의미를 지닌다. 이와 같은 변증법 전체가 전제됨으로써만 욕구가 자기의식과 조우하여 사회적·정신적 生의 조건에 이르는 추이과정이 이해될 수 있다. 욕구의 개별적 대상, 예를 들면 내가 따고자 하는 이 과일은 독립성을 띠고 정립되는 대상이 아니다. 또한 욕구의 대상인 한, 그것은 존재하기도 하며 존재하지 않기도 하다고 말할 수 있다. 그것은 지금 존재하지만, 그러나 곧 그것은 존재하지 않을 것이다. 그것의 진리는 소모되고 부정되어서, 자기의식이 이러한 타자의 부정을 통하여 자기 자신을 강화시켜 나가려는 데 있다. 바로 이것이 욕구의 대상을 특징짓는 애매한 성격, 또는 더 잘 말해서 욕구가 지향하는 목적의 이중성이다.

이와 같이 하여 자기의식으로 대두된 의식은 결국 이중적 대상을 소유하게 된다. 그 하나는 직접적 성격을 지닌 감성적 확신과 지각의 대상으로서, 이러한 대상은 의식에게는 부정성이란 성격을 띤다(즉 이러한 대상은 단지 현상일 뿐으로 그것의 본질은 소멸된다는 것에 있다). 다른 하나의 대상은 자기 자신으로서 이러한 대상은 진정한 본질이지만 처음에는 단지 첫번째 대상과의 대립 속에서만 나타난다(PE, I , 147; PG, 135; 정신현상학, I , 237~8).

따라서 욕구의 도달점은 우리가 피상적으로 믿고 있는 것과는 달리 감성적인 대상이 아니라——그것은 하나의 수단에 불과하다——자아의 자기 자신과의 통일이다. 자기의식은 욕구이다. 그러나 그것이 욕구하는 것은 비록 그 욕구하는 것을 아직은 명확히 알고 있지 못할지라도 자기 자신이다. 말하자면 그것은 자기 자신의 욕구를 욕구하는 것이다. 그리고 바로 이러한 이유 때문에 자기의식이 자기 자신에 도달하게 되는 것은 오로지 또 다른 욕구, 또 다른 자기의식을 발견함으로써만 가능하다. 《정신현상학》의 목적론적인 변증법은 자기의식의 본질이 되는 이 욕구의 지평 전체를 점진적으로 밝혀 나간다. 욕구는 먼저 세계의 대상들에, 그리고 자기 자신에 좀더 가까이 있는 한 대상에, 마지막으로 또 다른 자기의식에 각각 관계하고 있다. 욕구는 타자 속에서 자기 자신을 추구하고 인간은 인간으로부터의 인정을 욕구한다.

욕구와 生

우리는 헤겔이 사용했던 독일어 「Begierde」를 욕정(appétit)이 아니라 욕구(désir)라고 번역하였다. 그 이유는 이 욕구가 처음 등장할 때 지니고 있던 것처럼 보이는 것보다 훨씬 많은 것을 포함하고 있기 때문이다. 세계의 구체적이고 다양한 대상들에 기반을 두는 한에 있어서 그것이 비록 처음에는 감각적 욕정과 혼합되어 있을지라도 그것은 자체 내에 보다 포괄적인 의미를 지니고 있다. 근본적으로 자기의식은 이 욕구 속에서 자기 자신을 추구하고 있으며 또 그것은 타자 속에서 자기 자신을 추구하고 있다. 이것이 욕구가 그 본질에 있어서 처음에 직접적으로 나타나 보이는 것과는 또 다른 그 무엇이 되는 이유이다. 우리는 이미 《정신현상학》의 각각의 단계에서 특정한 대상성의 관념, 또는 그 단계에 해당하는 진리성이 성립되고 있음을 보았다. 문제가 되고 있는 것은 개별적인 대상을 사유하는 것이라기보다는 특정한 형식의 대상성이 지닌 성격을 규정하는 것이다. 감성적 확신이나 지각의 국면에서 우리가 다루었던 것은 이러저러한 특수한 감성적 「이것」이나 이러저러한 지각된 대상이 아니라 오직 감성적 「이것」 일반인 지각된 대상일반이었다. 이와 마찬가지로 자기의식의 차원에서 대상성은 근원적인 방식으로 정의된다. 자기의식이 자신의 타자로서 발견하는 것은 더 이상 한낱 지각의 감성적 대상이 아니라 이미 자체 내적으로 반성을 거친 대상이다. 「바로 이와 같은 자체 내로의 반성작용을 통하여 마침내 대상은 生으로 화한다」(PE, I, 147~8; PG, 135; 정신현상학, I, 238). 달리 말하자면 生이란 그 안에서 자기의식이 자기 자신을 경험하고 추구하는 그런 場(milieu)이다. 生은 자기의식의 첫번째 진리를 이루고 있으며 또한 그 의식의 타자로서 등장한다. 자기의식에 대응하는 項은 生이다. 우리 자신이 그것을 선행하는 변증법의 결과로서 파악했던 것처럼 자기의식의 차원에서 진리는 오직 生의 한가운데서 스스로를 경험하고 현시하는 진리로서만 가능하다. 더우기 강조해야 할 것은 우리가 이미 그 철학적 의미를 고찰하였던 자기의식과 生의 이중성이다. 生일반은 진정으로 자기의식의 타자이다. 이러한 대립의 구체적인 의미는 무엇인가? 자기의식으로서의 내가 내 앞에 마주 서 있는 것으로 발견하는 것(Gegenstand)은 生이며, 또한 그 生은 어쩔 수 없이 타자적(autre)인 것이면서 동시에 그 자체적인 것(le même)이다. 헤겔은 청년기 저작에서 아브라함의 의식을 특징지을 때 어떻게 반성이 일차적이고 직접적인 통일을 깨뜨리는가를 보여주었다. 아브라함은 그 자신을 그 자신으로부터 분리시킨다. 그의 삶, 生일반은 그에게 그 자신과는 다른 것(타자적인 것)으로 나타난다. 그럼에도 불구하고 生은 그에게 가장 가깝고, 가장 친근하면서도 가장 소원한 것이다. [2] 生을 욕구하는 것, 즉 살고자 하는 것(désirer vivre)은 단지 자기 자신이 되고자 욕구하는 것으로만 보일 뿐이다. 하지만 나 자신이라고 할 이러한 生——특히 생물학적인 生——은 절대적으로 나를 회피한다. 타자적인 것으로 간주될 때 生은 실체성의 요소이며, 나는 내가 주체인 한 그 실체성의 요소와 완전하게 합일할 수 없다. 그 生은 「불멸의 보편적인 실체이며 유동적 자기 동일적인 본질」(PE, I, 154; PG, 140; 정신현상학, I, 246)이다. 그러나 반성으로서의 자기의식은 生과의 결렬을 의미하며, 그러한 결렬·분열이 빚는 비극성 전체는 불행한 의식이 여실히 체험하게 될 것이다. 헤겔의 추상적인 텍스트가 그와 같이 구체적인 의미를 지니는 것은 바로 이러한 까닭에서이다. 「그러나 이미 앞에서도 보았듯이 이러한 통일은 그 통일 자체로부터 자기를 밀쳐내 버리는 것이므로 결국 이 개념은 자기의식과 生이라는 두 갈래의 대립으로 양분된다」(PE, I, 148; PG, 135; 정신현상학, I, 238). 자기의식 또는 헤겔의 용어로 해서 개별성(singularité)은 보편적 생에 대립한다. 그것은 자신의 자립성을 주장하며 또한 자기 자신을 절대적으로 대자적 존재로서 정립하기를 원한다. 하지만 자기의식은 자신의 대상으로부터 오는 저항을 경험하게 된다. 따라서 의식이 자립적인 만큼 의식의 대상도 못지 않게 그 자체로 자립적이다. 「따라서 전적으로 자기 자신만을 의식할 뿐 자기의 대상에 대해서는 직접적으로 부정적인 것이라는 특성만을 안겨 줌으로써 처음에 욕구로 등장했던 자기의식은 모름지기 대상의 자립성을 경험하기에 이른다」(PE, I, 148; PG, 135; 정신현상학, I, 238).

욕구에서의 타자성

경험이 진행되어 가는 과정에서 나는 나에 대한 대상의 자립성을 발견하게 된다. 이때의 경험을 어떻게 서술할 수 있을까? 먼저 그 경험은 욕구와 대상의 끊임없는 재산출로부터 생겨난다고 말할 수 있다. 대상이 부정되면서 욕구가 충족된다. 그러나 다음에 욕구가 재산출되면서 또 다른 대상이 부정되기 위하여 제시된다. 특수한 대상이나 특

---

2) 《*Études théologiques de Jeunesse*》, éd., Nohl, pp. 243 ff.와 pp. 371 ff.

수한 욕구는 중요한 것이 아니다. 그것들의 단조로운 재산출 과정은 필연성을 지녀서, 자기의식이 대상을 부정할 수 있기 위하여 그 대상이 필수적이라는 것을 의식에게 밝혀 준다. 「바로 이러한 지양이 이루어지기 위해서는 반드시 이 타자가 존재해야만 한다」(PE, I, 152; PG, 139; 정신현상학, I, 244). 그리하여 욕구일반은 필연적인 타자성(altérité)에 의하여 특징지워진다. 이 타자성은 이러저러한 특수한 욕구에게는 한낱 잠정적인 것으로밖에 나타나지 않는다. 그러나 그 본질적인 성격은 욕구가 연속되는 과정에서 비롯된 것이다. 「사실상 욕구의 본질은 자기의식과는 다른 어떤 것이라고 하겠거니와 자기의식은 욕구의 연속적 경험을 통하여 이러한 진리를 스스로 떠올리게 된다」(PE, I, 153; PG, 139; 정신현상학, I, 244).

이러한 경험이 진행되는 동안 나는 욕구란 것이 결코 다함이 없다는 것과 그 반성된 의도(intention réfléchie)가 본질적인 타자성에로 다다른다는 것을 발견한다. 하지만 자기의식은 또한 절대적으로 대자적이기 때문에 충족되어야만 한다. 그러나 자기의식이 충족될 수 있는 것은 오직 대상 그 자체가 하나의 자기의식으로서 제시될 때뿐이다. 사실상 이러한 경우에서, 그리고 오로지 이 경우에서만 「그 대상은 자아이면서 그와 못지 않게 대상이기도 한 것이다.」 우리가 그 필연성을 발견했던 바의 타자성이 유지되면서도 동시에 자아는 자기 자신을 발견하며——이것이 욕구의 가장 심원한 목표이다——스스로를 존재로서 발견한다. 生은 실체성의 요소인 자아의 타자에 지나지 않는다. 그러나 이 生은 나에게 또 다른 자기의식으로 화한다. 이러한 자기의식은 나에게 소원하면서 동시에 그 자체적인 것(la même)으로 나타나며, 거기서 욕구는 다른 욕구를 인정하고 또 그것과 관계를 맺는다. 그리하여 이와 같이 자기를 이중화하고 재생산하는 과정에서 자기의식은 자기 자신에 도달한다. 여기서 이제 우리는 정신의 개념을 엿볼 수 있다. 또 이러한 이유에서 헤겔은 정신이 우리에게 제시된다고 말한다. 「이와 같이 해서 이미 우리에게는 정신의 개념이 현존하게 되었다. 앞으로 의식은 절대적 실체로서의 정신이란 과연 무엇인가를 경험하게 될 것이다. 바로 이 절대적인 실체는 그 자신의 대립으로부터의, 즉 모두가 독자적인 자기 존립자로서 움직이는 자기의식으로부터의 완전한 자유와 독립성을 바탕으로 하여 이 모든 자기의식의 통일을 뜻하는 나, 즉 우리이며 동시에 우리가 곧 나라는 경지인 것이다」(PE, Ⅰ, 154; PG, 140; 정신현상학, Ⅰ, 246).

욕구하는 자기의식으로부터 자기의식의 수다성으로 진행하는 이러한 운동은 몇 가지 유의할 점을 시사해 주고 있다. 무엇보다 먼저 위와 같은 연역의 의미에 관해서 유의해야 한다. 연역(déduction)이라고 하는 말이 여기서 그다지 적절하지 못하다는 것은 명백하다. 왜냐하면 변증법은 목적론적이기 때문이다. 다시 말해서 변증법은 욕구의 지평들을 탐구하면서 그 욕구의 의미를 발견하고 또 그것의 조건들을 정립하는 것이다. 자기의식의 조건은 다름이 아니라 또 다른 자기의식의 존재이다. 욕구가 확신(확실성)이라고 하는 주관적 단계에 머물러 있을 뿐만 아니라 존재 속에서 정립되고 또 진리에 도달하는 것은 오직 生이 또 다른 욕구로서 등장할 때뿐이다. 욕구는 욕구를 지향하며, 그리하여 그것은 자기 자신을 존재 속에서 그와 같이 욕구하는 자로서 발견한다. 욕구는 자기 자신을 발견해야 하고 또한 발견되어야만 한다. 욕구는 스스로에게 타자로서 등장하면서 타자에게 등장해야만 한다. 이와 같이 해서 우리는 헤겔이 자기의식의 개념 속에서 구별하는 세 계기를 이해할 수 있다. 「a) 순수한 무차별적 자아가 자기의식의 최초의 직접적인 대상이 된다. b) 그러나 이러한 직접성은 그 자체가 이미 절대적인 매개이다. 다시 말해서 그것은 자립적인 대상의 지양으로서만 가능한 것, 즉 욕구이다.」 욕구의 충족은 사실상 최초의 직접적인 대상, 즉 자아로의 복귀이다. 그러나 그것은 자체 내적인 반성을 거친 복귀이다. 그것은 더 이상 확신이 아니라 곧 진리이다. 다시 말해서 그것은 生의 존재 속에 정립되어 있으면서도 더 이상 자기 자신을 전제하지 않는 자아(Moi)이다. 바로 이러한 이유에서 「이 확신의 진리는 오히려 이중적인 반성, 혹은 자기의식의 이중성이다」(PE, Ⅰ, 153; PG, 140; 정신현상학, Ⅰ, 145). 이로써 헤겔은 그가 예나 시절의 철학에서 자연과 生에 대립시키면서 규정하였던 정신의 정의로 다시 돌아가고 있다. 「자연에 있어서 정신은 자기 자신에게 정신이지만 스스로를 절대정신으로서 자각하지 못하는 정신이다. 또 그것은 절대적 반성이면서도 자기 자신에 대한 절대적 반성, 즉 자기 자신을 발견하는 이중적 인식의 통일을 미처 자각하지 못한 그런 절대적 반성이다.」[3] 자기 자신을 발견하는 이 이중적 인식의 통일은 자기의식의 인정(승인) 운동 속에서 실현될 통일이다. 여기서 적어도 헤겔적인 철학정신을 특징짓기 위해서 한 가지 더 지적할 필요가 있다. 그것은 자기의식의 이중성과 生의 요소 속에서 성립하는 그 이중성의 통일이 사랑의 변증법(la dialectique de l'amour)으로서 제시된다는 것이다. 헤겔이 독일 낭만주의자들, 예를 들자면 쉴러와 더불어 그의 청년기 저작에서 사랑에 부여했던 중요성은 널리 알려진 일이다. 사랑이란 둘인 것이 하나로 되면서도 그 이원성을 완전히 지양해 버리지 않는 기적적인 일이다. 사랑은 객관성(objectivité)의 범주를 넘어서며, 또 통일 속에서 구별을 보존하면서도 실제적으로 生의 본질을 실현한다. 그러나 헤겔은 《정신현상학》에서 다른 길을 선택하였다. 사랑은 분열(séparation)의 비극적 성격을 여실히 강조할 수 없다. 그것은 「진지함과 고통스러움 그리고 어려움을 견뎌내는 힘과 부정적인 것으로부터 추동되는 노동」(PE, I, 18; PG, 20; 정신현상학, I, 73)을 결여하고 있다. 이러한 이유 때문에 《정신현상학》에서는 자기의식들간의 만남이 상호인정을 받기 위한 자기의식들간의 투쟁으로 나타나고 있다. 욕구는 사랑의 욕구라기보다는 욕구하는 의식이 또 다른 욕구하는 의식에 의하여 격렬한 방식으로 인정받고자 하는 욕구이다. 따라서 인정의 운동은 자기의식들간의 대립을 통하여 드러나게 된다. 사실상 각각의 의식은 그 자신이 당연히 되어야만 할 바의 것으로서, 다시 말해 그것을 제약하고 또 포로처럼 가두고 있는 生의 너머로 고양되는 것으로서 등장한다.

인정의 개념

오성으로서의 의식이 자신의 외부에서 힘의 유희(힘의 작용)로서 관조했던 것이——이것은 원인들간의 상호작용에 관한 경험에 지나지 않는다——이제 의식의 중심부로 이동해 왔다. 각각의 힘, 각각의 원인은 자신의 외부에서 작용하고 이와 마찬가지로 자신의 외부로부터

---

3) 《*Logique de Iena*》(*S.W.*, éd., Lasson, t. XVIII*, p. 193).

자극을 받는 듯하다. 그러나 오성은 각각의 힘이 외견상 자신에게 외래적인 것을 자체 내에 포함하고 있다는 것을 발견하였다. 이러한 것이 예를 들자면 라이프니츠의 모나드이다. 이 과정은 이제 즉자적인 것에서 대자적인 것으로 이행하였다. 각각의 힘, 각각의 자기의식은 자신에게 외면적인 것이 자신에게 내면적이라는 것을 알고 있으며 또 자신에게 내면적인 것이 자신에게 외면적이라는 것을 알고 있다. 이 진리는 더 이상 외래적인 낯선 오성에 의해서 사유되는 것이 아니라 오히려 의식 자체에 의해서 사유된다. 그것은 자기 자신에 대해서 스스로를 양분시키고 재생산하며 또 대립시키는 의식이다. 「힘의 유희에 있어서 우리에 대하여 나타났던 것이 이제는 양극단 자체의 문제로 대두되었다. ……이 경우 의식으로서의 각각의 극단은 脫自的 상태에 들어서긴 하지만, 동시에 그것은 그와 같은 탈자적 상태에서도 자체 내에서 스스로를 고수한다. 다시 말해서 각각의 극단은 대자적 존립을 확고히 다짐으로써 자신의 탈자적 상태도 자신에 의하여 자각되는 것이다」(PE, Ⅰ, 157; PG, 142~3; 정신현상학, Ⅰ, 249~50).[4]

이러한 변증법은 헤겔이 「자기의식들간의 상호 인정의 개념」이라고 부르는 것을 표현하고 있다. 이 개념은 일차적으로 우리(철학자)에 대해서, 또는 즉자적으로 존재한다. 그리고 그것은 자기의식의 차원에서 실현되는 무한성을 표현하고 있다. 그러나 곧이어 그것은 인정을 경험하는 자기의식 자체에 대해서 존재한다. 이러한 경험은 生의 한가운데서 자기의식이 출현한다는 사실을 표현하고 있다. 각각의 자기의식은 대자적으로 존재하며, 또한 그러는 한에서 그 자기의식은 모든 타자성(altérité)을 부정한다. 자기의식은 욕구지만 그것은 절대성 속에서 스스로를 정립하는 욕구이다. 그렇지만 자기의식은 또한 대타적으로 존재하고 있다. 보다 정확히 말하자면 이는 또 다른 자기의식에 대해서 존재한다는 것을 뜻한다. 자기의식은 스스로를 生의 존재

---

4) 의식의 존재론적 관계는 또한 다음의 구절에서 지적되고 있다. 「양극단은 서로가 서로에 대해서 중심이다. 이 중심을 통하여 양극단은 스스로를 그 자신과 매개시키고 결합시킨다. 양극단은 그 자신에 대해서나 상대방에 대해서나 대자적으로 존재하는 직접적인 본질이 되긴 하지만, 이러한 본질은 동시에 그와 같은 매개를 통해서만 대자적으로 존재하는 것이기도 하다.」 달리 말하자면, 나는 오로지 대타적 존재 내에서만, 또 오로지 타자가 나에 대해서 존재하기 때문에만 대자적으로 존재하는 것이다.

속으로 몰입된 것으로서 제시한다. 따라서 자기의식은 다른 자기의식에 대하여 그것이 자기 자신에 대해서 있는 바의 상태로 있는 것이 아니다. 자기 자신에 대해서 자기의식은 절대적 자기확신이다. 그러나 타자에 대해서 자기의식은 생동하는 대상이며 존재라는 場 속에 있는 독립적 사물이다. 그러므로 소여된 존재로서의 자기의식은 탈차(un dehors)로 간주되는 것이다. 이러한(대자적 측면과 대타적 측면 사이의) 불균형은 소멸되어야 하며 소멸되는 한쪽 측면에서뿐만 아니라 다른 한쪽 측면에서도 소멸되어야 한다. 왜냐하면 각각의 자기의식이란 타자에 대해서는 생동적인 사물이지만 자기 자신에 대해서는 절대적인 자기확신이기 때문이다. 그리고 각각의 자기의식이 진리를 발견할 수 있는 것은 오직 타자에 의해서 자신이 대자적인 존재로서 인정받게 됨으로써만 가능하며, 또 자신의 내면적 상태를 외면적 상태로 현시함으로써만 가능하다. 그러나 이와 같이 자기 자신을 현시함에 있어서 자기의식은 타자에게서 동등한 현시를 발견하게 될 것이다. 「이런 점에 있어서 운동은 전적으로 동등한 위치에 있는 두 자기의식이 펴나가는 이중운동이 된다. 이들은 서로 자기가 행하는 것을 상대방도 똑같이 행하고 있음을 본다. 또한 이들은 서로가 서로에 대해서 요구하는 것을 행하며 더 나아가서는 상대방이 똑같은 것을 자기에게 행하는 한에 있어서만 상대방에 행한다」(PE, I , 156~7; PG, 142; 정신현상학, I , 249).

따라서 자기의식이 실존할 수 있는 것은——여기서 실존한다(exister)는 것은 단지 사물들을 특징짓는 현존(être-là)한다는 것만을 의미하는 것은 아니다——그것이 자기 자신을 대자적으로 존재하는 상태로서 존재 속에 정립하는 그런 작용(opération)에 의해서만 가능하다. 그리고 이러한 작용은 본질적으로 다른 자기의식에 대해 미치는 또 다른 자기의식의 작용이다. 내가 하나의 자기의식일 수 있는 것은 오로지 내가 다른 자기의식에 의하여 인정받을 때와 내가 다른 자기의식을 그와 마찬가지 방식으로 인정할 때만 가능하다. 개인들이 서로가 서로를 인정해 주는 바의 이러한 상호 인정의 관계는 정신적 生의 요소를 창출한다. 그와 같이 창출된 場(환경) 속에서 주체는 자기 자신에게 대상이며 자기의식에 본질적인 타자성을 절멸시키지 않으면서도 자기 자신을 완전하게 타자 속에서 재발견한다. 자기의식의 개념은 사실상 「의식 속에서 그리고 의식에 의하여 스스로를 실현하는 무한성의 개념」이다. 다시 말하여 그것은 각각의 관계항이 그 자체로서 무한자가 되고 따라서 자기를 견지하면서도 동시에 타자가 되는 운동을 표현하고 있다. 이러한 변증법은 이미 生의 전개과정 속에서 제시되었다. 그때의 변증법은 단지 즉자적이었을 뿐이었다. 각각의 관계항은 물론 타자가 되었지만 그 동일성은 너무나 내면적이어서 전혀 외부로 현시되지 못했다. 그러나 지금 자기의식은 그 스스로가 존재 속에서 자기 자신과 대립하고 있으며 그러면서도 이 대립 속에서 스스로를 그 자체(la même)로서 인정하고 있다. 여기서 물론 단지 생동적일 뿐인 존재와 자기의식간의 구별(차이)을 다시금 고찰해야만 한다. 자기의식은 부정적인 위력(puissance négative)으로서 실존한다. 자기의식은 결코 긍정적인 실재만은 아니다. 자기의식은 그것을 넘어서고 그것에 외면적으로 남아 있는 것에 의하여 압도된 채 소멸해 버리는——그리하여 절대적으로 죽어 버리게 되는——현존재(être-là)만으로 그치지 않는다. 자기의식은 더 나아가서 이 긍정적 실재의 한가운데서 자기 자신을 부정하면서 또한 이러한 부정 속에서도 자기 자신을 보존하는 그 무엇이다. 구체적으로 말하자면 인간의 실존 자체는 결코 현재 있는 바의 상태로 그치는 것이 아니다. 인간이란 언제나 자기 자신을 초월하는 것이요, 미래를 지니면서 언제나 자기의 너머에 있는 것이요, 스스로를 욕구로서 자각하고 있는 자신의 욕구의 항구성 이외에는 여타의 모든 항구성을 거부하는 것이다.

　단지 생동한 모습을 띤 데 지나지 않는 구별된 개체적 형상도 역시 生의 과정 자체 속에서 스스로의 자립성을 지양하지만 그것이 지닌 구별이 사라짐에 따라 본래 있는 그대로의 자기 모습마저도 상실하게 된다. 그러나 이와는 달리 자기의식의 대상은 이러한 자기 자신의 부정성 속에서도 여전히 자립성을 유지한다. 그리하여 그것은 대자적으로 존재하는 類이며 자기의 개별화·특수화를 고유한 생명으로 하는 보편적 유동성이다. 다시 말해서 그것은 생동하는 자기의식인 것이다(PE, Ⅰ, 154; PG, 140; 정신현상학, Ⅰ, 245).

　반복해서 말하자면, 이상과 같은 것이 이 변증법 전체의 개략적인 의미이다. 즉 인간의 욕구는 오로지 그것이 다른 욕구를 관조할 때, 혹은 보다 잘 표현해서 오로지 그것이 다른 욕구와 관계하여 인정받는 욕구가 될 때, 그리하여 자기 자신을 인정하게 될 때야 비로소 발생하는 것이다. 오로지 이러한 자기의식들간의 관계에서만 인간의 소명, 즉 존재 속에서 자기 자신을 발견하고 또 자기 자신을 존재화시키는 소명이 현실화된다. 그러나 이러한 존재는 자연의 존재가 아니라 욕구의 존재로서 자기의 불안(l'inquiétude du Soi)이라는 것을 잊어서는 안 되며, 따라서 우리가 존재 속에서 재발견해야 하거나 그 존재 속에서 현실화시켜야 하는 것은 바로 자기의식에 고유한 존재양태라는 것을 잊어서는 안 된다. 존재(être)라는 용어가 이러한 실존의 형식에 적합한 것인가에 대해서 헤겔은 회의적으로 생각하고 있다. 「스스로를 자기의식의 순수한 추상으로 기술한다는 것은 곧 스스로를 그의 대상적 존재양식에 대한 순수한 부정으로서 제시한다든지 또는 그 자신이 어떤 규정된 현존재나 현존재 일반의 보편적 개별성에 속박 구애당하지 않음으로써 그 자신이 生 자체에 초연하다는 것을 보여 주는 데 있는 것이다」(PE, I, 159; PG, 144; 정신현상학, I, 252). 정신이 존재한다고 말하는 것은 곧 정신이 하나의 사물(une chose)이라는 것을 말하는 것이다. 「흔히 사람들이 정신에 대해서 정신은 있다거나 어떤 존재를 지닌다고 하며 더 나가서는 그것이 하나의 사물이라거나 혹은 어떤 개별적인 현실이라고 얘기할 때 이 말이 뜻하는 것은 결코 우리가 무엇을 보거나 손에 쥐거나 아니면 그 무엇을 밀어 제칠 수 있다고 하는 그런 어떤 사실을 뜻하는 것이 아니라 할지라도 분명히 여기서 얘기되고 있는 것은 그러한 것임에 틀림이 없다」(PE, I, 284; PG, 252; 정신현상학, I, 414). 따라서 자기의식은 스스로 존재임을 거부하면서 존재하는 것이다. 하지만 이 본질적인 거부는 존재 속에서 나타나야 하며 어떤 방식으로든 현시되어야 한다. 이러한 것이 상호 인정을 위한 투쟁의 의미가 될 것이다.

대립된 자기의식들간의 투쟁이나 지배와 예속의 변증법은 타자(l'Autre)와 자기(Soi)라고 하는 두 항의 개념화를 전제한다. 타자란 자기의식이 그것을 자신과는 구별된 것으로 발견하는 바의 보편적 生이다. 보편적 生은 구별의 요소(l'élément de la différence)이며 또 구별들이 지니는 실체성의 요소이다. 이러한 긍정성을 마주하고 있는 자기는 순수한 부정성으로 화한 반성된 통일이다. 이제 자기는 타자 속에서 자신을 발견한다. 자기는 특수한 생동적 형태로서 인간에 대한 또 다른 인간으로서 등장한다. 이 자기의식의 이중화는 정신의 개념에 본질적이다. 그러나 통일성을 파악한다는 구실로 그 이원성을 제거시켜서는 안 된다. 이원성, 즉 타자성의 요소는 엄밀히 말해서 生의 현존재이며 절대적 타자이다. 우리가 살펴 본 바와 같이 이 타자는 욕구에 본질적이다. 확실히 타자는 자기여서 결국 나는 나 자신을 타자 속에서 바라본다. 이는 두 가시 의미를 지닌다. 먼저 나는 나 자신을 상실한다. 왜냐하면 나는 나를 타자로서 발견하기 때문이다——나는 타자에 대해서(대타적으로) 존재하며 타자는 나에 대해서 존재한다. 다음으로 나는 타자를 상실한다. 왜냐하면 타자를 본질로서 바라보는 것이 아니라 오히려 내가 타자 속에서 바라보는 것은 바로 나 자신이기 때문이다. 타자는 그 자체로서 자기로서 등장한다. 그러나 또한 자기 역시 타자로서 등장한다. 마찬가지로 욕구의 운동에 해당하는 타자의 부정은 또한 자기의 부정으로 된다. 마침내 모든 타자성을 지양해 버린다고 자처하면서 자기에게로 완전히 복귀하는 것은, 우리가 금욕주의를 다룰 때 볼 것이지만 근본적으로 자기로부터 자유로운 타자(l'Autre libre du Soi)를 남겨 놓게 될 뿐이고, 따라서 절대적 타자성으로 복귀하게 될 것이다. 그리하여 존재는 더 이상 자기가 아니라 타자이다. 이러한 변증법에서 한 가지 점이 본질적으로 중요하다. 그것은 타자성이 소멸되지 않는다는 것이다. 우리는 여전히 세 항, 즉 두 자기의식과 타자성의 요소, 다시 말해서 生의 존재로서의 生, 아직 대자적 존재가 되지 못한 대타적 존재가 현재한다고 말할 수 있다. 주인과 노예의 관계를 다룰 때 알게 되겠지만 이 세 항을 구별하는 것이 편리하다. 왜냐하면 주인과 노예가 있을 수 있는 것은 오로지 동물적 生과 고유한 생명의 양태에 따르는 실존이 있을 때만 가능하기 때문이다. 만약 이 세번째 항이 존재하지 않는다면 욕구, 노동, 향유는 무슨 의미를 지니겠는가? 그러나 사실상 우리가 보다 면밀하게 고찰한다면 우리는 거기에 단지 두 항만이 있음을 알게 될 것이다. 왜냐하면 자아의 이원성, 즉 두 자기의식인 주인과 노예에 관해서 말한다고 하는 사실은 이러한 자연의 계기인 生의 타자성에서 비롯된 결과이기 때문이다. 그리고 이 生의 계기가 주어졌기 때문에 비로소 자기의식은 스스로 자기 자신과 대립하는 것이다. 따라서 우리가 자기와 타자로부터 출발한 것은 정당한 것이었다. 이때 우리는 타자가 이제 자기로서 등장한다는 것을, 또는 이와 마찬가지의 말이지만 비록 처음 단계에서 경험에 개입하고 있는 대체로 자각하고 있지 못할지라도 매개가 자아의 정립에 본질적임을 지적하였다.

이상과 같은 경험을 통하여(헤겔은 계속해서 적고 있다 ; 이하 인용문의 괄호 안 내용은 저자의 註) 자기의식은 마침내 生이야말로 순수한 자기의식 못지 않게 그 자신에게 본질적이라는 것을 알게 된다. (《정신현상학》의 출발점이 되었던) 직접적인 자기의식 속에서는 단순한 자아가 절대적인 대상이다. 그렇지만 이러한 대상은 우리에 대해서나 혹은 즉자적으로나(이 직접적인 자기의식을 그것의 현상학적 발생에 따라서 파악하는 철학자에 대해서) 절대적인 매개이며 또한 지속적으로 존립하는 자립성(활력적 존재의 긍정성)을 그 본질적인 계기로 삼는다(PE, Ⅰ, 160; PG, 145; 정신현상학, Ⅰ, 254).

인정투쟁 ; 生死를 건 싸움

「生이란 의식의 자연적 정립, 다시 말하면 절대적 부정성이 결여된 자립성(Selbständigkeit)」(PE, Ⅰ, 160; PG, 145; 정신현상학, Ⅰ, 253)이라고 헤겔은 말한다. 자기의식은 보편적 生의 한가운데서 특수한 형태로서 출현하는 것이지만 처음에는 한낱 생동하는 사물에 지나지 않는다. 그러나 우리는 자기의식의 본질이 그 순수한 상태에 있어서 대자적 존재이며 또 모든 타자성의 부정이라는 것을 알고 있다. 자기의식은 그 긍정성의 측면에 있어서 생동하는 사물이다. 그러나 그것은 정확히 이 긍정성에 반하는 방향으로 인도되며 그러한 식으로 해서 자신을 현시하여야만 한다. 우리가 보았던 것처럼 이러한 현시는 자기의식의 수다성을 요구한다. 무엇보다 먼저 수다성은 구별의 생동적 요소 속에 놓여 있다. 각각의 자기의식은 타자 속에서 특수한 형태의 生밖에 보지 못한다. 그리고 그 결과 타자 속에서 진실로 자기 자신을 인식하지 못한다. 마찬가지로 각각의 자기의식은 타자에 대해서(대타적으로는) 하나의 외래적인 생동하는 사물이다. 따라서 「이들은 각자가 다만 자기 자신을 확신할 뿐 타자까지도 확신하는 것이 아니다」(PE, Ⅰ, 158; PG, 143; 정신현상학, Ⅰ, 251). 자기의식의 확신은 주관적인 것에 머물러 있으며 그러므로 자신의 진리에 도달하지 못한다. 이러한 확신이 진리가 되기 위해서는 타자 또한 스스로를 순수한 자기확신으로서 제시해야 한다. 서로 대면하는 이 구체적인 두 자아는 서로가 서로를 단지 생동하는 사물만은 아닌 것으로 인정하여야 한다. 그리고 이러한 인정은 한낱 형식적인 인정에 그쳐서는 안 된다.「물론 生을 賭하는 마당에 놓여 있지 못한 개인도 하나의 인격으로 인정될 수는 있겠으나, 역시 그는 하나의 자립적인 자기의식에게만 주어질 수 있는 이와 같은 인정의 진리를 획득하지는 못한다」(PE, Ⅰ, 159; PG, 144; 정신현상학, Ⅰ, 252~3). 모든 정신적 生은 이러한 경험에 근거를 두고 있다. 이러한 경험은 오늘날 인간 역사에 있어서 초극된 것이지만 여전히 그 역사의 기반이라고 할 수 있다. 인간은 동물처럼 단지 자신의 존재를 지탱하려는 욕구만을 갖지 않으며 또한 사물의 방식으로 현존(être-là)하려는 욕구만을 갖지도 않는다. 인간은 자신을 자기의식으로서, 순수한 동물적 生의 너머로 고양된 것으로서 인정받으려는 강렬한 욕구를 지니고 있다. 그리고 자신을 인정받도록 하려는 이 열정은 반대로 또 다른 자기의식의 인정을 요구한다. 生의 의식은 生의 너머로 고양된다. 그리고 관념론은 단지 확신으로 그치지 않는다. 그것은 동물적 生의 위험 속에서 확증된다. 홉스의 표현을 따르면 인간은 「인간에 대한 늑대」라고 하지만, 이는 동물적 種으로서 인간이 자신의 보존과 자신의 세력의 확장을 위하여 투쟁한다는 것을 의미하지 않는다. 동물인 한에서의 인간이란 차별적이다. 다시 말해서 어떤 사람들은 보다 강하고 다른 사람들은 보다 약하며, 또 어떤 사람들은 보다 영리하고 다른 사람들은 보다 우둔하다. 그러나 이와 같은 차이들은 生의 영역 속에서만 있을 뿐이며 따라서 비본질적인 것이다. 인간의 정신적인 소명은 이미 만인에 대한 만인의 투쟁 속에서 현시되고 있다. 왜냐하면 이러한 투쟁은 단순히 생명을 위한 투쟁으로 그치는 것이 아니라 그와 못지 않게 인정을 위한 투쟁이다. 그것은 자신이 자율적인 자기의식임을 타자에게 증명하고 또 자기 자신에게 스스로를 증명하기 위한 투쟁이다. 그리고 이러한 것이 자신에게 증명될 수 있는 것은 오로지 그것을 타자에게 증명함으로써만, 그리고 그들로부터 그 증거를 확보함으로써만 가능하다. 확실히 이 타자에 대한 투쟁은 역사가들이 상기시켜 줄 수 있는 다양한 경우를 지닌다. 그러나 이 경우들은 갈등의——본질적으로 인정을 위한 갈등으로서의 갈등——진정한 동기가 아니다. 인간의 세계란 바로 여기에서 시작한다.

자유의 획득은 오직 생명을 賭함으로써 가능하다는 것이 입증된다. 또한 오직 그럼으로써만 자기의식의 본질은 존재가 아니며 단초적인 상태에서 출현하는 바의 그런 직접적인 형식도 아니고 나아가서는 生의 확산 속으로 몰입된 것도 아니라는 것——오히려 자기의식 속에서는 여하한 계기도 소멸하지 않을 수 없다고 하는, 따라서 자기의식은 단지 순수한 대자적 존재일 뿐이라는 것이 입증된다(PE, I, 159; PG, 144; 정신현상학, I, 252).

인간의 실존, 즉 끊임없이 욕구하며 또 욕구를 욕구하는 이 존재의 실존은 이로써 生의 현존재를 탈피하게 된다. 인간적 生은 구별되어진 서열에 속하는 것으로 나타나고, 그리하여 역사의 필연적 조건들이 정립된다. 生이 여전히 인간의 출현의 긍정적 조건일지라도 인간은 生의 너머로 고양된다. 인간이란 生(생명)을 초개와 같이 내던질 수 있으며, 그럼으로써 가능할 수 있는 유일한 노예 상태인 生에의 예속으로부터 스스로를 해방시킬 수 있는 것이다.

인정투쟁은 시대 규정이 가능한 특정한 역사의 단계나 혹은 선사시대가 아니라 단지 역사적 生(삶)의 범주이다. 그것은 헤겔이 자기의식의 전개의 제 조건을 탐구함으로서 발견하였던 인간경험의 한 조건이다. 따라서 자기의식은 인정투쟁을 경험한다. 그러나 이러한 경험의 진정한 의미는 또 다른 경험, 즉 인정에 있어 불평등 관계에 대한 경험인 지배와 예속의 경험을 잉태한다는 데 있다. 사실상 生이 의식의 자연적인 정립(긍정)이라면 죽음 또한 의식의 자연적인 부정에 지나지 않는다. 이러한 이유에서 「죽음을 통하여 얻어진 이와 같은 자신에 대한 확증은 결과적으로 여기서 싹터 오른 진리와 더불어 자기 자신에 대한 확신까지도 모조리 지양해 버리는 것이다」(PE, I, 160; PG, 145; 정신현상학, I, 253). 만약 자기의식이 순수부정성으로서 나타남으로써 生에 대한 부정으로서 현시된다면, 生의 긍정성은 자기의식에 본질적이다. 물론 자아는 자신의 生을 제공하면서도 生의 너머로 고양된 것으로서 정립되지만, 동시에 자아는 (生의) 무대에서 사라지게 된다. 죽음은 오로지 자연의 사실로서만 나타나는 것이지 결코 정신적 부정으로서 나타나는 것이 아니다. 따라서 부정이 정신적 부정, 다시 말해서 부정하면서 동시에 보존하는 지양(Aufhebung)이 되려면 또 다른 경험이 필요하다. 이러한 경험은 노예의 노동과 그의 오랜 해방의 노력 속에서 제시될 것이다.

　생명의 위험성을 통하여 의식은 자신에게 생명 또한 순수한 자기의식 못지 않게 본질적이라는 것을 경험한다. 이러한 이유로 해서 처음에 직접적으로 통합되었던 두 계기가 서로 분리된다. 자기의식의 하나는 동물적 生의 너머로 고양되며 죽음과 대면할 능력이 있고 생명의 상실을 두려워하지 않는다. 이러한 자기의식은 추상적인 대자적 존재를 자신의 본질로서 정립하며 그리하여 노예 상태의 生을 탈피하는 것같이 보인다. 따라서 이러한 의식은 고귀한 의식인 주인의 의식이며 실제적으로 인정받는 의식이다. 다른 하나의 자기의식은 자기의식 대신 생명을 선택한다. 그러므로 이 의식은 노예 신분을 선택한 셈이다. 주인에 의하여 용서를 받고 나서 이 의식은 마치 하나의 사물이 보존되듯이 보존된다. 그는 주인을 인정하고 있지만 그 자신은 주인으로부터 인정받지 못한다. 자기와 타자라고 하는 처음의 두 계기가 여기서 서로 분리된다. 자기는 주인이며 긍정적 측면에 있어서의 生을 부정한다. 타자는 노예이다. 그 역시 하나의 의식이기는 하지만 이 의식은 긍정성으로서의 生에 관한 의식에 지나지 않으며, 生의 요소 또는 물성의 형식 속에 있는 의식이다. 우리는 여기서 주인과 노예라고 하는 역사적 生의 새로운 범주를 발견한다. 이 범주는 이전 단계의 범주들 못지 않게 중요한 역할을 담당하고 있다. 그것은 다양한 역사적 형식의 본질을 이루고 있다. 그러나 반대로 그것은 자기의식의 전개과정에 있어서 하나의 특수한 경험밖에는 이루지 못한다. 마치 인간들간의 대립이 지배와 예속의 관계에 도달하듯이 다시금 이러한 지배와 예속의 관계는 변증법적 역전을 통하여 노예의 해방에 도달한다. 역사에 있어서 진정한 지배력은 노동하는 자, 즉 노예에게 속하는 것이지 단지 자신의 생명을 걸고 나서기는 해도 자신으로부터 生의 현존재의 매개(형성)를 멀리하는 귀족에게 속하는 것이 아니다. 주인은 자아=자아의 동어반복을 표현하며, 추상적이고 직접적인 자기의식이다. 그러나 노예는 주인이 깨닫지는 못할지라도 자기의식에게 본질적인 매개를 표현하고 있다. 노예의 해방은 바로 이 매개작용을 의식적으로 실행하면서 이루어지는 것이다.

이 새로운 경험에 있어서 생명적 요소, 生의 場(환경)은 새로운 자기의식으로, 즉 노예라고 하는 특수한 형태로 화한다. 그리고 이것에 마주 대하여 주인이라고 하는 직접적 자기의식이 정립된다. 앞서의 경험에 있어서는 生의 요소가 구별된 상태의 자기의식이 출현하는 형태에 지나지 않았던 반면, 이제 生의 요소는 한 유형의 자기의식에 통합되어 있다. 자기의식의 두 계기인 자기와 生은 이제 의식의 원초적인 두 형태로서 서로 대면하고 있다. 이것은 《정신현상학》 전체에 걸쳐서도 마찬가지이다. 주인과 노예가 의식의 두 형태로서 대립하는 것처럼 고귀한(noble) 의식과 비천한(vile) 의식, 죄지은(pécheresse) 의식과 심판하는(jugeante) 의식이 대립하다가 마침내는 모든 변증법의 본질적인 두 계기가 보편적 의식과 개별적 의식의 관계처럼 서로 구분되기도 하고 서로 통일되기도 하는 것이다.

지배와 예속

지배와 예속의 변증법은 여러 차례에 걸쳐서 서술되었다. 이 변증법은 그 전개과정의 조형적 아름다움에 의해서뿐만 아니라 헤겔 계승자들의 정치·사회철학에, 특히 마르크스에 미친 영향으로 해서 아마 《정신현상학》 가운데서도 가장 유명한 부분일 것이다. 이 변증법은 본질적으로 주인이 그 진정한 의미에 있어서 노예의 노예로서 드러나고 노예는 주인의 주인으로서 드러난다는 것을 보여 주는 데 있다. 그리하여 인정(승인)의 일방적인 형식에 현존하는 불평등성이 초극되고 평등성이 회복된다. 자기의식은 즉자적으로——生의 요소 속에서——뿐만 아니라 대자적으로도 인정받고 정당한 것으로 공인된다. 자기의식은 금욕주의적 자유의식이 되는 것이다. 헤겔이 여기서 오직 자기의식의 특수한 전개에만 관심을 기울이고 있다는 것은 주목할 만한 일이다. 그가 이러한 인정의 사회적 결과들을 다루는 것은 《정신현상학》의 정신에 관한 부분에서일 뿐이다. 인격체들(personnes)간의 법적 세계, 로마법의 세계가 금욕주의에 해당할 것이다. 그러나 지금으로서는 이러한 변증법의 확장은 우리의 관심사가 아니다. 우리는 단지 노예신분에 있는 자기의식의 교양(형성·도야)과 금욕주의에 있어 이 교양이 지니는 진정한 의미만을 검토하여야 한다. 헤겔의 변증법은 모든 고대의 도덕가들로부터 영감을 받았지만, 우리는 또한 루소에게서 지배와 예속의 범주가 다루어지고 있음을 발견할 수 있다. 마지막으로 이 역사적 범주가 사회적 관계나 민족과 민족의 관계에 있어서 본질적인 역할을 담당할 뿐만 아니라 신과 인간의 특정한 관계를 해석하는 데에도 유용하다는 점을 지적해 두자. 청년기 저작에서 헤겔은 유태 민족과 법적 구속을 받으며 살아가는 인간을 다룰 때, 또한 칸트 철학을 다룰 때조차 이 범주를 사용하고 있다. 〈인륜성의 체계〉에서 그는 이 범주를 각별하게 취급은 하였지만, 그러나 그가 《정신현상학》에서 전개되는 바로 그 변증법을 가일층 다듬은 것은 예나 시절의 《실재철학(Realphilosophie)》에서이다. 5)

주인과 노예의 관계는 인정투쟁에서부터 비롯된 결과이다. 먼저 주인을 살펴 보자. 주인은 한낱 대자적인 의식의 개념일 뿐만 아니라 그것의 실제적인 실현이다. 다시 말해서 주인은 그 자신인 바로서 인정받고 있다. 「주인은 대자적으로 존재하는 의식이지만, 그러나 이것은 하나의 또 다른 의식, 다시 말하면 자립적인 존재나 물성일반과 종합되는 것을 자신의 본질로 삼는 그와 같은 의식의 매개를 통하여 자기 자신과 관계하는 의식이기도 하다」(PE, I, 161; PG, 146; 정신현상학, I, 255). 이 구절은 이미 지배의 상태 속에 내재하는 모순을 포함하고 있다. 주인이 주인일 수 있는 것은 오로지 그가 노예로부터 인정받기

---

5) 《*Études théologiques de Jeunesse*》에서 헤겔은 특정한 민족에 있어서의 신과 인간의 관계를 주인과 노예의 관계로 고찰하고 있다. 그는 칸트의 도덕주의(le moralisme)에서뿐만 아니라 유태인의 율법주의(le légalisme)에서도 인간의 법적 구속 상태에 관해 말한다. 이들의 개념 구성에서는 보편자와 특수자간의 화해 가능성이란 전혀 보이지 않는다. 만약 우리가 구체적인 주인-노예 관계로부터 보편자와 특수자를 의식 내에서 대립시키는 불행한 의식으로의 이행을 이해하고자 한다면, 이 점을 지적하는 것은 중요한 일이다.

때문이다. 주인의 자율성은 또 다른 자기의식, 즉 노예의 매개에 의존
되어 있다. 따라서 그의 자립성은 전적으로 상대적이다. 더 나아가서
주인은 자신을 인정해 주는 노예와 관계하지만, 그는 또한 이 노예의
중개를 거쳐 生의 존재, 물성과 관계하고 있다. 우리는 지배를 구성
하고 있는 이러한 매개를 직시하여야 한다. 주인은 生(자립적 존재)
의 중개를 통하여 노예와 관계한다. 사실 노예는 주인의 노예라기보
다는 생명의 노예이다. 노예가 노예인 것은 그가 죽음 앞에서 후퇴하
였고 죽음 속의 자유 대신 예속을 택했기 때문이다. 따라서 그는 주
인의 노예라기보다는 생명의 노예인 것이다. 「이 자립적 존재(生)는,
노예가 투쟁의 와중에서 결코 초탈할 수 없었던 바로 그 자신의 사슬
이다. 따라서 그는 스스로의 자립성을 그와 같은 물성 속에서 지닐 수
밖에 없는 비자립적 존재임이 입증되었다」(PE, I, 162; PG, 146; 정신
현상학, I, 255). 노예의 존재는 생명이다. 따라서 노예는 자율적이지 못
하다. 그의 자립성은 그 자신의 외부에 있는, 즉 자기의식 속에 있는
것이 아니라 생명 속에 있다. 반면 주인은 이 존재의 너머로 고양되
어 있음을 과시하였고, 생명을 하나의 현상으로서, 부정적 소여로서 간
주하였다. 그가 물성이란 수단을 통하여 노예의 주인이 되는 것은 바
로 이러한 이유에서이다. 주인은 또한 노예의 중개를 통하여 사물과
관계한다. 그는 사물을 향유하고 그것을 전적으로 부정하며 이로써 자
기 자신을 완전하게 확증하는 것이다. 그에게 있어서 生의 존재의 자
립성과 욕구에 대한 세계의 저항이란 있을 수 없다. 이와 반대로 노
예는 욕구에 대한 존재의 저항밖에는 알지 못한다. 바로 이러한 이유
때문에 노예는 이 세계의 완전한 부정에 도달하지 못한다. 그의 욕구
는 실재의 저항에 직면한다. 따라서 그는 오로지 사물을 가공하며 그
것을 가지고 노동할 수 있을 뿐이다. 노예의 노동은 주인이 세계를 순
수하고 단순하게 부정할 수 있기 위하여, 다시 말해서 그것을 향유할
수 있기 위하여 노예에게 부과된 것이다. 주인은 이 세계의 본질을 소
모하는 반면 노예는 그것을 가공한다. 주인에게 가치를 부여하는 것
은 그에게 직접적인 자기확신을 제공하는 이러한 부정이다. 노예에
게 가치를 부여하는 것은 생산, 즉 세계의 변형인데, 이는 유예된 향
有(jouissance retardée)(PE, I, 165; PG, 149; 정신현상학, I, 259)라고 할

수 있다. 그러나 주인이 자신의 지배와 향유 속에서 지니고 있는 자기 확신은 사실상 生의 존재 또는 노예에 의하여 매개되어 있다. 매개의 측면은 다른 의식 속에서 실현된 것이지만 이 측면 또한 우리가 보았던 것과 마찬가지로 자기의식에게 본질적이다. 더우기 인정은 일방적이고 부분적이다. 주인이 노예에게 행하는 것을 노예는 자기 자신에게 행한다. 즉 노예는 자신을 노예로서 인정하는 것이다. 결국 이러한 노예의 행위는 주인의 행위이다. 왜냐하면 이 행위는 자체 내적으로 의미를 지니는 것이 아니라 주인의 본질적인 행위에 의존해서만 의미를 지니기 때문이다. 그러나 노예는 자기 자신에게 행한 것을 주인에게 행하지 않는다. 그리고 주인은 노예에게 행하는 것을 자기 자신에게 행하지 않는다. 따라서 주인의식의 진리는 노예의 비본질적 의식에 놓여 있다. 그러나 노예의식은 자기 자신에게 외래적이고 또한 자기의 외부에서 자신의 존재를 지니면서 어떻게 자기의식의 진리일 수 있는가? 그럼에도 불구하고 이 노예의식은 자신의 전개과정과 그 의식적인 매개작용 속에서 진정한 자립성을 실현한다. 이 노예의식은 그러한 자립성을 공포(peur), 봉사(service), 노동(travail)이라고 하는 세 계기 속에서 실현한다.[6]

노예의식

처음 노예가 등장할 때 그의 존재는 그의 의식 외부에 놓여 있다. 그는 生의 포로이며 동물적 실존 속에 몰입되어 있다. 그의 실체는 대자적 존재가 아니라 언제나 자기의식에 대해서 타재의 상태에 있는 그런 生의 존재이다. 그럼에도 불구하고 예속의 전개과정은 우리에게 사실상 노예의식이 즉자적 존재와 대자적 존재의 종합을 실현한다는 것을 보여 줄 것이다. 노예의식은 자기의식의 개념 속에 함의된 매개작용을 수행한다.[7]

---

6) 헤겔은 지배의 조건을 거의 묘사하지 않고 있다. 왜냐하면 만약 주인이 진정으로 존재한다면 그런 주인이란 신(Dieu)일 것이기 때문이다. 사실상 주인은 자기의식의 운동에 본질적인 매개가 자신에게 있지 않고 노예에게 있을지라도 그 자신이 직접적으로 대자적 존재임을 믿고 있다.

7) 주인의 길은 인간경험에 있어 막다른 골목이다. 하지만 노예의 길은 진정한 인간해방의 길이다.

    처음에 노예는 그의 외부에 존재하는 주인을 그 자신의 본질로──
그 자신의 이상으로서──간주한다. 왜냐하면 그가 자신을 노예로서
인정하는 한 그는 그 자신을 비하시키기 때문이다. 주인은 노예가 스
스로 도달하지 못하고 있는 자기의식이다. 또한 그의 해방은 그의 외
부에 있는 형태로서 그에게 제시된다. 이러한 인간의 자기비하, 굴종
또는 자신의 비자립성(의존성)의 인정, 그리고 그가 자체 내에서 발
견하지 못하는 자유의 이념을 자신의 외부에서 정립하는 것은 인간이
無의 의식 및 生의 무상성에 관한 의식을 神的인 의식과 대립시킬 때
불행한 의식의 한가운데서 재발견되는 변증법이기도 하다. 헤겔의 언
어로 하자면 주인은 노예에게 진리로서 등장하지만, 이것은 그 노예
에게 외면적인 진리이다. 그럼에도 불구하고 이러한 진리는 또한 노
예 안에 있는 것이다. 왜냐하면 노예는 공포를 인식하였고 죽음──
절대적 주인──에 대한 공포를 느꼈고 또한 그의 내부에서 안정된 형
태로 존재하던 모든 것이 동요를 일으켰기 때문이다. 동물적 실존 속
에 몰입된 의식으로서 그가 집착하였던 자연의 모든 계기들이 이와 같
은 근본적인 불안 속에서 해체된다. 「노예의 의식은 단지 우발적인 사
태에 직면하여 이러저러한 순간적인 추이 속에서만 불안, 공포를 느
꼈던 것이 아니라 그의 존재 전반에 대한 두려움을 지녀 본 것이다.
왜냐하면 그 노예의 의식은 절대적 주인인 죽음의 공포를 느꼈기 때
문이다」(PE, I , 164; PG, 148; 정신현상학, I , 258). 주인은 죽음에 대하
여 두려워하지 않았으며, 따라서 그는 실존의 모든 浮沈 너머로 직접
적으로 고양되었다. 반면 노예는 죽음 앞에서 전율하였고 이 원초적
인 불안 속에서 자신의 본질을 하나의 전체로서 파악하였다. 生 전체
가 그의 앞에 나타났고 현존재의 모든 특수성은 이 본질 속에서 용해되
었다. 바로 이러한 이유에서 노예의 의식은 순수한 대자적 존재로서 전
개되었다. 「이와 같이 순수한 보편적 운동, 또는 안정된 기반 위에 지속
적으로 존립하는 일체의 것의 절대적인 해체야말로 바로 자기의식의 단
순한 본질이자 절대적 부정성이며 또 그와 같은 의식 속에 포함되어 있
는 순수한 대자적 존재이다」(PE, I , 164; PG, 148; 정신현상학, I , 258). 인
간의 의식은 자신의 존재 전체를 관류하고 있는 이러한 불안에 의해
서만 형성될 수 있다. 그리하여 다소간 안정된 형식 아래에서 生이 지

니는 특수한 애착들과 이합집산은 소멸되어 버렸고, 또 인간은 그러한 공포 속에서 자신의 존재 전체를, 즉 유기적 生 속에는 결코 주어질 수 없는 그런 전체를 자각하였다. 「순수한 生에 있어서, 정신이 아닌 生에 있어서 無는 그러한 식으로(자연적 生에 소원한 위력으로서) 존재하지 않는다.」더우기 노예의 의식은 안정된 기반 위에서 지속적으로 존립하는 모든 것이 그의 내부에서 해소되는 것으로 그치는 것이 아니다. 그것은 또한 규정된 현존재에의 모든 애착을 점차적으로 제거해 간다. 왜냐하면 봉사 속에서——주인을 위한 특수한 봉사 속에서 노예의 의식은 스스로를 도야하여 자연적 현존재로부터 탈피하기 때문이다.

　공포와 봉사는 노예의 자기의식을 진정한 자립성으로 고양시키기에는 불충분할 것이다. 예속을 지배로 변형시키는 것은 바로 노동이다. 주인은 자신의 욕구를 완전히 충족하기에 이르렀다. 그는 향유 속에서 사물에 대한 전적인 부정에 이른 것이다. 그러나 이와 반대로 노예는 존재의 자립성과 맞부딪친다. 그가 할 수 있는 것이란 세계를 변형시켜서 그것을 인간의 욕구에 적합하게 만드는 일뿐이다. 그러나 비본질적인 것처럼 보이는 바로 이러한 활동 속에서 노예는 자신의 대자적 존재에 지속성과 즉자적 존재의 항존성을 부여할 수 있게 된다. 사물을 형성하면서 노예는 자기 자신을 형성할(se former) 뿐만 아니라 그는 자기의식의 형식(forme)을 동시에 존재 속에 각인시킨다. 따라서 그가 자신의 행위 결과 속에서 발견하는 것은 다름아닌 자기 자신이다. 주인은 단지 일시적인 향유만을 획득할 뿐이다. 그러나 노예는 자신의 노동을 통하여 자기 자신에 대해서뿐만 아니라 자립적 존재에 대해서도 관조할 수 있게 된다. 「이와 같은 의식의 순수한 대자적 존재는 노동을 통하여 자기를 벗어나 지속적인 존재의 터전으로 제자리를 마련해 들어간다. 그리하여 노동하는 의식은 이제 자립적인 존재가 다름아닌 자기 자신임을 직관하게 되는 것이다」(PE, Ⅰ, 165; PG, 149; 정신현상학, Ⅰ, 259). 따라서 노예의 노동은 즉자적 존재 속에서 대자적 존재의 진정한 실현을 달성한다. 노예가 그 앞에서 전율하였던 물성은 제거되고 그리하여 이 물성의 요소 속에서 등장하는 것은 다름아닌 의식의 순수한 대자적 존재이다. 따라서 즉자적 존재, 生의 존재는 더 이상 의식의 대자적 존재와 분리되지 않는다. 다만 노동을 통하여 자기의식은 존재 내에 있어서 자기 자신을 직관하도록 고양된다. 즉자적 존재 내에서의 이러한 자기 직관이 지니는 진정한 의미를 우리에게 밝혀 주는 것은 금욕주의이다. 이상과 같은 해방이 이루어질 수 있기 위한 모든 경우에 있어서는 우리가 구별하였던 모든 요소, 즉 원초적인 공포, 봉사, 노동이 참여하고 있어야 한다. 원초적인 공포가 없다면 노동은 사물에 의식의 진정한 형식을 각인시키지 못한다. 그리하여 자아는 여전히 규정된 존재 속에 몰입된 채 남아 있으며 또한 그의 고유한 의미(der eigne Sinn)는 공허한 의미에, 즉 자유가 아니라 아집(Eigensinn)에 지나지 않는다.

자연적인 의식의 모든 내용들이 근본으로부터 동요되지 않는다면, 그 의식은 즉자적으로는 여전히 특정한 존재형태에 구속되어 있는 것이다. 그리하여 자신의 고유한 의미는 한낱 아집으로 변하고 말 것이다. 이것은 여전히 노예 상태를 벗어나지 못한 자유에 불과한 것이다. 마치 순수한 형식이 그에게 본질이 될 수 없듯이 또한 이 형식도 개별적 영역 너머로 확장되어야 한다는 점에서 볼 때는 결코 보편적인 형성작용이나 절대적인 개념이 될 수는 없다. 따라서 그것은 보편적인 위력이나 대상적인 본질 전체를 지배하지는 못하고 오히려 개별적인 것에서만 그 위력을 발휘하는 한낱 技巧에 지나지 않는다(PE, Ⅰ, 166; PG, 150; 정신현상학, Ⅰ, 261).

이러한 보편적인 위력(puissance universelle)——대상적 본질, 生의 존재——은 이제 의식에 의하여 지배되는데, 이는 이 의식이 그것을 부정하는 것으로 만족하지 않고 거기에서 자기 자신을 발견하고 또 거기에 자기 자신의 모습(spectacle)을 부여하기 때문이다. 이로써 자기의식은 보편적 존재 속의 자기의식이 되었다. 다시 말해서 자기의식은 사유(pensée)가 된 것이다. 노동이 이 사유의 일차적 윤곽이라고 할 수 있지만, 이 사유는 여전히 추상적 사유이다. 금욕주의자의 자유는 한낱 관념적인 것에 지나지 않는 자유이지 실제적이고 생동하는 자유가 아니다. 자기의식이 스스로를 완전하게 실현하기 이전에 아직도 많은 또 다른 전개과정이 필요한 것이다.

2

자기의식의 자유 ; 금욕주의와 회의주의

금욕주의

이전 단계에서 자기의식은 生의 직접성을 탈피하여, 처음으로 生에 대한 반성을 행하였다. 추상적 형식에 있어서 자기의식은 오로지 순수하게 소멸되어 가는 상태에 도달할 뿐이다. 왜냐하면 자아＝자아의 추상성은 모든 타자를 배제하며 순수한 향유 속에서 구체적으로 표현되는 것이기 때문이다. 그러나 향유가 단지 生의 존재를 부정하는 것에 지나지 않았을 때, 자기의식은 지속적인 형식 속에서 스스로를 현실화시키거나 안정된 존재를 획득할 수 없었다. 생동하는 자기의식들은 인정행위 속에서 서로를 대면하는 가운데 生의 환경으로부터 벗어나기 시작했다. 그러나 주인의 의식이 용기에 의해 생명을 넘어서서 스스로를 정립하는 반면에, 노예의 의식만이 대상적 존재——존재의 실체——를 지배할 수 있고, 자기의식의 자아를 즉자적 존재의 영역으로 옮겨 놓을 수 있음이 입증되었다. 불안에 의해 시험받고 봉사에 의해 도야된 자기의식은, 즉자적 존재 속에서 자기의 질료(matière)를 발견하고, 그 속에 자신을 새겨 넣었던 형식(forme)이 되었다. 즉자적 존재와 대자적 존재는 더 이상 분리되지 않는다. 이제 자기의식은

222

生의 자립성뿐만 아니라 사유에 속하는 자유도 획득한다. 자유의 개념은 금욕주의(stoïcisme)에서 나타나며 회의주의(scepticisme)에서 더욱 발전된다.

금욕주의와 사유

여기서 헤겔이 「사유(pensée)」라고 부르는 것, 또 헤겔이 자기의식의 자유에 관하여 언급할 수 있게 해주는 것은 선행하는 모든 운동의 진리로서 나타난다. 즉 사유의 노력과 개념의 노동은 세계를 주조하고 존재에 자아의 순수한 형식을 부여하는, 보다 고차적인 노동의 형식으로 드러난다. 그러므로 존재 속에서 자신을 발견하고 거기서 자신을 의식으로서 발견하는 자아(moi)에 의하여 우리는 자유를 정의할 수 있게 된다. 이 자유는 처음에는 세계사에서 금욕주의의 형태로 출현한다. 금욕주의는 단지 하나의 특수한 철학이 아니라 모든 자기의식의 도야에 해당하는 보편적인 철학의 명칭이다. 자유로운 자기의식이 되기 위해서는 生에 있어서 어떤 순간에 금욕주의자가 되어야 한다——이러한 헤겔의 서술이 지니는 범위는 몽테뉴와 데카르트의 나라에서 확인된다. 더우기 우리가 곧이어 주석을 붙일 구절들은 다소간의 변경을 가하면(mutatis mutandis) 파스칼과 드 사시(M. de Sacy)간의 유명한 대담과 비교될 수 있을 것이다.[1]

이제 자기의식은 더 이상 生을 살아가는(vivante) 자기의식이 아니라 사유하는(pensante) 자기의식이다. 자기의식의 전개과정에 있어서 여기서 도달된 단계는 사유의 단계이다. 이 단계는 무엇을 의미하며 이전 단계에서 이 단계에로의 이행은 어떻게 이루어졌는가? 우리에게 주인의 의식의 진리로서 나타났던 노예의 의식을 생각해 보자. 노예의 의식에 있어서 본질은 대자적 존재이다. 노예의 의식은 주인의 의식을 자신의 이상으로 간주하지만 그 자신 스스로는 자기 내면으로 되돌아간다. 다른 한편으로 노예의 의식은 자신의 고유한 노동에 의

---

1) 이러한 비교는 J. Wahl 의 《*Le Malheur de la conscience dans la philosophie de Hegel*》, éd., Rieder, p. 165 에서 행해졌다. 헤겔 자신은 파스칼을 인용하였다(*S. W.*, éd., Lasson, t. I, p. 345).

하여 존재의 영역 속에서 스스로 자신의 대상이 된다. 「형성된 사물의 형식(forme de la chose formée)으로서의」 자기의식의 형식은 「사물의 존재 속에 나타난다」(PE, I, 167; PG, 151; 정신현상학, I, 262). 노예는 아직 이 형식이 의식 자체라는 것을 알지 못한다. 왜냐하면(노예가 자신의 외부에 있는 것으로 간주하는 주인의 의식의 계기와 노예가 사물 속에 각인시켜 놓은 형식의 계기라는) 두 계기는 노예에게 있어서는 분리된 것이기 때문이다. 그러나 우리(철학자)에게 있어서 그 두 계기는 분리되어 있지 않다. 자기의식의 전개에 관하여 철학적으로 고찰하는 우리에게 있어서 명백한 것은 인간의 노동 속에서 점진적으로 드러나는 자기의식의 보편적 형식의 출현이다. 이 시점에서부터 자기의식과 즉자적 존재는 분리되지 않는다. 「결국 즉자적 존재의 측면이나 혹은 노동을 통해서 그 형식이 주어지는 물성의 측면은 모두 의식 이외의 그 어떤 실체일 수 없다」(PE, I, 167; PG, 151; 정신현상학, I, 262). 형식의 개념(notion de forme)은 고대철학 전체를 통해서 정교화된 것임을 상기해 볼 수 있다. 아리스토텔레스에 있어서 동상과 청동의 관계처럼 형식은 질료에 대립한다. 그러나 우리가 도달한 형식의 개념은 보편적인 것이다. 그것은 어떤 주어진 질료에 각인되는 특수한 형식이 아니다. 그것은 사유일반의 형식, 즉 순수자아이다. 헤겔은 여기서 우리를 아리스토텔레스적인 형식의 개념에서 칸트나 피히테적인 근대적 형식의 개념으로 인도하고 있는 것처럼 보인다.

그러므로 자기의식은 그 자신을 상실하거나 소멸하지 않고도 자신의 대상이 될 수 있다는 점에서 이제 사유하는 자기의식이다. 사유하는 것은 즉자적 존재와 대자적 존재, 존재와 의식의 통일을 실현하는 것이다. 「왜냐하면 추상적인 자아로서가 아니라 바로 즉자적인 존재의 의미를 지니는 자아로서 자신을 대상으로 삼는 것, 혹은 더 나아가서 오직 그 스스로의 대상이 되는 의식의 대자적 존재라는 의미를 지니는 방향으로 그 자아가 대상적인 본질과의 관계를 이루는 것, 이것이야말로 사유한다는 의미에 해당되기 때문이다」(PE, I, 168; PG, 151~2; 정신현상학, I, 262~3). 사유에 대한 이러한 정의의 두 부분 모두 다 본질적인 것이다. 한편으로 자아는 지속적인 존립의 기반(生의 존재)을 획득하여 진정으로 자기 자신의 대상이 되어야 한다. 한편 자아

는 生의 존재가 자신에게 절대적인 타자로서 의미를 지니도록 하는 것이
아니라 그것이 바로 자기 자신임을 입증하여야 한다. 정확히 말해 사유
한다는 것은 표상한다는 것(se représenter)이나 상상한다는 것(imaginer)
이 아니다. 이러한 것들은 자아가 외적인 낯선 영역 속에 있다고 가
정하여 자아가 「나의 모든 표상을 수반할 수도 있다」는 것만을 단순
히 요구한다. 그러나 사유한다는 것은 개념적으로 생각한다는 것(con-
cevoir)이다. 그리고 개념은 동시에 (의식 자체와) 구별된 즉자적 존재
인 동시에 순수히 나를 위하여 있는 존재이다(PE, I, 168; PG, 152; 정
신현상학, I, 263).[2] 개념적 파악(la conception)에 있어서 단지 외견상
으로만 나는 나 자신을 넘어서 나아간다. 구별은 그것이 성립되자마
자 해소되어 버린다. 자아는 존재 속에서 자신을 발견함에 따라서 타
자 속에서도 자기 자신에게 근접해 있다. 그러나 또한 사유는 자기의
식의 자유를 의미한다. 사유하는 자기의식은 자유로운 자기의식이다.
자유는 사유의 관념에 의하여 정의된다. 우리가 의지와 아집(예속성
에 구속되어 있는 자유)을 혼동하지 않는 한 사유와 의지는 동일화될
것이다. 자유롭다는 것은 주인도 노예도 아니라는 것이며 生에 있어
서 이러저러한 상황 속에 놓여 있다는 것도 아니다. 자유롭다는 것은
어떤 상황에서든지 사유하는 존재로서 행위한다는 것이다. 사유는 최
고의 형식에 있어서 의지이다. 왜냐하면 사유란 자기에 의한 자기의
정립이기 때문이다. 또한 그 최고의 형식에 있어서 의지는 사유이다.
왜냐하면 의지는 자신의 대상 속에서 자기 자신을 인식하는 것이기 때
문이다. 금욕주의적 자유는 바로 이러한 사유와 의지의 동일성을 의
미한다.

　이러한 사유의 정의는 우리를 《정신현상학》의 마지막 단계로 인도
하는 것인가, 아니면 단지 경험의 도상에 있어서 아직도 불완전한 특
수한 한 단계에로 인도하는 것인가? 여기서 제시된 이상──존재 속

---

2) 이것은 개념화(la conception)를 사유의 행위로 정의한 것이다. 「그러나 나에게 있
　어서 개념이란 직접적으로 나의 개념이다. 사유 안에서 나는 자유롭다. 왜냐하면 나
　는 타자 속에 있는 것이 아니라 오히려 전적으로 나 자신 속에 머물러 있기 때문이
　며, 또 나에게 본질로서 등장하는 대상이란 곧 불가분적 통일 속에 있는 나의 對我
　的 存在(mein Fürmichsein)이기 때문이다. 그러므로 개념 속에서의 나의 운동이란
　모름지기 나 자신 속에서의 운동인 것이다(PE, I, 168; PG, 152; 정신현상학,
　I, 263).

에서 자신을 재발견하려는 이상, 즉 자아가 자기 자신으로부터 벗어나지 않으면서도 스스로 외면성의 영역에 자리잡을 수 있는 가능성——은 확실히 헤겔 관념론의 특성이다. 그러나 여기서 도달한 단계는 단지 하나의 단계에 지나지 않는다. 왜냐하면 이 단계에서 실현된 통일은 아직도 직접적인 통일에 불과하기 때문이다. 「이러한 형태는 오직 사유하는 의식일반일 뿐더러 또한 그의 대상도 즉자적 존재와 대자적 존재의 직접적인 통일이다」(PE, Ⅰ, 168; PG, 152; 정신현상학, Ⅰ, 263), 이 단계에 있어서 개념은 아직도 존재의 다양성과 충만성 속으로 침투하지 못한 사유이다. 여기서 침투는 단지 요청(postulée)되었을 뿐이다. 바로 이런 이유 때문에 헤겔은 그가 청년 시절에 칸트에 대하여 제기했던 반박을 금욕주의에 대해서도 퍼붓고 있다.

　우리는 이러한 국면의 자기의식의 전개가 우리에게 어떻게 드러나는가를 살펴 보았다. 그러므로 이제 우리는 의식이 도달한 국면의 경험을 추적하여 그것의 불충분성을 밝혀야만 한다. 이 경험이 바로 금욕주의의 경험이다. 금욕주의의 경험은 「세계정신의 보편적인 형식으로」 단지 「보편적인 공포와 억압이 팽배했던 시대와 더불어 또한 전반적인 문화가 고양되었던 시대에」 출현했던 것으로서 「결국 이것이 교양과 문화를 사상의 단계로까지 고양시켰던 것이다」(PE, Ⅰ, 169~70; PG, 153; 정신현상학, Ⅰ, 265). 이러한 세계정신의 형식은 바로 그 정신의 전개과정 속에서 좀더 구체적인 의미를 띠고 나타나게 될 것이다. 자연적 차이가 정신적인 의미를 지니고 모든 정신적 의미가 자연적인 계기로 표현되는——예를 들어 안티고네라는 여자 속에는 신의 율법, 크레온이란 남자 속에는 인간의 법——방식으로 자연과 정신이 조화롭게 혼합되어 있던 행복한 도시국가가 소멸한 후 제국주의가 출현하여 로마 제국에서 가장 완벽하게 실현되었다. 자아는 더 이상 특수한 자연에 연관되어 있는 것이 아니라 인격(personne)으로서 자신의 주권 속에 자신을 정립하는 자이다. 그리고 몇 가지 점에 있어서 로마법은 금욕주의 철학에 대응한다. 그러나 사실 자아의 이러한 자유는 단지 사유에 있어서의 자유이다. 이러한 자유는 한편으로는 실존(existence)을 떠나면서, 다른 한편으로는 자기 자신을 정립함으로써 이러한 추상적 인격의 세계가 지닌 진리가 자기의식에 있어 회의적인 혼돈에 해당하는 것과 유사하게 되고, 사회적·윤리적 영역에서의 불행한 의식에로 이끌어가게 되도록 하는 자유이다. [3]

금욕주의의 자유

금욕주의의 자유는 사실상 선행하는 관계들의 부정에 의해 정의된다. 일정한 지속성을 띠고 生의 내부에 등장했던 구별들은 이제 아무런 의미도 지니지 않는다. 어떤 구체적인 상황도 오직 자기 자신을 견지하려고만 하는 사유에 대항할 수 없다. 주인이나 노예의 정립은 더 이상 문제시되지 않는다. 의식 속에서 또는 소외된 의식에 의하여 정립되는 노동이나 욕구의 대상이 더 이상 목적은 아니다. 이제 유일한 목적은 사유의 자기 자신과의 동일성일 뿐이다. 「자기의식의 자유는 그 어떤 자연적 현존재에 대해서도 무관심하다」(PE, Ⅰ, 170; PG, 153; 정신현상학, Ⅰ, 265). 그러나 바로 이러한 이유 때문에 금욕주의적 자유는 생동적인 자유가 아니라 추상적인 자유이며, 현실적인 자유가 아니라 사유에 있어서의 자유일 뿐이다. 자연과 일치하여 살아가려고 하는 금욕주의자는 자신의 모든 경향이 공통적으로 단지 자연에 일치하여 살아가려는 기질만을 가진다는 것을 발견한다. 그가 행하는 것이나 그가 존재하고 있는 구체적인 상황은 별로 중요하지 않다. 중요한 것은 그가 행동하는 방식이나 혹은 그가 상황과 그 자신 사이에 설정한 관계이다. 본질적인 것은 「권좌에 있거나 아니면 예속자의 입장에 있을지라도 개별적인 현존재로서의 자기가 감수해야만 하는 일체의 의존성 속에서도」 자신의 자유를 보존하는 것이다. 진정으로 자유로운 사람은 生의 모든 우연성과 규정의 너머로 고양된다. 도덕의 기교(l'art de la morale)는 조종사의 기교──그것은 특수한 목적을 기대하는 기술이 아니다──에 비교되지 않고 오히려 무용가의 기교에 비교될 수 있다. 그것은 어떠한 상황에서도 존재해 나갈 수 있는 방법이며 자신을 자유롭게 보존할 수 있는 방법이다. 그러나 헤겔의 말에 따르면 이

─────────────

3) 헤겔은 정신의 전개과정을 논의하면서 이러한 변증법적 운동 전체를 다시 한번 개괄한다(PE, Ⅱ, 44 ff.; PG, 342 ff.; 정신현상학, Ⅱ, 52 ff.). 이 책 제Ⅴ부 제2장 참조.

경우에 반성은 이분화된다. 순수형식은 다시 사물로부터 분리된다. 왜냐하면 이러한 자유의 본질은 단지 사유일반(pensée en général) 일 뿐이며 또한 「사물의 자립성과는 동떨어진 상태에서 자체 내에도 복귀한 형식 그 자체에 지나지 않는다」(PE, I, 170; PG, 154; 정신현상학, I, 265). 사물들은 사물들대로 사유에 대립한 것으로 드러난다. 이 대립은 순수사유에는 낯선 지속적으로 존립하는 규정들 속에서 발견될 수 있는 것이다. 그러므로 회의주의적인 논증 전체를 키우고 있는 대립은 개념의 특수한 내용과 그것의 보편적인 형식 사이의 대립이다. 즉 내용과 형식이 혼일되어 있는 것이 아니라 병렬되어 있다. 즉 양자는 분리되어 있다. 내용은 사유에 의해 파악되는 것처럼 보이지만 이때의 이해는 피상적인 것으로 그칠 뿐이다. 사실 보편성 속에 있는 형식은 특수한 규정 속에 있는 내용에 대립하여 서 있다. 금욕주의의 결과인 이러한 반성은 모든 회의주의적 해방의 기초를 이룬다. 금욕주의는 경험의 모든 다양한 내용에 걸쳐서 사유가 일관된 것임을 긍정하는 것에 만족한다. 그러므로 자유로운 자기의식은 生의 혼란을 넘어서 있으며, 금욕주의 현인들에게서 그토록 찬미되었던 태연한 무감각 상태(lifeless impassiveness)를 스스로 보존한다. 그러나 규정들은 규정으로서 남는다. 사유는 스스로를 확장하고 스스로를 긍정한다. 그러나 규정들은 현존하며 임의적으로 사유의 보편성의 차원에로 고양된 규정들의 특수한 존재는 자신의 특수성 속에서 스스로를 유지한다. 독단주의는 임의로 이러저러한 규정을 도그마로 확립하는 사유 속에서 나타난다. 이 단계에 있어서 순수한 사유는 그 자신의 고유한 내용을 담고 있지 않다.

이러한 맥락 속에서 금욕주의는 스스로 당황할 수밖에 없는 상황에 놓이게 되었다. 즉 그것은 일찌기 그 자신이 표방하고 나섰던 바와 같은 진리일반의 기준에 대한, 다시 말하면 사상 자체의 내용에 대한 의문에 봉착함으로써 야기될 수밖에 없는 것이다. 예컨대 과연 무엇이 선하고 참된 것인가 하는 데 대한 질문이 제시되었다고 할 때, 금욕주의로서는 여전히 내용도 없는 추상적 사유를 제시하는 길밖에 없었다. 즉 그가 할 수 있는 대답은 이성적인 것이면 진리와 선을 간직하고 있으리라는 것뿐이었다. 그러나 이와 같이 사유가 자기동일성만을 고수한다는 것은 여전히 아무런 규정도 내려지지 않은 순수형식을 지니고 있음을 나타낼 뿐이다. 따라서 금욕주의가 애용할 수밖에 없는 진리나 선, 혹은 지혜와 덕성 등의 보편적인 용어들이 마치 숭고한 의미라도 담고 있는 듯한 느낌을 불러일으키는 것이 사실이지만 실제로 이것의 내용면으로 본다면 자기전개와 확장을 도모할 수도 없는, 따라서 조만간 권태감만을 불러일으킬 수밖에 없는 것이라고 하겠다(PE, Ⅰ, 171; PG, 154; 정신현상학, Ⅰ, 246).

그러므로 자유로운 사유가 여기서 형식적이라는 것은, 生 안에서의 모든 구별로부터 순수사유의 본질을 분리시킨 후에도, 이 모든 구별을 뛰어넘을 수 있으며, 또한 그 구별들 속에서 이 사유의 본질성을 재발견할 수 있다는 의미에서이다. 그러나 이 경우에 형식은 단지 피상적으로만 내용에 영향을 미치며, 내용은 그 모든 것에도 불구하고 자신의 개별성(spécificité)을 보존하며, 스스로를 주어진 것으로 남아 있는 내용으로서 확증하려고 한다. 이와 유사하게 법률의 세계에서도 법적 인정은 사실상 재산의 소유를 소유권으로 변형시키지만 이때의 변형은 단지 자신의 우연성을 보존하고 있는 세계에 보편성의 옷을 입힌 것일 뿐이다. 자기 자신에 대하여 뒤돌아서서 반성하는 사유가 자신을 순수형식으로 규정할 경우 生 안에서의 구별, 즉 사회적 지위의 차이는 남아 있다. 그 모든 것에도 불구하고 사유가 침투할 수 없는 것으로 남아 있는 주어진 내용은 바로 타재(l'être-autre), 즉 이러한 독단주의의 경험의 종국에「영속화된 규정성(la déterminalilité devenue permanente)」(PE, Ⅰ, 171; PG, 155; 정신현상학, Ⅰ, 267)으로서 출현하는 타재이다.

그럼에도 불구하고 금욕주의는 처음으로 의지를 사유로 개념화하는 것이다. 아집은 자아가 구체적인 규정 속에 항구적으로 머무르는 것, 즉 예속의 특수한 형태였다. 완고한 사람은 生과 환경의 너머로 고양되지 않고 生이나 환경의 포로로 남아 있게 된다. 그는 순수한 자아가 아니라 그 자신이 산출한 것이 아닌 자연에 아직도 구속되어 있는 자아를 발견한다. 그의 욕구와 노동은 특수한 범위에 제한되어 있다.「이와 같이 다양하게 자기 내적인 구별을 행하는 生의 폭넓은 확장과 개별화 작용 및 그의 조잡한 연관성이야말로 모두가 욕구와 노동으로부터의 작용, 영향을 받는 대상이다」(PE, Ⅰ, 169; PG, 152; 정신현상학,

Ⅰ,264). 금욕주의자는 보편적인 의지를 가질 수 있다. 그는 이러저러하게 규정된 사물을 원하는 것이 아니라 모든 내용 속에서 자기 자신이기를 원한다. 그러나 결국 사유가 생산하지 못하는 내용과 자기 자신과 동일한 사유의 이원성이 명백히 드러나지 않을 수 없다. 규정으로서 절대적인 가치를 요구하는 이러한 규정의 참된 부정을 실현하는 것은 금욕주의자가 아니라 회의주의자이다.

회의주의

금욕주의적 자기의식과 회의주의적 자기의식 사이에는 주인과 노예 사이의 관계와 동일한 관계가 성립한다. 주인은 단지 자립적인 자기의식의 개념에 불과한 데 반해서 노예는 이 의식이 현실적으로 실현된 상태였다. 이와 마찬가지로 금욕주의는 자기의식을 모든 규정된 내용의 형식인 보편적 형식에로까지, 즉 사유에로까지 고양시킨다. 그러나 이렇게 자아를 사유하는 의지로서 정립하는 것은 추상적인 정립으로서 결국 분리에 도달할 뿐이다. 즉 한편에는 사유의 형식이 다른 한편에는 生과 경험의 규정들이 놓이게 된다. 양자는 단지 피상적으로만 만난다. 형식은 형식인 바의 것으로, 즉 사유에 의해 정립된 것으로 남는다. 규정들 또한 자신의 절대성을 보존하고 있어서 자기의식적 자아에 의해 침투되지 않는 채로 남아 있다. 이러한 방식으로 주인은 자신의 자립성을 확인하지만 生의 한가운데서 이 자립성을 현실화시킬 수 없음을 고백한다. 生의 실체에 침투해서 그것에 자아의 각인을 찍을 수 있는 것은 단지 노예의 봉사와 노동이다. 회의주의도 이와 마찬가지로 경험과 生의 모든 규정들에 침투해서 그것들을 자기의식 속에서 해체함으로써 그것의 無를 입증한다. 회의주의에 있어서 형식은 더 이상 사유의 절대적 긍정성만은 아니다. 형식은 전능한 부정성이기도 하다. 이러한 부정성이야말로 형식이 지닌 참된 의미이다. 형식은 무한한 부정이며 형식이 마침내 스스로를 드러내야 하는 모습도 그와 같은 무한한 부정이다. 「회의주의는 결국 금욕주의 단계에서 한낱 개념에 지나지 않았던 것의 현실적 실현이다. 다시 말해서 그것은 사상의 자유가 무엇인가 하는 데 대한 구체적인 경험이다. 그런데 이러한 자유는 그 자체가 부정적인 것이어서 스스로를 그와 같이 부정적인 것으로서 제시하지 않을 수 없다」(PE, Ⅰ, 171; PG, 154; 정신현상학, Ⅰ, 267). 실제로 형식은 무한성이며 절대적 개념이다. 그리고 이러한 것으로서 형식은 모든 특수한 규정의 부정이며 유한자(결코 본래적 자기가 되지 못하는 유한자)의 영혼의 부정이다. 금욕주의가 형식을 고립화시키고 항존적인 것이 되었던 규정을 형식의 외부에 두었던 반면에 회의주의는 모든 규정이 부정이라는 것(omnis determinatio est negatio)을 발견한다. 금욕주의에 있어서 자기의식은 단지 자기 자신에 대한 사유 속에서 스스로를 반성한다. 「그러나 이러한 반성에 반하여 자립적인 현존재나 영속화된 규정성은 실제에 있어서 사유의 무한성으로부터 이탈하기에 이르렀다. 이와 반대로 회의주의에 있어서는 이와 같이 이탈되어 나간 타자의 전적인 비본질성과 비자립성이 의식에 대하여 현시되기에 이른다」(PE, Ⅰ, 171; PG, 155; 정신현상학, Ⅰ, 267).

역사에 있어서 회의주의의 의미

헤겔이 여기서 의미하고 있는 회의주의——자기의식의 전개에 있어서 필연적인 계기——는 근대의 회의주의, 예를 들어 흄의 경험론과 결부되어 있는 현상주의(phénoménisme)와는 아무런 관계도 없다. 헤겔은 예나 시절의 한 논문에서 퓌론(Pyrrhon)의 전통과 결부되어 있는 고대적 회의주의와 근대적 회의주의 사이의 차이를 강조하였다. 근대적 회의주의는 모든 형이상학을 부정하는 것이다. 이러한 회의주의는 경험을 초월하는 것이 불가능하다는 것을 증명한다고 자처하면서 상식이 지닌 「부동의 확신」에 권위를 부여하려고만 할 뿐이다. 우리는 물 자체를 인식할 수 없으므로 진리 자체에 도달하거나 아니면 비판철학이란 허울 아래 경험을 정초짓기 위하여 우리의 정원을 가꾸면서 다만 상식적인 경험을 초월할 것을 주장하는 모든 시도에 반대해야만 한다. 그러나 이와는 반대로 고대적 회의주의는 바로 이 상식이 지닌 부동의 확신에 대항한다. 위대한 희랍의 형이상학자들——예를 들어 플라톤——은 모두 회의주의자로 간주될 수 있다. 왜냐하면 그들은 감각적 규정들이 일반적으로 받아들여질 경우 공허한 것임을 증명하였기 때문이다. 퓌론에 의해 시작된 이 회의주의는 동양사상의 여러 요소가 가미되면서 자기의식에 대하여 어떤 자립성이나 안정성을 지닌 것으로 정립된다고 자처하는 모든 것을 해체시켜 버린다. 生에 있어서 모든 구별들, 인식에 있어서 경험의 규정들, 인륜적 세계에 있어서 구체적이고 특수한 상황들은 사실상 단지 자기의식 내에서의 제 구별태에 불과하다. 그것들은 그 자체로는 어떠한 존재도 지니지 못하여 단지 타자와 관계해서만 존재한다. 인간적 가상은 그것들을 안정된 것으로 여기고 그것들에 어떤 적극적인 가치를 부여한다. 이러한 안정성을 해체시키고 인간이 헛뇌이 집착하고 있는 규정들이 無라는 것을 보여 주는 것이 바로 회의주의의 기능으로, 이는 인간의식의 변증법적 경험 이외의 어떤 것도 아니다. 후에 헤겔은 고대 희극——우리는 또한 낭만주의적 아이러니도 생각해 볼 수 있다——이 이러한 회의주의에 해당하는 예술형식임을 보여 줄 것이다. 이 희극에 있어서 사유에 의하여 용인된 확고한 규정은 그것의 무상성(l'inanité)을 밝혀내는 변증법에 의하여 사라진다. 자기 확신에 反하는 어떤 가치를 가진 것으로 스스로를 정립하려는 모든 것은 허망한 것으로 입증된다. 유한자는 유한할 따름이다. 즉 無일 따름이다. 그러나 어떤 운명보다도 어떤 특수성보다도 우월한 것으로 스스로를 확증하는 의식은 자기 자신을 향유한다. 비극적 의식에 이어서 등장하는 고대 희극의 의식은 실존의 모든 浮沈을 넘어서 고양된 자아이다. 바로 이러한 이유에서 이미 〈자연법의 학적 취급방식에 관하여(Über die wissenschaftliche Behandlungsarten des Naturrechts)〉라는 논문에서 고대의 희극에 관하여 언급하였던 헤겔은 그것을 다시 《정신현상학》에서도 언급하고 있다.

결국 이러한 자기의식이 직관하는 것은 바로 그 자신에게 반대되는 본질성의 형식을 띠고 있는 것이 오히려 자기의 내부에서 그리고 그의 사유와 현존재와 또한 행위 속에서 해소, 해체되며 동시에 어쩔 수 없이 자신을 여기에 위탁하고 있다는 것이다. 이와 같이 여기서 자기의식은 모든 보편적인 것이 자기 자신에 대한 확신 속으로 귀환된 것이 되거니와 그럼으로써 자기에 대한 확신은 일체의 생소한 것에 대하여 지녔던 공포감을 말끔히 씻어 버리거나 또는 그 생소한 것이 하등의 본질적인 실재일 수 없다는 것을 알아차

림으로써 이 의식은 안락한 상태에서 마침내 스스로 그 속에 젖어들게 되거
니와 이러한 상태란 실로 지금의 이 희극 속에서가 아니고서는 그 어디서도
더 이상 발견할 수 있는 것이 아니다(PE, Ⅱ, 257; PG, 520; 정신현상학, Ⅱ,
335~6).4)

이처럼 회의주의와 고대의 희극을 비교하는 것은 처음에는 매우 이
상하게 보일 수도 있지만, 여기서 헤겔이 회의주의에 의해 의미하려
한 것이 무엇이며 또한 희랍의 회의주의자와 「헛되고 헛되니, 모든 것
이 헛되도다」라는 전도서의 구절을 연결시켜 주는 것이 무엇인가를 해
명하기 위하여 매우 필요한 것이었다. 헤겔이 여기서 염두에 두고 있
는 회의주의는 파스칼이 말하고 있는 회의주의와 유사하다. 이러한 회
의주의는 인간의 의식이 그것의 무허성과 위대성을 동시에 느끼도록 해
준다. 헤겔이 이러한 회의주의를 정의하고 있는 다음과 같은 구절이 다
른 식으로 이해될 수 있겠는가? 「사상은 이제 갖가지 양태로 규정된
세계의 존재를 철저하게 무화시키는 사유가 된다. 또한 자유로운 자기
의식의 부정성도 역시 이상과 같이 다양한 生의 형상 속에서 실재적
인 부정성으로 화한다」(PE, Ⅰ, 171~2; PG, 155; 정신현상학, Ⅰ, 267).
여기서 자기의식은 자신에 대한 절대적인 확신에 도달한다. 금욕주
의에서처럼 자기의식은 추상적인 자기정립일 뿐만 아니라 또한 모든
타자를 현실적으로 부정함에 의해서 도달된 자기정립이기도 하다. 자
기의식은 실존의 모든 규정을 절멸시킴으로써 획득된 자기확신이며
주관성의 심연에로 나아간 의식이다. 바로 이런 이유 때문에 현존재
의 모든 浮沈 너머로 고양된 이 행복한 의식은 스스로 끊임없이 부정
하고 있는 것 속에 그 자신이 얽매여 있는 자신의 고유한 불행과 불
운을 발견하게 될 것이다. 회의주의적 의식은 자기 자신의 내면에서
양분된, 찢겨진 의식, 즉 불행한 의식이 될 것이다. 이러한 전개과정
은 아직 자유로운 자기의식의 추상적 개념에 불과한 금욕주의에서 출
발하여 회의주의적 의식을 매개로 하여 불행한 의식으로 나아간다. 어
떻게 회의주의적 의식은 자신의 내면에서 양분되어진 의식이, 즉 하
나의 의식 속의 두 개의 의식이 되는 것일까?

4) 고대 희극과 비극의 대립은 논문 Hegel's 〈*Le Droit Naturel*〉(*S.W.*, éd., Lasson,
t. Ⅶ, pp. 385 ff.) 참조.

회의주의적 의식은 바로 변증법적 경험 자체이다. 그러나 이전 단계에서의 변증법은 의식되지 못한 채 이루어졌던 것인 반면에 이제 변증법은 의식 자신의 활동인 것이다. 감성적 의식은 직접적인 「여기(ceci)」에서 진리를 가진다고 믿었으나 이러한 일이 어떻게 발생할 수 있는지를 알지 못한 채 그 진리가 소멸되는 것을 보았다. 지각하는 의식은 사물의 속성의 외부에 그 사물을 정립함에 따라서 안정된 정립을 확보했다고 생각했지만 사실상 이러한 일이 어떻게 일어날 수 있는지를 알지 못한 채 안정성이 그를 벗어나게 되었다. 이제부터는 의식 스스로기 대상성을 자처하는 타자를 소멸시켜 버릴 것이다. 「이와는 달리 부정적인 운동을 회의주의의 입장으로 옮겨 놓고 본다면 이것은 곧 자기의식의 계기를 이루고 있다. 이때 자기의식에게 있어서는 결코 부지불식간에 자기가 고수해 오던 진리와 실상이 소멸되어 버리는 사태가 야기되는 일은 있을 수 없다. 오히려 그것은 스스로의 자유를 확신하는 가운데 마치 자기가 실재하기라도 하는 듯이 내세우는 타자로 하여금 스스로 소멸되도록 할 뿐이다」(PE, I, 173; PG, 156; 정신현상학, I, 268). 그러므로 의식은 스스로 자신의 자유를 확고부동한 것으로 확신하고, 자유의 경험을 드러내어 그것을 진리에로까지 고양시킨다. 따라서 절대적인 자기확신 이외에는 어떤 것도 실재하지 않는다. 모든 가치, 모든 정립은 자아의 가치이며 정립이다. 그러나 자아는 이러저러한 특수하고 우연적인 자아, 즉 자신의 무상성이 밝혀지게 되는 그러한 자아가 아니다. 그 자아는 모든 특수한 내용에 대한 이러한 부정적 작용 속에서만 드러나는 주관성의 심연 자체이다. 낭만주의적 아이러니에 있어서 시인이 자신이 쓰고 있는 희곡의 여러 인물들을 덧없고 무상한 것으로 간주함으로써 자신을 발견하는 것처럼 자기의식은 모든 형태의 존재를 절멸시키는 가운데 자신에 대하여 확신하게 된다. 「소멸되는 것은 규정된 것, 또는 구별이다. 그런데 이러한 구별은 그것이 여하한 방식으로 존재하든 그리고 어디서부터 연유된 것이든간에 스스로를 고정되고 불변적인 것으로 정립한다」(PE, I, 173; PG, 156; 정신현상학, I, 269). 자기의식의 무한성은 이제 자신의 무화작용 속에서 모습을 드러낸다.

그러나 회의주의는 아직도 자신에 대한 의식에로까지 고양되지 못했다. 회의주의는 파괴를 즐기는 것에 지나지 않으며 순전히 부정적인 것으로서의 변증법적 작용일 뿐이다. 우리는 회의주의적 의식이 어떻게 자신의 고유한 자기확신을 정립할 수 있는가를 살펴 보아야만 한다. 회의주의적 의식이 오직 타자를 부정함으로써만 자기확신을 정립할 수 있다는 것은 명백하다. 그러므로 자기의식은 스스로 이러한 타자에 얽매여 있다. 이런 이유 때문에 이러한 의식의 이중성이 드러나는 것이다. 그러나 아직도 회의주의적 의식은 이 사실을 진정으로 자각하지 못한다. 왜냐하면 만일 이것을 자각한다면 그 의식은 불행한 의식일 것이기 때문이다. 회의주의자는 차이들의 불일치와 자아의 동등성을 대립시킨다. 그러나 이 동등성은 다시 하나의 구별이며, 자신에 대립하여서는 하나의 불일치이다. 바로 이런 이유 때문에 회의주의적 아이러니는 자신에게 대항한다. 이러한 절대적인 자기확신은 그 자신이 아닌 것과 대립하며 따라서 스스로를 대립으로서, 즉 하나의 특수한 의식으로 발견한다. 이러한 이유에서 헤겔은 다음과 같이 말한다. 「그러나 바로 이 점에 있어서 그러한 의식은 자기 동일적 의식이기는커녕 오히려 맹목적인 우연에 지배된 혼미와 현기증이 날 만큼 끊임없이 새로운 불씨를 마련해 가는 혼란에 비길 수 있는 것이다. 결국 이것은 그 의식 자체가 빚어낸 결과일 따름이다. 왜냐하면 바로 그 의식 자체가 이와 같이 스스로 야기되는 혼란과 동요를 간직하며 동시에 이를 부채질해 나갈 뿐이기 때문이다」(PE, Ⅰ, 174; PG, 157; 정신현상학, Ⅰ, 270). 여기서 회의주의적 의식의 모순이 명백히 드러나지만 이것은 아직 그 의식에 대하여 완벽히 드러나는 것은 아니다. 한편으로 회의주의적 의식은 현존재의 모든 *浮沈*을 넘어선다. 즉 그 의식은 자신이 놓여져 있는 구체적인 상황을 부정하여 그것을 순수한 우연성, 즉 정확하게 말하자면 그 의식이 드러내는 비본질성의 비본질적인 차이(구별)로서 간주한다. 그러나 다른 한편으로 회의주의적 의식은 스스로 인정하고 있는 것처럼 보고 듣고(결국에는 그 무상성을 스스로 알게 되는) 주인의 명령에 복종하면서 이러한 상황 속에 구속된 채로 남아 있다. 이것은 모든 것이 무상하며 生이란 단지 한낮의 그림자에 불과하다고 주장하는 사람의 경우에도 마찬가지로 타당한 것이다. 바로 이러한 사유 속에서 그는 모든 무상성을 넘어서서 자신의 숭고한 위대성 속에서 본래적인 자기확신을 정립한다. 그러나 이와 동시에 그는 하나의 우연적인 존재로 드러나게 된다. 그는 자신을 비하시킴으로써 자신을 고양시키지만 그가 고양되어 부동의 확신에 도달했다고 주장하자마자 그는 다시 추락하게 된다. 그의 부동의 확신은 덧없는 生과 관계 맺고 있으며 그의 영원한 사유는 영원한 것에 대한 일시적인 사유일 뿐이다. 그러므로 자기의식의 주관성은 이중적 의식이다. 어떤 때 그 의식은 세계를 괄호쳐서 그 세계를 구성하고 있는 모든 존재의 형태를 넘어서나, 또 어떤 때 그 의식은 이 세계 속에 구속되어 있는 이 세계의 우연적인 단편에 불과한 것이다. 더 자세히 말하자면 이 두 극단의 상태는 분리될 수 없으며 자기의식은 자신의 이중성을 인식하고 이 양자 중 한 상태에만 머물러 있을 수 없다는 것을 깨닫는다. 그러므로 자기의식은 生을 넘어 있으면서도 동시에 生 안에 있는, 고뇌에 찬 生의 의식이다. 그러나 회의주의는 아직 이러한 의식에 도달하지 못한다. 왜냐하면 회의주의는 이 모순의 양극을 자기 자신 안으로 총괄하지 못하기 때문이다.

예컨대 그에게서 동등성의 측면이 강조되고 나면 다시 그는 곧이어서 부등성의 측면을 앞세운다. 그러나 만약 이때 누군가가 자기가 바로 강조한 바 있는 부등성을 타당한 것으로 얘기한다면 또다시 그는 이와 반대되는 동일성을 전면에 세우곤 한다. 그가 끊임없이 내뱉는 말은 모두가 고집불통의 아이들이 벌이는 말싸움과 같은 것이어서, 예컨대 두 아이들 중의 어느 한편이 A라고 말하면 다른 쪽에서는 B라고 하지만 반대로 전자가 B라고 말하면 후자가 이번에는 A라는 주장을 내세우며 끊임없이 말씨름을 벌이는 경우와 같다고 하겠다. 그리하여 실제로는 이들 모두가 다름아닌 자기 자신과의 모순을 지니고 있음에도 불구하고 오히려 그들은 마치 자기들 양자 사이의 모순이 끊이지 않는다는 듯이 여기는 터무니없는 희열을 맛보는 셈이다 (PE, Ⅰ,175; PG,158; 정신현상학, Ⅰ,270~1).

그러나 이러한 회의주의적 의식은 그 의식이 의식에 내재한 모순을 명확히 자각하고 있는 한, 바로 불행한 의식을 자신의 진리로 가진다. 이제부터 보편적인 生의 한가운데서 하나의 자아가 다른 자아와 대면하게 되거나 또는 주인이 밖에서 노예와 대립하게 되는 경우는 더 이상 없을 것이다. 두 가지 의식은 자기의식 자체 내에서 금욕주의와 회의주의라는 자기의식으로 이분화되었다. 모든 자기의식은 그 자체에 있어서 이중적이다. 즉 자기의식은 단 하나의 의식 가운데에 있는 신과 인간인 것이다.

3

불행한 의식

불행한 의식은 《정신현상학》의 근본 주제이다. 의식은 아직 진리와 확신의 구체적 동일성에 도달하지 못했으며, 따라서 자신을 넘어서 있는 것을 목표로 하기 때문에 원칙상 의식 자체는 항상 불행한 의식이다. 행복한 의식은 아직도 자신의 불행을 알지 못하는 소박한 의식이거나 아니면 자신의 이원성을 극복하고 분리를 넘어서서 통일을 발견한 의식이다. 바로 이러한 이유 때문에 불행한 의식이라는 주제가 《정신현상학》 전반에 걸쳐서 여러 가지 상이한 형식으로 드러나고 있음을 발견할 수 있다. [1]

그럼에도 불구하고 불행한 의식은——엄밀한 의미에서——자기의식의 전개에서 귀결된 결과이다. 자기의식은 진리로서 확립된 주관성이다. 그리고 이 주관성은 자신의 불충분성을 발견하고 자신과의 통일에 도달하지 못한 자기(soi)의 고뇌를 체험해야 한다. 우리가 살펴 본 바와 같이 자기의식은 의식의 자기 자신에 대한 반성이다. 이 반성은 生으로부터의 분리를 포함하는데, 이 분열은 너무나 근본적인 것이기 때문에 분열에 대한 의식은 모든 반성이 지닌 불행에 대한 의식이다.

---

1) 예를 들어 「법적 상태(Rechtszustand)」(PE, Ⅱ, 44; PG, 342; 정신현상학, Ⅱ, 52)와 「계몽의 진리」(PE, Ⅱ, 121; PG, 407; 정신현상학, Ⅱ, 157)를 보라.

헤겔은 다음과 같이 말한다. 「生에 대한 의식과 또한 그 生의 현존재 및 행위에 대한 의식은 다만 그와 같은 生의 현존재나 행위에 대하여 지니는 고통일 뿐이다. 왜냐하면 여기서 의식은 다만 자기와 반대되는 것을 본질로 받아들임으로써 오직 자기 자신의 무상함을 의식하는 데 그칠 뿐이기 때문이다」(PE, Ⅰ,178; PG, 160; 정신현상학, Ⅰ,274～5). 이 구절은 자기의식의 불행을 구체적으로 정의하고 있다. 生에 대한 의식은 生으로부터 분리이며 대립적인 반성이다. 즉 生을 의식한다는 것은 곧 참된 生이 不在한다는 것을 인식하는 것이며, 자신이 무상성에 내던져져 있음을 발견하는 것이다. 이처럼 자기의 내면에서 불일치를 느끼고 반성 속에서 자기가 그 자신과 합치될 수 없음을 느끼는 것은 실제로 주관성의 기초를 이루는 것이다. 예를 들어(헤겔이 알고 있던 유일한) 주관성의 철학이며 자기의식의 철학인 피히테의 제1 철학이 불행한 의식으로 끝나는 것은 놀라운 일이 아니다. 또한《정신현상학》의 불행한 의식의 장이 때때로 헤겔에 의해 해석된 피히테의 제1 철학을 연상시킨다는 사실도 놀라운 일이 아니다.

역사적 배경

헤겔은 초기의 신학적 저서를 집필할 시절부터 의식의 불행에 관하여 숙고하였다. 헤겔의 초기 저서에 있어서 주된 관심사는 의식의 불행을 다양한 형태로 기술함으로써 이 고뇌의 본질을 정의하려는 것이었다고 말할 수도 있다. 한때 헤겔은 초개인적인 실재——한 민족의 정신이나 종교——에 몰두하였으며 희랍 민족을 역사에 있어 행복한 민족으로, 유태 민족을 불행한 민족으로 생각하였다. 또한 그는 기독교를 불행한 의식 중 가장 위대한 형태의 하나로 간주하였다. 유태 민족이 역사상 불행한 민족인 것은 이 민족이 제일 처음으로 生으로부터 벗어난 의식에 대하여 총체적인 반성을 수행하였기 때문이다. 희랍 민족이 生의 한가운데에 머물러 있으면서 자연을 사유로, 사유를 자연으로 전치시킴으로써 자기(soi)와 자연의 조화로운 통일에 도달한 반면 유태 민족은 단지 자연과 生에 끊임없이 대립할 수밖에 없었다. 이러한 대립을 통하여 유태 민족은 희랍의 주관성보다 더 심오한 주관성을 발견하였으며 기독교적 주관성과 자연 및 生 사이의 화해를 위한 길을 준비한다. 청년 헤겔의 아브라함(Abraham)에 관한 연구는 잘 알려져 있다. 아브라함은 조상의 땅을 떠났고 生과 인연을 끊었다. 이제 그는 「땅 위의 한 이방인」[2]일 뿐이다. 이 사정은 그의 후손들의 경우에도 마찬가지이다. 아브라함은 후손들의 상징이다. 이 민족은 자체 내에서 본질적인 분열을 일으킬 것이다. 이 민족은 사랑할 수 없게 될 것이다. 그런데 사랑은 무엇을 위한 것인가? 사랑은 모든 반성에 선행하는 원초적 동일성이다. 자신을 둘러싸고 있는 자연에 대한 인간의 사랑, 가족에 대한 사랑, 민족에 대한 사랑에 있어서는 무한자가 유한자 속에 내재되어 있다. 전체 혹은 통일은 부분들 속에 직접 현존하고 있다. 분리는 아직은 잠재적인 것일 뿐이다. 그러나 반성과 더불어 인간은 생동하는 환경으로부터 분리되어 그것에 대립한다. 이때부터 대립이 더욱더 첨예화되어서 무한자는 피안이 되고 유한자는 차안이 된다. 아브라함과 이삭과 야곱의 하나님은 주어진 모든 유한한 실재의 피안에 놓여 있는 숭고성(sublimité) 속에서만 인식된다. 그러나 이와 동일한 이유에서 주어진 모든 실재는 유한성으로 환원되고 무한자로 표상할 수 없게 된다. 유태 민족은 끊임없이 스스로 우상숭배임을 알고 있는 우상숭배자로 전락하도록 운명지워져 있다. 헤겔이 특히 아브라함의 경우에서 검토하였던 반성은 유한자와 무한자의 분리에서 정점에 다다른다. 이로써 무한자의 의식은 유한자의 의식에 수반되고 모든 실존은 유한적 현존재로 환원된다.[3] 유한자와 무한자 사이에는 더 이상 생동적인 관계가 성립하지 않는다. 이것이 바로 헤겔이 「아브라함은 사랑할 수 없었다」라고 썼을 때 의미하고자 한 것이다. 유태교는 숭고성의 종교이며 인간과 신을 분리시키는 종교이다. 유태교는 자유를 가변적 자아로부터 분리시켜 인간을 넘어선 곳에 정립시킨다. 쟝 발(Jean Wahl)의 표현에 의하면 이것은

---

2) 《Études théologiques de Jeunesse》, éd., Nohl, p. 37.

3) 헤겔에 의하면 이러한 이유 때문에 유태인은 유한자에 자기 자신을 부착시킴으로써 유한자를 유한자로 인식하며, 이러한 인식이 부착을 원죄로 만든다는 것이다. 기독교에는 이 세상의 모든 선한 것들로부터의 더욱 심각한 분리가 존재한다. 그러나 이때의 분리는 헤겔이 매우 심층적으로 정의한 운명에서 정점을 이룬다. 이밖에도 기독교는 유태교의 배경에 反하여 등장했다(Ibid., pp. 279 ff.).

「전도된 금욕주의」이다.[4] 금욕주의에 있어서 인간은 직접 신적인 것으로 고양된다. 자기의식은 직접적으로 자신을 자유로운 것으로 정립한다. 유태교에 있어서 인간은 자신의 무상함을 체험한다. 인간은 모든 유한성에 대한 사유이며 신은 필연적으로 결코 도달되지 않는 피안, 즉 유한자의 부정일 뿐이다. 그러나 유태 민족의 역사는 진보되며 이 진보는 우리를 기독교로 인도한다. 아브라함이나 그 이후의 모세에 의해 인간은 자신에 대립하여 인간의 본질인 불변적 신을 정립하고 자신을 비본질적인 것으로 위치시킨다. 다윗과 예언자들에 의해 인간은 이 불변자에게로 고양해 간다. 기독교에 의해 이 불변자와 특수화된 실존 사이에 관계가 성립되어 새로운 화해가 가능하게 된다. 이 화해는 이에 선행하는 분리가 첨예한 것이면 것일수록 더욱더 심층적인 것이라고 할 수 있다. 무한한 화해를 잉태할 수 있는 것은 오로지 무한한 분열뿐이다.

　그러나 기독교는 아직도 진정한 화해는 아니다. 기독교는 다시 새로운 형태의 대립에 이른다. 초기 저작에서 나타난 기독교에 대한 헤겔의 태도는 매우 모호하다. 때로는 헤겔은 기독교를 의식의 불행의 근원으로 간주하고 희랍의 행복한 삶을 기독교와 대립시키기도 한다. 즉 소크라테스를 그리스도와 대립시킨다.[5] 그러나 또 때로는 헤겔은 기독교적 주관성의 심원성을 강조하면서 고대의 異敎思想을 좀더 고양된 형식의 정신적 生의 형태를 성립시키기 위해서 소멸해야만 하는 직접성의 한 단계, 즉 기독교보다 열등한 형태로 간주한다. 이러한 관점에서 볼 때 고대의 비극은 그리스도의 비극의 서곡으로서 사용될 뿐이다. 이것이 베른과, 특히 프랑크푸르트 시절의 헤겔의 연구(〈기독교의 정신과 그 운명〉)의 요점이다. 헤겔이 불행한 의식의 장에 대한 예비적인 초안을 쓴 것은 베른 시절이다.[6] 그는 여기서 고대세계에서 근대세계에로의 이행과정을 연구하고 고대의 시민이 어떻게 도시국가와 그 도시국가의 신들 속에서 자신의 본질을 발견하고 있는가

---

4) J. Wahl, 《*Le Malheur de la conscience dans la philosophie de Hegel*》, éd., Rieder, p. 167.

5) 《*Études théologique de Jeunesse*》, éd., Nohl, p. 32.

6) 이 구절은 *Ibid.*, p. 219 에서도 발견된다. 이 구절에 대한 분석으로는 제V부 제2장을 보라.

를 보여 준다. 희랍인은 도시국가에 참여함으로써 자유로왔다. 그러나 도시국가가 파괴되고 개인은 자기 자신에로 환원되었으나 자신 속에서 자신의 본질을 발견할 수 없었다. 기독교는 바로 이러한 정신 상태에 대응하는 종교를 제시한다. 원죄론은 인간들에게 그가 지닌 불운을 설명해 주었다. 확실히 그리스도는――하나님 아버지, 심판자인 하나님, 초월적 신과 같이――언제나 유한자로부터 분리되어 있는 무한자가 아니다. 오히려 그리스도는 보편자와 특수자의 통일이다. 그러나 이러한 형식에 있어서도 인간의 개별적 의식은 여전히 그리스도로부터 분리되어 있다. 이것이 상이한 분리의 양태라 하더라도 아직도 그 분리는 현재하고 있다. 화해가 진정으로 이룩되는 것은 오직 정신의 통일 속에서이다.

이렇게 (유태 민족의 불행과 기독교적 의식의 불행 등의) 불행한 의식의 양태를 상기해 보는 것은 필수적인 것이었다. 왜냐하면 자기의식의 전개과정에서 우리는 헤겔의 청년기 연구가 진정한 철학적 차원으로 이전되었음을 발견하게 될 것이기 때문이다.

불행한 의식에로의 이행

회의주의로부터 불행한 의식에로의 이행은 쉽게 이해될 수 있다. 쟝발은 다음과 같이 말한다. 「헤겔이 염두에 두고 있는 회의주의는 몽테뉴적이라기보다는 파스칼적이다. 즉 神의 무한한 본질을 피조물의 무상성(néant) 위에 정립하며, 무한자의 이념과 유한자의 이념을 화해시키지 못하는 〈전도서〉의 회의주의이다.」[7] 사실 회의주의자는 生의 모든 구별을 자아의 무상성에 관계시키며, 따라서 그 구별의 무상성을 발견한다. 그러나 동시에 그는 스스로를 실존의 우여곡절에 빠져 있고 그것으로부터 자유롭게 해방될 수 없는 우연적인 의식으로 인식한다. 이러한 이유 때문에 회의주의적 의식은――비록 대자적으로는 그렇지 않지만――즉자적으로는 모순의 의식이다. 이와는 반대로 불행한 의식은 이 모순을 자각하고 스스로를 이분화된 의식으로 간주한다.

---

7) J. Wahl, *op. cit.*, p. 163.

때로 불행한 의식은 生의 우연성 너머로 고양되어서 본래적이며 불변적인 자기확신에 도달한다. 그러나 또 때로는 자신을 규정된 존재로 비하시키고 스스로를 현존재(Dasein)에 구속되어 있는 의식으로 파악한다. 본질을 지니지 않은 가변적인 의식은 「모순을 안고 있는 의식이다」(PE, Ⅰ, 176; PG, 158; 정신현상학, Ⅰ, 274).

자신에게 드러나는 生이 참된 生이 아니라 단지 우연성에 불과하다는 것을 발견한 生의 의식은 여기서 모순의 의식, 즉 내적으로 분할된 자아의 의식과 동일시된다. 의식의 불행은 모순이요, 변증법의 핵심이다. 즉 모순은 개별적인 의식의 불행이다. 우리는 헤겔의 청년기 저작의 두드러진 특징인 범비극주의가 어떻게 철학자의 범논리주의와 동일시되는가를 볼 수 있다. 우리는 이제 자기의식을 특징짓기 위하여 자아의 내적인 분할에 대해 좀더 고찰해 보아야 하겠다. 단지 생동하는 자기의식이 된다는 것은 노예 신분을 거부할 수 있으며 자립성으로 고양될 수 있다는 것이다. 그러나 生 안에서의 자립성은 生에 대한 자유로 변형된다. 주인이나 노예의 상황 같은 구체적인 상황은 엄격히 말하자면 금욕주의자의 자유로운 자기의식에는 비본질적인 것이다. 즉 에픽테토스는 마르쿠스 아우렐리우스보다 덜 자유롭지는 않다. 이러한 단계에 도달하면 주인과 노예의 문제는 내면화되어서 자기의식 속에 자리잡게 된다. 자기의식이라는 것은 야기될 수 있는 모든 피규정적인 상황으로부터 해방될 수 있는 것이며, 본질로서의 자아——이러한 자아에 대하여 生의 흐름은 단지 가상일 뿐이다——에 도달할 수 있다는 것이다. 그러나 스토아의 현인에 의해 현실적으로 실현되었다던 이 순수한 자아, 자유로운 자아는 사실상 회의주의자의 변증법 속에서, 즉 결코 휴식을 모르며 자신에게 닥치는 상황이나 경험을 끊임없이 초월하는 의식의 불안과 불안정성 속에서 자신의 진리를 발견한다. 따라서 자아는 분열된다. 「그리하여 이 새로운 형태의 의식은 그 스스로를 해방하는 불변적이고도 자기 동일자적인 측면과 함께 또한 그 자신이 절대적인 혼미와 자기 전도를 겪는다고 하는 다른 또 하나의 측면을 다 같이 내포하는 오직 일자로서의 이중적인 의식임을 자각하게 된다」(PE, Ⅰ, 176; PG, 158; 정신현상학, Ⅰ, 272). 이미 우리가 회의주의적 의식의 끊임없는 동요로부터 간파한 것처럼, 이러한 분열 상태는 한쪽의 의식이 다른 쪽의 의식이 없이는 결코 정립될 수 없는 그러한 분열이다. 반성은 우리를 生으로부터 분리시킨다. 그러나 이를 통하여 반성은 본질과 비본질을 대립시킨다. 반성은 生을 본질을 결여한 것으로 간주하고 生을 무한성과 대립시킨다. 반대로 이렇게 분리된 무한성은 현존재를 초월하면서 단지 자기의식의 특수성 속에서만 현존한다. 그러므로 무한자는 生의 우연성에 연관되어 있으며, 그 결과 불변자의 의식 자체가 生의 의식에 의해 영향받는다. 그렇다면 의식 내에서의 (주인과 노예 사이의) 이러한 분리가 어떻게 극복될 수 있는가?

　　이렇게 함으로써 앞에서는 두 개의 개별자 즉 주인과 노예로 양분됐던 이중화작용이 어느덧 단 하나의 요인으로 귀착되기에 이른다. 그리하여 정신의 개념 속에 본질적으로 개재해 있는 자기의식의 자기 자체 내에서의 이중성이 현존하게 된 것은 분명하지만, 그러나 아직은 이 이중성이 통일되지 못하고 있다. 그러므로 이제 여기에 불행한 의식은 중복화된, 즉 바로 자기 자신이 간직하고 있는 모순된 본질을 지닌 의식으로 등장할 수밖에 없는 것이다(PE, Ⅰ, 176; PG, 158; 정신현상학, Ⅰ, 272~3).

이 불행한 의식은 안정된 통일을 열망하는 추관성이다. 불행한 의식은 生과 生을 넘어서는 것을 의식하는 자기의식이다. 그러나 불행한 의식은 자체 내에서 자신의 진리를 발견하지 못하는 주관적 불안과 같이, 이 두 계기 사이에서 동요할 수 있을 뿐이다. 그러므로 자기의식, 즉 生에 대한 반성은 자유에의 고양인 것처럼 보이지만, 이때의 고양은 주관적 불안이며 정신의 개념에 있어 본질적인 이원성을 탈피할 수 없는 것이다. 그러나 불행한 의식의 변증법이 지닌 의미는 자신의 불행을 스스로 넘어선다는 데 있다. 이렇게 초월함으로써 자기의식은 자신의 주관성을 뛰어넘어 자신을 소외시키고 자신을 존재로서 정립하게 된다. 그러나 이때 존재 자체가 자기의식이 될 것임에 틀림없으며, 자기의식은 존재가 될 것이다. 이것이 자기의식과 의식의 새로운 통일이다. 우리는 이 운동을 추적해서 이 운동의 종말이 현실화된 자기의식의 소외로 드러나게 되는 과정을 살펴 보아야 한다. 우리는 계속해서 가변적 의식으로서의 불행한 의식을 불변적 의식에 앞서서 고찰하고 그리고 나서 의식에 있어서의 불변자——주관성에 있어서의 구체적 보편자——의 형태를, 마지막으로 자기의식과 실재의 통일의 문제를 차례로 검토하게 될 것이다. 만일 이 각각의 단계에 대한 역사적 실례를 든다면 첫번째 단계는 유태교에, 두번째 단계는 초기 기독교의 형태에 대응하며, 세번째 단계는 유럽의 중세로부터 르네상스에로 그리고 근대적 이성에로 나아간다. 그러나 이것들은 금욕주의와 회의주의의 경우처럼 역사적 예에 지나지 않는다. 실제로 헤겔이 기술하고자 했던 것은 존재의 의식에로 복귀하게 하는 자기의식의 도야, 즉 주관성의 세련화이다.

가변적 의식

헤겔은 먼저 이 전개과정 전체의 방향을 지시한다. 불행한 의식은 아직 실존을 지닌 생동하는 정신이 아니다. 정신——헤겔 체계에서의 절대자——은 추상적으로 말하자면 동일성과 이원성의 통일이라고 특징지울 수 있다. 자기의식은 아직 절대적으로 통일 속에서 자신을 정립할 수 없다. 그러나 본래적인 자기확신에로 고양된 모든 의식에 강요되어 있는 듯한 형이상학적 유아론은 유지될 수 없는 이론이다. 生의 영역에서 하나의 자기의식은 필연적으로 또 다른 자기의식과 만난다. 이러한 만남은 실존의 가장 곤욕스러운 사실이다. 세상에는 나의 관점과는 다른 관점이 존재하며, 이 또 다른 관점은 나의 관점과 마찬가지로 타당한 것이다. 게다가 나는 오직 내가 타인에 의해 인정되고 또 단지 나 자신이 타인을 인정하는 경우에 한해서만 존재한다. 그러므로 자기의식은 그 심연에 있어서 이중적인 것이다. 자기의식은 자기 자신과 대립하며, 또한 자신을 또 다른 자기의식으로 경험한다. 이제 주인과 노예는 신과 인간이다. 그러나 인간은 신 없이 존재하지 않는다는 것이 인정될 경우, 역으로 신도 인간 없이는 존재하지 않는다. 그럼에도 불구하고 통일은 하나의 의식을 다른 의식에로 흡수시키지 못한다. 양자는 불행한 의식이 하나의 자기의식에서 다른 자기의식에로 끊임없이 이행해 가는 것과 같은 방식으로 서로 대립해 있다. 「모름지기 불행한 의식이라고 하는 이 하나의 의식 속에는 언제나 그 자신과 다른 또 하나의 의식이 있게 마련이다. 그리하여 비록 이 양분된 불행한 의식이 스스로의 이중성을 단일화시키는 데서 오는 승리감이나 안정감에 젖어들 수 있을지라도 그는 곧 다시 일단 마련된 듯이 보이던 통일된 상태로부터 스스로 축출되고 만다」(PE, Ⅰ, 176~7; PG, 158~9; 정신현상학, Ⅰ,273). 「(자기의식이) 이러한 이행인 한, 즉 하나의 자기의식이 또 다른 자기의식을 관조하는 행위인 한」 자기의식은 이원성 내의 통일이다. 이러한 매개는 실존하는 정신 자체이며, 정신의 역사로서 실현될 것이다. 그러나 정신에 있어서 대립은 통일을 수반하며, 통일은 대립을 수반한다. 이에 반하여 불행한 의식에 있어서는 대립이 지배적인 것이다. 「두 자기의식의 통일도 또한 불행한 의식의 본질이다. 그러나 대자적으로 불행한 의식은 아직 이러한 본질 자체가 되지 못했으며, 또 두 자기의식의 통일에 이르지도 못했다」(PE, Ⅰ,177; PG, 159; 정신현상학, Ⅰ, 273).

첫번째의 대립형식은 불변자와 가변자, 본질과 비본질 사이의 대립이며, 구체적인 예를 들자면 유태교에 있어서의 신과 인간 사이의 대립이다. 그러나 신은 아직도 구체적인 보편자는 아니다. 바로 이러한 이유 때문에 헤겔은 우선 「가변적(changeant)」 「다양한(multiple)」이라는 수식어에 대립하여 「불변적(immuable)」 「단일한(simple)」이라는 수식어를 사용한다. 의식이 후에 좀더 발전된 형태로 자신의 본질을 표상하게 되면 「보편적(universel)」과 「개별적(singulier)」이라는 수식어가 대립하게 된다. 즉 신은 보편자이며 인간은 개별자가 될 것이다. 그러나 보편자와 개별자의 통일은 그리스도의 육화(l'incarnation)로 실현될 것이다.

대립의 첫번째 계기를 살펴 보자. 회의주의적 의식은 불행한 의식이 된다. 회의주의적 의식은 자신의 특수한 生의 무상성을 발견한다. 자신의 현존재에 관한 의식, 자신이 세계 속에 현존하고 있다는 의식은 동시에 이 특수하고 가변적인 상황의 무상성을 의식하는 것이다. 왜냐하면 또 다른 의식이란 회의주의적 의식에 있어서는 불변적이고 단순한 자기확신에 대한 의식이기 때문이다. 그러므로 반성은 진정으로 대립적인 것이다. 참된 자기확신은 生을 넘어서 있는 본질로서 정립된다. 이에 반하여 가변적이고 다양한 生은 차안으로서 비본질적인 것으로 정립된다. 「본질」과 「비본질」이라는 표현은 의도적으로 선택된 것이다. 이 표현은 그 두 상태가 서로 연관되어 있다는 것을 드러내 보여 주기 때문이다. 의식은 이러한 모순의 의식이기 때문에 가변적인 의식의 측면에 자리하고 자기 스스로 비본질적인 것으로 드러난다. 헤겔은 유태교가 본질을 실존의 피안에 정립하고 신을 인간의 외부에 정립한다고 말한다. 극단적인 이원성을 자각함으로써 나는 비본질적인 것과 일치된다. 나는 단지 무상함에 지나지 않는다. 나의 본질은 초월적인 것이다. 그러나 나의 본질이 나 자신 안에 있지 않고 나의 외부에 정립되어 있으므로, 필연적으로 나는 나를 비본질적인 것으로부터 해방시킬 수 있도록 나 스스로를 회복하려고 노력한다. 그러므로 인간의 生은 자기 자신을 획득하려는 끊임없는 노력이다. 그러나 이 노력은 헛된 것이다. 왜냐하면 불변적 의식은 원칙상 초월적인 것으로 정립되었기 때문이다. 「결국 여기서는 서로의 적수를 향한 투쟁이 전개되지만, 이때 적수에 대한 승리는 오히려 패배를 의미할 뿐이다. 즉 여기서 자기 나름으로 성취했다고 여기는 것도 실은 그와 반대되는 의미를 지닌 상실에 지나지 않을 뿐이다」(PE, I, 178; PG, 159~60; 정신현상학, I, 274).[8] 스스로를 해방시키기 위한 불행한 의식의 고행 자체가 가변적이고 다양한 의식이다. 해방은 사실상 비본질적인 것으로의 추락이다. 헤겔은 청년 시절의 메모에서 다음의 두 경우에 대하여 말하였다. 즉 이상이 자아 내에 있는 경우에 이상은 이상이 아니다. 또는 이상이 자아의 외부에 있을 경우에 나는 그 이상에 결코 도달할 수 없다. 이 구절에서 중요한 것은 분리의 의식이다. 이 의식은 자신의 본질을 소외시켜 그것을 초월적인 것으로 정립하는 유태 민족의 의식이다. 유태 민족은,

즉자대자적으로 있어야 할 그 자신의 상태, 즉 진정한 그 자신의 본질에 눈뜨지 못하고 있다. 그 민족은 오히려 그러한 자기 본질을 스스로의 피안

---

8) 헤겔은 이중화된 의식이 즉자적으로는 하나의 의식이라고 주장한다. 이러한 이유에서 「불행한 의식이 두 의식에 부여한 입장은 상호 무관심일 수가 없다. ……불행한 의식 자체가 직접적으로 이 두 의식이다. 그에게 있어서 양자 사이의 관계는 본질과 비본질 사이의 관계와 같아서, 결국 비본질은 지양되어야만 하는 것이다」(PE, I, 177; PG, 159; 정신현상학, I, 274).

에 정립해 놓고 그리하여 이와 같은 외화(Entäußerung)에 의해서 비로소 더 높은 존재의 단계로 올라설 수 있는 가능성을 마련하게 된다. 즉 여기서 유태 민족은 단순한 존재의 직접적인 상태 속에 안주하고 있는 것이 아니라 일단 그와 같이 도태시켜 버렸던 대상을 다시금 자기 내면으로 환수할 수 있었다는 것이다(PE, Ⅰ, 282; PG, 250; 정신현상학, Ⅰ, 411).

왜냐하면 정신이 그것으로부터 자기 스스로에게 복귀하는 대립이 크면 클수록 그만큼 정신도 점점 위대해지기 때문이다. 그러나 신은 다가설 수 없는 주인으로 인식되고 인간은 노예라고 생각된다. 주인과 노예라는 역사적 범주가 종교적인 범주로 전이된 것이다. 인간은 스스로를 비하하고 자신을 비본질적인 것으로 정립한다. 따라서 인간은 무한히 초월적 본질을 향하여 고양해 가려고 한다.

여기서 헤겔에 의해 기술된 첫번째의 대립형식은 피히테의 체계와 《지식학의 기초》에서 칸트의 《비판철학》을 실천이성의 우위로 해석한 것을 연상시킨다. 피히테는 라인홀트에게 보내는 편지에서 「처음부터 끝까지 나의 체계는 자유의 개념에 대한 분석일 뿐이다」라고 말했다. 그는 또 「《지식학의 기초》의 내용은 간략하게 말하자면, 이성은 절대적으로 자율적이며 오직 자기 자신을 위하여 존재하며, 또한 그 이성을 위하여 있는 것은 오로지 이성 자신일 뿐이다」[9]라고 덧붙였다. 그러나 헤겔이 처음부터 언급했던 것처럼 이러한 종류의 자유에 대한 철학은, 자기(soi)가 자신의 자유 속에서, 즉 자신의 정립적 동일성(identité thétique) 속에서 자신을 진정으로 파악하지 못하게 한다. 이상은 처음부터 확실히 제1 원리, 즉 절대적 자아 속에 정립된다. 그러나 이러한 절대적 자아, 자기정립(thèse)은 모든 변증법을 넘어서 있는 것이다. 처음에 정립된 절대적 자아는(첫번째 《지식학의 기초》의 마지막에서 정립된 자아인) 절대자를 향하려고 하는 유한한 실천적 자아와 혼동되어서는 안 된다. 헤겔에 의하면 피히테가 획득할 수 있는 최고의 종합은 단지 불행한 의식의 표현이다. 자아는 스스로를 유한한 것, 단지 유한한 것으로 파악한다. 그러나 이와 동시에 자아는 무한한 자아이기 때문에(그것이 참된 자아라면 무한한 것일 수밖에 없다)

---

9) Fichte, 《S. W》., Ⅱ, p. 279.

자아는 자신의 한계를 넘어서고자 열망한다. 자아는 자신에게 언제나 초월적인 자기정립(thèse)을 회복하려고 노력한다. 따라서 이 자유의 철학 전체는 유한한 자아와 절대적 자아의 치유불가능한 이원성에서 정점에 도달하며, 스스로를 회복하기 위하여 계속 되풀이되는 자아의 노력인 종합에서 정점에 도달한다. 그러나 자아는 이미 실패하도록 운명지워져 있기 때문에 이 노력은 거짓된 무한에 지나지 않는다.[10] 칸트의 자율성을 언급하면서 헤겔은 「자아의 밖이 아니라 이제 자아 안에 주인이 정립된다」고 말하였다. 그러나 이때 주인과 노예의 관계는 더욱 강하게 존립하게 된다.

피히테는 실천이성의 관점으로부터 비판철학 전체를 재구성하려고 했지만 주인과 노예의 대립을 내면화하는 데 그치고 말았다. 자유로와야 할 자아는 단지 자신의 무상성만을 의식할 뿐이다. 그의 자유는 그를 초월해 있다. 「이러한 자기 자신의 무상함을 되씹어 가는 과정에서 불변자를 향하여 스스로 고양되어 나간다. 그러나 그러한 고양 자체가 불행한 의식이다. 따라서 그것은 직접적으로 그와는 반대되는 것에 대한 의식, 즉 (불변자가 아닌) 개체로서의 자기 자신에 대한 의식이 되는 것이다.」 절대적 자아에 도달하기 위하여 끊임없이 노력하지만, 단지 유한한 자아에밖에 도달하지 못하는 종합은 유한한 종합이며 자신에 대하여 반성하지 않는 반성이다. 만일 자신에 대하여 반성한다면, 그 반성은 절대적 자아가 동시에 유한한 자아이며 양자의 대립은——처음의 정립과 마찬가지로——하나의 계기에 지나지 않는다는 것을 알게 될 것이다.

불변자의 형태

인간과 신의 분리에 대한 의식인 유태교는 양자의 통일의 의식인 육화(incarnation)에로 나아간다. 그러나 여기서 불행한 의식의 의미가 변화된다고 말할 수 있다. 이제까지 불행한 의식은 자신의 본질을

---

10) 이 점에 대해서는 헤겔이 피히테의 사상에 대한 분석을 행한 《*différence des systèmes de Fichte et de Schelling*》 (*S.W.* éd., Lasson, Ⅰ, p. 53)을 참조. 「체계의 결과는 출발점으로 되돌아가지 않는다.」

자체 내에 지니지 못하고 그것을 초월적인 상태에서, 즉 「존재를 넘어선 一者」에서 추구하여야만 하는 生의 무상성(vanité)에 대한 의식이었다. 이제 生과 개별적 실존에 대한 의식은 더욱 심층화되어 갈 것이다. 의식의 불행은 개별적 실존 자체와, 즉 주관성과 동일시될 것이다. 이때의 주관성은 이제 더 이상 본질을 결여한 주관성이 아니라 자신의 본질이 그것을 파악하고자 하는 의식으로부터 언제나 벗어나 있는 주관성이 될 것이다. 「동시에 이와 같은 본질은 영원히 도달할 수 없는 피안과 같은 것이어서 우리가 그것을 포착하려는 순간이면 어느덧 그것은 제자리를 피해 버리거나 오히려 이미 도피해 버린 뒤가 되고 만다」(PE, I , 183; PG, 164; 정신현상학, I , 281). 독일 낭만주의에 의해 해석된 기독교는 개별적인 실존의 무한한 가치에 대한——아직 사상은 아니지만——감정(sentiment)이다. 「결코 다시 나타나지 않을 것을 사랑하라.」 불행한 의식이 처음으로 자신의 외부에 정립했던 초월적인 상황과 生의 개별적인 상황이 역설적인 방식으로 결합된다. 「존재를 넘어선 一者」에서 「존재와 결합된 一者(l'un conjoint à l'être)」(PE, I , 180; PG, 161; 정신현상학, I , 276)에로의 이행이 실행된다. 불행한 의식은 사실상 모순관계의 양항 중 그 어느 한 항에 고정되어 있지는 않다. 불행한 의식은 이 이원성을 뛰어넘는 운동으로 발견된다.

이러한 자기 자신의 무상함을 되씹어 가는 과정에서 불행한 의식은 스스로 불변자를 향하여 고양되어 나간다. 그러나 그러한 고양 자체가 불행한 의식이다. 따라서 그것은 직접적으로 그와는 반대되는 것에 대한 의식, 즉 (불변자가 아닌) 개체로서의 자기 자신에 대한 의식이 되는 것이다. 의식 속에 들어온 불변자는 바로 그러한 이유로 해서 동시에 개체와 접촉하며 또 오직 이 개체와 함께 함으로써만 자신을 현출시킬 수 있게 된다. 따라서 이러한 개체가 불변자의 의식 속에서 소멸되기보다는 오히려 불변자가 그 개체 속에서 끊임없이 고개를 들고 나오는 것이다(PE, I , 178; PG, 160; 정신현상학, I , 275).[11]

---

11) 헤겔이 여기서 (유대교의 예언자에 대응하는 것으로) 지적한 진보란 다음의 것인 듯하다. 처음에 가변적 의식은 자기 자신을 그 자신의 본질에 대립시킨다(가변적 의식이란 오직 우리에 대해서만 양측면 사이의 관계이다). 다음으로 가변적 의식은 그 자신에 대해서 주관성의 운동, 즉 고양으로 화한다. 이때부터 (자기와 그 본질이

  의식의 개별적 운명은, 구약의 〈시편〉이나 히브리의 예언자들에 의
해 환기된 이러한 고양 속에서 부각된다. 의식의 운명은 자기 자신을
뛰어넘는 것이다. 그러나 「자기로부터 자기를 해방시키려는」 의지, 즉
「자신을 자신의 공허성으로부터 해방시키려는」 의지는 그 자체가 개
별적 의식이다. 따라서 이러한 의식의 운명은 자기 자신을 뛰어넘으
면서도 아직도 자신의 내면에 머물러 있음을 인식하는 것이다. 고양
자체가 의식인 것이다. 이러한 이유에서 불변자는 개별적 실존의 한
가운데서만 도달될 수 있으며, 개별적 실존은 불변자에로의 고양 속
에서만 출현한다. 따라서 솔로몬의 지혜는 구체적인 존재, 즉 다윗
의 아들 속에서 체현되어야만 한다. 이제부터 불변자의 한가운데로
개별적 실존이 고양되며 불변자가 개별적 실존의 한가운데서 출현하
는 것을 살펴 볼 수 있다. 그리스도는 「나를 본 자는 나의 아버지를
본 것이다」라고 말한다. 따라서 불변자는 더 이상 반성이 生과 대립
시키는 초월적 상태가 아니다. 불변자는 존재와 결합되어 있으며 하
나의 형태(Gestalt)로서 제시된다. 이제 헤겔의 분석에서 주제를 이루
는 것은 바로 자기의식과 이렇게 형태화되고 체현된(incarné) 불변자
사이의 관계이다.

  따라서 보편자와 개별자, 불변적 의식과 가변적 의식 사이의 통일
인 신의 체현, 즉 역사적인 그리스도의 형태가 의식에 대하여 산출된
다. 보편자와 개별자, 영원한 진리와 역사적 실존 사이의 직접적인
통일이 이룩된다. 「나는……진리요, 생명이다.」 이제부터 불행한 의
식에 의해 추구된 통일은 이 의식에 있어서 실현되지만, 이때의 통일
은 여전히 하나의 직접적인 통일이며 따라서 모순으로부터 자유로와
진 통일이 아니다. 불행한 의식과 그리스도와의 관계에 있어서 기독
교적 의식은 불행한 의식으로 발견될 것이다. 헤겔은 의식과 그 본질
사이의 가능한 세 가지 관계를 구분하였다. 첫째로, 개별적 의식으로
서의 의식은 불변자에 대립한다. 인간은 無이며, 신은 주인이요, 심
판자이다. [12] 헤겔은 이것을 아버지의 왕국(règne du Père)이라고 불렀

란) 양측면은 의식에 있어서 불변자의 형태로 관계지워진다. 그러나 그 형태는 여전
  히 의식에게는 낯선 것이다.

12) 「의식에게 있어서 첫번째 불변자는 단지 개별자를 부인하는 소원한 본질일 뿐이

다. 둘째로, 신이 개별적 실존의 형식을 취한다. 따라서 이 개별적 실존은 실존의 양상을 띠고 있는 불변자의 형태이다. 이것이 아들의 왕국(règne du fils)이다. 세번째로, 실존이 정신이 된다. 실존은 정신 속에서 자신을 재발견하고, 대자적으로 자신의 개별적 실존과 보편자의 화해를 자각하게 된다. 이것이 정신의 왕국(règne de l'esprit)이다. 첫번째 왕국은 우리가 검토했던 불행한 의식의 첫번째 형태, 즉 의식의 자체 내에서의 절대적 분리에 대응한다. 두번째 왕국은 불변자의 형태에 대응하며, 세번째 왕국은 불행한 의식이 극복되도록 해주는 화해에 해당한다(PE, Ⅰ,179; PG, 160; 정신현상학, Ⅰ,275~6).

우리는 본체론(nouménologie)적 관점이 아니라 현상론(phénoménologie)적 관점에 서 있다. 신으로부터 온 것과 인간으로부터 온 것, 즉 은총과 자유의지는 분리될 수 없다. 그러나 여기서 우리는 절대적 정신의 즉자대자적인 운동을 검토하는 것이 아니라 의식의 일면적인 경험만을 검토하고 있다(PE, Ⅰ,179; PG, 161; 정신현상학, Ⅰ,276).[13] 어떠한 경우에서든, 불변자는 의식에 대하여 감각적 형태를 취한다. 따라서 불변자는 더 이상 존재의 피안에 있는 일자가 아니라 존재와 결합된 일자이다. 그리고 불변자는 감각적인 「이것(ceci)」의 변증법 속으로 이끌려 들어간다. 불변자는 하나의 형태를 취하여 감각을 통하여 자기의식에 드러나는 것이기 때문에 필연적으로 소멸되며, 그가 취한 형식 때문에 초월적인 피안의 경우와 마찬가지로 의식에겐 다가설 수 없는 것이 된다. 처음에는 보편자와 개별자의 직접적인 통일이 실현된다. 이때의 직접성은 자기의식으로부터 통일을 멀리 떨어뜨려 놓는다. 사도들은 그리스도를 보았으며 그의 가르침을 들었다. 한때 神적인 것이 세계 속에 현시되었다. 그러나 신적인 것은 시간 속으로 사라져 버렸고 자기의식은 「신은 죽었다」는 것을 인식하였다. 「존재와 결합된 일자의 본성에 의하여 그리고 또 이러한 일자가 마련해 놓은

다」(PE, Ⅰ,179; PG,160; 정신현상학, Ⅰ,276; 방점은 저자).

13) 즉자적으로, 다시 말하면 우리(철학자)에게 있어서 운동은 이중적이며 상호적인 것이다. 개별적 의식은 신에게로 고양되나, 신은 개별적 의식 속에서 스스로를 실현한다. 「따라서 불변적 의식은 동시에 개별적 의식이고, 운동 역시 불변적 의식의 운동이다. ……그러나 이상과 같은 고찰들이 오직 우리에게만 속하는 한, 그것들은 이 자리에 어울리는 것은 아니다」(PE, Ⅰ,179; PG, 161; 정신현상학, Ⅰ,276).

현실로부터 바로 이러한 일자는 필연적으로 시간의 흐름 속으로 사라져 버리고 공간적으로도 어딘가 먼 곳에, 그야말로 손이 미칠 수 없는 머나먼 곳에 자리잡은 것으로 그칠 수밖에 없다」(PE, Ⅰ, 180; PG, 162; 정신현상학, Ⅰ, 278). 신은 인간이 되었다. 여기에서 환원불가능한 역사성이 성립한다. 그럼에도 불구하고 이 임재가 지양되고 (aufgehoben) 역사적인 「지금」을 넘어서기 위하여는 정신이 이러한 역사성을 초극하여야 한다. 낭만주의나 역사성은 보존되어야만 하되 합리성과 연관되어야 한다. 양자는 혼합되어야만 한다. 헤겔은 종교의 실정성(positivité)과 기독교의 운명에 관한 청년기 저작 전반에 걸쳐서 이러한 역사적 요소와 이것을 동화시키려는 자기의식의 노력에 대하여 성찰하였다. 죽은 신은 生을 인식하지 않는 신 못지 않게 다가서기가 어렵다. 그렇지만 육화는 보편적인 의미를 지닌다. 육화를 통하여 자기의식과 현실(réalité effective)간의 통일의 문제가 새롭게 정립된다.

자기의식과 현실간의 통일

불행한 의식의 전개과정의 마지막 부분은 의식과 자기의식의 통일이다. 이것을 헤겔은 「이성(raison)」이라고 부른다. 헤겔의 풍부하고 구체적인 논의의 상세한 내용을 검토하기 전에 전개과정 전체의 의미를 환기해 보도록 해야겠다. 불행한 의식은 본질적으로 주관성을 표현한다. 즉 그것은 즉자적인 것에 대립된 대자적인 것을 표현하고 또는 헤겔의 표현대로 보편성과 대립되어 있는 개별성을 의미하는 것이다. 따라서 불행한 의식은 대자적으로 자신의 진리가 되려는 자기 확신의 노력으로 나타난다.

우리는 이러한 불행의 의식이 그 자체로서 전적인 행복에 도달한 희극적 의식의 대립자이며 완성임을 알 수가 있다. 모든 神的 본질은 희극적 의식 속으로 복귀한다. 달리 말하자면 이 의식은 실체의 완전한 외화(소외)이다. 그런가 하면 이와 반대로 불행한 의식은 즉자대자적으로 존재해야만 하는 자기확신의 비극적 운명인 것이다. 불행한 의식은 이러한 자기확신 속에서의 모든 본질성의 상실, 특히 자기知의 상실――자기의 상실일 뿐만 아니라 실체의 상실——에 관한 의식인 것이다. 그리하여 이 의식은 「신은 죽었다」라고 하는 힘겨운 한마디를 토해 내는 고뇌의 표시이기도 한 것이다(PE, Ⅱ, 260; PG, 523; 정신현상학, Ⅱ, 340). [14]

자기확신이나 대자적인 것은 정확히 말하자면 결코 도달될 수 없는 것이다. 이것은 단지 「실체를 결여한 의식 자체의 운동」(PE, Ⅱ, 86; PG, 377; 정신현상학, Ⅱ, 108)에 지나지 않는 주관성이기 때문이다. 이 구절 전체는 자기 자신으로부터 끊임없이 도주함으로써 즉자대자적이어야만 하는 자기확신, 즉 대자적인 것이 자기 자신과 합치하거나 일치할 수 없다는 것을 표현하고 있다. 자기확신이란 결코 주어지지 않는 자신과의 일치를 향한 영원한 초월이다. 의식은 결코 본연의 자신(ce qu'elle est)이 아니다. 그는 그를 잡아 가두려는 모든 규정—— 주어진 모든 구체적인 상황을 거부한다. 회의주의는 이처럼 자기의식이 자신으로부터 끊임없이 도주하고 있는 상태를 표현하고 있다. 그러나 회의주의는 자신을 인식하지 못한다. 회의주의는 이 부정성이 자신의 주관성 속에서 항상 자기 자신을 초월하려 하며, 동시에 대자적인 것일 수도 있는 즉자적 상태——이것은 얼핏 보기에는 자기 모순적으로 보이는 내용이다——에 도달하려는 자기의식의 불행임을 파악하지 못하고 있다. 자기의식은 자기(soi)가 되기를 원하며 자기 자신과의 동일성 속에서 정립되기를 원한다. 그러나 이 동일성은 사물로서 주어진 것이 아니다. 주어진 모든 것은 자기의식에 의해 부정된다. 그러므로 자기확신은 가변적 의식, 즉 결코 완전하게 자기 자신일 수 없는 의식으로 체험된다. 따라서 의식의 초월운동은 자기 자신을 벗어나 불변차, 즉 아무것도 결여하지 않았으며 즉자대자적이라고 정의되는 보편자를 향해 간다. 왜냐하면 만일 의식이 스스로를 초월하여 향해 가는 목표로서 파악하고 있는 것이 단지 즉자적인 것이

---

14) 내가 보기에 헤겔은 이 구절에서 의식의 본질을 표현하고 있는 것 같다. 의식은 즉자대자적이어야만 하는 주관성(자기확신)이다. 그러나 이와는 반대로 의식은 그의 자기확신이 곧 자기상실이라는 것을 발견한다. 의식이 절대적으로 대자적인 것일 때 의식은 즉자적인 것일 수 없다. 그러므로 의식은 자신을 소외시키고 자신을 존재하도록 함으로써 마침내 존재 속에서 자기 자신을 실존하는 정신으로서 재발견하여야만 한다.

라면 그때의 초월은 의식을 무화시키는 것일 수도 있기 때문이다. 이 것이 위에서 인용된 헤겔의 「즉자대자적이어야만 하는 자기확신의 비극적 운명」이라는 구절이 의미하는 것이다. 덧붙여 말하자면, 이러한 자기확신은 대자적인 상태——부정성——로 있으면서, 자기확신으로서는 동시에 즉자적이면서 대자적일 수는 없다는 것을 발견한다는 것이다.

의식은 즉자적인 진리 자체를 파악했다고 자처하였지만 단지 대자적인 확신으로 추락했을 뿐이다. 확신은 자기 자신에 도달했다고 자처하지만 오직 자신을 소외시킴으로써만 자신에게 도달한다. 따라서 불행한 의식이 자신의 주관성에서 탈피하여 스스로 하나의 사물이 될 때 대상성——실체——이 다시 성립된다. 헤겔 관념론의 의미를 구성하는 이러한 이중적 운동의 결과로서 정신(Geist)이 나타난다. 「한편으로는 실체가 자기 자신으로부터 외화되어 어느덧 자기의식으로 화하는가 하면 이와 또 다른 면에서는 자기의식이 스스로 그 자신으로부터 외화됨으로써 물성이나 보편적인 자기로 화한다고 하는 것이다」(PE, Ⅱ, 263; PG, 525; 정신현상학, Ⅱ, 343). 그러므로 불행한 의식의 전개과정 전체는 자기 자신을 포기하며, 이러한 자기부정을 통하여 대상성을 다시 성립시키는 주관성의 전개과정을 표현하는 것이다. 그러나 이때의 대상성이란 더 이상 순수하고 단순한 즉자 상태가 아니라 대자적인 즉자 상태나 또는 즉자적인 대자 상태가 된 대상성이다. 즉 이때의 대상성이란 동시에 주체이면서 자기 자신을 본연의 상태(ce qu'elle est) 로서 정립하는 실체이다. 현대의 대부분의 사상가들은 이러한 즉자적인 것과 대자적인 것의 종합이 가능하지 않다고 본다. 그들이 헤겔의 체계를 하나의 체계로서 비판하는 것도 바로 이러한 이유에서이다. 그들은 일반적으로 헤겔이 「정신」이라고 부르는 것보다 「불행한 의식」이라고 부르는 것을 더 좋아한다. 그들은 헤겔이 자기확신이란 즉자적 상태에 도달하지는 못하지만 그럼에도 불구하고 이 즉자 상태로의 초월운동을 통하여만 존재한다고 기술한 것을 받아들인다. 그러나 그들은 개별적인 자기의식——주관성——이 보편적인 자기의식——물성 (Dingheit)——이 되며, 이러한 운동에 의하여 존재가 주체로 정립되며 주체가 존재로 정립된다는 헤겔의 견해를 받아들이지 않는다. 그들은 헤겔의 존재론을 거부하고 그의 현상학을 수용한다. 우리는 여기서 이러한 논쟁에 대해 다루지는 않을 것이다. 우리는 단지 가능한 한 명백하게 《정신현상학》이 보여 주려고 한 것만을 밝히려고 한다. 그런데 불행한 의식의 변증법이 지닌 의미는 확실하다. 헤겔은 이것을 다음과 같이 명료하게 표현한다. 「불행한 의식의 형태 속에서 자기완성에 이르는 자기의식이란 곧 스스로를 다시금 대상성으로 고양시키기 위하여 각고의 노력을 기울이면서도 결코 그 대상성에 도달하지 못하는 정신의 고뇌에 지나지 않는 것이다」(PE, Ⅱ, 203; PG, 473; 정신현상학, Ⅱ, 263).

즉자와 대자의 통일은 먼저 자기의식에게 生의 피안에 있는 자신의 본질로서, 즉 불변자로서 나타난다. 그리고 나서 이 본질은 다시 자기의식에게 육화된 것으로 나타난다. 즉 불변자는 불행한 의식과 같은 개별적인 자기의식, 즉 구체적 형태로 나타난다. 「따라서 이러한 개별적인 자기의식과 이 자기의식이 지닌 불변적 본질과의 통일」(PE, Ⅱ, 203; PG, 473; 정신현상학, Ⅱ, 263)이 자기의식에 있어서 실현된다. 그러나 이 통일이 자기의식에 대해서 있는 한 이 통일은 아직 자기 자신이 아니며 생동하는 정신이 아니다. 개별적인 자기의식은 아직도 보편적인 자기의식으로 정립되지 않는다. 우리는 이제 이 전개과정을 세밀하게 검토할 것이다. 마지막 단계에서 개별적 의식은 자신의 일면적인 주관성을 포기하고 자기 자신을 초월된 개별성으로 정립하게 될 것이다. 스스로를 새로운 형태로서 제시하게 되는 이러한 초월이 곧 이성이다. 이는 자기 자신의 의식인 동시에 존재의 의식이며, 존재의 의식인 동시에 자기 자신의 의식이다. 또 이것은 대자적으로 실존하는 개념, 즉 의식과 이에 외면적인 대상과의 통일이다. 「즉자적이고 대자적인 진리인 이성은 개념의 주관성과 개념의 객관성 및 보편성 사이의 불가분적인 통일이다.」[15]

유태교적 의식으로부터 기독교적 의식에로의 발전이 이 통일을 가능하게 만든다. 유태 의식에 있어서 즉자 상태란 분열된 의식을 위한 피안이다. 기독교적 의식에 있어서 이 피안은 주관성, 즉 자기의식과

---

15) Hegel, 《*Encyclopédie des sciences philosophiques*》(*S.W.* éd., Lasson, t. V, p. 379).

결합된 것으로 파악된다. 구체적인 보편자인 이러한 통일은 실제로
정립되었지만——이것이 육화의 의미이다——그것은 단지 직접적으로
만 정립된 것이다. 따라서 이때의 통일은 아직 정신의 차원에까지 고
양되지 못한 것이다. 주관적 의식은 그 스스로가 아직 구체적 보편자
가 되지 못했다. 따라서 불행한 의식의 道程은 기독교적 의식의 도정
이다. 헤겔은 이것을 중세의 주관성의 형식으로나 또는 쉴라이에르마
허(Schleiermacher)의 낭만주의적 주관성의 형식으로 개념화시킨다. 유
태 의식은 인간 실존의 무상성에 대한 의식이었으며, 이러한 무상성을
초월하려는 헛된 노력에 대한 의식이었다. 즉 신은 개별적 의식에 외
면적이며 그 의식을 넘어선 것으로서 초월자였으며 추상적인 보편자
였다. 그러나 이렇게 이중화된 의식은 양극단의 통일로서 드러난다.
이 결과로 불행한 의식의 대상——불행한 의식에 있어서의 본질——
은 더 이상 형식 없는 불변자가 아니라, 이와는 반대로 불변자와 유
일자의 통일이다. 「나를 본 자는 아버지를 본 것이다.」 유태교적 세
계의 근거에 反하여 나타나 그의 사도들에게 스스로를 증시해 주었던
그리스도는 신과 인간, 초월적 진리와 개별적 주관성 사이에 실현된
통일이다. 이런 이유 때문에 기독교적 의식은 유태교적 의식과는 아
주 다른 태도를 취한다. 「개별자가 불변자와 일체를 이루는 것이 곧
분열된 의식에게는 본질이며 또한 대상이 되었으나 이에 반하여 개념
의 경우에는 다만 무형적인 추상적 불변자만이 본질적 대상이 되어
있었던 것이다」(PE, I, 181; PG, 162; 정신현상학, I, 278). 이제 의식은
불행한 의식의 개념을 특징지웠던 양분된 상태에서 벗어나서 자기 자
신 안에서 역사적인 그리스도의 형상으로 의식에 나타난 통일을 실현
하여야만 한다. 이러한 이유에서 「그 의식으로서는 여기서 소원한 외
제적 실재로서의 형태화된 불변자에 대한 한낱 외면적인 관계를 변질
시킴으로써 이를 완전하고도 절대적인 일체화의 단계로까지 고양시켜
야만 한다.」[16] 사도들은 유태교적 세계와 그 예언자들이 추구해 오던
통일을 그리스도 안에서 발견하였다. 그러나 이 통일은 여전히 그들

---

16) J. Wahl은 다음과 같이 적절하게 말하고 있다. 「이러한 외적 관계는 유태인의 신
　　과 기독교의 신 이후에 우리가 정신을 대하는 그와 같은 방식으로 변형될 것이다」
　　(*op. cit.*, p. 192).

에게 있어서 그들 자신의 의식에는 낯선 진리이다. 그리스도는 시간과 공간 속에 있고, 그리스도 속에서 불변자는 「사유하는 개별자」, 즉 자기의식이 되었다. 그러나 그리스도는 불행한 의식의 앞에서는 여전히 「구체적인 사실에 얽힌 요동 없는 견고함을 지닌 불가항력적인 감각적 일자」(PE, I, 180; PG, 161; 정신현상학, I, 277)로서 정립된다. 자기의식의 본질이며 대상인 통일은 의식 밖에서 정립된다. 이와 같은 現存相은 「완전하거나 진정한 것일 수 없고 여전히 불완전성이나 대립적 요소에 의해서 시달리고 있는 것이다.」 헤겔은 사도들 앞에서의 그리스도의 임재, 즉 아직 정신의 내재화라고 할 수 없는 이러한 임재를 《종교철학강의(Vorlesungen über die Philosophie der Religion)》에서뿐만 아니라 《정신현상학》의 계시종교(Die offenbare Religion)에 관한 절에서 다시 언급하고 있다. 또한 청년기 저작에서도 헤겔이 이에 대해 무수히 많은 예비적 연구를 수행하였음을 알 수 있다.[17]

따라서 불행한 의식은 자기의식의 경우와 같이 즉자로서, 대자로서 그리고 즉자대자적인 것으로서 고찰된다. 불행한 의식을 순수한 의식으로 고찰할 경우, 이 의식의 본질이 무엇이며, 이 본질에 의식이 어떻게 도달하는가를 검토해 보아야 한다. 대자적인 존재로서의 불행한 의식은 차안을 부정함으로써 자기 자신을 욕구와 노동으로써 현시하게 된다. 그리고 불행한 의식이 자신의 대자적인 존재 상태에 대한 의식 속에서 취하는 전체적인 진행과정의 진리는 기독교적 체념과 금욕주의에서 발견될 수 있다.

순수한 의식으로서의 불행한 의식의 대상은 불변자와 개별자의 통일이다. 그러나 불행한 의식은 사유를 통하여 자신의 본질과 관계 맺지 않는다. 이 의식은 이러한 통일을 단지 느낄 뿐이며 개념적으로 파악하지는 않기 때문이다. 이러한 이유 때문에 이 의식에게 자신의 본질은 여전히 소원한 것으로 남는다. 즉 그 의식은 불행한 의식의 특징인 이원성을 완전히 극복하지 못했다. 단지 감정으로서 그 의식은 확실히 초월된 이원성이다. 그 의식은 금욕주의자의 추상적 사유도 아니고 회의주의자의 순수한 불안도 아니다. 그러나 그 의식이 개념, 즉 자기감정(sentiment de soi)의 본래적 사유가 아닌 한, 불행

---

17) 예를 들어 《*Études théologiques de Jeunesse*》, éd., Nohl, pp. 243 ff.를 보라.

한 의식은 자기 자신과 분리되고 양분된 상태로 전락해 버린다. 사도
의 영혼은 그 자체로서 하나의 개별적인 영혼인 신에 의해 인식되고
인정되는 것임은 확실하다. 그러나 이러한 확신은 단지 감정이다. 즉
야코비(Jacobi)의 동경(Sehnsucht)과 같은 향수이며 사유의 방향으로
나가기는 하지만 결코 그 자체는 실존의 사유가 아닌 (절대자에 대한)
사모(Andacht)이다. 이 의식이 신적인 것에 대해 갖는 감정은 단지
감정에 불과한 것이기 때문에 분열된 감정이다. 「이것은 스스로가 본
래적인 진리로서, 즉 자기의식에 내재한 진리이며, 그 자기의식의 자
기 자신에 관한 인식인 진리로서 성립하는 것도 아니며, 또 그러한 진
리로서 자기 자신을 발견할 수도 없다.」 기독교적 의식은 그리스도 안
에서 사유하는 개별자로서의 신적인 것을 인식하지만 아직 보편적인
개별자로서의 신적인 것은 인식되지 않는다. 「개별자로서 탐구될 경
우 의식은 결코 보편자나 사유된 개별성이 아니다. 또한 그것은 개념
이 아니라 오히려 대상으로서의 개별자이거나 어떤 구체적인 것, 즉
직접적인 감각적 확신의 대상에 불과하다. 그러므로 이러한 의미의 개
별자는 이미 소멸되어 버린 것이나 다름이 없다」(PE, Ⅰ, 183~4; PG,
164; 정신현상학, Ⅰ, 281).

　기독교적 의식에 결여되어 있는 것은 그 의식이 지닌 감정에 대한
사유이다. 그 의식은 순수사유와 개별성 사이의 직접적인 접촉의 단
계를 넘어서지 못한다. 실제로 이 의식에 있어서 신은 그리스도이지
만 그 의식 자체가 그리스도는 아니다. 그 의식은 외부로부터 자신에
게 드러난 진리를 내면화시키지 못하였다. 「그러나 역시 불행한 의식
에 대해서는 바로 이처럼 그 자신에게 본질적으로 개별성의 형태를
띠고 나타난 그의 대상, 불변자가 바로 자기 자신, 즉 의식의 개별성
이라는 의미에서의 그 자신일 뿐이라고 하는 사실이 자각되지 못하고
있다」(PE, Ⅰ, 182; PG, 163; 정신현상학, Ⅰ, 280). 따라서 자기의식은 불
행한 의식으로 남게 된다. 왜냐하면 그 의식의 본질——즉 불변자와
개별자의 통일——은 자신의 피안에 놓여 있으며, 그 의식은 자체 내
에서 진리를 발견하지도 못하고 스스로 그 진리와 일치될 수 없기 때
문이다. 그러므로 자기의식은 「현재로부터 비쳐오는 정신적 광명」에
로 결정적으로 진입하지 못한 채 「감성적 차안이 펼쳐 보이는 현란한

가상과 초감성적인 피안계의 공허한 혼미」(PE, Ⅰ, 154; PG, 140; 정신현상학, Ⅰ, 246) 사이에서 동요한다.

사도, 십자군, 그리고 낭만주의자는 정신의 개념에 도달하지 못했다. 그들은 십자군 앞에 무릎을 꿇거나 십자군을 창단하였지만, 그 어느 경우에도 그들 자신의 불행만을 느꼈고 그들에게 본질적인 것이 소멸되어 버린다는 것을 의식했을 뿐이다. 피안적인 것이든 차안적인 것이든간에 이 본질은 그들로부터 영원히 벗어나 있다. 헤겔은 십자군을 형이상학적 진리의 역사적 상징으로 간주하였다. 기독교인은 자신의 대상을 감성적인 현재(présence)로 소유하려고 하지만, 필연적으로는 그것을 상실하여야만 한다. 기독교인들은 항상 「자신의 生의 무덤」 속에서만 발견된다. 그들은 루터교파의 성가가 표현하고 있는 고통을 체험해야만 한다. 「신은 죽었다.」 그러나 그 무덤은 감성적인 실재로서 남아 있다. 「결국 그러한 무덤은 제아무리 현재 속에 드러난다 할지라도 역시 패퇴당할 수밖에 없는 고난의 투쟁을 나타내는 것에 불과하다」(PE, Ⅰ, 184; PG, 164; 정신현상학, Ⅰ, 282). 《역사철학》에서 헤겔은 다시 이 십자군의 형이상학적 의미를 논구하면서 다음과 같이 그리스도의 말을 인용하고 있다. 「어찌하여 산 자를 죽은 자 가운데서 찾느냐? 그는(예수는) 여기 계시지 않고 살아나셨느니라.」[18] 십자가 앞에서의 사도의 슬픔과 그리스도의 성묘를 되찾으려는 십자군의 실패 속에서 의식은 소멸된 것으로 있는 한, 개별적 실존은 참된 개별성일 수 없다는 것을 체험한다(PE, Ⅰ, 184; PG, 164; 정신현상학, Ⅰ, 281~2). 성묘의 소멸은 「소멸의 소멸」[19]이다. 그래서 의식은 참된 혹은 보편적인 것으로서의 개별적 실존을 발견할 수 있게 된 것이다. 더 이상 그리스도는 단지 존재하다가 소멸해 버린 역사적 그리스도가 아니다. 그는 정신적 공동체요 대자화된 진리(la vérité devenue pour soi)인 신인(神人 ; l'homme Dieu)이다.

그러나 불행한 의식은 이 진리를 인지할 수 없다. 왜냐하면 만일 이 의식이 이렇게 할 수 있다면, 이 의식은 자기의식으로서의 자기

---

18) 《*Leçons sur la Philosophie de l'Histoire*》, traduction française de Gibelin, t. Ⅱ, p. 180.

19) 헤겔은 정신의 차원에서 대상성을 정의하기 위하여 「소멸의 소멸」이란 구절을 사용한다.

자신을 초월했을 수도 있기 때문이다. 이 의식은 진리가 자기 자신에게 초월적인 것이어야만 하며, 진리에 도달하기 위해서는 끊임없이 자기 자신을 초월해야 하지만 아직도 이러한 진리가 의식의 대자적인 상태, 즉 주관적 확신에 있어서 결여된 상태일 수도 있다는 것을 인식하는 인간의식의 고통이다. 불행한 의식에 있어서 구체적 보편자는 한때 그리스도 안에서 실현되었다. 그러나 이렇게 현시된 것을 내면화시키지 못하고 그것의 정신적인 의미를 이해하지도 못했으며, 또한 그것을 철저히 개념적으로도 사유하지 못했기 때문에 의식은 자신의 본질과 분리되는 상태로 다시 전락해 버린다.

우리는 이제 이 의식을 그것이 세계에서 행하는 행위의 측면에서 검토해야 한다. 이 의식은 순수한 의식으로서 자기 자체 내로 전락한다. 적어도 그의 고통인 신적인 것이 부재하고 있다는 감정은 그에게 속하는 것이며, 이러한 이유로 이 의식은 자기 자체 내로 되돌아오고 외적으로는 욕구와 노동에 있어서의 부정성으로만 나타날 뿐이다. 따라서 자기의식 일반은 자기 자신을 발견하기 위하여 세계를 부정하는 것처럼 보인다. 그러나 이제 이러한 부정은 상이한 의미를 지니게 될 것이다. 세계에 대한 활동 속에서 자기의식은 자기 자신과 불변자의 새로운 통일을 실현하려고 한다. 이러한 공동성(communion)에 도달한다는 것이 바로 노동의 의미이다. 부정은 고행(ascétisme)과 소외로서 자기 자신을 부정——부정의 부정에로까지 나아가게 해야 하며, 이를 통하여 보편자를 재건하여야 한다.

경건한 심정(Gemüt)은 자신의 외부에서 자신의 본질을 추구하는 것을 포기하였다. 헤겔은 다음과 같이 말한다. 「경건한 심정은 우리에 대해서나 즉자적으로나 자기의 있을 바 위치를 확인함으로써 자신을 만끽하는 순수한 심정이다. 왜냐하면 비록 이 순수한 심정은 감정상으로나마 자기의 본질이 자신으로부터 분리되어 있음을 알아차린다 하더라도 이러한 감정은 이미 그 자체가 자기감정이어서 이것이 곧 자신의 순수한 감정의 대상을 느꼈던 까닭에 바야흐로 이 대상은 바로 그 감정 자체가 된 것이기 때문이다」(PE, I , 184; PG, 164~5; 정신현상학, I , 282). 이러한 이유에서 이 의식은 자기 자신을 추구하게 될 것이며, 우리가 알고 있는 것처럼 세계에 대하여 활동함으로써, 즉 노동하고 향유함으로써 자기 자신에 대한 확신을 객관화시킬 수 있게 될 것이다. 세계는 단지 이 의식에게 자기 자신을 발견하고 즉자적인 것과 마찬가지로 대자적인 것으로 정립될 수 있는 기회를 제공하려고 존재하고 있는 것이다. 사도와 십자군은 이제 자체 내로 복귀하여 노동 속에서 신성함(sanctification)을 발견한다. 그러면 이 의식에 있어서 욕구, 노동 그리고 향유란 어떠한 의미를 갖는 것인가?

우리는 이미 자기의식의 존재 자체, 즉 자기의식이 대자적 상태로 화하는 것이 의식의 행위(Tun)라는 사실을 주의하여 살펴 보았다. 의식에 내하여 즉자적인 것으로 존재하던 세계는 엄밀한 의미에서 자기의식을 위하여 보존되지만 단지 소멸되어 가는 하나의 계기로서 보존될 뿐이다. 자기의식은 욕구이며 노동이다. 자기의식은 자기에게 드러나는 세계를 부정하며 따라서 자기 자신을 자립적으로 확증한다. 이러한 사정은 자기 자신에로 복귀하여 있으면서 자체 내에서 자신의 본질을 감지하는 불행한 의식의 경우에도 역시 동일한가? 자신의 욕구가 관계하고 있으며 자신의 노동이 영향을 미치고, 자신의 향유를 이끌어 낼 수 있는 세계는 아직도 이 의식이 이미 극복한 소멸하는 차안인가? 사실상 차안의 의미는 육화에 의하여 변화되었다. 전체적으로 볼 때, 차안은 불변자의 형태(Gestalt)가 되었다. 「여기서 이 현실은 불변자의 형태를 띠게 된다. 왜냐하면 이 불변자는 이미 자체 내에 개별성을 보존하고 있기 때문이다. 또한 불변자로서의 불변자는 곧 보편자이기 때문에, 불변자의 개별성은 일반적으로 모든 현실이란 의미를 지니게 된다」(PE, I, 185; PG, 165; 정신현상학, I, 283).[20] 유태교적 의식은 세계와 신을 대립시켰으며 세계 내 존재인 인간과 영원자를 대립시켰다.

이제 세계 자체가 신의 형태가 되었다. 왜냐하면 신은 체현되어서 개별적 자기의식으로 드러나기 때문이다. 빵과 포도주는 더 이상 의식이 점유하고 있는 즉자적인 상태에서는 아무것도 아닌 그런 사물이 아니다. 만약 인간이 자신의 고유한 행위를 통해서 그것들을 땅에서

---

20) 우리는 자기의식이 점진적으로 의식을 재발견하는 것을 보고 있다. 자기의식이 부정했던 세계는 불변자의 형태가 된다. 자기 자신을 이 세계 내에서 소외된 자로 정립함으로써 자기의식은 완벽하게 존재의 정립을 재건한다.

부터 생겨나게 한 후 소비한다면, 그것은 「본질적으로 불변자 자체가 스스로의 형상을 방기함으로써 의식으로 하여금 그 자신을 향유할 수 있도록 위임해 버리기 때문이다」(PE, Ⅰ, 186; PG, 166; 정신현상학, Ⅰ, 284). 소멸되어 가는 차안은 더 이상 소멸되어 가는 차안만은 아니다. 그것은 불행한 의식과 마찬가지로 두 조각으로 분열된 현실 양상으로서, 「이것은 한편에 있어서는 다만 무의미하고 공허한 것이지만 다른 한편으로는 신성한 세계이기도 한 것이다」(PE, Ⅰ, 185; PG, 165; 정신현상학, Ⅰ, 238). 후에 미학에 관한 강의에서 헤겔은 의식에 대하여 심층화되고 자기 자신에 대하여 스스로 반성하는 모든 감성적 현실의 가치가 육화에 의해 변화되었다고 말한다.

감성적 실존은 하나의 상징이 되었다. 그 실존은 본연의 그 자신이 아니며 비록 그것이 의식에 종속하게 된다 하더라도 그것은 불변자 자신이 그 실존을 인간에게 선물로 주었기 때문이다. 그러므로 의식은 자신의 활동을 통하여 차안을 절대적으로 지배하고 있다는 감정에 도달할 수 없다. 의식의 욕구, 노동, 향유——한마디로 말해서 의식의 행위——는 단지 의식에서 유래하는 것처럼 보일 뿐이다. 인간은 자신이 행위하고 있다고 생각하지만 실제로는 신에 의해서 인도되고 있을 뿐이다. 만약 우리가 의식의 행위가 아니라 행위가 관계 맺고 있는 수동적 현실을 검토해 본다면 이것은 더욱더 타당하다. 의식은 행위하지만, 이렇게 행위함으로써 의식은 자신으로부터 유래하지 않은 힘(pouvoirs)을 이용하고 있는 것이다. 의식의 재능이나 능력은 의식이 신의 은총으로부터 얻어서 사용하고 있는 즉자적 존재이다. 바로 이러한 행위에 있어서 개별적 의식도 역시 즉자적인 것이다. 「바로 이러한 측면은 불변의 피안에 속하는 것이다. 결국 이러한 측면이 솜씨나 역량에 해당되는 것으로서, 말하자면 불변자가 이와 같이 外因으로 작용하는 선사품을 의식에게 넘겨 주어서 그로 하여금 이를 이용하도록 해 놓은 것이 된다」(PE, Ⅰ, 186; PG, 166; 정신현상학, Ⅰ, 284). 모든 측면에서 행위는 초월적인 목표를 향하여 있다. 행위하는 의식은 단지 행동하는 것처럼 보일 뿐이다. 의식의 안과 밖에서 신이 작용하는 것이다. 이는 마치 노예의 행위의 진정한 주체가 주인이었던 것과 같다. 「왜냐하면 노예가 행하는 것은 실은 주인의 행위일 뿐이기 때문이다. 대자적 존재, 본질은 단지 주인의 전유물인 것이다.」불행한 의식은 세계 내의 행위에 있어서뿐만 아니라 자기 자신의 복귀에 있어서도 자신의 본질이 지닌 초월성을 체험할 뿐이다. 자신의 행위는 자기 자신을 넘어서서 반성된다. 이 행위는 자기의식이 자처하는 것처럼 진정으로 자율적인 것이 아니다. 자기확신의 진리는 초월적인 목적인데, 이 목적은 더 이상 스스로 자기확신을 갖지 못하도록 운명지우는 것이다. 여기서 주인과 노예의 관계는 의식 자체 내에서 다시 등장한다. 인간의 의식은 노예의 의식으로 정립되고, 그것의 본질, 즉 주인은 그것을 넘어서서 헤겔이 여기서 불변자 혹은 보편자라고 부르고 있는 신 속에서 정립된다.

그런데 불행한 의식은 자신이 불변자와 통일되어 있다고 느끼지 않는가? 그리고 불행한 의식은 자신과 자신의 피안과의 상호교통(communion)을 구체적으로 실현하지 않는가? 한편으로 불변자는 불행한 의식에 주어지고 그 의식에게 행위하는 것을 허락한다. 다른 한편으로 불행한 의식은, 마치 노예가 주인을 인정했던 것처럼 자신이 불변자에 의존해 있다는 것을 인정한다. 「그는 스스로의 자립성에서 누리는 의식의 자기만족도 거부하여 마침내 행위의 본질마저도 그 자신이 아닌 내세적인 것으로 돌려 버리고 만다」(PE, I, 187; PG, 167; 정신현상학, I, 286). 행위하는 의식은 신을 인정하고 신의 은총에 감사함으로써 자신을 비하시킨다. 그렇다면 불행한 의식은 초월적인 것과의 상호교통(communion)에 도달하지 않는가? 헤겔은 특히 신을 인정함으로써 신과의 상호교통에 도달한 불행한 의식이 이처럼 자기를 비하시키고 있다는 것을 강조하고 있다. 행위하는 존재인 한 자율적인 존재로서 정립되며 세계를 대상으로 노동하고, 이 세계로부터 자신의 향유를 이끌어내는 인간은, 그럼에도 불구하고 자신을 피동적인 것으로 인정한다.

유일하게 행위하는 자인 신을 이처럼 인정하는 것이 인간의 본질적인 행위이다. 노예가 주인을 인정하고 노예로서 정립되었던 것과 마찬가지로 인간의식은 수동적이고 의존적인 존재로서 정립된다. 인간의식은 자신의 지배력을 포기한다. 그러나 우리가 이미 여러 번 살펴보았듯이 변증법적 역전(un renversement dialectique)을 통하여 사실상 모든 것을 은총에 기인한 것으로 여기면서 스스로를 無라고 인정하는 인간의 자기비하는 하나의 고양과정이다. 왜냐하면 신을 정립하는 것은 인간 자신이기 때문이다. 인간은 주인을 인정하지만, 이 인정은 인간으로부터 연유된 것이다. 인간 자신이 가장 저속한 것으로 정립될 때 그는 최상의 것이 된다. 따라서 자기의식은 자신의 자유를 완전히 탈피하지 못하며, 그것을 진정으로 소외시키지 못한다. 자기의식은 신을 찬양하고 인간의 자유를 부정하지만 정확히 말하자면 이것이 자기의식의 가장 위대한 행위이다——이러한 이유에서 자기의식은 은총에 대한 감사에 의하여 기만당하지 않는 것이다. 「의식은 여기서 자신이 바로 이와 같은 개별자임을 느끼면서도 자신을 포기해 버렸다는 듯한 가상에 현혹되지는 않는다. 왜냐하면 바로 이 의식의 진리는 그것이 결코 자신을 포기하지 않는 데 있기 때문이다」(PE, I, 188; PG, 167; 정신현상학, I, 286~7). 개별적 실존——자기의식의 주관성, 즉 인간——은 자신의 자아에 있어서 자유를 포기하지 않는 한 절대적인 자유로 정립될 수 없다. 그러나 이때의 단념 또한 그의 행위(œuvre)이다. 자신의 행동 속에서 (그리고 이 행동은 그의 존재이다. 왜냐하면 행동은 자기의식의 존재이기 때문이다) 개별적 실존은 대자적 존재로서 정립된다. 그러나 이렇게 되는 동시에, 개별적 실존은 이러한 대자적 존재의 허망함을 발견한다. 그것의 본질은 항상 그로부터 벗어나 있다——이것은 마치 자신의 외부에서 주인의 관점으로부터 자신을 바라보는 노예의 경우와 같다. 그러면서도 자신의 외부에서 자신을 정립하는 행위와 그를 초월하는 행위는 여전히 그 자신 자체이다. 따라서 대자적인 이러한 의식의 진리는 자기를 비하함으로써 고양되는 비하된 의식이다. 이 의식은 이전의 변증법에서 나타난 노예의 경우처럼 새로운 형식의 해방을 얻게 된다. 노예의식의 진리가 금욕주의적 의식이었다면 불행한 의식의 진리는 자신의 고유한 개별성을 무화시켜서 좀더 심원한 자기의식이 되고자 하는 성자적인 고행(ascète)의 의식이다.

이로부터 불행한 의식의 전개과정에 있어서 세번째 단계가 시작된다. 이 단계는 체념과 소외의 단계로서, 이를 통하여 개별적 의식은 자신의 대자적 존재를 소외시키고 자신을 하나의 사물로 변형시키지만, 이렇게 함으로써 더 높은 단계의 진리를 획득한다. 고행, 순종 그리고 자기 자신의 개별적인 의지를 소외시킴으로써 자기 자신을 하나의 사물로서 정립하면서, 의식은 사물이 자기의 발현(manifestation du soi)이라는 것과 자기가 보편적 자기, 보편적인 대자적 존재임을 발견하게 된다. 중세는 르네상스와 즉자대자적으로 이성이 진리의 전체라는 이성의 확신을 위한 길을 준비한다. 중세의 교회는 근대적 이성을 예고하고 있다. 왜냐하면 그것은 구체적 보편성의 한 형식이기 때문이다. 이 세번째 단계를 고찰해 보도록 하자. 이 세번째 단계는 자기확신과 자기를 완전히 소외시키고 이를 통하여 보편적 자기, 즉 이성을 정립하는 중세의 기독교인을 묘사하고 있다. 중세에 있어서 의식의 개별적 자기와 보편자를 연결해 주는 매개항은 교회였다. 이 교회는 「신의 대리자로서 양극을 잇는 중심을 의미한다」(PE, I, 190; PG, 169; 정신현상학, I, 289). 헤겔은 세 계기를 간략하게 요약한다. 기독교적인 불행한 의식은 처음에는 참된 자기표현에 이르지 못하는 열망(aspiration)이며, 정서(émotion)이다. 헤겔이 불행한 의식의 개념이라고 부른 이 첫번째 상태는 「영혼의 음악적 상태」이며, 십자가 밑에 있는 사도나 십자군의 상태이며, 또한 차안과 피안의 직접적인 만남이다. 종교적인 영혼의 열망은 더 이상 형태화되지 않는 피안을 향하지 않는다. 신 자신이 인간이 되었으므로 종교적 영혼은 직접적인 접촉에서——말하자면 외면적인 동시에 내면적인 접촉 속에서——신을 추구한다. 자기의식은 자신이 인정하고 있는 또 다른 영혼에 의해 자신이 인정되고 있음을 알고 있다. 그러나 이러한 「심정이 벌이는 투쟁」(PE, I, 188; PG, 168; 정신현상학, I, 287)은 여전히 실현되지 못했다. 그것은 대자적인 것이 아니라 즉자적인 것이다.

두번째 계기는 종교적 의식이 대자적 상태로 화하는 과정을 표현하고 있다. 세계는 신성의 임재로 말미암아 성스럽게 된다. 욕망, 노동, 향유, 은총의 행위는 영혼이 자신의 본질과 교통할 수 있는 기회이다. 그러나 이때의 교통은 여전히 모순에 의하여 영향을 받고 있다. 세계 속에서 의식은 스스로를 실재적이고 행위하는 존재로서 체험하였으며 스스로를 「즉자대자적인 진리를 소유하고 있는 의식」으로서 체험하였다. 두번째 계기는 첫번째 계기의 실현이다. 그러나 첫번째 계기에서 의식이 심정에 불과하고 자신을 구체적인 보편자로 사유하지 못하기 때문에 이 단계의 실현상은 본질을 결여한 의식의 실현이다. 이 의식의 자기비하는 사실상 자기 자체로의 복귀이며 보편자로부터의 분리이다. 그러므로 세번째 계기는 보편자와 대면해서 영혼이 자신의 무상성에 대하여 갖게 되는 의식이 될 것이다. 기독교적 고행자는 금욕주의적 현인에 대응한다. 그러나 그의 성덕(聖德 ; sainteté)은 지혜(sagesse)와는 전혀 다른 종류의 것이다. 기독교적 고행자는 자기의 허망함을 자각하였다. 그의 실제적인 행위는 무상한 행위가 되어 버리고 그의 향유는 불행의 감정이 되어 버린다. 「이런 까닭에 결국 여기서 행위와 향유는 다 같이 앞에서 지녀 온 모든 그의 보편적인 내용과 의미를 상실하게 되었다. ……그런데 이 행위와 향유는 다 같이 의식이 오직 이 행위 및 향유를 지양하기 위한 표적으로 삼았던 다름아닌 개별성의 위치로 스스로 되돌아가 버린 것이다.」헤겔은 자신의 모든 주의력을 자신의 특수한 본성에 집중시켜 이것과 싸우고 있는 고행자의 세계관을 기술하고 있다. 그리고 또한 이 고행자는 자기 자신에 대항하는 이러한 투쟁 속에 함의되어 있는 모순을 보여 주고 있다. 「다시 말해서 이러한 적은 그 자신의 패망 속에서 오히려 자신을 산출할 뿐이다. 또한 의식의 경우에도 그 적의 힘이나 작용으로부터 자유롭게 풀려 나가기보다는 오히려 그 자신이 적의 품 속에 안주함으로써 언제나 그와 함께 머물러 있을 수밖에 없는 자신을 모욕된 것으로 간주할 뿐이다」(PE, Ⅰ, 189; PG, 168; 정신현상학, Ⅰ, 288〜9). 이러한 죄책감(culpabilité)과 자기 내적 죄악(mal)에 대한 영속적인 의식이 여기서의 특징이다. 이 죄의식은 금욕주의적 현인의 오만한 인격(personnalité)이 아니라 한낱 「불행한」가련하기조차 한 인격 속에서 정점에 도달한다(PE, Ⅰ, 189; PG, 169; 정신현상학, Ⅰ, 289).

그러나 고행자의 이러한 자기부정은 불변자의 이념을 매개로 해서 성취되고 부정적 관계는 결국은 긍정적인 의미를 획득하게 된다. 이를 통하여 즉자적으로 새로운 통일이 실현되는데, 이것이 불행한 의식의 마지막 단계이다. 불행한 의식은 완전한 자기부정에까지 전개되어서 이러한 부정을 통하여 자신의 보편성을 발견하여야 한다. 「불행한 의식에 있어서 즉자적 존재란 다만 그 스스로의 피안이었다. 그러나 이 불행한 의식의 운동은 바로 그 자신에게서 다음과 같은 사실을 완수하였다. 즉 불행한 의식은 개별성을 그것의 완전한 전개 속에서, 혹은 현실적인 의식이기도 한 개별성을 바로 자기 자신의 부정태로서, 즉 대상적인 극단으로서 정립하였다(PE, Ⅰ, 195; PG, 175; 정신현상학, Ⅰ, 297). 이러한 개별성에 대한 자기부정은 보편적인 자기에 도달하지만, 그것은 아직 자신을 보편적인 자기로서 파악하지 못한다. 단지 우리(철학자)만이 중세의 교회에서, 후에 이성의 형식에서 나타나는 보편적인 자기 자체를 알 수 있다. 아마도 헤겔 사상의 의미와 방향을 이해하고 그에게서 교회, 이성, 정신이 무엇을 의미하는가를 제대로 이해하기 위해선 이 전개과정이 매우 중요할 것이다. 자기, 즉 대자적 존재는 소외되어야만 하며 따라서 자기들의 통일이 이루어져야 하며, 보편적 자기를 존재 속에서 회복하여야 한다. 이러한 즉자적인 상태의 대자적 존재가 정신(Geist)이다.

따라서 개별적 의식과 불변자 사이의 매개는 성직자와 교회를 통하여 이룩된다. 매개된 행위의 내용은 개별적 의식 자체의 파괴이며 동시에 그 의식의 보편성에로의 상승이다. 처음에 개별적 의식은 개별적 의지로서의 자기 자신을 거부한다. 그는 자신의 선택과 결정의 자유를 포기한다. 그리고 나서 고해성사를 통하여 그 의식은 행위의 죄책감으로부터 자유로와진다. 「여기서 행동이 이와 같은 외타적 결정에 순응함으로써 마침내 이 행동은 개별자의 행위나 의지라는 측면에 비추어 볼 때 이미 그 행동수행자 자신의 것일 수가 없게 된다」(PE, Ⅰ, 190; PG, 169; 정신현상학, Ⅰ, 290). 의식에 의하여 자신의 노동의 결실과 향유가 유지된다. 그러나 의식은 자선과 금식행위를 통하여 부분적으로 이것들을 포기한다. 마침내 의식은 그 자신이 이해하지 못하는 것을 받아들임으로써 자신의 자립성조차 포기한다.[21]

그러나 이러한 자기소외는 즉자적으로(그 자체로서) 보편적인 의지를 실현한다——이것은 즉자적인 것이지, 대자적인 것은 아니다. 왜냐

---

21) 가톨릭 교회에서 행해지는 교회의식이나 예식. 자기의식은 자신의 내적이며 외적인 자유를 완전히 교회를 위하여 소외시켰다. 그러나 이런 방식으로 부정된 개별적 의지는 보편적 의지와 연결된다. 즉자적으로(그 자체에 있어서) 개별적 의지는 곧 보편적 의지이다. 우리는 다음 장에서 교회로부터 이성에로의 이행을 다시 탐구할 것이다.

하면 이러한 의지는 아직도 자신의 소외된 의지 속에서 자신을 발견할 수 없기 때문이다. 우리는 단지 부정된 개별적 의식 속에서 보편적인 의지가 출현하는 것을 바라볼 수 있을 뿐이다. 이렇듯 새로운 단계가 의식(즉자)과 자기의식(대자)의 통일, 즉 이성의 단계이다.

Ⅳ.
현상학적 측면에서의 이성

1

이성과 관념론

변증법 ; 의식, 자기의식, 이성

1807 년의 《정신현상학》과 몇 년 후 《예비학》, 그리고 마지막으로 《엔치크로패디》에서 헤겔은 언제나 동일한 변증법적 운동을 고찰하고 있다. 이 변증법적 운동은 의식, 자기의식, 이성이라는 세 계기 속에서 표현되고 있다. 엄격한 의미에서의 의식은 대상을 자아 이외의 존재인 타자, 다시 말해서 즉자적 존재로 간주한다. 그러나 의식의 전개과정은 자기의식에 다다르고, 이 자기의식에 있어서의 대상은 단지 그 자아 자신일 뿐이다. 자기의식은 처음에는 개별적인 동시에 단지 직접적으로만 대자적 상태에 있다. 자기의식은 자기 자신을 자립적이며 자유로운 존재로 정립하기 위해서 의식의 대상을 배제한다. 자기의식의 교양과 도야는 그를 이러한 배타적 개별성에서 보편성으로까지 고양시켜 주는 운동이다. 개별적 자기의식은 보편적 자기의식이 된다. 욕구하는 자아는 사유하는 자아가 되는 것이다. 이로써 의식의 내용은 의식에 대해서 있을 뿐 아니라, 즉자적으로도 있게 된다. 대상의 知는 자기知이며, 자기知는 즉자적 존재의 知이다. 이러한 사유와 존재의 동일성이 이성(Vernunft)이라 불리운다. 이성은 의식과 자기의

273

식 사이의 변증법적 통일이다. 그러나 이러한 종합이 가능한 것은 오로지 자기의식이 진정 자체 내적으로 보편적 자기의식이 되었을 때뿐이다. 즉자적으로 자아는 보편적이지만 그것은 대자적으로 그와 같이 되어야만 한다. 그리하여 자아의 제 규정은 사물들의 규정으로 드러날 것이며, 동시에 자아의 자기 자신에 대한 사유는 대상에 대한 사유가 될 것이다. 이성이라는 개념은 주지되고 있는 바와 같이 가장 일반적인 의미에서의 관념론에 상응한다. 1807 년의 《정신현상학》에서 헤겔은 이 이성과 관념론적 철학일반간의 관계에 대하여 특히 강조하고 있다. 《엔치크로페디》의 현상학 부분에서와 마찬가지로 《예비학》에서도 변증법적 운동은 훨씬 더 도식적이고 압축적인 방식으로 나타나고 있다. 이를 통하여 우리는 그 변증법적 운동을 더욱 직접적으로 이해할 수 있다. 따라서 우리는 《정신현상학》의 이성 부분을 연구하기 이전에 이 두 저서 속에서 자기의식이 이성으로 넘어가는 이행과정을 간략하게나마 검토해 보도록 하겠다. [1]

《예비학》에서 헤겔은 주인과 노예의 변증법을 재취급한 후에 어떻게 노예가 교양과 도야를 통해서 보편성에 이르게 되는가를 보여 준다. 「자의적 의지의 양도는 진정한 복종의 계기를 이루고 있다. (피시스트라투스는 아테네 인들에게 복종하는 법을 가르쳐 줌으로써 솔론의 법전을 실효성 있게 만들었다. 아테네 인들이 이렇게 복종하는 법을 배웠을 때 주인은 불필요한 존재가 되었다.)」[2] 의지를 다스리고 개별적 자아를 보편적 자아로 변형시키는 것은 복종과 봉사이다. 마찬가지로 노동에서 인간은 자신의 향유를 유보하는 것과 사유의 제 규정을 대상적 존재 속에서 표현하는 것을 배운다. 또 그는 노동 속에서 자신의 자아를 소외시키지만, 이러한 소외는 보편적 자아의 정복에 이르는 길이다. 자아는 더 이상 자체 내적으로 고립되어 있지 않다. 그는 자기 내부에서 또 다른 자아를 발견하면서 스스로를 넘어선

─────────────

1) 이 두 저서에서 이성은 즉자대자적인 진리이다. 따라서 현상학은 이성과 더불어 종결되며, 새로운 요소로서 개념이 탄생된다. 그러나 《정신현상학》에서는 경우가 다르다. 여기서 이성은 知의 역사(l'histoire du savoir) 속에 현시되는 한 계기로 간주된다. 보편자와 개별자간의 화해도 훨씬 뒤에 가서야 이룩된다. 이러한 이유에서 본서의 이 부분의 제목을 「현상학적 측면에서의 이성」으로 한 것이다.

2) 《Propédeutique》 (S. W., éd., Lasson, t, XXI, pp. 208 ff.).

다. 즉 그는 인정되고 인정하는 것이다. 「보편적 자기의식은 자기를 즉자적으로 보편적이고 비특수적인 자기로서 직관한다. 따라서 그는 자체 내에서 다른 자기의식을 인정할 뿐만 아니라 자기 자신을 인정하는 것이며, 그와 반대로 그 역시 타자에 의해서 인정되는 것이다.」[3]

　이성의 차원에서 등장하고 있는 즉자적 진리의 사상은 개별적 자아들의 수다성 및 그들간의 교호작용의 사상과 분리될 수 없다. 그리하여 자폐적인 인간을 보편성의 의식으로까지 고양시켜 주는 교양과 도야의 필요불가결성을 이해하여야만 한다. 자아들간의 상호 인정은 모든 德의 한 계기인 것처럼 진리의 계기이다. 「이 (보편적) 자기의식은 모든 덕과 사랑과 명예와 우정과 용기와 자기희생과 명성의 기초이다.」[4] 따라서 이성은 자기의식이 서로가 서로를 매개하는 과정에서 비롯된 첫번째 결과라고 할 수 있겠다. 이러한 매개가 자기의식의 보편성을 성립시킨다. 또 이러한 보편성이——아직 이 차원에서는 여전히 추상적이기는 하지만——없다면, 여하한 진리도 불가능할 것이다. 우리는 여기서 헤겔적 관념론의 한 특성을 찾아 볼 수 있다. 이는 예를 들어 칸트의 관념론과 대립된다. 칸트에 있어서 「나는 생각한다가 나의 모든 표상을 수반할 수 있어야 한다」는 것은 어떤 의미에서는 공허한 가운데 놓여 있다. 반면 헤겔에 있어서 그것은 구체적 자아이며 다른 자아와의 관계를 통하여 보편성으로까지 고양된 구체적 자아이다. 진리는 인간을 초월한다. 그럼에도 불구하고 그것은 인간적 진리이며, 따라서 자기의식의 형성과정과 분리될 수 없다.

　이는 진리가 더 이상 의식의 즉자적 존재가 아니라 (객관적인) 진리인 동시에 (주관적인) 확신이기 때문이다. 그것은 주체요, 자기의 생성으로서의 진리이다. 그러므로 이성이 표현하고 있는 이 종합과 자기 자신을 자각하는 이 이성——마침내 정신(Geist)에 도달한 이성——을 이해하여야만 할 것이다. 《예비학》에서 헤겔은 이성을 다음과 같이 정의한다.

---

3) *Ibid.*, p. 209.
4) *Ibid.*, p. 210.

이성은 의식과 자기의식, 대상知와 자기知간의 최상의 통일이다. 그것은 자신의 제 규정이 객관적일 뿐만 아니라——다시 말해서 사물의 본질이 지닌 제 규정——우리 자신의 사유 내용이기도 하다는 확신이다. 하나의 동일한 사유 속에서 그것은 자기확신(주관성)이면서 동시에 존재, 즉 객관성인 것이다.[5]

헤겔은 또한 말한다. 「이성은 우리의 표상 속에 있는 내용뿐만 아니라 사물의 본질을 포함하는 내용, 즉 자아에게 외래적인——외부로부터 주어진——내용이 아니라 자아에 의해 산출된(von ihm erzeugt) 내용을 의미한다.」 확실히 우리는 이러한 개념화에서 셸링적인 동일성——주관성과 객관성의 동일성——의 철학이 표현되고 있다는 것을 느낄 수 있다. 그러나 《정신현상학》 속에서 등장하고 있는 이러한 동일성은 형성 및 도야의 여정이나 의식과 자기의식의 전개과정을 통하여 비롯된 결과이다. 그리하여 진리는 자기의식들간의 상호 인정이나 사유의 보편성에로의 고양이 없이는 성립할 수 없다. 그리고 이러한 진리는 즉자적 존재나 의식의 자각(la prise de conscience)의 피안이 아니라 자기知요, 주관적 확신인 동시에 객관적 실재인 것이다.

《예비학》에서와 같이 《엔치크로패디》에서도 헤겔은 이와 동일한 변증법적 운동을 재현하고 있다. 그 운동은 보편적 자기의식——주인과 노예의 변증법——으로부터 이성으로 나아간다. 그러나 그 운동은 왜 보편적 자기의식이 정신으로 되기 전에 먼저 이성으로 되는가를 보여 주고 있다. 보편적 자기의식에서 정신——우리인 나요, 나인 우리——으로의 이행은 사실상 보편적 자기의식에서 이성으로의 이행보다 훨씬 자연스럽게 보일 것이다. 왜냐하면 이성은 더 이상 자아의 수다성을 고려하지 않은 채 단지 진리와 확신, 즉자적 존재와 대-의식적 존재(l'être-pour-la-conscience)간의 동일성만을 문제삼기 때문이다. 우리는 (의식의) 구체적 전개로부터——예를 들어 주인과 노예의 관계——형이상학적 명제, 즉 관념론이나 동일성 철학의 명제로 이행하고 있다. 사실상 헤겔은 《엔치크로패디》에서 보편적 자기의식에 관하여 언급하면서 다음과 같이 말하고 있다.

---

5) *Ibid.*; *ibid.*, p. 27 도 참조.

자기의식의 보편적 출현인 개념은 스스로를 자기의 객관성에 있어서 자기와 동일한 주관성으로 파악하고 따라서 보편적인 것으로 파악한다. 이 개념이 곧 모든 본질적인 정신성(가족, 조국, 국가) 및 모든 덕의 실체에 관한 의식의 형식이다. 그러나 여전히 이 모든 것은 내용이 결여된 형식적인 것으로 그칠 수가 있다.[6]

이러한 이유 때문에 보편성의 새로운 요소 속에서 처음으로 제시되는 것은 대자적으로 존재하는 개념인 의식과 외면적으로 현존하는 대상간의 통일뿐이다. 이성은 아직 정신이 아니다. 왜냐하면 정신은 이성의 전개의 결과이기 때문이다. 그것은 곧 자기 자신을 파악하면서 자기 자신을 위하여 존재하는 이성이다.

1807 년의 《정신현상학》에서 이러한 구분은 더욱더 중요하다. 이성은 넓은 의미의 의식의 전개과정에 있어서 하나의 특수한 계기로 간주된다. 이성은 실체의 형식에 해당하는 반면 정신은 주체가 된 실체이다. 이 실체의 형식에 도달되는 것은 자기의식이 대자적으로 보편적인 것이 되었을 때와 그것이 즉자적 존재와 대-의식적 존재간의 동일성이라는 知의 요소를 자체 내에 담지하고 있을 때이다. 그러나 이 요소는 주인과 노예의 변증법이나 금욕주의와 회의주의의 변증법, 그리고 불행한 의식의 변증법 등 선행하는 변증법 전체에 의하여 탄생된 것이었다.

1807 년의 《정신현상학》은 《예비학》이나 《엔치크로패디》의 현상학 부분보다 훨씬 더 진정한 의미에 있어서 인간의식의 구체적 역사이다.[7] 이 의식의 역사는 세계사라고 하는 객관적 현존재를 지니면서, 그후 헤겔이 자신의 체계 속에 남겨 둔 도식적 설명보다 훨씬 더 구

---

6) 《*Encyclopédie*》(*S.W.*, éd., Lasson, t. V, p. 379).

7) 1807 년의 《정신현상학》에서의 이성과 「체계(Système)」에서의 이성간에는 어떠한 차이가 있는가? ——「체계」에서의 이성은 진정 즉자적인 것과 대자적인 것간의 동일성이다. 따라서 이 이성에서부터는 현상적 의식이 초극(dépassée)된다. 1807 년의 《정신현상학》에서의 이성이란 이성이 현상적으로 출현하는 과정이다. 그러므로 즉자적인 것과 대자적인 것간의 통일은 그것이 인간의식에 여전히 대자적으로 등장하는 바대로 고찰된다. 개념의 내면적 대립이 진정으로 지양되는 것은 오로지 이 저서의 마지막 부분인 「죄악의 용서」의 변증법에서일 뿐이다(제 Ⅶ 부 정신현상학과 논리학 참조——이 부분은 본서의 제 2 권에 해당함).

체적이고 상세하게 전개된다. 헤겔의 체계는 만년에 접어들수록 점점
더 세계정신의 역사와의 관련성을 상실해 가고 있다. 1807년의 《정신
현상학》에서 헤겔은 불행한 의식으로부터 이성으로의 이행을 중세의
교회에서 르네상스와 근대로의 이행으로 파악하고 있다. 불행한 의식
은 개별적 자기의식의 완전한 소외를 보여 주었다. 회의주의적 부정
성에서 기인하는 고통스러운 심정 이외에 아무것도 아니라고 할 수
있는 이 불행한 의식에 있어서 즉자적 존재는 그 자신의 피안이었다.
불행한 의식은 자신의 주관성을 초탈할 수 없기 때문에 그 주관성의
불충분성을 동시에 감지하였다. 그리고 이때 피안은 자체 내에 주관
성과 객관성, 그리고 자기의식의 개별성과 즉자태의 보편성 사이를 화
해시켜 주는 神으로 제시된다. 그러므로 개별적 자기의식은 神 안에
서 자기 자신을 재발견하는 동시에 보편성을 획득함으로써 여전히 자
기의식으로 머무르면서도 보편적 자기의식이 될 수 있을 것이다. 헤
겔은 종교와 관련해서 다음과 같이 말한다.

> 불행한 의식의 형태 속에서 자기완성에 이르는 자기의식이란 곧 스스로를
> 다시금 대상성에로 고양시키기 위하여 각고의 노력을 기울이면서도 결코 그
> 대상성에 도달하지 못하는 정신의 고뇌에 지나지 않는 것이다. 따라서 자기
> 의식이 지향하는 통일, 즉 개별적인 자기의식과 그것이 지닌 불변적 본질간
> 의 통일은 여전히 이 자기의식에게는 피안으로 남는다——이와 같은 정신의
> 고뇌를 통하여 우리 앞에 출현한 이성의 직접적인 현존재와 그 이성의 여러
> 가지 특정한 형태들은 아무런 종교도 간직하고 있지 않다. 왜냐하면 그러한
> 이성의 자기의식은 자기 자신을 직접적인 현재(der unmittelbaren Gegen-
> wart) 속에서 파악하거나 추구하기 때문이다(PE, Ⅱ, 203; PG, 473; 정신
> 현상학, Ⅱ, 263).[8]

보편적인 동시에 개별적이며 또한 근대적 이성으로의 이행 역할을
담당하는 자기의식이 중세의 교회이다. 이 교회는 보편적 공동체를
이루고 있고 개인들이 언제나 이해할 수 없는 언어를 사용할 뿐만 아
니라 특수한 개인들의 재능(les dons des particuliers)을 규합하고 개

---

8) 불행한 의식의 의미를 간명하게 요약하고 있는 이 구절은 이미 앞에서 인용된 바 있
   다. 그러나 거기서는 불행한 의식으로부터 이성에로의 이행을 시사해 주는 마지막
   문장은 제외되었었다.

별적 의지를 소외시킴으로써 보편적 의지를 형성한다. 이러한 교회를 중개로 하여 개별적 자아는 진정으로 보편성에까지 고양된다. 「의식 (불행한 의식)은 자신의 대자적 존재를 자기 자신으로부터 떼어 내어 그것을 (대상적) 존재로 만들었다.」

이와 같은 전개과정을 통하여 의식의 보편자와의 통일이 의식에게(의식에 대해서)도 이루어지게 된다. 그러나 우리에게는(철학자의 입장에서 볼 때는) 지양된 개별자가 곧 보편자인 까닭에 그러한 통일은 더 이상 의식 밖에 놓여 있는 것이 아니다. 더 나아가서 의식이란 자기 자신의 부정성 속에서도 스스로를 보존하는 까닭에, 그러한 통일은 의식 그 자체 속에서 의식의 본질을 이루는 것이다(PE, Ⅰ, 195; PG, 175; 정신현상학, Ⅰ, 297).

보편자와 개별자, 즉자적인 것과 대자적인 것 사이의 매개항(moyen terme; 중심)은 이 두 극단을 직접적으로 인지하는 동시에 이들을 상호 연관시켜 주는 통일(여기서는 교회로 나타난다)이다. 「이러한 중심은 양극단의 통일에 대한 의식이다. 달리 말하자면 이는 그것(중심)이 의식에게, 그리하여 자기 자신에게 자신이야말로 진리의 전체라는 확신을 표명하는 것이다」(PE, Ⅰ, 195; PG, 175, 정신현상학, Ⅰ, 297~8). [9]

사실 이와 같은 것이 이성이다. 이성——자신이 실재의 전체, 진리의 전체이다는 의식의 확신——이란 이 진리가 피안에 있는 것이 아니라 의식에게 직접적으로 현재한다는 확신이다. 그러나 이와 같은 확신은 개별적 의식의 소외, 즉 의식 자체를 소멸시키지 않으면서도 자기의식을 보편성으로 고양시키는 소외를 통해서만 가능하다. 자기의식의 소외는 정신적 운동이지 한 상태에서 다른 상태로의(이 경우에는 개별자에서 보편자로의) 돌발적 이행이 아니다. 자기의식은 이러한 이행에 있어서 자기 자신을 보존하는 것이다. 헤겔이 다음과 같은 아주 애매한 삽입구——「의식은 그와 같은 스스로의 부정성 속에서도 자기 자신을 보존하는 까닭에」——에서 말하고자 하는 것도 바로 그

---

9) 헤겔은 불변자와 개별자가 그것의 양극 항을 이루는 하나의 삼단논법에 대해 말하고 있다. 여기서 매개항, 즉 생동하는 매개는 처음엔 교회이고 다음으론 근대의 이성이다. 이러한 매개항은 곧 구체적인 보편자이다.

점이다. 죽음——보편적 生의 차원에서 순수한 현상으로 간주되는 죽음——에 있어서, 개별적인 것은 보편적인 것이 되지만 이는 그러한 자기상실 속에서 자기 자신을 보존하지 못한 채 이루어진다. 그러나 개별적 자기의식의 소외인 정신의 죽음에 있어서 의식은 그 부정성 자체 속에서 스스로를 보존한다. 자기는 보편자가 된다. 그러나 마치 복귀적인 충격에 의한 것처럼 보편자는 자기(soi)로서 정립된다. 이러한 헤겔 변증법의 근본적인 두 항, 즉 개별자와 보편자, 자기와 즉자적 존재는 자신들의 제 규정을 상호 교환한다. 이로써 진리는 주관적인 것이 되고, 또 주관성은 진리를 획득한다. 이 직접적 통일은 선행하는 변증법 전체로부터 비롯된 결과인 동시에 자신의 발생과정 전체를 망각한 채 의식에게 새로운 형태로 제시된다. 이것이 바로 의식의 일반적 전개과정 또는 《정신현상학》에 있어 하나의 특수한 계기를 이루고 있는 이성인 것이다.

이 계기는 르네상스 및 근대와 대응한다. 그것은 십자군과 중세의 기독교의 뒤를 잇고 있다. 그리하여 세계는 더 이상 차안이나 피안으로서가 아니라 현재하는 세계(monde présent)로서 의식에 주어진다. 이 세계 속에서 의식은 자기 자신을 발견할 수 있다는 것을 깨닫고, 세계의 정복과 그것에 대한 학문을 시도할 것이다.

> 자기의식의 진리가 담겨져 있는 것으로 여겨졌던 무덤이 사라지고 나서, 또한 자기의식의 현실이 소멸된다는 것 자체가 소멸되고 나서, 그리하여 의식의 개별성이 자기의식에게는 그 자체로서 절대적인 본질이 되었을 때, 비로소 자기의식은 이 세계를 자신의 새로운 현실적 세계로서 발견하게 된다. 앞에서는 자기의식이 그 세계의 소멸되는 측면에 대해서 관심을 지녀 왔으나 이번에는 그 현실적인 세계의 존속 여부에 대해서 관심을 기울인다. 왜냐하면 그와 같이 새로운 현실적 세계가 존립한다는 것은 자기의식에 있어서는 곧 자기 자신의 진리이자 또한 현재가 되기 때문이다. 그리하여 마침내 자기의식은 다만 이 세계 내에서 오직 자기만을 경험한다고 하는 확신을 지니게 되는 것이다(PE, I, 196; PG, 176; 정신현상학, I, 298~9).

이전에 자기의식은 세계로부터 도피할 것을 모색하였다. 의식은 이 세계를 가공하였고 이 세계로부터 자기 안으로 도피하려고 노력하였다. 자신의 구원이 그의 본질적인 관심사였고, 이 구원은 언제나 그에게는 현재(présence)의 피안에 있었다. 이제 의식은 이-세계 속에서 자기 자신을 찾고자 하고, 거기서 그 자신의 무한성을 구하고자 한다. 의식에게 있어서 세계의 인식(知)은 자기의 인식(知)이다. 「세계는 의식의 거울이다.」 이로부터 대지의 탐험과 자연과학에 대한 인간의 관심이 발생한다. 헤겔은 그의 철학사 속에서 「자기의식과 현재의 화해」에 관하여 말하고 있으며, 또 《역사철학》 속에서는 근대와 관련하여 다음과 같이 적고 있다. 「세번째로 언급하여야 할 주요 현상은 정신의 이러한 외부로의 도약, 즉 자신의 대지를 인식하고자 하는 인간의 강렬한 욕구이다.」[10]

정신의 현상으로서의 관념론

「자아는 실재 전체이다」와 「실재 전체는 자아이다」라고 하는 이 두 명제는 세계의식을 자기의식으로 또 자기의식을 세계의식으로 정의하면서 관념론이라 불리우는 철학을 일반적인 방식으로 특징지우고 있다. 아마도 여기서 세계──die Welt──라고 하는 말은 새로운 단계의 경험에 정확히 대응하는 것이라고 할 수 있겠다. 지금까지 대-의식적 존재(l'être-pour-la-conscience)는 세계가 아니었다. 의식에 대해서 세계란 제쳐놓을 수도 있는 한낱 소원한 실재(réalite étrangère)였다. 이러한 이유 때문에 헤겔은 《정신현상학》의 「이성의 확신과 진리」 장에서, 관념론이 세계와의 관계에 있어서 의식의 새로운 행동을 표현하는 것으로 기술하고 있다.

이와 같이 하여 자기의식이 곧 이성이 됨으로써 지금까지 자기의식이 지녔던 타자 존재에 대한 부정적 관계는 긍정적인 관계로 바뀌어진다. 지금까지는 자기의식에 있어서 다만 스스로의 자립성과 자유에 관한 문제만이 중요한 관심사가 되었던 까닭에 그 자신으로서는 하나같이 자기 본질의 부정을 뜻하는 것으로 여겨졌던 세계와 또한 자기 자신의 현실을 희생시킴으로써 자기 자신을 구원하고 보존하는 데만 급급했던 것이다. 그러나 이제 자기 자신을 확신하게 된 이성으로서의 자기의식은 그와 같은 세계나 자기의 현실에 대해서 평온한 관계를 이루면서 동시에 그것들을 감내할 수 있게 되었

---

10) 《*Leçons sur la Philosophie de l'Histoire*》, traduction française de Gibelin, t. Ⅱ, p. 195.

다. 왜냐하면 자기의식은 자기 자신을 실재로서, 즉 모든 현실이란 그 자신 이외의 다른 것이 아님을 확신하고 있기 때문이다. 자기의식의 사유는 그 자체가 직접적으로 현실이다. 따라서 자기의식은 현실에 대하여 관념론적 입장을 취하는 것이다(PE, I , 196; PG, 175~6; 정신현상학, I , 298).

이 인용문의 새로운 면모는, 헤겔이 자아에게는 불투명하고 불가지한(impénétrable) 것이 있을 수 없다고 하는 이론으로서 관념론에 대한 매우 일반적인 정의를 내리는 데 있다기보다는 오히려 이 관념론을 「정신의 역사에 등장하는 한 현상」으로서 서술한다는 사실에 있다. 니콜라이 하르트만은 그의 《독일 관념론의 철학》이라는 훌륭한 저서에서 이러한 서술의 독창성을 지적한 바 있다. 앞서의 독일 철학자들, 즉 피히테주의자나 셸링주의자는 자기의식의 근본적 직관에 호소한다든가 아니면 근원적인 동일성의 원리에 호소하면서 관념론을 철학적 명제로 제시하였다. 이에 반하여 헤겔은 자기의식이 자기 자신을 전개해 나가는 역사적 도정 위에서 관념론과 만나고 있다. 「여기서 문제가 되는 것은 이론이나 체계로서의 관념론이 아니라 정신의 한 현상으로서의 관념론이다. ……의식은 이성의 본성을 경험한다. 그리하여 知로 고양된 이와 같은 경험이 다름아닌 관념론이다.」[11] 헤겔은 이러한 자신의 서술의 독창성을 자각하고 있었고, 바로 이러한 이유에서 그는 앞서의 관념론이 그 역사적 전제들을 무시한 채 돌연히 철학적 명제로 제시된다는 결함을 밝히고 있는 것이다. 이성과——이 이성에 관한 철학인——관념론의 결함은 그것들이 경험에 사로잡혀 있는 의식에 대하여 직접적인 진리라는 데 있다. 이성은 자신이 실재 전체이다라고 하는 의식의 확신이다. 이러한 확신은 이성에 이르기까지의 형성의 도정 전체를 망각해 버리는 현상적 의식에게 직접적으로 제시된다. 이 도정은 오로지 의식의 경험의 전개과정을 추적하고 있는 철학자에게만 자각되고 있다. 의식 자체는 자신의 과거와 생성과정을 망각하고서 각각의 단계마다 절대적으로 새로운 生으로 다시 태어나기 때문에 이 도정을 깨닫지 못하고 있다. 《정신현상학》에서 현상적 제 의식의 연속과정은 일련의 형태변화(métamorphose)의 과정이다. 「관념론으로

---

11) N. Hartmann, 《*Die Philosophie des deutschen Idealismus*》, *op. cit.*, II, p. 113.

도 역시 그와 같은 확신을 직접적으로, 즉 자아는 자아이다라는 형식으로 나의 대상인 자아(나)만이 유일한 대상이며…… 그 대상은 실재 전체이고 현재 전체이다라는 의미에서 말하고 있다」(PE, I, 197; PG, 176; 정신현상학, I, 299).

　이성의 확신과 그것의 철학적 표현인 관념론의 확신에 있어서 바로 이러한 직접성의 성격이 그 이성과 관념론의 결점을 이루고 또한 그 관념론을 자체 내적 모순에 빠지게 한다. 그것은 절대적 관념론이기는커녕 일방적(unilatéral) 관념론이어서, 칸트의 반쪽자리(demi) 관념론이나 피히테의 주관적 관념론처럼 더 이상 인식과 경험을 전체적으로 정당화할 수 없다. 자신의 확신에 진리성을 부여하기 위하여 이성은 실재적으로 세계를——자연과 인간 개체 그리고 그들 상호간의 관계를——인식하면서 이론이성과 실천이성으로서 활동한다. 달리 말하자면 이성은 스스로를 존재 속에서 정립하고, 자기 자신을 재발견할 수 있다고 확신하는 자기의식으로서 세계 속에 실현하는 것이다. 헤겔은 이러한 이성의 구체적 전개를 추적하기 앞서 먼저 관념론적 철학을 고찰하고, 왜 그 철학의 요구가 공허한 주장인가를 밝히고 있다. 특히 그가 염두에 두고 있는 것은 칸트와 피히테의 관념론이다. 그는 여기서 그가 이미 예나 시절 〈피히테와 셸링의 철학 체계의 차이〉에서 전개시켰던 논증과 그가 칸트 철학 전체를 문제시했던 〈신앙과 지식〉에서 전개시켰던 논증을 다시 취하고 있다.

　《정신현상학》을 재사유하고 있는 철학자에게 있어서 관념론이란 길고긴 형성과 도야의 과정에서 비롯된 결과이다. 이 기나긴 도정이야말로 다음과 같은 철학적 명제의 필수불가결한 전제인 것이다. 「그러나 자기의식은 단지 대자적으로만 실재 전체일 뿐 아니라 그와 못지 않게 즉자적으로도 실재 전체이다. 왜냐하면 자기의식이 곧 그와 같은 실재로 되거나 또는 스스로를 그와 같은 실재로서 입증하기 때문이다」(PE, I, 197; PG, 176; 정신현상학, I, 299). 따라서 자기의식은 이러한 사정을 「이것」의 사념(감성적 확신), 지각, 오성 등 이전 단계의 변증법이 진행되어 온 과정 속에서 논증하는 것이다. 이러한 변증법의 과정에서 즉자적 존재로서의 타자 존재(l'être-autre)는 소멸된다. 의식은 자신으로부터 절대적으로 독립해 있는 즉자적 존재를 가정했지만 이 가정이 허망하다는 것을 경험하였다. 즉자적 존재는 언제나 의식에 대해서 즉자적으로 존재하는 것임이 밝혀졌고 그리하여 그것은 의식 앞에서 소멸되었다. 의식은 또한 자기의식의 보완적 경험이 진행되는 과정에서 스스로가 실재 전체임을 논증한다. 왜냐하면 자기의식에 있어서 타자 존재는 그것이 오로지 그 의식을 위해서 존재하는 한 그 의식을 위해서 소멸되기 때문이다. 자아는 회의주의적 해방과 불행한 의식 사이의 투쟁에 있어서 단지 개별적 의식에 대해서만 존재하는 표상을 포기하고 보편적인 사유로 고양된다.

　　따라서 다음과 같은 두 측면이 잇달아 등장한다. 즉 한편에서는 본질이나 진리가 의식에 대해서 존재의 규정을 지니고, 다른 한편에서는 그 본질이나 진리가 오로지 의식에 대해서만 존재한다는 규정을 지닌다. 그러나 이 두 측면들은 단 하나의 진리로 귀착되는 바, 즉 존재하는 것 혹은 즉자적인 것은 그것이 의식에 대해서 존재하는 한에서만 존재하는 것이며 의식에 대해서 존재하는 것은 동시에 즉자적으로도 존재하는 것이다(PE, I, 197; PG, 177; 정신현상학, I, 300).

불가지한 물 자체 및 자아의 주관적 고립성은 모두 지양된다. 즉자적이면서 동시에 의식에 대한, 혹은 의식과 관계하고 있는 진리를 정립하기 위해서는 두 가지 길이 똑같이 필수불가결해진다. 그 하나의 길은 의식 앞에서 즉자적 존재의 망령이 소멸되어 가는 것을 바라보는 의식의 길이요, 다른 하나의 길은 자기의식의 힘들고 오랜 형성과 도야의 과정에서 개별적인 의식으로서의 자신에 대해서만(자기의식과 관계해서만) 존재하는 본질이 사라져 가는 것을 바라보는 자기의식의 길이다. 「그러나 바로 이와 같은 진리인 의식은 자신이 지금까지 거쳐온 과정을 등 뒤로 돌려 놓은 채 망각하고 있다. 왜냐하면 여기서 의식은 직접적으로 이성의 형식을 띠고 등장하기 때문에, 달리 말하면 그와 같이 직접적으로 등장한 이성은 오직 그 진리에 대한 확신만을 지니고 등장하기 때문이다」(PE, I, 197; PG, 177; 정신현상학, I, 300). 따라서 이성은, 단지 그 자신이 실재 전체라는 것을 단언할 뿐 이를 개념적으로 사유하고 있지 못하다. 이 단언의 개념적 사유란 그가 자신의 등 뒤에 남겨 둔 그 자신의 역사적 생성과정이다. 그러나 진리의 생성과정은 이 진리의 즉자적 측면이며, 이 진리를 출현케 해주는 그런 운동이 없다면 이 진리는 하나의 (주관적) 단언에 불과하다. 헤겔은 여기서 그의 철학을 통하여 가장 독창적인 면모를 보여 주고 있는데, 그것은 곧 사유의 역사와 사유 자체의 화해이다. 「진리의 직접적 출현이란 곧 그 진리의 現存相을 추상하는 것이요, 절대적 개념의 본질과 즉자적 존재를 추상하는 것이다. 다시 말해서 그것은 진리가 생성되어 온 운동을 추상하는 것이다.」 그는 몇 줄을 더해서 진리와 그 진리의 역사간의 관계를 보다 구체적으로 표현하고 있다.

의식은 스스로를 자각하는 세계정신이 도달해 있는 그때마다의 단계에 맞추어서 타자 존재나 자신의 대상에 대한 관계를 각기 상이한 방식으로 규정한다. 그런데 세계정신이 어떻게 각각의 단계에서 자기 자신과 그 대상을 직접적으로 발견하고 또한 규정하는가, 혹은 이 세계정신이 어떻게 대자적으로 존재하는가 하는 것은 그가 이미 어떠한 것으로 생성되어 있는가나 그의 본래적인 모습이 무엇이었는가에 달려 있다(PE, Ⅰ, 198∼9; PG, 178; 정신현상학, Ⅰ, 302).

공허한 (주관적) 관념론의 비판

헤겔이 칸트나 피히테에게서 추상적인 형식으로 제시되는 바의 관념론적 명제를 비판하는 것은 그것이 공허하고 주관적이라는 점을 염두에 두었기 때문이다. 확실히 피히테는 각각의 개별적 의식에 있어 그것의 자기의식에 호소함으로써, 그 의식이 자체 내에서 모든 의식의 조건인 순수한 知的 직관을 발견하게끔 한다. 물론 이러한 호소, 즉 자아=자아라는 것은 모든 의식이 인정하지 않을 수 없다. 왜냐하면 오직 자기 자신을 사유하는 것만이 문제되고 있기 때문이며, 「모든 사람들은 그들 자신에 관해서 말하고 있기 때문에, 그들이 그들 자신이 말하고 있는 것을 알지 못하고 있는 것이 아닌 한 그들은 그들 자신을 사유한다」[12]는 것 때문이다. 그러나 피히테는 진리를 이와 같이

---

12) Fichte, 《*Sonnenklarer Bericht an das* grössere *Publikum über das eigentliche Wesen der neuesten Philosophie; ein Versuch die Leser zum Verstehen zu zwingen*》(Berlin, 1801).

자아=자아 위에 기초지우면서 경험적 의식에서와 마찬가지로 현재하는 또 다른 진리, 즉 「나에 대해서 타자가 존재한다. 그리하여 나와는 다른 타자가 나에게 진리이며 본질이다」(PE, I,198; PG, 177; 정신현상학, I,301)는 진리를 받아들이지 않을 수 없다. 관념론자들의 자기의식은 대상의식 또는 자아에게 외타적인 사물에 대한 의식과 병존하고 있다. 「오직 이성이 그와 같이 상반되는 확신으로부터 벗어나는 반성으로서 등장할 때라야만 비로소 자기 자신에 관한 이성의 주장은 한낱 확신이나 단언으로서만이 아닌 진리로서, 그리하여 그밖의 다른 진리들과 병존하는 것이 아닌 유일무이한 진리로서 등장하게 된다」(PE, I,198; PG, 177; 정신현상학, I,301). 우리가 뒤로 남겨 두었던 변증법을 결여하고 있는 관념론은 하나의 명제로서 정립되더라도 그와 똑같이 유효한 반대명제와 대치하고 있는 명제로서 정립될 우려가 있다. 따라서 그것은 우리가 우리의 도정상에서 내던져 버렸던 회의주의와 유사한 모순의 제물이 될 것이다. 피히테의 관념론은 실재 전체를 자아 안으로 흡수시킨다는 주장에도 불구하고, 확실히 회의주의의 근대적 형식에 지나지 않거나 기껏해야 화해될 수 없는 두 항 사이에서 끊임없이 방황하는 불행한 의식의 근대적 형식에 지나지 않는다. 그러나 불행한 의식은 자신의 불행을 알지 못하고 있다. 회의주의가 부정적으로 표현되고 있는 데 반해서, 관념론은 그것이 회의주의와 동일한 모순으로 특징지워지고 있다는 사실에도 불구하고 긍정적인 진리로서 언명되고 있다. 관념론에 있어서 진리는 자아=자아라는 통각의 통일에 있다. 그렇지만 관념론은 참되지 못한 知로서의 타자知를 모면할 수 없다. 「(이 관념론의) 순수이성은 직접적인 모순에 봉착한다. 왜냐하면 그것은 이중화되고 단적으로 대립된 통각의 통일과 사물을 동시에 본질로서 인정하기 때문이다. 그런데 사물이란 그것이 외부로부터의 이질적인 충격이나 경험적인 본질이나 감성이나 물 자체 등으로 불리는 것에 상관 없이 그 개념에 비추어 보면 언제나 동일한 것이며 통각의 통일에 소원한 것이다」(PE, I,203; PG, 181; 정신현상학, I,181). 헤겔이 여기서 피히테의 주관적 관념론을 향하여서 퍼붓는 비난은 〈피히테와 셸링의 철학 체계의 차이〉에서 행한 것과 동일하다. 자아가 실재 전체요, 자기 자신과 동등하다고 하는 피히테 체계의 출발점은 자아가 자아와 등등하여야만 한다(soll)라고 하는 도달점과 일치하지 않는다. 이러한 공허한 요구와 대치하여 실재는 결코 완전히 흡수되지 않을 非我로서 성립한다. 따라서 이 관념론은 그것의 긍정적 요구에도 불구하고 「회의주의에서와 마찬가지로 상호 모순된 이중적 의미」를 지니고 있다. 이러한 피히테적 관념론의 요구와 그것이 실제로 실현하는 것 사이의 모순은 헤겔이 그의 철학적 경력을 시작할 때부터 거부한 것이기도 하다. 「자아=자아는, 자아는 동등한 자아이어야 한다로 변형된다.」[13] 「이 형식적 관념론의 결과는 통일성을 결여한 경험적 영역——우연적 雜多——과 공허한 사유간의 대립이다.」[14]

관념론이 이러한 모순에 빠지는 것은, 그것이 추상적 이성 개념을 참된 것으로 언명하고 또 실재와 자아 사이의 통일을 여전히 추상적 범주의 형식으로 언명하기 때문이다. 그러나 우리가 《정신현상학》의 이 단계에서 연구하게 될 진정한 이성은 그와 같이 자가당착적인 것이 아니다. 그 이성은 자신이 단지 실재 전체라는 (주관적) 확신에 지나지 않음을 알고 있으며, 따라서 아직은 그러한 확신을 진리로 간주하지 않는다. 이성은 그 확신을 검증하고 그것을 진리로 고양시키려고 노력한다. 그럼으로써 이성은 비로소 세계를 인식하기 시작하고 진정한 내용을 획득하기 시작한다. 구체적인 이성은 실재 전체라는 확신에서부터 그 실재의 인식인 진리로 나아가는 것이다. 이성은 자연의 學을 수립하고 또 이 자연을 관찰함으로써 거기서 자기 자신을 발견하게 된다. 그리하여 이성은 처음에는 한낱 주관적 확신에 불과했던 것을 진리로까지 발전시켜 간다.

따라서 관념론——아직 주관적 확신에 지나지 않는 것을 진리로 제시하는 철학 체계——과 《정신현상학》의 구체적인 이성 사이에 있는 차이는 명백하다. 《정신현상학》에서 이성은 실제로 자신의 진리를 추구하기 위하여 힘겨운 노력을 경주하지만, 이와 반대로 관념론은 그 진리를 검증하거나 역사적으로 정당화하지 않은 채 단지 주장할 뿐이다.

---

13) 《différence des systèmes de Fichte et de Schelling》(S.W., éd., Lasson, I, p. 53).

14) 《Foi et Savoir》(S.W., éd., Lasson, I, p. 323).

따라서 그 관념론은 추상적이다. 그 관념론은 자아와 존재의 통일이라는 범주의 단계에 머물러 있어서 그것의 전개과정은 인식하지 못하고 있다. 그것은 선천적인 것(a priori)과 후천적인 것(a posteriori) 사이의 대립을 초극하지 못하고 또 이 양자간의 진정한 종합을 파악하지 못하고 있다. 그러나 자연과 행위의 인식(知)에 실제적으로 참여하고 있는 이성은 자기 자신을 발견할 수 있을 것이며, 형식적 관념론에 구체적 관념론을 대치시킬 수 있을 것이다. 구체적 관념론에서 자아와 보편자는 일원적인 정신 속에서 상호 일치하게 될 것이다.

2

자연의 관찰

이성──자신이 실재 전체라고 하는 의식의 확신──은 관념론에서 처럼 하나의 철학적 단언이 아니다. 그러한 철학적 단언은, 그것이 스스로 약속했던 것을 제시하지 못하면 못할수록 더 무상하고 형식적인 것으로 그치게 된다. 이성은 다만 스스로가 확신에 지나지 않는다는 것을 알고 있으며, 따라서 자기 자신에게 진리를 부여하기 위하여 활동하고 세계에 대한 知를 실현해 나간다. 이성은 純粹自我, 다시 말해서 피히테의 추상에 머물지 않는다. 「이성은, 자신이 순수자아가 존재하는 것 이상으로 훨씬 심원한 본질임을 어렴풋이나마 깨닫고 나서부터는 구별, 즉 다양한 존재가 그 자신의 소유물이 되어야 한다는 것을 요구하지 않을 수 없다」(PE, I, 205; PG, 184; 정신현상학, I, 311). 이러한 이유에서 헤겔이 《정신현상학》에서 이성에 할애하고 있는 장은 르네상스로부터 그의 시대에 이르기까지의 학문의 전개에 대응한다. 거기서 문제되는 것은 경험에 그 기원을 두고 있다고 자처하는 知이지만 이 知는 자신이 그 원리를 확립하고 탐구하는 방식에 의하여 이러한 자기주장과 모순된다. 知에 있어 주된 관심사는 감성적인 것 자체가 아니라 그 감성적인 것 속에 내재하는 개념이다. 이성은 실재에 대해서 수동적인 자세를 취하지 않는다. 이성은 경험을 조사하고 자연에 대해 질문을 던지며, 이로써 이 경험 속에서 하나의 개념을 발견하고자 한다. 그런데 이 개념이란 이성 자신이 내용의 한가운데 현재한다는 것과 다를 바 없다. 이성이 자신에게 주어지는 세계 속에서 발견하는 것은 자기 자신일 따름이다. 경험의 知는 곧 자기의 知이다. 따라서 우리는 관념론이 자아=자아라는 등식 속에서 또는 셸링의 동일성의 형식 속에서 헛되이 표현하였던 명제로 다시 돌아간다. 「경험 속에 담겨 있지 않은 것이란 아무것도 없기 때문에」 (PE, Ⅱ, 305; PG, 558; 정신현상학, Ⅱ, 398), 또한 선천적인 것은 필연적으로 후천적인 것 속에 드러나기 때문에 헤겔은 결코 경험과학을 등한시하지 않았다. 이러한 경험과학은 마침내 자아의 첫번째 거울인 자연철학에서 정점에 도달한다.

세계에 관한 학문에서 셸링에서와 같은 자연철학에로의 이행은 헤겔에 따르면 연속적인 것이다. 유일하게 제기되는 문제는 이 자연철학이 자아를 충분히 만족시켜 줄 수 있는가, 다시 말해서 자아가 자연 속에서 자기 자신을 절대적으로 재발견할 수 있는가, 아니면 자연에는 환원불가능한 우연성의 측면이 있어서 개념은 그 자연 속에서 실제적으로 현재하는 것이 아니라 다만 막연하고 어렴풋이 나타나고 있는 것이 아닌가라는 문제이다. 후자의 경우에 있어 이성은 자연으로부터 자기 자신에로 되돌아와야 한다. 즉 세계를 관찰할 것이 아니라 자아를 관찰해야 할 것이요, 세계와의 관계에 있어서의 인간 개체 (l'individualité humaine), 보다 정확히 말하자면 그의 세계 내적 현존을 지시하는 것——신체(le corps)——과의 관계에 있어서 인간 개체를 관찰해야 할 것이다. 헤겔의 현상학은 정신의 현상학이다. 자연은 개념이 아니라 단지 개념의 과거에 불과하다. 그리고 이성은 자연의 관찰 속에서 진정으로 자기 자신을 만족시킬 수 없다. 더 나아가서 이성은 자연을 관찰하면서 자아(Moi)를 파악할 수 없다. 왜냐하면 개념은 존재가 아니라 생성이요, 자기에 의한 자기의 정립일지라도 관찰은 그 개념을 존재 속에 고정시키기(fixer) 때문이다. 이러한 이유에서 자연철학은——또한 자연에 관한 학문 전체는——의식이 스스로를 정신으로서 발견하고 또 재발견하기를 배워 나가는 현상학적 전개 속에서 일익을 담당하여야만 한다. 그렇지만 이러한 역할은 셸링이 믿고 있고 헤겔 자신도 예나 시절에 한동안 믿었던 바와 같이 그렇게 비중 있는 역할은 될 수 없다. 이론이성은 실천이성에게 자리를 물려 줄 것이다. 그리하여 자아는 자신을 발견하는 것이 아니라 자신을 정립할 것이요, 자신을 확증하는 것이 아니라 자신을 창출해 갈 것이다. 반대로 범주의 통일에 있어서 이론이성이 강조하였던 즉자적 측면 대신에 대자적 측면을 강조하는 실천이성 역시 지나치게 배타적인 것임이 드러난다. 따라서 우리는 새로운 종합으로, 즉 이론적인 동시에 실천적이며, 객관적인 동시에 주관적인 이성으로 인도될 것이다. 이러한 이성은 자기 스스로를 자각하고 자기 자신의 세계로 화했기 때문에 곧 정신인 것이다.

이론이성, 자연철학

진정한 자연과학의 기원에는 베이컨, 갈릴레오, 데카르트 등의 이름이 밀접하게 관련되어 있다. 이 과학은 단지 피상적으로만 지각이나 오성의 운동을 재현하고 있다. 앞서의 여러 장에서 헤겔은 현상의 피안에 있는 물 자체나 초감성적 세계를 단적으로 제거해 버리려고 시도했다. 이와 반대로 「관찰하는 이성」의 장은 사물의 기술(description), 種의 분류, 자연의 법칙, (뉴튼적이라기보다는 셸링적인) 자연의 체계 등을 고찰하기 때문에 헤겔은 어느 정도 자연이 이성을 반영(reflet) 할 수 있는가를 묻는다.

우리가 앞으로 검토해 갈 텍스트는 헤겔의 체계를 이해하는 데 있어서 중요하다. 왜냐하면 이 텍스트는 의식과 知의 전개에 있어 본질적인 계기를 표현하고 있기 때문이다. 이성은 실제로 자연에서 자기 자신을 추구한다. 그러나 이성은 자기 자신을 직접적인 실재로서 추구한다. 그러므로 그 진행과정의 마지막 단계에 이르러 이성은 자연의 체계 속에서 자신을 발견하게 될 것이며, 자신을 하나의 행위나 활동으로서가 아니라 하나의 사물이나 존재로서 발견할 것이다. 이성은 스스로를 발견하되 자기 자신을 만들어 가는 운동으로서가 아니라, 마치 사람들이 자신의 과거를 발견하는 것처럼 발견한다. 따라서 자연은 특정한 자아의 표현이라고 할 수 있다. 그리고 이것이야말로

자연을 한낱 자아의 자기정립에 요구되는 대립물로 환원시켰던 피히
테에 반대하여 셸링이 확립하려고 시도했던 자연이다. 그러나 이러한
자연은 자아의 진정한 표현이라고 할 수 없다. 자연으로서의 절대자는
지양되어야만 한다. 오히려 절대자는 정신으로서 정립되어야 한다.
(헤겔은 그가 예나에 도착하여 그의 동료인 셸링의 철학을 택했을
때부터 이 점을 발전시켜 나갔다.) 「정신은 자연보다 고차적이다.」
왜냐하면 정신은 자체 내적으로 스스로를 반성하며 그리하여 주체가
되는 반면에, 자연우 단지 자기 자신을 벗어나 방황하는 정신일 뿐이
며 직관 속에 흡수되어 버린 자아, 존재 속에서 상실된 자아이기 때
문이다. 바로 여기에 이 헤겔의 텍스트가 우리의 관심을 끄는 두번째
이유가 있다. 그것은 이 텍스트가 그의 자연철학에 관련하여 헤겔
의 입장을 명확히 하고 또 그의 자연철학이 발전되어 온 경위를 알아
볼 수 있게끔 해주기 때문이다.

　의식의 태도——관찰——가 여기서 두드러진 특징이다. 관찰한다는
것은 개념을 존재 속에 고착화시키는 것이며, 따라서 개념을 추구하되
오로지 존재로서의 개념을 추구하고 자아를 추구하되 오로지 직접적
인 실재로서의 자아를 추구한다는 것이다.

　그 자신이 실재 전체라는 의식의 확신으로서 직접적으로 등장한 이성은
자신의 실재를 존재의 직접성이란 의미로 파악한다. 마찬가지로 이성은 자
아와 대상적 본질간의 통일을 직접적인 통일이란 의미로 파악하고 있다. 따
라서 이러한 통일이란, 이성이 존재의 계기와 자아의 계기를 일단 분리시키
고 난 후에 다시금 이를 통합시킨 의미에서의 통일이 아닌, 즉 이성이 미
처 인식하지 못한 통일인 것이다(PE, I, 205~6; PG, 184; 정신현상학, I,
312).

　진정한 통일은 이와 반대로 변증법적 통일일 것이다. 자아는 직접
적으로 자연 속에 있는 것이 아니다. 자아는 자연에서 자신을 소외시
키고 자신을 상실하였다가 다시금 거기서 자신을 재발견하게 된다. 이
러한 분리와 통합의 운동이야말로 절대자의 生 자체를 이루고 있는
것이다. 그리고 이러한 분리와 통합을 사유할 수 있기 위해서는 이성
이 먼저 자기 자신을 변증법적 이성으로서 인식해야만 한다. 자연의

관찰과 자연 속의 자아에 대한 관찰에서 비롯된 결과는 역설적이다. 그러나 이것은 관찰하는 이성으로서의 이성이 취하고 있는 태도를 표현하고 있을 뿐이다.

　　의식이 관찰한다는 것은 곧 이성이 자기 자신을 존재하는 대상으로서, 현실적이며 감각적으로 현재하는(sinnlich gegenwärtige) 것으로서 발견하고 또한 소유하고자 하는 것이다. 이와 같은 관찰하는 의식으로서는 그가 결코 자기 자신을 경험하고자 하는 것이 아니라 오히려 이와 반대로 사물 그 자체의 본질을 경험하고자 한다고 믿으며 또한 그렇게 말하기도 한다. 만약 이 의식이 그와 같이 믿고 또 말한다면, 그 이유는 이 의식이 이성이기는 하되, 그러나 아직은 이성을 자신의 대상으로서 삼지 못하고 있다는 점에 있다(PE, Ⅰ, 205; PG, 184; 정신현상학, Ⅰ, 311~2).

만약 의식이 이성의 절대知를 자연과 자아에 다같이 공통된 본질로 안다면, 이 의식은 더 이상 현상적 의식이 아닐 것이며, 또한 우리도 《정신현상학》을 넘어설 것이다. 그리하여 우리는 절대知의 영역에서 대자적으로 존재하는 이성을 사유할 수 있을 것이다. 현상학, 또는 타자知로 얼룩져 있는 의식의 고행(ascèse) 대신에 우리는 존재론이나 헤겔이 《정신현상학》에 이어 저술한 《논리학》 앞에 서게 될 것이다. 니콜라이 하르트만은 헤겔이 자신의 탐구에 있어 두 가지 가능한 길을 지시하고 있는 이 구절의 중요성을 지적하였다. 탐구의 두 가지 가능한 길이란 《정신현상학》과 《논리학》이다. 그후 《논리학》은 《엔치크로패디》로, 다시 말해서 자연철학과 정신철학으로 나아가지만, 이들 모두 이 존재론적 논리학의 로고스(Logos)에 뿌리를 두고 있다.[1] 「만약 의식이 이성을 사물과 자기 자신에게 다같이 해당되는 본질이라는 것과 의식 속에서만 그 스스로의 특유한 형태를 생생하게 드러낼 수 있다는 것으로서 깨우친다면, 의식은 사물이 아닌 바로 그 자신의 깊숙한 내면에서 이성을 탐색할 것이다」(PE, Ⅰ, 205; PG, 184; 정신현상학, Ⅰ, 312).[2] 이어서 의식은 자연으로 복귀하여 거기서 자신

---

1) N. Hartmann, 《*Die Philosophie des deutschen Idealismus*》 2 Bände, pp. 114~5.
2) 단지 이성만에 의한 이러한 자기인식이 곧 범주, 로고스의 연역이다. 우리는 「현상학적 측면에서의 이성」과 즉자대자적인 이성간의 차이를 알고 있다.

의 감성적 표현을 직접 개념으로 파악하면서 그것을 관조할 수 있었다 (이 예는 《엔치크로패디》의 자연철학에 해당한다). 《정신현상학》에서 의 이성은 스스로를 자각하고 있지 못하기 때문에, 헤겔의 표현을 그 대로 따르자면, 아직 이성의 본능(l'instinct de la raison)에 지나지 않 는다. 따라서 이성이 도달되는 것은 오로지 사물의 관찰이라는 우여 곡절을 거치고 난 다음에야 비로소 가능하다. 본능으로서의 이성은 자기에 대한 예감(pressentiment de soi)이지 자기에 대한 知(인식)는 아니다. 따라서 이성은 사물을 관찰하면서 자기 자신을 추구한다. 「관 찰하는 의식에게 있어서 이상과 같은 과정을 통하여 드러나는 것은 단지 사물이란 어떤 것인가이겠지만, 우리에게 있어서는 바로 이 관찰 하는 의식 자체가 무엇인가가 드러난다. 이와 같은 관찰하는 의식의 운동 결과 의식의 진면목(즉자적인 모습)이 그 자신에게 (대자적으로) 자각될 것이다」(PE, I, 206; PG, 185; 정신현상학, I, 313). 이는 앞에서 도 말했던 것처럼 참으로 역설적인 결과가 아닌가! 사실상에 있어 관찰하는 이성은 자기 자신을 하나의 사물로서 직접적으로 발견하게 될 것이다. 관찰의 마지막 단계인 「골상학」에서 자아는 스스로에게 「뼈」로 등장하게 된다. 자아는 자기 자신을 「순수하고 단순한」 존재 로 발견할 것이다. 이러한 표상의 개념은 「이성이 자기 자신에게 물 성 전체이며 더 나아가서 유일하고 순수하게 객관적인 물성이다」(PE, I, 205; PG, 184; 정신현상학, I, 312)는 데 있다. 여기서 사유와 존재 의 동일성은 관찰의 마지막 단계로 정립되지만, 또한 의식이 관찰에 서 행위로 이행해 가는 접합점으로 정립되기도 한다. 존재 속에서 자 기 자신을 발견하는 데 실패했던 의식은 이제 행위를 통하여 자기를 정립한다고 자처할 것이다.

사물의 관찰에서 유기체의 관찰로

헤겔은 사물의 기술(description)에서부터 법칙의 탐구(recherche)와 그 검증(vérification)에 이르기까지 관찰하는 이성의 전개과정을 추적 하고 있다. 「이성」장의 서론 부분에 지시되어진 도식에 따르면 의식 이 知의 운동을 취할 때 대상은 불변적 진리로서 정립되고 반면 의식이 자기확신적이며 고정된 진리로 고양될 때 대상은 운동 자체로서 정립된다. 「의식과 대상은 이와 같이 상호 대립된 규정 속에서 서로 교체되는 것이다」(PE, I, 201; PG, 180; 정신현상학, I, 306). [3] 왜냐하면 통일에 있어서는 운동이 타자인 반면 그러한 운동에 있어서는 평온한 통일이 타자이기 때문이다. 자연적 사물의 기술——경험적 知의 일차적 형식——이라고 하는 가장 초보적인 경우에 있어서 대상이란 무엇보다 자기 자신과 동등하게 머물러 있는 것을 말한다. 아리스토텔레스가 이미 말했던 바와 같이 「오로지 일반적인 것(du général)에 관해서만 학문이 있을 수 있다.」이러한 의미에서 의식은 경험 속에서 언제나 새롭게 기술해야 할 類를 발견하고자 한다. 기술의 운동은 知속에서 일어나는데, 그것은 피상적인 방법으로 감성적인 것에서 보편적인 것을 추출하는 것이다. 그러나 이러한 보편자는 그 자체로서는 생명을 결여하고 있다.

의식은 보편자를 파악할 수 있는 오성이 아니라 단지 회상이나 기억(Gedächtnis)에 지나지 않는다. 이때의 기억이란 외적 존재의 생생한 모습의 내면화일 뿐만 아니라 그 존재의 기술이기도 하다. 이 단계의 知에 가장 잘 대응하는 것은 언어이다. 사물에 관하여 말하면서 그것에 보편성의 표식과 사유의 형식을 부여하는 시인——특히 서사시인——처럼 우리는 사물에 이름을 붙임으로써 그것을 감성적인 것에서 사유로 고양시킨다. 그의 첫번째 정신철학(1803~1804년의 《실재철학》)에서 헤겔은 고대인들의 기억의 여신(mnēmosynē)을 강조하고 있는데, 이는 사물의 기억이 동시에 말(mots)의 기억이라는 것이다. 순수하게 감성적인 직관은 이로써 초극된다. 「이름(nom) 속에서 경험적 존재는 지양된다. ……그것은 관념적인 그 무엇으로 된다. 아담이 동물을 지배하게 된 첫번째 행위는 그 동물에 이름을 부여하면서 그것들의 (경험적) 존재를 부정하고 자기를 위한 관념적 존재로 만든

---

3) 불변적 진리와 사유의 운동간의 교체는 헤겔 사상의 두드러진 특징이다. 진리는 그 절대성 속에서 마치 「바커스 祭에서의 도취경……하지만 투명하고도 또한 단순한 평온함이라고 할 도취경」(PE, I, 40; PG, 39; 정신현상학, I, 102)처럼 제시된다. 따라서 의식은 고정된 대상으로서의 진리와 知의 운동을 구별한다. 그러나 이러한 구별은 자체 내에 매개를 지니는 절대자 속에서 소멸된다.

행위이다. 」[4] 우리는《정신현상학》의 첫번째 장 감성적 확신의 계기에서 언어가 매우 중요한 역할을 하며, 헤겔도 자신의 저서의 전 과정에 걸쳐서 끊임없이 이 언어로 다시 돌아가고 있다는 것을 강조하였다. 언어는 진정으로 정신의 현존재이다. 사물이 말해질 수 있다는 것, 즉 사물의 외면적 실존이 기술 속에서 표현될 수 있다는 것은 이미 즉자적으로 그 사물이 개념이며 인간의 로고스가 자연의 로고스인 동시에 정신의 로고스라는 것을 나타내고 있다.

하지만 기술은 매우 피상적인 양태의 知로서 곧 그 한계에 부딪힌다. 이미 자연은 여기서도 자신의 우연성을 드러내고 있다. 「기술로서는 즉자적으로 존재하는 듯이 보이는 것도 한낱 우연에 불과한 것인지의 여부를 알 수가 없다. 더우기 원초적인 무규정성의 상태로부터 자신을 발전시키지 못한 채 여전히 미숙하고 허약하며, 다만 번거롭기만 한 형상적 특징을 지닌 데 불과한 것으로서는 이제 그 스스로가 기술될 수 있다는 데 대한 요구마저도 내놓을 수가 없는 것이다」 (PE, Ⅰ, 208; PG, 186; 정신현상학, Ⅰ, 315~6). 그렇기 때문에 이성은 사물의 징표(les signes caractéristiques)를 추구하고 또 그것을 분석한다. 이성은 단지 기술하려고만 하지 않고 그와 못지 않게 분류하기를 원한다. 種과 類의 위계질서(hiérarchie)는 무엇보다 고대의 생물학적 유형의 학문에 해당하지만, 바로 이러한 종류의 분류가 知의 대상이 되었다. 여기서 도달되는 사물의 체계는 인식을 가능하게 해주는 체계인 동시에 자연 자체를 표현해 주고 있는 체계이다. 물론 인위적 분류와 자연적 분류는 서로 대립하고 있다. 「한편으로 징표는 한 사물을 다른 사물로부터 구별 가능케 하는 인식에만 활용될 수 있다. 그러나 다른 한편으로 인식되어야만 하는 것은, 결코 사물의 비본질적인 측면이 아니라 오히려 사물 자체가 존재일반의 보편적 연속성으로부터 스스로 유리되어 타자로부터 자신을 분리시킴으로써 마침내 독자성을 획득하게 되는 그런 것이다」(PE, Ⅰ, 208; PG, 187; 정신현상학, Ⅰ, 316). 린네(Linné)처럼 징표를 計算(compter)하는 것으로는 충분치 않고, 쥐시에(Jussieu)처럼 그것을 計量(peser)해야 하는 것이다. 여기서

---

4)《Realphilosophie》(S.W., éd., Lasson, t. XIX, p. 211.)

주목해야 할 것은 존재의 원초적 연속성(continuité première de l'être)이라는 것인데, 이것에서부터 種·類 그리고 개체들이 갈라져 나온다. 이것은 인식에 의하여 조작된 분리이기 때문에 그것이 대자적 존재(그 나름대로의 본질성이나 독자적인 존립 근거)에 도달하지 못한다면 인위적일 수도 있다. 그러나 자연에 있어서 이러한 분리와 대응하는 것은 바로 생명체를 그 자체를 위하여 정립시켜 주고 또 그 생명체가 자신의 개별성 때문에 보편자에 대립하도록 하게끔 하는 그런 운동이다.

「예를 들어서 동물이 서로 구별될 수 있는 징표는 발톱과 이빨에서 취해지거니와 이렇게 함으로써 인식행위만이 동물과 동물을 서로 구별지을 수 있는 것은 아니다. 오히려 동물은 그 자신이 타자로부터 자기를 분리시키면서 바로 그와 같은 무기를 통해서 자신을 독자적으로 보존하며 동시에 동물이란 보편자로부터 자신을 유리시키는 것이다」(PE, Ⅰ, 209; PG, 187; 정신현상학, Ⅰ, 317). 보편자와 개별자의 대립은——보다 심원한 차원에서는 우주와 자아의 대립은——헤겔 철학의 테마이다. 이러한 분리야말로 한편이 다른 한편 속에서 흡수·소멸되지 않으면서 초극되어야 하는 것이다. 그러나 이러한 분리는 이미 가장 저급한 형식으로 생명체의 분류 속에서 나타나고 있다. 동물은 (능동적으로 규정해 가는) 대자적 존재에까지 고양되어 있지만 식물은 (수동적으로 규정된) 개체성의 한계권(confins de l'individualité)에서 맴돌고 있다. 그러나 이보다 하위 단계에서는 더 이상 그러한 구분을 생각할 수 없다. 왜냐하면 사물이나 물질 또는 실체화된 성질은 관계 속으로 흡수·상실되기 때문이다. 그러므로 이제 분리되어진 상태는 더 이상 생각될 수 없고 오로지 관계만이 생각될 수 있다. 이로써 우리는 분류하고 또 유형(types)이나 種差(différence spécifique)를 발견하는 학문에서 법칙의 학문으로 이행하게 된다. 種과 類의 질서는 자연이 실제로 실현하지 않는 하나의 관념적 질서이다. 「이와 같이 구별의 요소와 본질성의 측면을 정연하게 분리시켜 놓은 채 이들 서로에게서 마치 어떤 확고부동한 것을 포착하기라도 한 듯이 여기던 관찰은 이제 하나의 원리 위에 또 다른 원리가 겹쳐져서 서로가 서로를 덮치면서 혼란을 야기시키는 가운데 이들 쌍방이 상호 이행되는 것을 본다. 여기서 관찰은 애초에는 절대적인 분리 상태에 있는 것으로 취급되던 것이 어느덧 통합되는가 하면 반면에 결합되어 있는 것으로 여겨지던 것은 또한 분리되는 사태를 맞이하게 된다」(PE, I, 210; PG, 188; 정신현상학, I, 318). 동물계와 식물계는 특정한 수준에서 서로 겹쳐지기 때문에 이성의 제 구분은 더 이상 정당화되지 않는다. 비록 헤겔에 있어서 생명체나 유기체에 관한 학문이 존재의 진화에 관한 학문은 아닐지라도——왜냐하면 자연 내에서의 그러한 진화란 그에게는 하나의 관념적인 연속일 뿐이기 때문이다——그의 이론은 그후의 진화론과 절대적으로 대립하고 있는 것은 아니다.

우리는 분류를 대치하고 있는 법칙의 탐구를 단지 개략적으로만 일별해 볼 것이다. 왜냐하면 이미 「오성」 장에서 그것에 관하여 언급할 수 있는 기회를 가졌기 때문이다. 헤겔은 또 다른 차원이긴 하지만 이미 앞에서 지적했던 것을 여기서 다시 취하고 있다. 오성은 고정된 규정을 관찰하는 것이 아니라 관계를 관찰한다. 그리하여 오성은 피규정성의 진정한 본성을 파악하게 되는 바, 그것은 과정 속에서 하나의 계기로 드러난다. 이성의 본능은 경험 속에서 법칙을 발견한다고 자처하지만 사실상 그는 법칙에 있어 「감각적 현실의 냉담할이만큼 무관심한 존립」을 파괴하는 것이다. 따라서 감성적 규정은 추상적인 것으로 판명된다. 감성적 규정은 또 다른 감성적 규정과의 관계 속에서만 의미를 지닐 수 있다. 그리고 바로 이러한 연관성이야말로 법칙의 개념과 그 필연성을 이루고 있다. 확실히 관찰은 공존 상태(coexistence)나 무관심한 계기 상태(succession)로부터 법칙을 끌어낸다고 믿고 있다. 그러나 관찰은 마치 이론상의 당위성에 집착하여 법칙의 필연성과 전체 경험을 대립시키는 순수이론가처럼 오류에 빠져 있다. 「보편적으로 타당한 것은 또한 보편적으로 효력을 지닌다. 마땅히 존재해야만 하는 것은 또한 실제에 있어서도 존재하는 까닭에, 실제로는 존재하지 않으면서 다만 당위적으로 존재해야만 한다는 것은 결코 진리일 수가 없다」(PE, I, 211; PG, 189~90; 정신현상학, I, 320). 귀납이나 유추에 의하여 법칙이 확립되는 방식은 확실히 경험적이므로 단지 개연성밖에 도달할 수 없다. 그러나 이러한 개연성이란 단지 의식에 있어 진리의 불완전한 현존 상태를 나타내고 있을 뿐이다.

이성은 이와 더불어 법칙의 필연성도 인식하고 있다. 돌이 지상으로 낙하한다는 것은 우리가 그 돌이 낙하하는 것을 보았기 때문만이 아니라 무게(중량)라는 것 속에 표현되어 있는 바와 같이 돌이 지구와 관계를 맺고 있기 때문이기도 하다. 감성적 보편성은 이성이 경험으로부터 이끌어내는 필연성의 표시이기도 하다. 이성은 순수하고 단순하게 관찰하는 것이 아니라 실험하는 것이며, 다시 말해서「법칙과 그의 제 계기를 개념의 순화시키는 것이다」(PE, Ⅰ, 213; PG, 191; 정신현상학, Ⅰ, 322). 양전기는 먼저 특정한 물체의 속성으로 드러나고 음전기는 다른 물체의 속성으로 드러난다. 하지만 겉으로 보기엔 개념을 감각적인 것 속으로 깊숙이 휘말려 들게 하는 것처럼 보이는 실험과정을 거쳐서 법칙의 특수한 현존재에 얽매여 있는 상태를 완전히 제거·불식하게 된다. 그 계기들은 헤겔 시대의 물리학이 물질(matières)——열, 전기 등——이라고 불렀던 것이다. 이러한 계기들은 그것들의 물체성(corporéité)을 상실하지만 여전히 현존하고 있다. 따라서 순수한 법칙은 실험을 통하여 변형된 감각적인 것으로부터 해방된다. 이러한 실험은 감각적인 것 속에서 개념의 필연성이 드러나도록 하는, 감성적 개념화 작용(conception sensible)이라고 할 수 있다. 실험은 존재 속에 몰입되어 있던 개념을 들어올려서 그것의 본연의 모습인 기술이나 분류에서 비롯되는 정태적 보편자가 아니라 자연의 역동성이 발현되도록 한다. 하지만 이러한 개념은 한낱 개념에 지나지 않는다. 그것은 관계이지만 또한 통일이요, 타재로부터의 자기 내 복귀이다. 《정신현상학》에서 거듭 반복되고 있는 도식의 관점에서 볼 때 이러한 관계 속에서의 통일이야말로 새로운 대상, 즉 유기체로 등장한다. 유기체는 한쪽이 다른 한쪽에서 흡수·상실되는 제 상태간의 관계로서의 법칙이 아니라 타자화(devenir-autre) 속에서 자기 자신을 보존하는 과정의 통일로서의 법칙이다. 만약 법칙이 개념 내에서 다양성을 제공한다고 하면 합목적성이나 내면성으로서의 유기체는 개념의 동일성을 제공한다. 그러나 그것은 이 동일성을 외면성과 제 상태들의 진정한 분리 속에서 표현하지 못한다.[5]

─────────────

5) 우리는 여기서 이성의 구체적 대상과 이성 자체간의 평행관계를 찾아 볼 수 있다. 이러한 평행관계는 이미 셸링의 선험적 관념론 속에 나타나고 있었다.「진실로 결과이

유기체의 관찰

의식은 대상의 의식이기 때문에 대상에서의 진행과정은 의식에서의 진행과정과 일치한다. 비유기적 세계에 대한 감성적 경험 속에서 법칙의 필연성은 대자적으로가 아니라 단지 즉자적으로만 존재했었다. 오히려 그것의 대자적 존재는 의식의 반성에 지나지 않았었다. 이제 이러한 반성이 의식의 대상으로 되어서 의식은 그 반성 속에서 자기 자신을 재발견하게 된다. 이러한 대상이 「유기체」이다. 헤겔은 개념이 유기체에서 대자화된다고 말한다. 「그것(유기체)은 개념으로서 실존한다. 따라서 지금까지는 한낱 우리의 반성에 지나지 않았던 것이 유기체 속에서 실존한다.」 비유기적 자연은, 大地(la terre) ── 헤겔은 이것을 「보편적 개체」라고 부른다 ── 와 같은 구체적 총체성을 염두에 두지 않는다면 진정으로 자기성(ipséité) 또는 자기(soi)에 도달하지 못한다. 비유기적 사물의 본질은 사실상 특수한 규정이다. 또한 바로 이러한 이유 때문에 그것이 개념으로 될 수 있는 것은 오로지 다른 사물들과의 연관성 속에서일 뿐이다. 그러나 이러한 연관성에서는 사물이 그 자신을 보존하지 못한다. 따라서 사물은 오로지 대타적으로만(pour de l'autre) 존재한다. 사물은 다른 사물들과 관계하는 과정 속에서 스스로를 반성하지 못한다. 사실상 비유기체는 바로 이러한 반성의 결여에 의해서 특정지워진다. 생명체를 상대적으로 폐쇄된 체계라고 한다면 이는 그것이 외부 환경과의 끊임없는 교환을 갖지 않기 때문이 아니라 「그 관계 자체 속에서도 자기 자신을 견지할 수 있기 때문이다.」 「유기적 본질에 있어서 그 자체로 하여금 타자와 소통할 수 있게 해주는 일체의 규정성은 단순한 유기적 통일성에 의해서 구속·제압당하지 않을 수 없다」(PE, I, 215; PG, 193; 정신현상학, I, 325). 따라서 유기체는 더 이상 단지 의식에 대한 관계의 필연성이 아니라 실현되어진 필연성(nécessité réalisé)이다. 그것은 자기의 내부에서 모

자 본질이라고 할 수 있는 것이 이제 하나의 대상으로서 의식에게 등장한다. 그러나 엄밀히 말해서 이러한 대상은 의식에게 결과가 아닌 까닭에 그것은 특수한 종류의 대상으로서 등장한다」(PE, I, 219; PG, 193; 정신현상학, I, 315).

든 규정성을 해소시켜 버리는 절대적 유동성이다.

의식의 이전 단계의 전개과정을 포함하고 있는 이 새로운 대상 앞에서 이성의 본능은 여전히 법칙을 탐구하고자 한다. 그러나 이러한 탐구는 헛된 것임이 입증된다. 첫번째 가능한 법칙의 유형은 유기적 존재가 그 환경이나 공기, 물, 기후 등 비유기적 자연의 부동적 요소에 대하여 지니는 관계를 기술하는 유형이다. 이러한 요소(터전, 환경)는 특수한 규정성이다. 그것은 자체 내적인 반성을 결여하고 있는, 말하자면 대타적인 것으로 존재하고 있다. 이에 반하여 유기적 존재는 완전히 자기 내적으로 반성된다. 따라서 유기체는 자신을 이 외부의 요소들과 관계하도록 해주는 제 규정성을 부정한다. 그러나 이 관계는 여전히 실재하여서 자연에는 새, 물고기, 모피, 동물 등등이 있다. 「유기체는 한편에 있어서 (환경·기후 등의) 요소적 존재(das elementarische Sein)를 자기 둘레에 간직하고 있으며, 다른 한편으로는 이 존재를 그 자신의 유기적인 반성을 통해서 노정시키기도 한다」(PE, I, 216; PG, 194; 정신현상학, I, 326). 오늘날 우리는 헤겔이 말하고자 의도한 것을 「적응(adaptation)」이라는 말로 표현할 수 있을 것이다. 생명체는 자신의 환경에 적응되어 있다. 그것은 이 외면성을 자신의 내면성 속에 반영(réfléchit)한다. 그러나 이러한 적응은 여러 가지 이유에서 모호하다. 공기와 새의 날개, 물과 물고기의 모양 사이에는 진정으로 필연적인 이행 관계가 있는 것이 아니다. 한편으로 다양한 유기체의 형식은 규칙이나 법칙에 무수한 예외적인 경우들을 생겨나게 한다. 다른 한편으로 「바다나 공기라는 개념 속에 어류의 구조와 조류의 구조에 대한 개념이 담겨 있지는 않다」(PE, I, 217; PG, 194; 정신현상학, I, 327). 우리는 여기서 칸트가 〈선험적 분석론〉에서 제시하였던 자연 개념과 관련하여 우연성과 마주치게 된다. 적응이란 환경에 대한 생명체의 응답(réplique)이기 때문에 그것은 마치 그릇의 테두리 모양에 따라 달라지는 유체의 변형방식과 같이 환경에 대한 피동적 수용이라고 할 수 없다. 《판단력 비판》에서 칸트는, 우리가 動力因 (causes efficientes)의 사슬을 통하여 설명하고자 할 때 발견하는 우연성으로 말미암아 충격을 받았다. 그리고 바로 이러한 우연성을 처방하기 위하여 그는 목적론적 설명방식에 의존하였던 것이다. 그러나 이 목적론적 설명은 자연의 바깥에서 성립하며, 규정하는 판단에서가 아니라 반성하는 판단에서 도출된다.

그리하여 예를 들어서, 새의 체격, 그 뼈 속의 동공, 운동하기 위해 날개와 방향을 잡기 위한 꼬리의 위치 등을 열거하는 경우에 우리는 다음과 같이 말하는 것이다. 이러한 모든 것은 자연에 있어서의 한갓된 동력인적 결합(nexus effectivus)에서만 보고, 그밖의 특수한 종류의 인과성, 즉 목적의 인과성(목적론적 결합 ; nexus finalis)의 도움을 빌지 않는다면 극도로 우연적이라고, 다시 말해 자연을 한갓된 기계적 조직이라고 본다면, 자연은……얼마든지 다른 방식으로 형성될 수가 있었을 것이요, 따라서 우리는 그러한 통일에 대한 선천적인 근거를 자연의 개념 바깥에서만 찾고자 기대할 수 있다고.[6]

헤겔은 다음과 같이 말한다.

필연성은 더 이상 본질의 내면적인 필연성으로 파악될 수는 없으므로, 그것은 또한 감각적인 현존재를 지닐 수는 없으며 더 이상 현실 속에서 관찰될 수도 없다. 오히려 필연성은 현실로부터 벗어나게 되었다. 이와 같이 실재하는 본질 자체 속에 자리잡고 있지는 않으므로, 그것은 합목적적 관계라고 불리우는 것, 즉 관계되어 있는 것에 대해서 외면적인 관계에 불과하다. 따라서 이러한 필연성은 오히려 법칙과는 반대되는 것이다. 이것은 필연적인 자연으로부터 완전히 자유로와진 사상, 다시 말해서 필연적인 자연을 내던진 채 그것을 넘어서서 제나름대로 움직이는 사상이다(PE, I , 217; PG, 195; 정신현상학, I , 327~8).

오성이 자연 속에서 발견하는 우연성——무규정성——을 배제시키기 위하여 우리는 관계지워진 것(새와 공기) 너머로 고양해 가야만 한다. 칸트는 자연을 법칙에 의하여 지배되는 현상 전체라고 정의하였지만, 이제 개념은 이러한 자연에 대하여 초월적인 것으로 제시된다. 이 개념은 더 이상 법칙이 아니라 목적성, 즉 목적의 개념이다. 그리고 지금부터 이와 같은 개념이 관찰하는 이성의 새로운 대상이다. 이 대상은 관찰하는 이성이 자연에서 만날 수 없는 대상이다. 왜냐하면 이성은 그것을 자신의 피안에 위치시켰기 때문이다. 더우기 이 대

---

6) I. Kant, 《*Critique du Jugement*》, traduction française de Gibelin, éd., Vrin, p. 180.

상은 이성의 대상인 까닭에, 이성이 자기 내부에서도 발견할 수가 없다. 그러나 여기서 셸링을 계승하고 또한 《판단력 비판》 속에 담긴 사상을 발전시키고 있는 헤겔은, 개념이 유기적 자연에 내재한다는 것과 목표와 목적이 자연의 외부나 인간 오성의 외부에 놓여져 있는 것이 아니라는 것을 입증하려고 노력한다. 「그러나 관찰하는 의식은 이러한 존재(유기적 자연) 속에서 목적 개념을 인식하지는 못하고 있다. 더 나아가서 그것은 목적 개념이 이밖에 어떤 오성 속에 자리잡고 있는 것이 아니라 오히려 바로 여기에 하나의 사물로서 존재하고 있다는 사실을 인식하지도 못한다」(PE, I, 220; PG, 197; 정신현상학, I, 332). 자연은 단순히 세계——소원한 오성에 의하여 인지되는 감각의 雜多——가 아니다. 그것은 유한성의 너머로 고양되어 있으며, 아리스토텔레스에게서처럼 자기를 위한 목적으로서의 활동이다. 헤겔에 따르면, 칸트는 이 점을 다음과 같이 고려하는 데까지 이르렀었다.

칸트는 즉자대자적으로 자연의 기계론(mécanisme), 인과성의 관계 그리고 자연의 합목적적 기술론(technicisme)이 오로지 하나일 수 있다는 것을 알고 있었다. 이는 자연이 그것에 대립하고 있는 이념에 의하여 규정된다는 것을 의미하는 것이 아니다. 오히려 이는 기계론에 의하여 필연성의 경험적인 결합 속에서, 하나는 원인으로서 다른 하나는 결과로서 절대적으로 분리된 것이 그와는 반대로 근원적인 동일성 속에서 원초적인 것으로서 그리고 절대적으로 결합된 것으로서 나타나고 있음을 의미한다. 칸트는 후자의 경우가 불가능하지 않다는 것과 또 이것이 사물을 고찰하는 하나의 방식이라는 것을 인식하고 있었다. 그럼에도 불구하고 그는 여전히 자연은 절대적으로 분리되어 있으며, 또한 그 자연을 인식하는 행위는 한낱 우연적이며 절대적으로 유한하고 주관적인 인식능력——그는 이것을 인간의 인식능력이라고 부른다——이라는 견해에 머물러 있다. 더 나아가서 그는 이성의 인식——여기서는 실재적인 이성으로서의 유기체(l'organisme)가 자연의 최고원리이며 또 보편자와 특수자의 동일성이 된다——을 초월적이라고 말한다.[7]

칸트는 목적론에 의거하지 않고서 자연을 설명한다는 것은 불가능

---

7) 헤겔에 따르면 이 구절은 칸트 철학에 대한 해석이다(《*Glauben und Wissen*》, éd., Lasson, I, p. 256).

하다는 것을 인정하였다. 그러나 한편으로 그에게 있어서 목적성은 자연의 외부에 놓여 있으며 또한 우리의 주관적 반성의 일부에 지나지 않는다. 다른 한편으로 목적성이 즉자적으로 생각될 수 있는 것은 오로지 직관적 오성에게서만 가능한데, 이는 우리의 인식기능이 아니다. 만약 이와 반대로 셸링에게서처럼 자연이 주체-객체라고 한다면, 그것은 행위나 활동을 결여하고 있는 것이 아니다. 따라서 자연은 자체 내적인 목적이 된다. 그리고 의식에 대해서 개념의 무의식적 지혜, 즉 동물적 生이 도달하는 자기감정(sentiment de soi)을 실현하는 것은 유기체이다. 그러나 이러한 자기감정, 자연의 무의식적 목적성은 자기를 의식하는 이성의 첫번째 반성이어서, 이성은 여기서 그 자신을 부분적으로 재발견하게 된다. 헤겔이 목적의 개념을 다루는 부분에서 보여 주고자 하는 것은 이성이 유기적 자연 속에 실존한다는 것이나, 역시 그것은 불완전하게 실존한다는 것이다. 다소 뒤에 가서 헤겔은 이러한 진행과정 전체를 요약하면서 다음과 같이 적고 있다.

> 유기적인 과정은 단지 즉자적으로만 자유로울 뿐 결코 대자적으로 자유로운 것은 아니다. 다시 말하면 그러한 과정의 자유를 뜻하는 대자적 존재가 목적을 지니고 등장하는 바, 이것은 하나의 외타적 본질로서, 즉 유기적인 과정과는 동떨어진 위치에서 바로 그 자신을 의식하는 지혜로서 실존한다. 그리하여 관찰하는 이성은 그와 같은 지혜나 정신, 즉 보편성으로서 실존하는 개념이나 또는 목적으로서 실존하는 목적에로 관심의 방향을 돌리게 되거니와 이럼으로써 관찰하는 이성에게는 그 자신의 고유한 본질이 곧 그 자신의 대상이 되는 것이다(PE,, Ⅰ, 283; PG, 251; 정신현상학, Ⅰ, 412~3).[8]

우리는 이 여러 가지 표현들 속에서 모순을 발견할 수 있을 것이다. 유기적 자연은 내재적 목적성을 드러내고 있다. 그것은 즉자적인 목적이며 무의식적인 지혜이다. 그러나 이와 동시에 목적의 개념 속에서 유기적 자연은 또 다른 본질로, 즉 자기를 자각하고 있는 지혜로서의 정신으로 향하고 있다. 그렇지만 헤겔의 사유는 이와 못지 않게

---

8) 서설에서 아리스토텔레스를 명시적으로 언급하면서, 헤겔은 내재적인 목적성(자기 생성, 원환적 과정)의 중요성을 강조하는데, 이는 그의 사상 전체를 특징짓는 것이기도 하다(PE, Ⅰ, 20; PG, 21; 정신현상학, Ⅰ, 73).

명료하다. 그는 뉴튼에서처럼 자연에 대한 순수수학적 이해방식에는
반대한다. 그는 자연을 단순히 정신과 대립하고 있는 그 무엇으로 환
원시키는 피히테의 자연이해도 비판한다. 그러나 헤겔은 또한 자연을
진정한 이성의 현시로 보는 셸링이나 괴테의 자연관도 거부한다. 관
찰하는 가운데 자기 자신을 추구하는 이성은 자연 속에서 부분적으로
그 자신을 발견한다. 하지만 이는 오로지 부분적인 것에 그치는 것
이다. 자연철학은 이성이 자기 자신을 사유하여야 한다는 필요를 충
족시켜 주지 못한다. 이성이 자연 속에서 관찰하는 것은 그 자신의
한 계기에 지나지 않는다. 「오성」장에서 生이 자기의식과 관련된 것처
럼 자연은 언제나 정신과 관련되어 있다. 단지 生과 生의 자각(la prise
de conscience)이라는 차원에서만 제시되었던 주제가 이제는 자연의 知
라는 차원에서 재현되는 것이다. 헤겔은 그의 청년기 저작에서 오로지
인간현상만을 연구함으로써 유기적인 생명현상을 완전히 등한시하게 되
었지만 이제 셸링의 자연철학 속에서 그 자신의 변증법을 발견하였다.
헤겔은 한때 이 철학을 받아들이는 듯했고 또 예나 시절의《실재철학》
의 대부분이 셸링적 자연철학의 개념을 탐구하는 데 할애되었다. 그러
나 그는 점차적으로 이 철학으로부터 벗어나게 되었고, 이미《정신현
상학》에 이르러서는 이성의 절대적 현시보다는 오히려 이념의 몰락과
이성의 과거를 보았다. 이때부터 자연철학은 헤겔의 체계에서 본질적
인 역할을 담당한다——정신은 자연을 필연적으로 요구한다——그러
나 이 역할은 종속적인 것이기도 하다. 자연은 정신의 타자 이외에는
결코 아무것도 아니며, 정신은 단지 객관적 정신 속에서만, 그리고
인간 역사, 예술, 종교, 철학 속에서만 스스로를 진정으로 실현시킬
수 있다. J. 호프마이스터는 이러한 헤겔의 발전과정에 주목하였고 또
이 점에 있어 헤겔과 셸링 사이의 관계를 간략하게 지적하였다.[9] 셸
링은 자연을 직접적으로 사유하지만, 헤겔은 자연의 知——이는 그에
게 그의 시대의 자연철학이다——를 통하여 자연을 사유한다. 따라서
그와 같은 자연철학이 현저하게 상이했을지라도 그것이 순전히 기계론
적인 것이 아닌 한, 헤겔의 체계는 전혀 수정되지 않았을 것이다. 노

---

9) J. Hoffmeister, 《*Goethe und der deutsche Idealismus*》(Meiner, Leipzig, 1932),
   pp. 61 ff.

발리스는, 「자연은 신의 마법적인 화석이어서 인식 속에서 자유롭게 된다」고 말했다. 헤겔 변증법의 특성은 헤겔이 자연 자체에 대해서보다는 이 자연의 인식에 대해서 반성했다는 점에 기인한다. 한때 헤겔의 사상에 상당히 접근해 있었던 괴테는 헤겔에게서 이렇게 자연의 전개가 논리적 변증법으로 환원되는 것을 보고 분개하였다. 그는 1812년 지벡(Seebeck)에게 보낸 편지에서 《정신현상학》의 서문 중 식물의 제 형식의 계기과정에 대한 구절을 인용하면서 다음과 같이 적고 있다. 「이보다 더 괴상한 것을 말한다는 것은 불가능합니다.」 하지만 괴테가 자연에 대하여 행한 것을 헤겔은 그의 진정한 영역인 인간 역사에 대하여 행하였다. 따라서 헤겔은 셸링과 반대로 자연에서 개념과 자기성(ipséité)을 재발견하고자 하였다. 게다가 헤겔은 셸링보다 더 이 개념의 실현과정에 있어서 질적인 차이(구별), 즉 유기적 자연과 비유기적 자연, 식물적 生과 동물적 生간의 구별을 강조하는 경향이 있다. 셸링이 도처에서 하나의 동일한 직관의 실현 정도들을 발견하려고 한다면, 헤겔은 질적인 대립에 훨씬 민감하다. 이 대립은 무엇보다 대자적인 것의 영역과 인간적 경험의 영역에서 의미를 지닌다. 헤겔은 처음에 셸링의 자연철학을 채택하는 듯했으나 점차적으로 그로부터 멀어져 갔다. 헤겔은 자연에 대해 개념적인 투명성을 부여하고자 노력했지만 점점 더 자연 자체에서 그것을 포기하게 되고, 마침내는 이 자연 속에서 이념의 몰락을 보게 되었다. 그는 결국 자연을 한낱 이념의 현시에로만 국한시키고 또한 자연의 정신을 이념의 현상적 존재에 국한시켰다. 그는 점점 더 에테르니 빛이니 불이니 하는 포괄적인 관념들을 경험적 현상에 제한하고 사변적 유추를 배제하였다.[10] 그리하여 자연은 오로지 대타적 존재로서만 정립되고 그 정신은 소멸된다. 그 결과 자연에 있어서 이성은 우연적인 것이 된다. 이러한 우연성이란 이러저러한 경험적 설명이나 경험적으로 가능한 결정론에 비추어서가 아니라 의미나 관념에 비추어 볼 때의 우연성이다. 그것은 마침내 헤겔의 자연관에서 개념의 표현을 압도하게 된다. 「자연은 우연적인 이성이다.」 그리고 《정신현상학》의 이 장 마지막에서 헤

---

10) *Ibid.*, p. 77.

겔이 도달한 전체적인 견해 속에서 자연은 그와 같이 우연적인 이성으로 나타난다.

그러나 유기적 존재를 고려해 볼 때, 우리는 거기서 목적성($\tau\acute{\epsilon}\lambda o\varsigma$)의 형식 아래 있는 개념의 첫번째 실현 상태를 찾아 볼 수 있다. 사실상 유기체는 실재하는 목적이다. 다시 말해서 그것은 타자와의 관계 속에서 스스로를 보존하는 자기 자신의 목적이다.

> 자연으로 하여금 스스로를 개념 속에서 반성케 하고 또 필연성 속에서 상호 분리된 계기들(원인과 결과, 능동적 계기와 수동적 계기)을 단일한 통합체 속으로 결집시켜 주는 그러한 자연적 본질이 곧 유기체이다. 그리하여 여기서는 그 어떤 것이 단지 필연성의 결과로서만 나타나는 것이 아니라 그것이 자체 내로 복귀함으로써 오히려 마지막과 결과가 곧 운동을 개시하는 최초의 것이 되는가 하면, 또한 그것은 스스로에게 그 자신이 실현하고자 하는 목적이 되기도 한다. 결국 이렇게 본다면 유기체란 결코 그 어떤 것도 새로이 산출하지는 않고 단지 자기 자신만을 보존하는 것이며, 또한 유기체에서는 산출됐다는 것마저도 산출되었다기보다는 오히려 이미 현존해 있었던 것이다(PE, I , 217~8; PG, 195; 정신현상학, I , 328~9).

우리가 이 중요한 구절을 인용한 것은, 그것이 목적론적 운동에 관한 헤겔 사상의 정수를 간직하고 있기 때문이다. 목적론적 운동이란 개념 자체요, 자기(soi)에 의한 자기의 산출이요, 결과가 단지 결과로서만 출현하는 것이 아니라 그 결과 속에서야 본연의 모습을 찾게 되는 최초의 상태를 함의하고 있는 원환적 과정이다. 여기서의 필연성은 더 이상 외면적 관계가 아니다. 그것은 자기가 자신의 전개과정 속에 내재하여 있는 상태이며, 또한 자기의 자기동일성이다. 이미 칸트는 자연적 대상을 객관적 목적(fin objectives)으로 특징지웠다.

「그러나 우리가 자연의 산물로서 인정한 것을 부르기 위해서는 〈목적〉——만약 이것이 모순이 아니라고 한다면——이 더욱 필요해진다. 먼저 나는, 만약——비록 두 가지 의미에서일지라도——사물이 자신의 원인이면서 동시에 결과라면, 그 사물은 자연적 목적으로서 존재한다고 말하겠다.」[11] 나무는 種에 따라서 자기 자신을 재산출하며 또

---

11) I. Kant, *op. cit.*, p. 180.

개체로서의 그 자신을 재산출한다. 그리고 나무는 유기화되어 있는 세세한 제 부분에 있어서도, 마치 전체가 그 부분들에 내재하며 그것의 지도 이념이기나 한 듯이 그 자신을 재산출한다. 그러나 칸트가 부분에서 전체로 나아갈 수 있을 뿐만 아니라 마찬가지로 전체에서 부분으로 나아갈 수 있는 원형적 오성(entendement archétype)이 가능하다고 판단했을지라도, 그는 이러한 오성이 인간에게 속한다는 것을 부인하였다. 그리하여 목적성이 우리에게는 불가피한 설명이지만, 그것은 인간에 비추어서만($\kappa\alpha\tau$' $\check{\alpha}\nu\theta\rho\omega\pi o\nu$) 타당할 뿐 진리 그 자체에 비추어서는($\kappa\alpha\tau$' $\dot{\alpha}\lambda\dot\eta\theta\epsilon\iota\alpha\nu$) 타당하지가 않다. 자연적 목적의 존재는 전혀 객관적 가치를 지닐 수 없는 반성적 오성의 격률(maxime)에서 정점을 이룬다.

「우리 인간에게는 단지 다음과 같이 제한된 공식만이 허용되어 있을 뿐이다. 즉, 우리는 자연과 세계일반을 예지적 원인의 산물로서 묘사할 경우에만 많은 자연적 사물의 내적 가능성에 관한 우리 인식의 기초 역할을 할 목적성의 개념을 파악할 수도 이해할 수도 있다고.」 그러나 이 경우 유기화되어 있는 동시에 그 자신을 유기화하는 생명체는 개념의 자연 내 현재(la présence du concept dans la nature)로서 파악될 수 없으며, 또한 목적성도 이성의 본질 자체 속에서나 자기(soi)의 전개 속에서 찾아볼 수 있는 「생성된 상태의 생성(devenir du devenu)」이라고 할 원환운동으로써 진정으로 파악될 수 없다. 서설에서 헤겔은 자신의 의도인 《정신현상학》의 운동과정 전체를 다음과 같이 표현하고 있다.

지금까지 얘기된 것은 또한 이성은 합목적적 행위라는 말로 표현될 수가 있다. ……이런 점에서 앞에서 우리가 결과를 곧 始初와 같은 것으로 보았던 것은 바로 그 시초가 양단을 잇는 始終의 매개적 수행자라고도 할 목적으로 통하는 것이기 때문이다. 바꾸어 말하면 현실적인 것은 곧 그 자체의 개념과 동일할 수 있다는 것도 결국은 목적으로서의 직접적인 것이 바로 자기(das Selbst)나 순수한 현실성을 다같이 그 자체 속에 지니고 있기 때문이다. 따라서 실현된 목적이나 구체적으로 실재하는 것은 운동인 동시에 전개과정이라고 할 수 있다. 이러한 不安定性이 곧 자기인 것이다(PE, Ⅰ, 20; PG, 22; 정신현상학, Ⅰ, 76).

　이러한 자기의 생성, 이러한 직접적인 것의 매개작용이야말로 모름지기 헤겔주의의 근본적 직관이라고 할 수 있다. 현실태가 잠재태 속에 내재함으로써 성립하는 잠재태에서 현실태로의 이행이나[12] 지향적 분석(analyse intentionelle)을 통한 의미 해명, 그리고 아리스토텔레스 이후 현대사상에 이르기까지 줄곧 발견되는 이 (목적론적) 공식들 등은, 헤겔이 자신의 철학의 중심으로 삼고 있는 자기와 개념의 참뜻을 이해하는 데 도움이 된다. 이 모든 경우에 있어서 生과 이 生의 표현인 생명체가 자연 속에서 여전히 직접적인 개념의 .형식을 표현하고 있다. 따라서 우리는 이성의 본능이 어떻게 이 生 속에서 자기 자신을 재발견하는가를 알 수 있다. 「이성의 본능은 여기서(生 속에서) 자기 자신을 재발견하지만 바로 그처럼 스스로가 발견한 것 속에서 그 자신을 인식하지는 못하고 있다」(PE, I , 218; PG, 196; 정신현상학, I , 329). 관찰하는 이성이 고양되어 가는 개념의 목적은 현실로서, 즉 자연 속에 있는 유기체로서 나타난다. 동시에 이 현실은 우리가 의식하고 있는 개념이기도 하다. 그러나 관찰하는 이성은 자기 자신에게 도달하지 못한다. 왜냐하면 그것이 직접적으로 보고 있는 것은 오로지 외적 관계일 뿐이기 때문이다. 생물 개체와 그 환경이라고 하는 두 측면, 또는 상호관계에 놓여 있는 기관들(organes)은 직접적으로 자립적이다. 그러나 그것들의 작용이 지니고 있는 의미는 감성적 지각에서의 의미와는 사뭇 다르다. 이것은 헤겔이 역사와 관련시켜 보다 심층적으로 언급하게 될 이성의 간계(la ruse de la raison)라고 하겠다. 필연성은 (지금) 일어나고 있는 것 속에서는 감추어져 있다가 마지막에 가서야 비로소 밝혀진다. 유기체가 그 스스로의 운동 속에서 도달하는 것은 자기 자신이다. 유기체의 본래적인 모습과 그것이 추구하고 있는 모습 사이에는 다만 현상적인 구별밖에는 없는 것이다. 「따라서 그것은 곧 개념 자체이다.」 자기의식이 성립하는 방식도 이와 마찬가지이다. 「따라서 자기의식은 유기체적 자연의 관찰 속에서 다음과 같은 본질, 즉 자기의식은 그 자신을 하나의 사물로서, 하나의 生으로서 발견한다는 것 이외에 다른 것을 발견하는 것이 아니다」(PE,

---

12) 헤겔은 다음과 같이 적고 있다. 「그 자체가 추진력이기도 한 不動者, 따라서 이러한 부동자는 모름지기 주체인 것이다」(PE, I , 20; PG, 21; 정신현상학, I , 74).

Ⅰ, 219; PG, 196; 정신현상학, Ⅰ, 330). 그러나 타자의식과 자기의식으로 양분되어 있기 때문에, 이 의식은 목적과 사물을 발견하려 하면서도 그 중의 하나를 다른 하나 속에서 통찰하는 데는 실패한다. 이 의식에게 있어서 사물과 동떨어진 상태에 있는 목적은 오성을 함의한다. 동시에 이 목적은 대상적인 것, 다시 말해서 자기의식에게 하나의 사물로서 나타나기 때문에 자기의식의 의식을 벗어나 또 다른 오성 속에서 그 의미를 지니고 있는 것처럼 보인다. 따라서 이성의 본능은 이성 자체를 유기적 生 안에서 볼 수가 없다. 이 모든 전개과정은 칸트 철학에 대한 비판이라고 할 수 있다. 칸트 철학은 자연에서 목적의 실재성을 인정하면서도 그 목적을 실재로부터 분리시키며 목적론적 설명을 우리의 것이 아닌 (직관하는) 오성에 귀속시킨다. 그리하여 자연은 이성의 일차적 반영(반성 ; un premir reflet de la raison)으로서 파악되지 않고 있다.

자신을 자각하고 있는 정신은 자연 속에서 자신을 재인식하고 마침내 그 자신에게로 복귀한다. 정신과 개념의 이러한 화해만이 그 정신의 진정한 구원이요, 속죄이다. 자연철학의 이념이란 물질과 필연성의 질곡으로부터 정신을 이와 같이 해방시키는 것이다. 이 강의의 목적은 자연의 이념을 제시하는 것이요, 프로테우스(정신)로 하여금 진정한 형식에서 자신을 드러내도록 강요하는 것이요, 세계 전체 속에서 우리 자신의 이미지를 회복하는 것이요, 자연 속에서 정신의 자유로운 반성을 보여 주는 것이다. 따라서 한마디로 神을 정신의 내적 관조에서가 아니라 그 신의 직접적이고 감성적인 실존 속에서 재인식하는 것이다. [13]

내면과 외면

비유기적 사물로부터 출발하여 그것들이 과정의 한 계기, 법칙의 한 상태에 불과함을 밝히고 나서 관찰은 이제 「자연이 자체 내적으로 반성을 하게 되는」 그런 유기적 존재로 나아간다. 자연의 이러한 자

---

13) 이 구절은 Archambaut 에 의해 인용되었다. 《Hegel》, p. 27 (《Collection des grands philosophes français et étrangers》), 또한 《Encyclopédie》(S.W., éd., Lasson, V, p. 211) 참조.

체 내적 반성이 다름아닌 개념의 실존으로서, 이는 이전에 법칙의 제 계기 사이의 관계였다. 이러한 이유 때문에 자연은 생명체 속에서 진정한 필연성을 파악하고, 그 필연성은 자연에게 하나의 새로운 대상으로서, 즉 목적이나 합목적성의 개념으로서 주어진다. 우리는 어떻게 칸트가 생동하는 자연 속에서 이 합목적성을 인정하면서도 그것을 실현하기 위하여 자연과 인간 오성을 동시에 초월해야만 했는가를 살펴 보았다. 오성은 「마치 ∼처럼(comme si)」의 사유를 통하여 자연의 바깥으로 기투(projection)를 단행하지만, 이러한 초월은 새로운 관찰에 의하여 거부된다. 그렇지만 이 새로운 관찰도 칸트 철학에서와 같이 개념과 현실간의 대립을 간직하면서 단지 그것에 대하여 자신의 진행방식과 비견될 하나의 형식을 부여하려고 시도할 뿐이다. 원래 관찰이란 「제 계기를 존재와 지속의 형태로 추구하는 것이다. 그러나 유기적인 전체는 본질적으로 제 계기를 정태적인 형태로 자체 내에 보유하지 않을 뿐더러 그것들이 자체 내에서 그와 같이 발견되도록 허용하지도 않기 때문에 의식은 이 대립물들을 자기관점에 합치될 수 있는 그러한 것들로 변형시키는 것이다」(PE, Ⅰ, 222; PG, 198; 정신현상학, Ⅰ, 334). 칸트가 목적의 개념과 현실, 합목적성과 자연에 주어진 유기체를 서로 분리시켰다면 이제 관찰하는 이성의 새로운 태도 속에서 (그 분리된 두 항 중) 하나는 관찰에게 내면(intérieur)으로, 다른 하나는 외면(extérieur)으로 나타난다. 따라서 관찰하는 이성이 추구하는 것은 다음과 같이 정식화될 수 있는 새로운 유형의 법칙이다. 「외면은 곧 내면의 표현이다.」

여기서 헤겔 사유의 전개과정을 추적하기란 지루하기 짝이 없는 듯하다. 그의 비판은 더 이상 우리 시대와는 거리가 먼 자연철학에로 향하고 있다. 그는 동시대의 과학이 지니고 있다고 생각하는 오류를 다소 길게, 그리고 힘겹도록 강조하고 있다. 그리하여 오늘날의 독자들이 그것을 추적하기란 힘에 부친 일이 아닐 수 없다. 그렇지만 우리가 이러한 비판이 그에게 무엇을 의미하는가를 대략적으로라도 설명하려 하지 않거나 또는 그가 《정신현상학》에서 이 비판에 부여하는 위치를 정당화하려고 시도하지 않는다면, 우리의 과제는 불완전하게밖에 수행되지 못할 것이다. 다시 한번 더 관찰하는 이성이 대하는 일련의 대상들을 살펴 보도록 하자. 각각의 대상들은 그것들이 함축하고 있는 선행경험의 결과이다. 오성에 의하여 비유기적 물질들간의 관계로 확립된 법칙은 유기체 속에서 그것들의 내재적 통일성을 나타낸다. 그러나 목적과 합목적성에 대한 보편적 개념으로서 파악된 이 통일성은 유기체의 구체적 행위와 단절되어 있다. 그리하여 이와 같이 단절된 두 측면은 두 구체적 실재로, 즉 내면과 외면으로 간주된다. 내면은 더 이상「자연의 초감성적인 基體」가 아니다. 그것은 그 나름대로 관찰 가능하게 되었다. 「본래적인 의미의 내면은 외면 못지 않게 외적인 존재와 그리고 형태를 지니지 않을 수 없다. 사실상 내면 자체도 하나의 대상이다. 다시 말하면 내면은 그 자체가 존재하는 것이며 관찰을 위해서 현존하는 것으로서 정립되어 있는 것이다」(PE, I, 23; PG, 199; 정신현상학, I, 335). 내면은 관찰하는 이성에게 주어져 있는 유기적 生의 개념이다. 외면은 일체의 생명형식(formes vivantes)이나 해부학적 제 체계와 같이, 존재의 영역 속에 있는 바로 이 生이다. 내면의 이러한 외적 현존은 확실히 역설적이다. 그러나 이는 자신의 대상을 주어져 있는 대상으로서 발견하고자 원하는 관찰의 태도 자체에서 비롯된 결과이다. 따라서 이 새로운 대립을 받아들이고 그로부터 무엇이 야기되는가를 살펴 보도록 하자.

　내면이란 유기적 개념이다. 그러나 그것을 하나의 개념으로서 검토할 수 없는 관찰로서는 그것을 결코 적절한 형식으로 파악할 수가 없다. 이러한 내면은 키엘마이어(Kielmeyer)와 그를 이어 셸링이 유기적 존재 내에서 구별하였던 세 가지 계기——감수성(sensibilité), 자극감수성(irritabilité), 재생(reproduction)——의 보편적 형식 속에 제시된다. 1803~1804 년 사이 그리고 1805~1806 년 사이의 《실재철학》에서, 헤겔은 이 계기들을 각별히 강조하였다. 그것들은 유기적 존재, 즉 자기 자신의 목적을 지닌 존재의 개념의 세 가지 계기로서, 결국 이러한 자기 합목적성(auto-finalité)에서 비롯된 것이다. 생명체는 자체 내적으로 반성적인 복귀를 행하며, 그리하여 비유기적 존재를 자신의 보편적인 유동성 속에서 해소시켜 버린다. 이러한 것이 감수성의 계기인데, 이는 이미 이론적 기능을 예시하고 있다. 그러나 생명체가 자체 내적인 반성적 복귀에 그칠 뿐이라면 그것은 죽은 존재이며, 순수한 수동성에 지나지 않을 것이다. 그와 못지 않게 생명체는 또한 타자 지향적이다. 따라서 이와 같은 작용이나 반작용의 능력이「자극감수성」이라 불리우고 있는 것이다. 이는 후에 실천적 기능이 될 것이다. 이러한 두 속성이 개념의 계기들을 이루며, 그 각각은 타자를 통하여 존립한다. 이들간의 개념적 대립은 질적이다. 완전한 유기적 존재는 ——헤겔은 여기서 동물과 식물을 구별한다——타자에 대한 작용 속에서 스스로를 반성하며 자신의 반성 속에서 작용한다. 따라서 감수성과 자극감수성의 변증법적 통일이 재생인 것이다. 「재생은 자체 내로 반성 복귀하는 전체로서의 유기체의 작용이다. 그것은 즉자적인 목적이나 유(Gattung)로서의 그 자신의 활동이다. 그리하여 여기서는 개체가 스스로를 자기 자신으로부터 밀쳐냄으로써 자신의 유기적인 부분을 복제 생산하든지 또는 완전한 개체를 재생산하든지 하는 것이다」(PE, Ⅰ,224; PG, 200; 정신현상학, Ⅰ,336∼7).

비유기체에 대한 유기체의 과정으로서의 동화작용(l'assimilation)과 자기 자신을 보존하는 과정으로서의 자기에 의한 자기의 생산은 오로지 세대산출(génération)의 운동 속에서만 충분한 의미를 지니게 된다. 이러한 운동이야말로 生(생명)에 본질적인 것이며 헤겔의 生철학 전반의 기저를 이루고 있는 것이다. 예나 시절의《실재철학》에서 제시되고 있는 바와 같이 개체적 生은 비유기적 요소들과의 관계 속에 있는 보편자이며 이러한 요소들에 대한 무의식적 개념화 작용(conception in consciente)이다. (개체적 生은 제 요소를 관념화시키고, 또 그것들의 부정적 통일이다.) 따라서 개체적 生은 자기 자신에 대하여 자기 자신을 정립하고 또 자기 자신을 보존한다. 그러나 이러한 개체의 보존은 동시에 보편적이므로 개체적 生은 그 자신을 초월하여 세대산출의 과정으로 나아간다. 개체적 生은 한정된(défini) 생명체가 아니라 보편적인 것으로, 생명으로서 존재한다. 이러한 이유에서 비유기적 生을 동화시키고 난 후 개체적 生은 무한한 이념의 경우에서처럼, 마치 그 자신이 타자인 양 자기에 대해서 행동한다. 즉 그것은 다양성 속에서 자기 자신을 양분시키고 또 자기 자신과 대립하는 것이다. 그런데 이러한 다양성은 性의 다양성 속에서 구체적으로 실현된다. 「유기적 개체성의 이념은 類와 보편성이다. 그것은 자기 자신에 대해서 영원한 타자이며, 또 이러한 외타적 존재(타재) 속에서의 자기 자신이다. ……개체는 이념이며 또 오로지 이념으로서만 존재한다. 따라서 개체 속에는 이념이라는 것과 동시에 그 이념과는 다른 그 무엇이라는 것 사이의 모순이 있다.」[14] 이러한 이유에서 개체적 生은 언제나 충족되지 못한 충동이다. 그것은 언제나 그 자신의 고유한 한정성을 벗어나 세대산출의 과정에 도달한다. 헤겔은 자신의 자연철학이나, 특히 유기체의 철학 속에서──그의 개념적인 둔중함에도 불구하고──종종 심원한 生의 통찰에게까지 도달하고 있다. 예를 들어 바로 앞에서 말한 개체와 類 사이의 분리 불가능성이란 관념이나 질환(maladie)의 관념의 경우가 그렇다. 후자에 따르면, 보편자가 생명체 속에 그 자체로 현시되어 인간은 「병든 동물」로서 정립된다. [15]

그러나 《정신현상학》에서 헤겔은 개념적 자연철학보다는 관찰하는 이성이 개념의 제 계기를 취하는 방식에 보다 관심을 기울이고 있다. 감수성과 자극감수성, 그리고 재생은 변증법의 계기들로 간주되는 것이 아니라 관찰가능한 일반적 속성들(propriétés générales)로 간주되어서 그 법칙들이 추구되고 있다. 이 법칙들 중의 하나는 감수성과 자극감수성 사이의 비교에서부터 비롯된다. 양자는 서로가 서로에게 반비례하여 변화하기 때문에 좀더 많은 감수성에는 좀더 적은 자극감수성이 대응하고 또 그 역도 마찬가지이다. 그러나 헤겔은 그러한 법칙이 의미 없다는 것을 매우 자세하게 입증하려고 애쓰고 있다. 감수성과 자극감수성은 유기적 개념의 두 계기이며, 마치 양수와 음수, 또는 자극의 양극처럼 서로 대응한다. 그들간의 관계는 질적이다. 따라서 우리가 이 관계를 양적인 형식으로 번역할 때는 동어반복에 이르게 되어 유기적 존재 자체를 시야에서 놓치게 된다.

따라서 그것들의 고유한 질적 대립은 크기(grandeur)의 국면에 들어선다. 여기서는 감수성과 자극감수성이 서로 크기의 반비례 관계로 변화함으로써 이 중의 하나가 증대되면 다른 하나는 역으로 감소된다고 하는 식의 법칙이 발생한다. 혹은 보다 적절히 표현하자면, 크기 자체를 내용으로 삼을

---

14) 《*Realphilosophie*》(*S.W.*, éd., Lasson, t. XIX, p. 130).
15) *Ibid.*, p. 186. 「동물의 질환은 곧 정신의 전개이다.」

경우 어떤 것의 크기는 그 크기의 적음(petitesse)이 감소되는 만큼 오히려 증대된다는 것이다(PE, Ⅰ, 227; PG, 203; 정신현상학, Ⅰ, 340).

여기서의 헤겔의 비판은 量의 범주에 대한 비판이며, 보다 정확히 말하자면 셸링 철학에 대한 비판이다. 헤겔에 따르면, 셸링 철학은 질적인 대립을 사유할 수 없기 때문에 위력이나 정도의 차이라는 형식으로 모든 실재 속에서 하나의 동일한 직관만을 발견하고자 하였다. 양은 무관심한(무차별적인) 규정이다. 실재를 양적으로 표현한다는 것은 질적인 대립을 제거해 버리는 것이며, 무관심한 구별을 위하여 개념을 소멸시키는 것이며, 내적으로 자기 자신을 구별하고 대립시킬 수 없는 동종적인 동일성(l'identité homogène)에 머무는 것이다.

헤겔의 개념적 철학이나 변증법적 철학은 실재에 관한 수학적 철학에 대립하고 있다. 수학적 철학이란 뉴튼적 의미에서뿐만 아니라 질적 다양성을 절대적 직관의 위력(puissance)으로 환원시켜 버리는 셸링적 의미에서의 철학을 말한다. 헤겔은 《정신현상학》 서설에서 수학의 몰개념적 성격을 강조하고 있다. 「왜냐하면 스스로의 활력을 상실한 죽어 버린 것은 그 스스로의 본질에 대한 구별을 짓는다거나 또는 본질적인 대립과 비동일성에 이르지 못하며, 그리하여 대립자 상호간의 이행에 이르지 못하는 것으로 질적, 내재적인 자기운동에까지 다다를 수도 없는 것이기 때문이다. 이렇게 볼 때 수학은 오직 양이나 비본질적인 구별만을 다루는 데 그칠 뿐이다.」 헤겔은 양적 구별의 도움을 받아 자연을 이해하고자 원하기는커녕, 때때로 수학 자체 내에 개념적 구별을 도입하고자 노력했다.

개념만이 공간을 몇 단계의 차원으로 분화·구분함으로써 그들 제 차원을 서로 연결시키며 나아가서는 그 연결된 상태의 성질에 대한 규정도 내릴 수 있다는 사실에 대해서 수학은 추상해 버린다. 이를테면 수학에서는 선과 평면의 관계는 다루어지지도 않을 뿐더러, 만약 원의 직경과 원주를 비교할 경우에도 다만 여기서는 그 자체의 비교 불가능 상태, 즉 수학적 규정을 일탈하는 어떤 무한자라고 하는 개념적 상황에 봉착하고 만다(PE, Ⅰ, 39; PG, 38; 정신현상학, Ⅰ, 100).

우리를 놀라게 하는 것은, 헤겔의 비판이 항성의 궤도에 관한 그의 논문에서와 같이 뉴튼을 겨냥하는 것으로 그치지 않고 그와 못지 않게 일반적으로 질적인 자연철학을 전개했다고 생각되는 셸링도 겨냥하고 있다는 사실이다. 사실상 셸링은 質을 다룰 수 없었다. 왜냐하면 그는 이 질을 변증법적으로 또는 개념적으로——이 둘은 헤겔에게서 동일한 의미를 지닌다——표현하지 못했기 때문이다. 그는 이성과 자연에 대한 근본적인 직관에 머물렀고, 이 자연 내의 개념적 구별로서의 진정한 구별들을 개념화하지 못했다. 따라서 개념의 철학이 아니라 힘 (puissance)의 철학인 그의 자연철학은 여전히 무관심한 구별, 즉 양의 철학이다. 여기서 논의되고 있는《정신현상학》의 구절들을 이해하기가 특히 어려운 이유는 헤겔의 의도가 다양한 데서 기인한다. 한편으로 그는 관찰하는 이성을 비유기적 사물의 관찰에서 자연 전체의 관찰로, 그리고 다시금 자기의식 자체의 관찰로 인도하는 길을 밟고 있다. 다른 한편으로 그는 이성이 관찰한 바를 존재 속에서 고착화시키고 생성을 항구적인 실재로 환원시켜 버리는 관찰의 불완전한 성격을 입증한다. 마지막으로 그는 이 비판을 사용하여 특정한 자연철학의 오류, 더 나아가서 자연 속에서 절대자를 충전적으로(adéquatement) 표현하고 있다고 자처하는 모든 자연철학의 오류를 지적한다.

실제로 법칙은 감수성과 자극감수성을 상호 구별된 항으로 놓고 하나를 다른 하나에 관계시키지만 결국 헛된 것으로 판명된다. 왜냐하면 이러한 계기들은 구별되어 있는 것이 아니라 단지 한 개념의 계기들일 뿐이기 때문이다. 이와 마찬가지로 내면의 유기적인 계기들을 외면적인 해부학적 조직에 대응시키려는 법칙도 여전히 헛된 것일 것이다. 우리는 감수성일반을 신경조직에, 자극감수성을 근육조직에, 재생을 한정된 재생기관에, 간단히 말해서 유기적 기능을 해부학적 기관에 관련시키는 것을 생각해 볼 수 있겠다. 그러나 주요 유기적 기능은 특수한 조직이나 계통의 한계를 넘어서 있는 것이기 때문에 외면성의 특정한 부분이 한정당하는 식으로 한정되지는 않는다. 「유기체는 본래(즉자적으로) 보편자인 까닭에, 그것의 본질적 성격은 오히려 자신의 계기들을 현실 속에서 동일하게 보편적인 형식으로, 다시 말하던 모든 사물에 두루 관통하는 과정으로서 간직하는 데 있지 고립된 사물 속에 보편자의 像을 부여하는 데 있는 것은 아니다」(PE, I,

232; PG, 207; 정신현상학, Ⅰ, 345). 더우기 해부학은 생명체를 취급하는 것이 아니라 단지 시체만을 취급하고 있다. 그리고 해부학으로 하여금 그 조직이나 계통을 한정짓도록 해주는 것은 생리학이며, 그 逆의 경우는 성립하지 않는다. 만약 우리가 기관을 전체의 부분으로 생각하기를 중단한다면, 그것은 그 기관의 고유한 존재인 유기적 존재를 제거하는 격이 되고 말 것이다. 따라서 관찰하는 이성이 도달했다고 자처하는 법칙은——외면은 내면의 표현이라는——유기적 존재 자체의 본성 때문에 결코 도달될 수 없다. 사실상 유기적 존재는 서로 대응될 만큼 구별되는 측면들을 제시하지는 않는다. 그 각각의 부분들은 그것의 해소운동 속에 놓여져 있다. 유기적 존재는 한 규정에서 다른 규정으로 나아가는 운동과 이행의 전체이다. 그것은 사물이 아니라 이미 개념인 것이다. 이와 같은 사실은 법칙의 확립이——그것이 「외면은 내면을 표현한다」라는 유형의 법칙일지라도——여기선 더 이상 가능하지 않게 되는 이유를 설명해 주고 있다.

　헤겔은 법칙의 의미를 다시 발견할 때 이러한 불가능성을 보다 상세하게 설명하고 있다. 오성은 자신의 법칙을 세우면서 그 자신이 한 규정에서 다른 규정으로 이행한다. 오성이 보편자에서 개별자로, 본질에서 외면성으로 나아갈 때 그것은 운동을 자체 내에 포함하고 있다. 그러나 知의 운동을 뜻하는 이 운동은 이제 오성에게는 하나의 대상이 된다. 오성이 生 속에서 바라보는 것은 그 보편성에 있어서의 知의 운동 자체이다. 법칙의 제 계기는 더 이상 고착화된 규정이 아니다. 오히려 그것들은 한 규정에서 다른 규정으로 직접적으로 이행해 간다. 또한 유기적 통일성은 고립된 규정들로 구분될 수 없을 것이다. 이러한 이유에서 오성은 여기서 단지 외면에 의한 내면의 표현(expression)에 관해서만 언급할 뿐이다. 이 표현은 내용에 전혀 변경을 가하지 못한 채 형식적인 구별, 다시 말해서 구별이라 할 수 없는 구별에 도달한다. 「여기서 오성은 비로소 법칙의 사상 그 자체를 포착하기에 이르렀다. 이에 반하여 지금까지 오성은 단지 막연하게만 법칙을 추구할 뿐이어서, 그 법칙의 제 계기는 오성에게 특정한 내용을 띠고서 나타났을 뿐이었다」(PE, Ⅰ, 233; PG, 208; 정신현상학, Ⅰ, 347). 헤겔은 《실재철학》에서 좀더 모호한 형식으로 다음과 같이 적고 있다. 「生

은 (그것과 다른) 타자에 기초해서는 파악될 수 없다. ……生은 그 자체로 실존하는 인식(le connaître lui-même existant)이다. 인식이란 어떤 다른 것을 통해서가 아니라 바로 자기 자신을 통한 그 자신의 인식이다. 그리고 우리가 유기체를 인식하는 것은, 엄밀히 말해서 그것이 이와 같은 통일 또는 실존하는 知이라는 것을 우리가 인식할 때이다.」[16] 知의 운동은 그 자체가 하나의 生이며, 또 生은 知의 실존이다. 관찰하는 이성이 법칙을 지양하는 과정에서 관조하는 것은 곧 生의 형식을 띠고 있는 대상으로서의 자기 자신이다.

하지만 관찰이 어떤 대가를 치르고서라도 법칙을 발견하고자 한다면, 그 관찰은 개념적 구별을 제거해 버리고 무관심한 구별로, 즉 수적인 계열(séries numérique)로 되돌아간다. 이러한 수적 계열——셸링이 유기적 힘들의 전개 정도에 대응시켰던 생명체의 등급——에 의거하여 우리는 유기체의 외면을 검토하게 된다.[17] 이 외면은 존재의 요소 속에서 스스로를 유기화시키고 있는 生의 조직이다. 그리고 이 조직은 가장 미분화된 존재에서부터 가장 완전하게 전개된 존재에 이르기까지의 다양한 생명체를 파생시킨다. 만약 이전에 내면이 개념의 운동이었다면, 이제 그것은 「외면의 특정한 내면」이다. 생명체는 한편으로 대타적이며 외부 지향적이지만 다른 한편으로 자기 내적으로 반성·복귀되어 있다. 「현실적인(구체적인) 유기적 본질이란 生의 대자적 존재와 외면일반, 즉자적 존재를 연결해 주는 (매개적) 중심이다」(PE, Ⅰ, 236; PG, 211; 정신현상학, Ⅰ, 351). 그러나 이 대자적 존재는 내용을 결여하고 있으며, 따라서 그 내용을 외면적인 형태로 취하는 ——이는 그 외면적 형태의 과정으로 나타난다——무한한 통일이다. 이러한 통일은 모든 생명체의 실체이기도 하다. 「이러한 개념이나 순수한 자유는, 형태나 대타적 존재가 제아무리 다양한 놀이를 마음껏 펼쳐나간다 할지라도 하나의 동일한 生인 것이다」(PE, Ⅰ, 237; PG, 211; 정신현상학, Ⅰ, 352). 이러한 순수한 생명, 다양한 생명형식의 실체와 생명형식 그 자체 사이에는 전혀 필연적인 관계가 없다. 「그와 같은 生의 奔流에 있어서는 그것이 과연 어떤 종류의 풍차를 돌아가게 할

---

16) *Ibid.*, p. 134.
17) Schelling, 《*S. W.*》(1856) Ⅰ, p. 387.

것인지는 아무런 관심사가 될 수 없다」(PE, Ⅰ,237; PG, 211; 정신현상학, Ⅰ,352). 따라서 생명형식의 다양성은 오직 무관심한(무차별적인) 방식에서만 生의 통일성과 관계지워질 수 있다. 우리는 생명체들을 수(nombre)를 사용해서 生일반 아래로 포섭할 수 있다.

수는 무규정적인 生을 현실적인(구체적인) 生과 연결시키는 형태의 매개적 중심이다. 그것은 전자와 같이 단순하면서도 동시에 후자와 같이 규정되어 있다. 내면 속에서 수로 존재하는 것은 외면에 의해 그 나름의 방식에 따라 다종다양의 현실, 생존방식 또는 색채 등으로 표현되어야 하는 바, 이를 일반화시킨다면 현상 속에서 스스로를 전개시키는 무수히 많은 구별들로 표현되어야만 하는 것이다(PE, Ⅰ,237∼8; PG, 212; 정신현상학, Ⅰ,353).

보편적 生이 일련의 형태들 속에서 표현될 수 있는 것은 오직 우연적인 형식으로밖에 가능하지가 않다. 더 나아가서 헤겔은 生이 진정한 역사를 지니지 못한다고 말한다. 확실히 셸링은 일련의 생명체 계열을 하나의 동일한 生의 점진적인 전개과정으로 간주하고자 했다. 그러나 이러한 양적 등급(gradation quantitative)은 數나 生의 힘을 외면성 속에 나타나 있는 구별들에 대응시킬 수는 있겠지만, 질적 현상들이나 개념적 구별들은 간과하게 된다. 사실상 질적 현상들이나 개념적 구별들은 그와 같이 외화된 生에 의거해서는 적절하게 표현될 수 없다. 헤겔이 그의 최종적인 자연관에 있어서 되돌아가게 된 핵심점에 따르면, 生의 철학은 자신의 전개과정 속에서 스스로를 부정하고 또 보존하는 그런 개념의 철학이 될 수 없다. 오로지 의식만이 역사를 지닐 수 있고 類와 대자적인 개념을 제시할 수 있다. 오로지 정신의 현상학만이 쓰여질 수 있는 것이지, 무관심한 구별밖에 도달하지 못할 生의 현상학은 쓰여질 수 없다. 헤겔이 금기시하고 있는 것은 후세에《창조적 진화》에 나타난 베르그송의 철학과 같은 부류의 生의 철학이다. 따라서 헤겔은 이와 같은 生의 철학에 반대하여 1807년에 의식의 철학, 즉 정신의 철학을 확립한 것이다. 잠깐이나마 우리는 헤겔이 경험과학에 아무런 배려도 하지 않았다고 해서 비난받을 수 없다는 점에 주목하자. 헤겔은 단지 경험과학들의 의미(sens)에만, 다시 말해서 철학에 대해서 그것들이 뜻하는(signifient) 바에만 관심을

기울였다. 관찰하는 이성은 목적의 개념에로 고양되어 가면서, 生 속
에서 生의 의미로서의 합목적성을 일별했었다. 그러나 이러한 의미가
비록 유기적 생명력 속에 나타날지라도 그것은 의식과 관련된 것이며
또 의식이야말로 유일하게 그 의미를 드러낼 수 있다. 마찬가지로 자
연 전체가 이성에게 제시할 수 있는 것은 오로지 그 자신의 일관성 없
는 반영일 뿐이다.

자연에 관한 이 모든 知를 전체적인 조망하에 일별하기 앞서 헤겔
은 비유기적 자연에로 되돌아가고 있다. 사실상 유기체를 외면성으로
서 관찰하는 것 자체가 비유기적 자연으로의 복귀이다. 비유기적 자
연을 고찰함에 있어서 우리는 연속적인 등급(gradation)을 따라 일련
의 물체들을 형식화해 볼 수 있다. 예를 들어 셸링은 비중이 여타의
속성들에 대하여 지니는 관계에 비추어 비유기적 물체의 관념적 발생
과정을 정식화하려고 하였다. 그러나 이것은 여전히 무익한 시도였다.
「그러므로 두 개의 측면이 단순히 평행적인 계열을 이루는 가운데 이
들 두 측면이 지니는 법칙에 따라서 물체의 본질적인 성격을 표현하
게 될 바로 그 물체의 계열들을 발견하려는 시도는 자기의 과제 및
그것의 수행을 위한 수단마저도 깨닫지 못하고 있는 공허한 사상으로
간주되어야 할 것이다」(PE, Ⅰ, 242; PG, 216; 정신현상학, Ⅰ, 358).

셸링은 비중을 여타의 속성들과 구별하였다. 비중이란 무게를 부피
로 나눈 몫이며, 이는 특정한 정도로 공간을 채우고 있는 상태를 표
현한다. 칸트는 그의 자연철학에서 이러한 상태를 역학적으로 파악하
였다. 즉 제 사물의 외견상의 다양성을 설명해 줄 진공 상태 속의 동종
적인 물질(matière homogène) 대신에 칸트는 충만 상태를 역학적인 정
도(degré dynamique)로 생각하였다. 따라서 한 물체의 비중은, 모든
물체에 타당한 중력의 법칙과의 관계에 있어서 이 물체의 대자적 존
재와 그 내면성을 표현하게 될 것이다. 그러나 이러한 내면성은 관찰
에 주어질 수 없기 때문에, 그것은 여타의 속성들과 병치되어 있는
하나의 속성이다. 그것은 측정되어지고 또 하나의 수로 표현된다. 따
라서 우리는 물체의 대자적 존재를 표현하는 본질적 속성을 그밖의
다양한 속성들과 일정하게 대응시킴으로써 물체를 그 비중에 따라 분
류해 볼 수 있다. 이와 같이 다양한 속성들 가운데 한 가지 속성이 각

별한 중요성을 띠고 있는 듯하다. 그것은 응집력, 다시 말해서 물체가 외적 변형에 저항하는 힘이다. 만약 한 물체의 비중이나 밀도가 그 물체의 대자적 존재라고 한다면, 응집력은 그 타재성 속에서의 대자적 존재(être-pour-soi dans l'être-autre)이다. 따라서 비중은 감수성에, 응집력은 자극감수성에 각각 대비될 수 있다. 하지만 생명체와는 달리 비유기적 존재는 자신의 변화과정에 있어 스스로를 보존하지 못한다. 그렇기 때문에 응집력이란 하나의 공통 성질(propriété commune)에 불과하며 변형에 대한 물체의 저항력의 정도일 뿐이다. 비유기적 존재에서는 이 모든 속성들이 방치되어 있어서 서로가 서로에 대해 무관심하다. 그리고 그들간의 산만한 다양성은 물체들간의 진정한 개념적 비교의 가능성과 모순된다. 따라서 여타의 다양하고 가변적인 속성들을 비중에 대응시키면서 물체의 관념적인 발생과정을 세워 보려는 어떠한 시도도 불가능한 것으로 여겨진다(PE, Ⅰ, 241; PG, 215; 정신현상학, Ⅰ, 259).

자연에서의 이성

따라서 내면과 외면은 비유기적 존재의 경우와 유기적 존재의 경우에 각각 다른 방식으로 제시되고 있다. 비유기적 존재의 경우에 있어서 내면은 여타의 속성들과 병치해 있는 하나의 속성이다. 반면 유기적 존재의 경우에 있어서 내면 또는 그 대자적 존재는 즉자적으로(그 자체로서) 보편적이다. 그것은 類——대자적 존재와 부정성의 통일——이다(PE, Ⅰ, 243; PG, 216; 정신현상학, Ⅰ, 359). 따라서 유기체는 자신의 대자적 존재와 개별성을 존재의 요소 속에 나타내 보이지 않지만 이 개별성은 거기서 즉자적으로 보편적이다. 생명체는 자신의 본질을 외면적인 규정으로서 보여 주지 않는다. 오히려 생명체는 모든 규정들을 초월한다. 그것은 生이며, 다시 말해서 보편적 개별성이다. 하지만 이러한 보편적 개별성은 生 속에서 그 자신을 위하여 (대자적으로) 전개되지 않는다. 그것은 오직 모든 규정들을 초월하는 부정적 운동으로서만 生 속에 나타난다. 보편적 生, 즉 類가 개별적인 생명체 속에서 표현되고 있다면, 이러한 생명체는 그 자신에 대해서

(pour eux-mêmes)가 아니라 단지 측차적으로(en soi)만 類이다. 반대로 대지, 지대, 기후 등등의 비유기적 자연의 전체는 보편적 개체를 구성하고 있을지라도, 여기에는 생동하는 개별성이 결여되어 있다. 이러한 두 극단——한편으로 種으로 세분화되는 類와 다른 한편으로 보편적 개체나 그것에 영향을 미치는 대지——사이에 놓인 개별적인 개체(l'individu singulier)는 불완전한 生의 표현에 지나지 않는다. 그것은 아직 이 모든 계기들을 자체 내에 포함하고서 그것들을 전개시키는 의식이 아니며, 그것만이 대차적으로 보편적인 개별성을 이루는 의식도 아니다.

이렇게 해서 보편자로서의 生은 그것에 적합한 표현수단도 없이 생명체의 내면으로서——간단없이 일어나는 여타의 생명체들의 생산 속에서 스스로를 최종적으로 부정하는 그런 생명체의 生의 과정으로서——스스로를 현시하거나, 또는 형식적인 種의 다양성으로서 스스로를 현시한다. 만약 보편자가 자체 내에 자신의 제 계기를 보존하면서 이 계기들을 변증법적 전개과정 속에서 자기에 의한 자기의 초월로서 제시한다면, 그것은 구체적 보편자이며 인간적 의식일 것이다.

그러나 生의 현상에 있어선 사정이 다르다. 生은 類의 외부에서 구별된 種으로 실현되고, 또 이러한 분화과정(spécification)은 수적인 등급(gradation numériques)에 도달한다. 그러나 이러한 種들 자체는 대지의 환경에 의존하고 있다. 대지는 생명체의 유기화과정을 변형시킬 수 있다. 이 유기화과정은 이중적인 과정에서 비롯된 결과이다. 「이러한 類의 활동은 철저하게 제약당한 용무가 되고 만다. 따라서 類는 강력한 힘을 행사하는 그 (대지의) 요소 내에서만 그 용무를 수행하는데, 이것마저도 대지의 위력이 제멋대로 휘두르는 포악한 힘에 의해 도처에서 차단됨으로써 결함과 차질을 빚고 있다」(PE, I, 246; PG, 219; 정신현상학, I, 363). 한편으로 類가 자기 외부의 무관심한 존재의 요소 속에서 특수한 種의 형식 아래 확립하려고 기도하는 제 계열과 다른 한편으로 외부 환경의 끊임없는 영향이라는 이 양자 사이에 개별적인 생명체가 놓여 있다. 이 개별적 생명체는 그 자체로(즉 자적으로) 볼 때는 하나의 보편자——대자적 존재와 부정성의 통일——이지만, 그것은 이러한 통일을 오로지 그 자신의 生의 운동이나 끊임없이 새롭게 탄생되는 전개과정 속에서만 제시하고 있다. 그러면서도 이 개별적 생명체는 보편적 존재나 대자적인 통일에 도달하지 못한다. 生은 하등의 역사를 지나지 못하는 것이다. 「그것은 그 자신의 보편자, 즉 生으로부터 벗어나 현존재의 개별성으로 직접적으로 전락하고 만다. 그리하여 이와 같은 현실 속에서 통합되어진 단순한 한정성과 개별적인 생명성의 제 계기는 생성을 한낱 우연적인 운동으로 산출할 뿐이다.」

따라서 자연 속에서 자기 자신을 재발견하고자 하는 이성은 단지 보편적인 生일반으로밖에 그 자신을 직관하지 못한다(PE, Ⅰ, 247; PG, 220; 정신현상학, Ⅰ, 364). 이성은 도처에서 개념의 흔적이나 법칙의 단초를 찾고 있지만, 「그러나 그것은 언제나 자연에 대하여 사념(visée) 밖에는 가질 수 없다」(PE, Ⅰ, 248; PG, 220; 정신현상학, Ⅰ, 364). 유기적 生으로 이해되는 바의 자연에 관한 철학은 生 전체에 대한 언표 불가능한 직관에 그치거나, 아니면 서로가 서로에 외면적인 種의 다양성, 생명체의 다양성에 그치고 만다. 정신의 生과 달리 유기적 生은 개별성과 보편성을 보편적인 개별성 속에서 통일하는 역사가 아니다. 이러한 이유 때문에 존재 속에서 자기 자신을 추구하고 있는 이성의 본능은 유기적 자연의 관찰을 떠나서 인간적 자기의식의 관찰로 이행하여야 한다.

3

인간 개체성의 관찰

인간에 대한 학문

 이성은, 세계가 그 이성 자신을 표현하고 있다는 식의 여전히 본능적 신념을 정당화하기 위하여 세계를 관찰한다. 따라서 이성은 대상에서 대상으로의 이행을 거듭 되풀이하고 있는 것이다. 이성의 본능은 자연에서 인간으로 나아감으로써 점차적으로 성립하는 제 경험과학의 기초이다. 그러나 이러한 경험론은 「공허한 나의 것(Mien vide)」에 실증적 내용을 부여하는 것이지만, 그 자신이 취하는 태도로 말미암아 타락하고 만다. 이성은 관찰한다. 말하자면 이성은, 그것이 파악한다고 자처하는 내용을 고정시키고 고착화시킨다. 「관찰은 知 그 자체가 아니려니와, 그 知를 알지도 못하고 있다. 오히려 관찰은 知를 존재의 형태로 변질시킴으로써 그 知의 본성을 전도시킨다」(PE, Ⅰ, 251; PG, 223; 정신현상학, Ⅰ, 368). 관찰은 「고립된 사물 속에서 보편자의 모습」을 헛되이 추구하지만, 결국 生도 사유도 이해하지 못하고 만다.

 관찰하는 이성이 점점 더 높이 고양되어 갈수록 그것은 점점 더 자신의 대상을 놓치게 된다. 사물의 기술과 분류는 요소적 존재자들

(existences élémentaires)에 적합한, 특정한 존재의 논리와 대응한다. 그러나 본질의 논리와 개념의 논리는 관찰을 넘어서 있다. 우리는 관찰(observer)보다는 (개념적인) 파악(concevoir)을 해야만 한다. 다시 말해서 우리는 내용 자체 속에서 이지력(l'intelligence)의 운동을 포착해야 하며, 소산(produit)이 아닌 능산(production)을 포착해야 하는 것이다. 그러나 이지력의 운동은 그 본성상 관찰을 벗어나 있다. 관찰하는 이성이 자연의 법칙들을 언명할 때, 그 이성 자체가 곧 이러한 운동——필연성——이다. 이때「법칙의 제 계기는 사물이면서 동시에 추상태이기도 하다」(PE, I,249; PG, 221; 정신현상학, I,366~7). 그러나 이성이 곧 운동이라고 할지라도, 그 운동은 이성에 대해서 있는 것은 아니다. 이성 자체가 법칙의 제 계기를 이루고 있는 규정된 사물의 개념이다. 그리고 이러한 필연성이 이성에게 하나의 특수한 대상이 되는 것은, 오직 이성이 유기적 生을 다룰 때뿐이다.

그러나 유기적 生은 하나의 대상이 됨으로써 관찰을 위하여 고착된다. 관찰의 원리는「외면은 내면을 표현한다」는 것인데, 이 원리의 공허성은 인간 개체성(l'individualité humaine)의 관찰 속에서 매우 분명하게 밝혀질 것이다. 우리는 그 어느 곳보다 이 영역에서 내면과 외면이 동일하면서 동시에 구별되어 있으며 고착화된 두 규정으로서 간주될 수 없다는 것을 보게 될 것이다. 우리는 법칙의 다양한 계기들 간의 관계를 대신하고 있는「표현한다(exprimer)」라고 하는 동사의 애매성을 깨닫게 될 것이다. 또한 우리는 여기서 내면을 대자적으로 정립하고, 저기서는 외면을 똑같이 대자적으로 정립하는 것이 한낱 가상에 지나지 않음을 깨닫게 될 것이다. 헤겔은 이 원리의 결과를 그 당시 유행했던 관상학(la Physiognomonie)과 골상학(la Phrénologie)이라고 하는 두 사이비 학문을 논의하면서 비난하고 있다.

인간 개체의 표정이나 자기의식의 운동과 두개골 모습 사이의 대응 관계를 상세하게 검토하기에 앞서 헤겔은 논리학——형식논리학 및 선험논리학——과 심리학을 간명하게 논의한다. 그는 이 두 학문에 대하여 간략하면서도 극심한 비판을 가하고 있다. 우리는 이 비판이 매우 부정적이기만 하다는 점과 그 분석이 매우 간략하다는 점에서 놀라지 않을 수 없다. 아마도 이 점에서 헤겔 저서의 전체적 구성상 일종의 불균형이 있다고 하겠다. 유기체를 다루는 학문이나 키엘마이어 (Kielmeyer)의 법칙에 대해서 길게 분석한 후에, 그리고 관상학과 골 상학에 대하여 그에 못지 않을 정도로 길게 분석하기 이전에, 어째서 사유의 법칙과 행위하는 의식의 관찰(심리학)에는 이토록 하찮은 지 면밖에 할애되고 있지 않은가? 우리는 헤겔이 이 章을 집필할 당시 사변철학에 대한 그 자신의 서론의 정확한 범위를 모르고 있었다고 말 했다. 《정신현상학》이 개체적 이성이나 비유기적 및 유기적인 자연의 관찰에서 중단되었다고 하면 그것은 서설과 동시에 등장했을 사변적 논리학으로 나아갔을 것이다. 따라서 새로운 논리학을 발표하기 위해 서는 관찰이 知를 이해하고 포용할 수 없다는 점을 지적하는 것으로 충분했을 것이다. 헤겔은 다음과 같이 적고 있다.

여기서는 이른바 사유법칙의 부당성을 일반적인 방식으로 지적하는 것만 으로도 충분하다. 이 문제를 상론하는 일은 사변철학에 맡겨질 성질의 것일 뿐더러, 이러한 사변철학에 있어서는 사유법칙이 그 자신의 진면목에 따라 제시된다. 즉 사변철학에 있어서는 사유법칙이 소멸되어 가는 개별적인 제 계 기로서 나타나는데, 이러한 계기들의 진리는 오직 사유하는 운동의 전체인 知 그 자체인 것이다(PE, Ⅰ, 251; PG, 223; 정신현상학, Ⅰ, 368).[1]

이것에서부터 우리는 《정신현상학》의 초고 작성과정에 대하여 자못 그럴듯한 추측을 해볼 수 있다. 즉 헤겔은 學에 대한 서론의 범위를 점차적으로 자각하게 되어 최초의 계획과는 달리 이 서론이 직접적으 로 그의 논리학과 사변철학 일반으로 곧장 이어지는 하나의 부정적 비 판에 그치지 않고, 오히려 정신적 현상의 총체가 되어 버린 듯하다는 것이다. 어쨌든 기존의 논리학이 사유의 통일성에 있어서의 제 계기를 고려하지 않은 채 순수사유의 법칙이나 고립 상태의 일반적 개념들을 다룬다면, 이러한 논리학에 대한 헤겔의 비판은 마치 자신의 논리학 이 (기존의 논리학에 대한 비판적 극복으로서) 직접적으로 이어져야만 하고, 또 「순수사유」라는 그릇된 개념이 로고스라는 새로운 개념으로 대치되어야만 하는 것처럼 서술되고 있다.[2] 이와 마찬가지로 심리학

---

1) 《정신현상학》의 구성 내력에 관해서는 본서 제Ⅰ부, 제3장의 정신현상학의 구조를 참조.
2) 피히테와 마찬가지로 헤겔은 형식논리학(A 는 A 이다라고 하는 동일율)을 다음과

──행위하는 자기의식의 연구──에 대한 헤겔의 비판도 정신의 제 기능이 각기 분리된 상태에서가 아니라 그 변증법적 전개과정 속에서 고찰되는, 그런 새로운 정신철학을 예고하고 있는 것처럼 보인다. 「마치 어떤 보따리 안에서와도 같이 이질적이며 우연적인 그렇게도 많은 사물들이 정신의 내부에서 공존할 수 있다는 것, 더우기 이것들이 이미 죽어 버려 정지해 있는 사물로서가 아니라 끊임없이 동요를 일으키는 운동으로서 나타난다는 것에 대해 심리학은 적어도 경이감을 품지 않을 수 없을 것이다」(PE, I,253; PG, 224; 정신현상학, I,370).[3]

따라서 이번 장은, 헤겔이 비유기적인 형식논리학을 자신의 존재론적 논리학으로, 또한 경험심리학을 주관적・객관적 및 절대적인 정신철학으로 대치하고자 원하고 있다는 인상을 준다. 그러나 스스로의 논의에 사로잡혀 버린 헤겔은《정신현상학》자체에서 어떻게 개체적인 관찰이성이 실천이성(raison pratique)이 되고, 또 어떻게 개체적인 실천이성이 자기의식의 공동체 속에서 개체성을 초월하는 공동 과제를 통해서만 의미를 지니게 되는가를 보여 주게 되었다. 따라서 그는 절대知에 대한 서론을 상당량에 걸쳐 전개시키고, 여기에 정신철학 전체를 포함시키면서, 거의 불가피할 정도로 이성에서 정신으로 이행해 갔다.

관찰하는 이성을 통해 수행된 生으로부터 자기의식으로의 이행은 헤겔 철학에 있어서 본질적인 이행이다. 우리는 자기의식이나 개념의 발생을 다루면서 이미 이러한 이행을 검토하였다. 거기서 우리는 이성이 生 속에서 스스로를 파악하지 못하는 불가능성을 강조하였다.[4] 生은 보편적 生의 예증(Beispiel)인 생명체를 통해서만 실존한다. 생명

같은 선험논리학 위에 기초지운다. 즉 「자아는 스스로를 자아로서 정립한다. 또는 자아=자아」로. 헤겔의 논리학은 스스로를 사유하는 사유이다. 따라서 그것은 내용, 즉 로고스를 지닌다. 《정신현상학》에서 헤겔은 형식의 의미를 다음과 같이 간명하게 지적하고 있다. 「이러한 내용은 본질적으로 형식 자체…… 자신의 순수한 계기로까지 스스로를 분열시키는 보편자이다」(PE, I,250; PG, 222; 정신현상학, I,367).

3) 헤겔은 예나 시절의 《Realphilosophie》에서 정신철학을 직관, 기억, 상상력, 언어 등등의 전개로 서술하고자 노력하였다. 물론 여기서 병존 상태에 놓여진 제 기능이 문제되는 것이 아니라, 자기(soi)의 운동을 표현하고 있는 구체적 변증법이 문제되고 있다.

4) 제Ⅲ부, 제1장의 자기의식과 生 및 제Ⅳ부, 제2장의 자연의 관찰을 참조.

체에서는 개념——類 또는 세대산출의 운동——이 아직 대자적 상태에서 실존하지 못하고 있다. 생명체는 태어나서 자신을 전개하고, 재생산하다가 마침내 죽게 된다. 이러한 세대산출의 운동은 심원한 만큼 단조롭게 무한정 되풀이된다. 자기보존의 과정과 세대산출(génération)의 과정은 하나의 과정 속에 융해되어 있다. 왜냐하면 개별적인 생명체는 오직 그것을 하나의 특수한 형식으로 성립시켜 주는 규정까지를 포함하여 모든 규정을 부정함으로써만 보편자를 넘어서서 스스로를 확증하기 때문이다. 생명체는 스스로를 초월하고 무화시킴으로써 생명체로서 정립된다. 이러한 초월——이는 하나의 유기적 요소가 고착화되어 生의 전체적 과정으로부터 고정되는 바의 질환(maladie)의 경우에서 특히 두드러지게 나타난다——은 여기서 대자적으로 실존해 있는 것이 아니다. 절대적인 부정성의 형식——본래적인 개별성 속에 보편자를 결합하는 부정의 부정——에 반하여, 죽음이라는 것은 정신적 부정이 아니라 하나의 자연적 부정이다. 오직 자기의식만이「개념으로 실존하는 개념」또는 類 그 자체——대자적 존재와 순수부정성의 통일——이다(PE, Ⅰ, 249; PG, 221; 정신현상학, Ⅰ, 366).

類는「순수사유」로서 제시된다. 그러나 관찰은 이러한 보편성과 개별성간의 통일을 파악하지 못할 것이요, 자신의 모든 계기를 넘어서서 그것들의 불충분성이나 추상성을 입증하는 생동하는 형식의 진리를 파악하지 못할 것이다. 따라서 이러한 형식의 부정성은 관찰하는 이성이 행위하는 인간 개체를 고려할 때 그 이성에게 나타난다.「행위하는 의식은, 그 자신이 외타적 존재를 지양함으로써 대자적으로 존재하며 자기 자신을 부정적인 것으로 직관하는 가운데 스스로의 현실성을 간직한다」(PE, Ⅰ, 251; PG, 223; 정신현상학, Ⅰ, 369). [5]

그러나 관찰은 개체성과 대면한 상태에서 그것이 활동하는 모습을 주시한다. 만약 관찰이 개체적 행동을 기술하고 분류하는 일에 스스로를 한정시킨다면, 그것은 개별적인 자기의식 내에서 언제나 보편적

---

5)「사유하는 운동」으로서 등장하는 부정성은「개체성의 원리」이며 대자적 존재이다. 이성이 관찰하는 것은 개체성의 활동(opération) 속에서, 즉 외타적 존재에 대한 개체성의 활동 속에서 등장하고 있는 한에서의 바로 이 부정성이다. 이러한 행동은 스스로를 외타적 존재에 적응시키거나 그것을 자신에게 적응시키는 것을 말한다. 여기서 심리학적 문제는 개체성의 세계에 대한 관계 문제이다.

정신으로 있는 자신의 대상을 놓치고 말 것이다.

　　한 인간은 이러한 성향을 지니고 다른 인간은 저러한 성향을 지니며, 또 한 인간은 다른 인간보다 더 많은 지능을 겸비하고 있다는 식으로, 다시금 서로 상이한 구체적 개체성들을 파악한다는 것은 곤충이나 이끼 따위의 종류를 셈하는 것만큼도 흥미롭지 못한 일이다. 곤충이나 이끼 따위는 본질적으로 우연적인 개별화에 속하는 까닭에, 관찰의 입장에서도 그것들을 개별적이고도 몰개념적으로 취급할 권리가 부여되어 있다. 그러나 의식적인 개체성을 정신을 결여한, 개별적으로 존재하는 현상으로 취급한다는 것은, 그러한 개체성의 본질이 곧 정신이란 보편자라는 사실과 모순되는 것이다(PE, Ⅰ, 253; PG, 225; 정신현상학, Ⅰ, 371).

따라서 관찰은 의식적인 개체성을 보편적인 정신의 표현으로, 다시 말해서 정신의 세계인 그 자신의 세계에 대한 표현으로서 파악하려고 노력해야만 한다. 만약 개체성이 자체 내에서 사회적 환경, 종교, 그 시대의 풍속, 그리고 그가 위치하고 있는 특수한 역사적 상황 등을 반성하고 있지 않다면, 어떻게 그는 본연의 개체성으로 될 수 있겠는가? 한편에는 환경 또는 즉자적 존재가 있고, 다른 한편에는 개체성 또는 대자적 존재가 있다. 그러나 이러한 양분은 애매모호한 것이다. 개체성은 세계를 수동적으로 반영하는 것이 아니라, 나폴레옹의 예에서와 같이 세계를 변형시키기 때문이다. 관찰이 구별하는 두 계기는 상호 밀접하게 침투해 있다. 따라서 테느(Taine)가 그랬던 것처럼 위대한 인간들을 그들의 환경을 통하여 설명하는 것은 사실상 아무것도 설명하지 않는 것과 다름없다. 한정된 개체성에 영향을 미치고 있는 세계는 즉자적인 세계가 아니라 오히려 특수한 개체성에 대해서 존재하는 바의 세계이다. 다시 말해서 우리에게 영향을 미치고 있는 세계란 이미 「우리의 세계」인 것이다. 우리는 바로 우리 자신을 통해서 세계를 바라본다. 따라서 우리가 한 개인의 세계를 아는 것은 오직 그 개인으로부터 출발할 경우에만 가능하다. 우리가 어떤 영향을 명시하는 것은 오직 그 영향을 받는 자가 누구인가를 알 경우에만 가능하며 또 그럼으로써만 그 영향을 제한할 수 있다. 한 개체에 작용을 가하기 위해서 세계는 이미 그 자신을 특수화시켰어야 했으며, 또 스스로를 이-개체-의-세계(le monde-de-cet-individu)로 제시해야만 한다. 개체의 세계는 오직 개체 자신으로부터 출발해서만 파악될 수 있는 것이다. 「개체의 행위로부터 구별될 수 있는 즉자적 존재란 존재하지 않는다. 개체는 모름지기 그 자신의 세계이다. 그러나 이 세계는 개체를 만들어 가는 세계이다.」 따라서 「심리적 필연성이란 영향을 미쳤을지도 모른다는 것과 아무런 영향도 미칠 수 없었을 것이라는 것이 동시에 절대적으로 가능하다는 것만큼이나 공허한 말에 지나지 않는다」(PE, Ⅰ,256; PG, 226~7; 정신현상학, Ⅰ,374). 즉자적으로 현존하는 세계와 대자적으로 존재하는 개체성은 상호 분리된 상태에서보다는 그 통일 속에서 파악되어야만 한다. 따라서 이성은 개체성을 더 이상 주어져 있는 주변세계의 반영으로서가 아니라 자체 내적인 구체적 전체로서 관찰할 수 있어야 한다. 어떻게 인간 개체성을 그 근원성과 동시에 그 보편성 속에서 관찰할 수 있을까? 헤겔은 이 문제를 관상학과 골상학에 관한 논의에서 상세히 검토하고 있다.

관상학과 골상학

헤겔이 관상학과 골상학이란 사이비 과학에 할애하고 있는 장황한 논의는 우리의 놀라움을 금치 못하게 하지만, 그의 동시대인들이 라바터(J.K.Lavater)와 갈(F.J.Gall)의 작업에 보여 주었던 지대한 관심을 도외시해서는 안 된다. 라바터는 1775 년에서 1778 년에 걸쳐 라이프치히에서 《관상학 단편(Fragments physiognomoniques)》을 발표했었는데, 곧이어 리히텐베르크(G.C.Lichtenberg)가 이에 대하여 비판을 가했었다. 갈은 헤겔이 《정신현상학》을 집필할 당시까지는 아직 저서를 발표한 적이 없었다. 하지만 그는 자신의 학설을 전파하기 위하여 도시에서 도시로 순회강연을 다녔던 탓으로 이미 널리 알려져 있었고, 그 과정에서 어떤 스캔들을 일으키기까지 하였다. 헤겔 이후에는 콩트(A. Comte)가 거의 무비판적으로 갈의 주요 이론을 채택한 바 있었다. 이에 반하여 헤겔은 1807 년부터 우리의 취향에 비추어 볼 때 다소 딱딱하고 지루한 것일지라도, 날카롭고 정확한 비판을 제시하고 있다. 우리는 또한 제기된 문제가 처음에 생각하는 것보다는 훨씬 일반적이라는 점에 주목하여야 한다. 사실상 문제가 되고 있는 것은 정신적 개체성

(individualité spirituelle)과 그것의 가장 직접적 표현인 신체(corps)와의 관계이다. 이 장의 여러 부분에 걸쳐서 헤겔은 원초적인 방식으로 「영혼과 신체」의 관계 문제를 제기하고 있다. 우리가 관심을 갖고 있는 것도 바로 이 점에서이다. 따라서 관찰은 더 이상 자연일반이나 生으로 향하는 것이 아니라 인간 개체, 즉 자기(soi)로 향하고 있다. 그리고 관찰은 이 개체성에 대한 객관적 인식의 법칙을 탐구하고자 한다. 물리적 환경이든 정신적 환경이든, 환경일반에 의하여 개체성을 규정하는 것은 불가능하다고 밝혀졌다. 그렇지만 개체와 그 환경 사이의 이러한 관계가 「개체성의 법칙」의 기초로 간주되었다. 그러나 보다 큰 비중은 환경에 놓여 있다기보다는 이러저러한 영향을 받아들이거나 거부하는 개체의 근본적인 성향에 놓여 있다. 따라서 이제 헤겔이 제기하는 문제는 논리적 견지에서의 개체성의 「근원적 본성」이라고 하는 것이다. 과연 그러한 것이 실존하여, 자기(soi)는 스스로가 창출해 내지도 않은 그러한 본성으로 환원될 수 있는가?[6] 여기서 관찰의 태도가 관찰된 것을 고착화하고 고정시킨다는 점을 기억할 필요가 있다. 따라서 관찰은 행동 자체는 인식할 수 없고, 단지 그 행동이 존재의 요소 속에 (고착화되어) 드러난 상태(manifestation)만을 발견할 수 있다. 관찰이 이 행동을 다룰 때, 관찰은 그것을 고착화되어져 있고 주어져 있는 소산물 속에서 스스로의 표현을 발견해야만 하는 그런 내면성으로 해석한다. 生의 관찰 이래로 근본적인 주제는 언제나 「내면을 표현하고 있는 외면」이라는 것이다.

여기서 관찰은 「비가시적 정신」의 「가시적 현존」을 추구한다. 그런데 신체는 두 가지 의미에서 개체성의 외면이라고 할 수 있다. 신체는 개체의 근원적 본성, 「개체성이 스스로 창출하지 않은 것」[7]을 표

---

6) 개체성(Individualität)이란 개념 내에서의 개별성(Einzelheit)의 계기에 대한 구체적 형식을 인간세계에서 나타내는 것이다. 이 개체성의 문제는 다음과 같은 정의 속에 제시되어 있다. 「세계가 개체성의 세계인 한에서 개체성이란 모름지기 그 자신의 세계인 것이다. ……개체성이란 단지 이미 소여된 존재와 구성된 존재간의 통일, 즉 그것을 이루는 두 측면이 서로에 대해서 외면적이지 않은 그런 통일일 뿐이다」(PE, I, 256; PG, 227; 정신현상학, I, 374). 부정의 부정으로서의 개별성은 모든 규정을 넘어선 상태에 있는 개체성의 한가운데서 드러난다.

7) 이것은 헤겔의 표현이다(PE, I, 257; PG, 227; 정신현상학, I, 375). 「개체성 자신이 창출하지 않은 것」, 그의 근원적 본성(아직 발양되지 않은 기질이나 기능)이 「사

현하며, 이로 인해서 개체는 선천적인 소질과 기능을 지니고 있는 하나의 「즉자적 존재」가 된다. 그러나 신체는 이와 마찬가지로 개체의 대자적 측면도 표현하고 있다. 그 개체가 행위하는 의식인 한에서 신체는 그 무엇됨(ce qu'il est)과 그것이 행하는 바(ce qu'il fait)를 표현해 주고 있다. 신체는 선천적인 것과 동시에 후천적인 것에 대한 표현이다.

　　이 존재, 즉 한정된 개체성의 신체란 그 개체성의 근원적인 규정이며 그 개체성이 스스로 창출하지 않은 것이다. 그러나 개체는 동시에 오직 그 자신이 창출한 것이므로 그의 신체 역시 그 자신에 의해 산출된 자기 자신의 표현이다. 신체는 또한 하나의 상징적인 기호이기도 한데, 이러한 기호는 결코 직접적인 사물에 그칠 수는 없으며 오히려 개체가 자신의 근원적인 본성을 발양하는 한에서 그 개체란 무엇인가 하는 것을 알려 주는 길잡이이다 (PE, I, 257; PG, 227~8; 정신현상학, I, 375~6).

따라서 즉자적인 것과 대자적인 것 사이의 대립은 개체성의 한가운데로 옮겨져서, 그 개체의 특수한 본성과 그러한 본성의 적극적인 발양 사이의 대립으로 바뀐다. 신체는 소여된 개체성과 활동하는 개체성의 총체적 표현이며, 그 개체가 대타적으로 존재하고 있는 상태 (ce qu'elle est pour autrui)이다.

먼저 헤겔은 엄밀히 말하여 기관 그 자체는 순수한 이행작용, 즉 스스로를 실현하는 행위(예를 들어 일을 하는 손, 말을 하는 입)라는 것과 그것이 단지 이행작용이기 때문에 관찰될 수 있는 성질의 것이 아니라는 것을 보여 준다. 따라서 외면성은 실현된 행위 속에, 즉 말(parole)이나 행적(œuvre) 속에 놓이며, 반대로 행위는 존재의 요소 속에 놓인다. 개체에게는 두 가지 선택知가 있다. 다시 말해서 개체는 자신을 행위 속에서 절대적으로 재인식하거나, 아니면 행위 속에서 그와 같이 재인식하기를 거부하거나이다. 전자의 경우에 행위란 단지 내면에 지나지 않는다. 왜냐하면 행위란 그것을 존재 속에 정립했던 의

___

물」과 「능력(puissance)」이라는 두 가지 의미에서 개체성의 즉자적 측면을 이룬다. 어떻게 개체성은 실존(exister)하기 전에 존재(être)할 수 있으며, 어떻게 개체성 내에 先在的인(préexistant) 소여가 있을 수 있는가? 바로 이러한 것이 헤겔에 있어 개체성의 근본 문제이다.

식에 대해서만 성립하는 그 무엇이기 때문이다. 반면 후자의 경우에 개체가 거부하지 않을 수 없는 이유는, 행위가 단지 순수한 외면성으로서, 다른 개체들에게 소여된 것으로서만 성립하는 그 무엇이란 데 있다. 따라서 관찰은 완수된 행위를 도외시한다. 이러한 행위는 너무 많이 말한다든가 너무 적게 말하며, 또 그 행위를 완수했던 개체적 주체를 알려고 애쓴다. 바로 여기에서 신체기관은 새로운 의미를 띠게 된다. 기관은 이행과정의 한 계기에 그치는 것이 아니라 관찰자에게도 나타난다. 즉 그것은 대타적 존재요, 이로써 내면성과 순수 외면성 사이의 매개적 중심으로서 주어지는 것이다. 손은 노동의 기관이지만, 자체 내에 이 노동의 구조 및 선천적 기질이나 후천적 습관에 해당하는 개체적 특질(trait)을 드러내고 있다고도 생각될 수 있다. 따라서 우리는 한 인간을 인식하기 위하여 하나의 전체로서의 그의 生 전반을 검토하여야 하는 수고를 들이지 않고서도 손 속에서 그 개체의 운명을 읽을 수 있을 것이다. 「손은 인간의 행복을 가늠하는 생명력이 깃들인 기술자나 마찬가지여서, 우리는 손이야말로 바로 인간이 행하는 것이라고 말할 수 있겠다」(PE, Ⅰ, 261; PG, 231; 정신현상학, Ⅰ, 381). 우리는 손뿐만 아니라 목소리나 글씨체에 대한 연구도 고려해 볼 수 있다. 이러한 신체적 형식에 입각한 개체적 내면성의 관찰은 우리를 이른바 라바터의 관상학으로 인도한다. 여기서 문제되는 것은 행동을 이끌고 통로가 되어 주는 기관이 아니라, 자체 내에 어떠한 외면적인 것도 수반하지 않으면서 차라리 그 개인이 자신의 행동에 대하여 취하는 소견을 표현해 주고 있는 얼굴 표정의 특질이다. 이러한 특질은 개체성의 자체 내적 반성을 즉각적으로 표현해 주고 있다. 그 특질은, 행위하는 한에서의 인간이 아니라 자신의 행동에 대하여 내적인 소견을 취하는 한에서의 인간을 인식할 수 있도록 해주기 때문에 가장 심층적인 내면성의 외면적 자취이다. 「따라서 개인은 자기의 외적 행동을 펴나가는 데 있어서 결코 침묵만을 지키고 있지 않다. 왜냐하면 여기서 개인은 자기반성을 할 뿐 아니라, 동시에 그러한 반성을 표정으로 나타내고 있기 때문이다. 이러한 이론적 행동, 즉 개인이 자신의 행동에 관하여 자기 자신과 나누는 대화는, 바로 그러한 대화 자체가 하나의 외적 표현인 까닭에 확실히 타인에 의해서도 이해가 될 수 있다」(PE, Ⅰ, 263; PG, 232~3; 정신현상학, Ⅰ, 383). 우리는 한 사람의 표정을 보고서도 그가 말하거나 행동하는 데 있어서 진지한 입장을 취하고 있는지의 여부를 알 수가 있는 것이다.

헤겔은 이 관상학에 대하여 두 가지 비판을 제시하고 있다. 첫번째 비판은 개체성의 의도와 그것의 다양한 표정들간의 대응관계가 우연적이라는 점이다. 표현의 언어는 사유를 전달하는 데 사용되는 것과 마찬가지로 그 사유를 은폐시키는 데에도 사용될 수 있다. 물론 내면은 「보이지 않으면서도 또한 보이는 것(invisible visible)」이 되지만, 그것은 필연적으로 특수한 현상에 얽매여 있는 것이 아니다. 표현에 있어서는 규약(convention)의 측면이 있으며, 타인을 속이는 후천적 수단까지도 있는 것이다. [8]

두번째 비판은 보다 심층적이다. 그것은 이 비판이 전적으로 개체심리학(psychologie individuelle)의 개념 설정(conception)까지도 비난하고 있기 때문이다. 라바터는 인간에 대한 그의 무분별한 애착 속에서 가장 은폐된 의도, 결코 행동으로 실현될 수 없는 의도에 도달했다고 장담했다. 따라서 관찰은 완수된 행위를 비본질적인 외면으로 간주하고, 행위 주체가 자신의 행동에 관하여 내리는 추측을 본질적인 내면으로 간주한다. 「실천적 의식이 자체 내에 간주하고 있는 두 가지 측면, 즉 의도와 행위——자신의 행동에 대한 사념과 그 행동 자체——가운데, 관찰은 첫번째 측면을 진정한 내면으로 선택한다. 그리하여 이러한 내면을 그 정도야 어떠하든간에 자신의 비본질적인 측면은 행위를 통해서 표출시키는 반면, 그 진정한 측면은 신체적인 형태를 통해서 표출시킨다」(PE, Ⅰ, 265; PG, 234; 정신현상학, Ⅰ, 386). 《젊은 베르테르의 슬픔》의 독자들이 요구했던 것과 라바터가 그들에게 제공했던 것은 감정이나 혹은 충분히 자체 내적으로 반성을 거친 개체적 영혼에 대한 연구였다. 그러나 이와 같은 심리학이 도대체 의미를 지

---

8) 「내면의 표현이어야 할 것은 동시에 존재의 요소 내에서의 표현이다. 이로써 그것은 자기의식적 본질에게 절대적으로 우연적인 존재의 규정 속으로 떨어지고 만다」(PE, Ⅰ, 263; PG, 233; 정신현상학, Ⅰ, 384). 행위에 있어서 개체성은 곧 그 자신의 신체 자체이다. 그러나 외면성으로 취해질 때, 신체는 모호한 기호(signe)로 남는다. 이러한 이유에서 개체성은 「자신의 본질을 용모와 같은 비본질적인 특질에서가 아니라, 오직 그 자신의 행적(l'œuvre) 속에서만 정립할 수 있는 것이다」(PE, Ⅰ, 264; PG, 234; 정신현상학, Ⅰ, 385).

닐 수 있는 것일까? 개인은 그 자신의 행위에 대해 추측을 한다. 따라서 우리가 개인의 본연의 모습을 그가 행한 바로 이해한다면, 개인은 자기 자신의 본연의 모습과는 다른 소견을 그 자신에 대해 가질 수 있을 것이다. 그리고 자연적인 관상학에 있어서 우리는 이미 자발적으로 이러저러한 표정의 운동에 따라 의도를 추측한다. 이러한 두 추측 사이의 관계는 법칙을 성립시키는가, 아니면 그것은 이러한 연구의 출발점에서와 똑같이 추상적인 것으로 드러나는 것인가? 「인식되어야만 할 것은 살인자라든가 도적이 아니라, 오히려 그런 살인자나 도적이 될 수 있다고 하는 능력인 것이다」(PE, I, 265; PG, 235; 정신현상학, I, 387). 완수된 행위는 보편적인 성격을 지닌다. 그것은 살인이거나 도적질이거나 선행이다. 그러나 의도나 개인의 자기 자신에 대한 추측은, 표정의 특질이라는 추측된 모든 내용과 마찬가지로 무한히 미묘한 것이다. 우리는 더 이상 존재 속에 있는 것이 아니라 다만 「이것」을 사념하는 행위 속에 있는 것이다. 이러한 종류의 심리학은 무한한 뉘앙스의 차이 속에서 해산되어 버린다. 하지만 뉘앙스의 차이는 내면 그 자체를 말하기에는 결코 적합하지가 못하다. 이러한 추측된 내면이란 그 본성상 말로 표현할 수 없는 것이며 무어라고 설명할 수도 없는 것이다. 순수한 내면은 展性을 띠고 있고 무한히 규정 가능하지만, 그것이 차신의 거짓된 무규정성을 초월하는 것은 오로치 행위를 통해서이다. 「완수된 행위 속에서 이러한 악무한은 종식된다. ……우리는 행위란 무엇인가를 말할 수 있다. 그것은 모름지기 (행동으로 나타난 바의) 이것이며, 그것의 존재는 한낱 기호일 뿐만 아니라 事象 자체이기도 하다. 행위란 바로 이것이며, 개체적 인간도 모름지기 행위로 나타난 바 이외의 다른 것이 아니다」(PE, I, 267; PG, 236; 정신현상학, I, 389~90). 여타의 모든 심리학은 단지 미묘하고 무한정한 창의성을 고취할 뿐인 상상력의 심리학이다. 마찬가지로 인간은 행위를 통해서 불변적 구조로 여겨지고 또한 존재할 수 있거나 존재할지도 모르는 것에 대한 무한정 해석 가능한 암시로 여겨지는 자신의 신체를 초월할 수 있다. 인간에 대한 모든 관찰은 거짓된 내면과 직접적인 외면에 국한되어 있다. 따라서 그러한 관찰은 인간이 스스로를 재인식하고 재발견해야 하는 터전이라고 할 인간의 실재성 자체를 부정한다. 「확실히 대상적인 요소 속에 의탁된 개체성은, 그 자신이 하나의 소산물이 될 때 변형되거나 반전되지 않을 수 없음을 인정한다. 그러나 행위의 성격을 좌우하는 것은, 그 행위가 스스로를 견지하는 구체적인 존재가 될 수 있는가, 아니면 그것은 단지 아무런 흔적도 없이 소멸하는 사념된 작업에 불과한가 하는 데 있다」(PE, I, 268; PG, 237; 정신현상학, I, 390~1).

학문으로서의 관상학을 비판함에 있어서 헤겔은 개체적 영혼과 그 표현 사이에 성립할 수 있는 유사성을 부정한다기보다는 차라리 인간을 그의 활동이나 행위 또는 작품을 고려하지 않은 채 그의 의도에 대한 분석을 통하여 인식할 수 있다는 주장을 공격하고 있다. 여기서 문제 자체를 오도하는 것은 다름아닌 관찰하는 이성의 방법이다. 그 방법이란 내면과 외면을 각기 고립시킨 다음 곧이어 다시금 양자가 일치한다고 주장하는 것을 말한다. 그러나 이러한 일치는 순수한 내면과 순수한 외면을 각기 구별된 것으로 정립하고자 했던 시초의 오류를 교정하지 못한다. 대상인 한에서의 신체는 추상적인 외면성이다. 반면 세계 속에서의 활동으로부터 멀어져서 자체 내로 복귀한 채 활동하고 있지 않는 주체인 한에서의 개체적 영혼은 파악 불가능하다. 이제 「내면은 직접적으로 외면이며 마찬가지로 외면은 직접적으로 내면이다」라고 말할 차례이다. 그러나 관찰하는 이성은 이러한 변증법을 조금도 짐작하지 못하고 있다.

골상학과 더불어 관찰하는 이성은 자신의 오류를 발견하게 될 것이다. 이 거짓된 학문은 관찰하는 이성이 빠져 있는 곤경을 관상학보다도 더 잘 드러내 준다. 두개골의 隆起와 腔窩는 의식적인 개체성을 표현해 주는 기호가 아니다. 그것은 단지 순수한 사물(Ding)에 지나지 않는다. 그럼에도 불구하고 관찰하는 이성은 바로 이 사물 속에서 정신의 고유한 외면성을 발견한다고 주장한다. 관상학에서보다도 더욱 엄청난 부조리가 벌어지고 있는 셈이다. 이성의 본능은 자신의 모든 탐구 성과를 다음과 같은 무한판단의 형식으로 제시한다. 「정신의 실재성은 뼈이다」(PE, I, 272 ff.; PG, 241 ff.; 정신현상학, I, 387 ff.).

물론 이러한 판단은 여러 가지 사이비 과학적인 고찰에 호소함으로써 자신의 부조리를 위장하려고 기도한다. 그리하여 대뇌의 피질이 말해질 것이요, 정신적 활동이 뇌의 部位와 대응되어질 것이요, 또 이 뇌의 부위가 다소간 두개골에 작용한다고 설명되어질 것이다. 그러나 우리가 조금만 생각해 본다면, 이러한 설명이 불합리하다는 것을 즉각 깨닫게 된다. 어째서 좀더 발전된 정신적 활동은 좀더 확대된 뇌의 부위에 의하여 표현되고, 또 이 뇌의 부위는 다시 두개골의 모습을 결정하게 되는 것일까?[9] 이러한 계량적인 고찰은 아무런 의미가 없을 것이다. 물론 이해하기를 단념하지 않을 수 없지만, 우리는 한 관계의 모든 표상들을 포기하지는 않는다. 관찰은 단지 경험을 고찰하는 것으로 만족한다. 따라서 관찰은 마치 아낙네가 자신이 빨래를 하고자 할 때면 언제나 비가 내린다는 것을 확증하는 것처럼(PE, Ⅰ, 277; PG, 246; 정신현상학, Ⅰ, 405) 정신적 기능과 두개골의 융기간의 관계를 확증한다. 이 과정에서 관찰하는 이성은 「외면은 내면을 표현하여야 한다」는 자신의 본능에 의하여 인도되고 있을 뿐만 아니라, 동물의 두개골에서 유추된 지식에 의해서도 인도되고 있다. 하지만 어떠한 인간이라도 동물의 본성이 어떤 것인가를 바로 이 동물의 입장에 서서 생각해 낸다는 것은 도무지 있을 수 없는 일이다(PE, Ⅰ, 279; PG, 247; 정신현상학, Ⅰ, 407).

경험을 통하여 이러한 사실적 대응관계를 확립하기 위해서는, 정신을 마치 공간적으로 연장된 두개골이 각기 상이한 부분들로 해체되는 것처럼 骨化된 기능으로 분해할 필요가 있다. 그런데 생동하는 정신을 「제 기능을 담고 있는 자루」로 변형시켜 버리는 이러한 분해는 무엇보다 특정한 시대에 속하는 심리학적 분석의 결과이다. 이러한 심리학적 분석은 사실상 그 분석을 쫓아서만 가능한 대뇌의 위치 설정에 의하여 스스로를 정당화시킨다. 이로부터 점차적으로 관찰은 자기의식적인 정신을 물질화시킴으로써 마침내 이 정신을 「죽은 머리(caput mortuum)」에 완전히 일치하도록 만들고, 이 죽은 머리가 그 정신을 표현하도록 만든다. 만약 경험이 그러한 관찰에 기초해서 확립된 제 관계를 반증한다면, 새로운 미봉책이 준비될 것이다. 그것은 곧 개체의 소질들(dispositions)을 말한다. 이 소질들은 현실화될 수 있었지만,

---

9) 이 문제에 관한 헤겔의 장황한 분석(PE, Ⅰ, 273 ff.; PG, 241 ff.; 정신현상학, Ⅰ, 397 ff.)을 참조.

사실상 그 자신을 표출시킬 기회를 찾지 못했다. 이렇게 소질들을 각기 고립시켜서 그것들을 두개골의 제 부위에 대응시키는 방법이야말로 골상학의 두드러진 특징이다. 이러한 방법은 내면과 외면을 각기 고립시킨 다음 다시 그것들을 직접적으로 동일화하는, 관찰하는 이성의 종말을 밝혀 준다. [10]

「정신은 사물이다.」 이 무한판단은 아무런 공통성도 지니지 않은 두 항을 직접적으로 결합하고 있다는 점에서 역설적이다. 이 판단은 우리가 알고 있는, 관찰하는 이성이 무의식적으로 추구하고 있는 것을 말하고 있다. 관찰하는 이성——또는 이성의 본능——은 존재 속에서 자기 자신을 추구하다가 마침내 그 자신을 발견하였다. 그것은 스스로를 사물로서 바라보며, 보다 정확히 말한다면 가장 추상적이고 가장 의미가 결여된 사물로서 바라본다. 따라서 이 판단은 외견상의 부조리와 대비되는 심원한 의미를 지니고 있다. 이 판단은 사유와 존재의 동일성이라고 하는 관념론의 진리를 언표하고 있는 것이다. 그러나 이러한 동일성은 표상(représentation)으로서가 아니라 개념으로서 취해져야 한다. 표상에 만족하고 있는 이성의 본능은 이 무한판단에서 반성의 판단으로 이행해야만 하며, 직접성에서 매개로 고양되어야 한다.

우리는 자기의식으로부터 출발하였다. 자기의식은 불행한 의식에서 그 주체성의 정점에 도달했으면서도 동시에 그러한 주체성을 소외시킴으로써 끝내는 존재로서 정립하고자 애쓴다. 마침내 이러한 자기의식의 소외가 완성되었을 때 그 소외는 우리에게 세계 속에서 자기 자신의 실현을 발견할 수 있으리라고 굳게 믿었던 이성의 확신으로 드러났다. 골상학의 계기와 더불어 헤겔은 우리를 그러한 실현의 두번째 단계로 인도한다. 첫번째 단계에서, 이성은 의식으로서 실존하였다. 이제 두번째 단계에서, 이성은 자기의식으로서 실존한다. 첫번째 단계에서, 범주는 사유와 존재의 직접적인 통일이었으며 이러한 직접적 통일은 우리가 방금 고찰했던 무한판단 속에서 나타난다. 반면 두

---

10) 드러날 수도 있었고 드러나지 않을 수도 있었던 이러한 소질들은 개체성의 즉자적 존재로서의 근원적 본성(la nature originaire)이 그릇 이해된 것이다. 이것들은 두개골이라고 하는 순수하고도 단순한 즉자적 존재에 정확히 대응한다.

번째 단계에서 범주는 더 이상 즉자적인 존재의 형식이 아닌 대자적 존재의 형식을 지닌다. 이는 구체적으로 이성이 존재 속에서 자신을 발견하는 것을 거부하고 오히려 그 자신을 정립하고자 원한다는 것을 의미한다. 따라서 대상, 즉 존재는 부정항으로 규정되고, 매개나 부정의 측면이 주가 된다. 세계에 대한 부정적인 태도가 첫번째 단계를 특징지웠던 긍정적인 태도에 이어진다. 다시 말해서 정관적인 자기의식이 행위하는 자기의식으로 대체되는 것이다. 범주의 전개과정에서 헤겔이 그 다음으로 연구하는 것은 바로 이 새로운 계기이다. 물론 이 것도 또한 첫번째 계기에서와 마찬가지로 부분적인 계기에 그치고 말 것이다. 진정으로 이성을 완성시키고, 정신으로 고양시키는 것은 오로지 이러한 두 계기의 구체적인 통일이 즉자대자적으로 존재하는 자기의식일 뿐이다. [11]

---

11) 관찰하는 이성은 자기 자신이 아니라 사물들을 다루었다. 단지 우리에 대해서만 관찰하는 이성은 사물 속에서 자기 자신을 추구했던 것이다. 이제 우리에 대해서 존재했던 것이 이성에 대해서 존재하게 된다. 「의식은 그 자체가 곧 자기행위의 목적이다. 반면 관찰에 있어서 의식은 단지 사물들만을 문제시하였다」(PE, I, 285; PG, 253; 정신현상학, I, 416). 이제 이성에 대하여 사물이란 부정되어야 할 부정 이외에 더 이상 아무것도 아니다(이성은 그 자신이 부정성, 매개가 되었다). 이성의 목적──또는 그의 기획(projet)──은 순수하고도 단순한 부정으로서의 그 자신이다. 그러나 이러한 부정성의 진리는 새로운 종합의 발견일 것이다.

4

행위하는 이성과 근대 개인주의

관찰하는 이성에서 행위하는 이성으로

인식과 행위의 대립은 칸트 철학과 이로부터 파생되는 철학 체계들에 있어 일차적으로 중요한 역할을 수행하고 있다. 칸트에게서는 실천철학과 이론철학이 있는데, 전자는 본질적으로 자유의 철학이며, 후자는 오성의 산물(産物)로서 우리를 현상적인 자연의 인식으로 인도한다. 《판단력 비판》은 이 두 영역의 필연적 구분과 동시에 그 종합의 필요성을 보여 주고 있다. 그러나 인식하는 자아와 실천하는 자아, 자연과 자유의 종합이란 실현하기 매우 어려운 일이다. 이것이 피히테와 셸링이 직면했던 중요한 문제였다. 피히테에게서 이 문제를 끌어가는 것은 실천적 자아이다. 이 실천적 자아는 자기 자신을 절대적으로 정립하기 위한 무한한 노력이며, 이론적 자아는 단지 자유가 자기 의식적 자유(liberté consciente de soi)로 되기 위하여 필연적으로 부딪쳐야 하는 저항을 설명하고 있을 뿐이다. 자연은 장애물이요, 자유야말로 진정 가치 있는 것이다.[1] 자아는 본질적으로 실천적인 자아로

---

1) 자유(liberté)라는 말은 해방(libération)이라는 말로 이해하여야 한다. 「자유롭다는 것은 대수로운 것이 아니다. 요는 자유롭게 되는 것이다.」

서, 어떠한 사물이나 기체와 동일시될 수 없다. 그의 존재는——만일 이러한 표현을 쓰는 것이 적절하다면——자연적 존재, 주어진 존재가 아니다. 그 존재는 소산(produit)이 아니라 능산(production)이며, 무한한 부정성이다. 자연 또는 非我란 것은 오로지 자아가 자신의 부정을 부정함으로써 자신을 긍정하도록 하기 위해서만 존재한다. 이와 반대로 셸링에게서는 자연과 자유가 절대자의 직관 속에서 화해된다. 이러한 직관은 美的 직관의 모델 위에서 이해된다. 알려져 있는 바와 같이 헤겔은 예나에 도착한 직후부터 피히테와 셸링의 철학 체계의 차이성을 깨달았고 그리하여 그 자신 또한 이론과 실천, 자연과 자유의 새로운 종합을 구상해 보았다. 헤겔에게서 이 종합의 모델은 인간의 역사이다. 위대한 예술작품은 공동체적 구성물이며 한 자유로운 민족의 生이다.[2] 이로부터 그의 노력은, 절대적 정신을 사회적 조직체로서의 플라톤적 국가와 같은 방식으로 서술하는 것에 바쳐진다.

　인륜적 실체란 바로 민족이다. 그리고 이 민족은 전체와 부분, 개별적 의지와 일반적 의지 사이에 조화가 영향력을 발휘할 때 자유롭다고 말해진다. 〈인륜성의 체계〉(Sittlichkeit란 말은 Moralität와 대립되어 인륜적 질서〈ordre éthique〉로 번역된다)와 〈자연법의 학적 취급 방식에 관하여〉라는 논문은 인간의 도시국가를 묘사하고 있는데, 거기에서는 정신의 모든 계기가 공동체적 조직체에 관련하여 추상으로서 파악되고 전개되고 있다. 헤겔의 이 초기 철학은 철학적 인간학이라고 말해질 수 있다. 개체적 인간은 그가 한 구성원으로 속해 있는 도시국가의 生과 결부될 때에야 비로소 이해될 수 있다. 그러나 헤겔의 독특한 변증법적 방법에 있어서 이 生의 각각의 계기들은 그 나름마다에 따라서 검토되고 있다. 이러한 계기들 각각을 전개시키고 그 의미를 추구하는 과정에서, 우리는 그것의 부적합성을 발견하며 따라서 그것을 포함하는 보다 높은 계기로 이행해 간다. 우리는 「인간의식의 가장 보잘것 없는 요구들」로부터 전체의 표상과 사유에로 고양되어 가

---

2) 고대 희랍의 민주주의에서 인간은 스스로가 자신의 의식적 활동의 결과(œuvre)라고 여기는 도시국가의 시민이다. 이러한 민주주의의 이념은 헤겔의 시대에 널리 만연되어 있었고, 또한 잘 알려진 바와 같이 프랑스 혁명에서 커다란 역할을 담당하였다. 예나 초기 시절의 헤겔은 절대정신을 아직 예술, 종교, 철학으로서의 정신이 도달한 자기知로 이해하고 있지는 않았다. 〈인륜성의 체계〉를 참조.

는 것이다. 이 전체란, 스스로를 보편적인 정신으로서 사유하며 이로써 그 자신을 아직 개별적인 자신의 존재 너머로 고양시켜 가는 개체적 민족이다. 그러나 존재 너머로의 자기인식의 고양, 직접적인 生의 너머로의 의식의 자각은 아름다운 인륜적 조화 속에서 균열을 낳게 된다. 처음에 헤겔은 조직화된 인간의 도시국가를, 마치 초연히 역사의 너머에 있는 이상적인 예술작품처럼 묘사하고자 했다. 그러나 그의 관심은 차츰 세계정신의 역사와 제각기 보편적인 정신의 한 계기를 나타내고 있는 특수한 제 민족의 과정으로 이끌려 갔다. 그는 반성, 매개, 개념을 (정신은 결코 그 자신에게로 돌아오지 않는다는) 셸링적 직관의 너머로 고양시키는 동시에, 더욱더 자신의 정신철학에 세계역사와 그 생성을 도입하였다. 이러한 발전 절차는 이미 1805～1806년의 《실재철학》 속에서 완성되었다고 말해질 수 있다. 정신이 자기에 대하여 취하는 知는 이 정신의 실존 이상의 것이다. 이 자기 知는 자기의 반성적 재회복인 것이다. 근대세계는 「도덕성(moralité)」이 인륜성의 너머로 고양되고서 다시 그 인륜성을 되찾으려고 노력하고 있다. 이 근대세계는 개별자와 보편자간의 통일이 직접적으로 실현되고 있는 인륜적 세계 이상의 것이다. 生이나 직접적인 것의 아름다움에 대립되는 반성은 확실히 하나의 분열이다. 그러나 이것은 정신이 좀더 고차적인 형태를 획득하기 위해서 필요불가결한 분열이다. 「왜냐하면 정신이란 본래 더욱 큰 대립을 제치고 스스로 자기의 내면으로 복귀할수록 더욱더 위대해질 수 있는 것이기 때문이다」(PE, I, 282; PG, 250; 정신현상학, I, 411).

이 정신철학에 세계사, 개념, 자각(prise de conscience) 등을 도입함으로써 이 철학의 시야 자체가 흔들리지 않을 수 없게 되었다. 인간적 生의 역사성에 관한 헤겔의 사상은 결코 명석하지 못하다. 이는 우리가 이미 여러 번 지적했던 것처럼 1805～1806년의 《실재철학》에서뿐만 아니라 《정신현상학》에서도 마찬가지이다. 그는 1805년에 다음과 같이 쓰고 있다. 「개념은 불변적인 예술작품인 동시에 세계의 역사이다.」[3] 집단적인 조직체에 대한 생각은 언제나 역사 위에 드리워져 있는 것이지만, 이제 그것은 매개의 형식으로 정의되고 있는 개

---

3) 《Realphilosophie》(S.W., éd., Lasson-Hoffmeister, t. XX, p. 273).

념의 운동 속에서 파악된다. 《정신현상학》에서 정신은 인륜적 실체이며, 자유로운 민족의 生이다. 이러한 生 속에서 각각의 개별적 의식은 다른 개별적 의식에 의하여 인정받는 한에서, 또는 다른 개별적 의식과의 존재론적 연관을 통하여 실존한다고 말해질 수 있다. 이 정신의 生, 즉 인륜이란 「그 자립적인 현실 속에서 개체들의 본질이 이루고 있는 절대적인 정신적 통일 이외의 다른 것이 아니다」(PE, I, 290; PG, 256; 정신현상학, I, 422). 그리고 이 정신이 완전하게 실현되는 것은 한 민족의 유기적 生 속에서이다. 현상적 의식의 전개과정에 참가하고 있는 철학자로서의 우리는 이제부터 인륜적 실체로서의 정신을 그 대상으로 한다. 그러나 정신과 인륜적 실체의 생성을, 그 직접적인 형식에서부터 (종교에서 표현될) 자기知에 이르기까지 추적하기 전에 우리는 먼저 개별적인 자기의식을 검토하여야 한다. 이 개별적 자기의식은 실체의 한가운데서 행위하는 이성 또는 실천적 자아로서 실존한다. 우리는 그것이 자신의 고립 상태에서부터 정신적 실체에까지 고양되어 가는 경험을 추적하여야 한다. 《정신현상학》이 여러 가지 제목——쾌락과 필연성, 마음의 법칙과 자만에서 오는 망상, 덕성과 세계의 行程, 마지막으로 그 자신이 즉자대자적으로 실재하는 개인——하에서 서술하고 있는 일련의 형태들은 개별적인 자기의식을 묘사하고 있다. 이 개별적 자기의식은 그 자신을 확신하며, 자신의 행복을 찾아 세계 속에 뛰어들면서 이 행복이란 것이 사회적 조직체 속에서나 인륜적 生 속에서만 생각될 수 있다는 것을 깨닫게 된다. 이 단계의 계기에서 개별적 의식은, 철학자인 우리가 이미 도달했던 우리(Nous)의 실재성으로서의 정신을 발견한다. 헤겔의 목록에서의 이 모든 형태들은 그 시대의 개인주의의 형식에 대응한다. 우리는 왜 이것들이 이 단계의 현상학적 전개과정에서 등장하게 되는가를 정당화하여야 하며, 적어도 헤겔이 그것들에 대하여 제공하는 여러 가지 정당성을 면밀히 검토하여야 한다. [4]

---

4) 이러한 정당화는 매우 어렵다. 그것은 한 형식에서 다른 형식으로의 변증법적 이행과정이 이해될 수 없기 때문이 아니라 파우스트, 칼 무어, 동 키호테 등과 같이 그 시대에서 차용된 (의식의) 구체적 諸 형태의 연속과정이 매우 낯설게 보이기 때문이다.

헤겔이 관찰하는 이성에서 행위하는 이성(raison active)으로 이행해 가는 것은 골상학에 관한 장 마지막 부분에서이다. 이 관찰하는 이성에 의하여 도달된 결과는 역설적이다. 그것은 「정신의 존재는 뼈이다」라고 하는 무한판단 속에서 표현된다. 그러나 이 판단은 별로 놀라운 것은 아니다. 왜냐하면 이것은 존재를 정신에 일치시키는 일상적 의식의 판단과 그다지 다르지 않기 때문이다. 「흔히 사람들이 정신에 대해서 정신은 있다거나 또는 어떤 존재를 지닌다고도 하며 더 나아가서는 그것이 하나의 사물이라거나 혹은 어떤 개별적인 현실이라고 얘기할 때 이 말이 뜻하는 것은 결코 우리가 무엇을 보거나 손에 쥐거나 아니면 또 그 무엇을 밀어제칠 수 있다거나 하는 그런 어떤 사실을 뜻하는 것이 아니라 할지라도 분명히 여기서 얘기되고 있는 것은 그러한 것임에 틀림이 없다. 그러므로 여기서 언술되고 있는 진정한 의미는 정신의 존재는 뼈에 불과하다는 말로서 표현될 수밖에는 없을 것이다」(PE, Ⅰ, 284; PG, 252; 정신현상학, Ⅰ, 414). 더우기 관찰하는 이성의 이러한 판단은, 본능적으로 자기 자신을 존재 내의 자기(soi dans l'être)로서 추구하는 의식의 태도 자체에서부터 비롯된다. 의식이 이성으로 되었을 때 이 의식은 직접적으로 자아와 존재의 통일이며, 이 직접성은 존재로서 표현된다. 사물, 유기적 生, 자연, 인간적 개체성을 관찰함에 있어서 이성은 자기(soi)를 자신의 고유한 활동을 통해 산출하려는 것이 아니라 그 자기를 발견하려고 추구한다. 또 이성은 내면과 외면을 응결시켜서 후자를 전자의 직접적 표현으로 만들어 버린다. 따라서 이성이 종국에 가서 「사물로서의 자기」를 언명하는 식의 유물론에 도달하는 것은 전혀 놀라운 일이 아니다. 하지만 이 판단은 심원한——그 표상이 어리석은 것이면 어리석은 것일수록 그만큼 더 심원한——개념적 의미를 지니고 있다. 만일 그것이 스스로를 이해할 수 있다고 하면 그 판단은 生의 완성(l'accomplissement)이 될 것이다. 자기(soi)가 존재라고 말하는 것은 곧 그 자기가 무한한 확장(expansion)이며, 대상성 속에서 총체적으로 정립되었다는 것을 말하는 것이요, 이제 자연으로 화하면서 그 자신에 대하여 외면적인 것이라고 말하는 것이다.

그러나 이로써 범주는 일방적인 방식으로 파악되었다. 존재와 자아의 종합은 단 하나의 판단이나, 단 하나의 명제 속에서 표현되는 것이 아니다. 그 종합은 매개작용 또는 부정성을 요구하기 때문이다. 「자아는 존재이다」라고 말하면서도 또한 「자아는 존재가 아니다」라고 말해야 하는 것이다. 이러한 긍정판단과 부정판단이 무한판단의 필연적 전개이며 그것들은 상호 양립 불가능한 것이다.

이렇게 하여 오로지 자신을 사물로서 발견하고자 하는 관찰하는 이성으로부터 그 자신을 산출하고자 하는 행위하는 이성으로의 전환이 이루어지게 된다.

> 따라서 현존하는(무매개적인) 대상은 부정적인 대상으로서 규정되는 데 반해, 의식은 그 대상과 대립하는 자기의식으로서 규정된다. 달리 말하자면 관찰작용을 통하여 존재의 형식을 두루 섭렵했던 범주가 이제는 대자적 존재의 형식 속에서 정립된다는 것이다. 그리하여 의식은 더 이상 자기 자신을 직접적으로 발견하고자 하지 않고, 오히려 그 자신의 활동을 통하여 스스로를 산출하고자 한다. 관찰작용 속에서 의식은 오로지 사물들만을 취급했던 것에 비해 이제는 의식 자체가 의식의 행위의 목적이다(PE, Ⅰ, 285; PG, 253; 정신현상학, 416).

이전 단계——관찰하는 이성——에서 의식이 사물을 추구한다고 믿으면서 사실은 자기 자신을 추구하였다면, 이제 의식은 이러한 자신의 추구를 깨닫게 되었고 우리(철학자)만이 파악할 수 있었던 상태가 의식에 대자적으로 놓이게 된다. 따라서 의식은 더 이상 자신을 찾으려 하지 않고 다만 자신을 만들어 내려고 한다. 앞에서는 의식의 활동이 우리만의 대상이었다고 한다면, 이제 그것은 의식 자신의 대상으로 된 것이다. 따라서 우리는 이론적 이성에서 실천적 이성으로, 의식의 영역 내의 이성에서 자기의식의 영역 내의 이성으로 이행한 셈이다. 이 이행과정은 세부적으로 볼 때 물론 인위적인 것처럼 보인다. 「존재는 사실 정신의 진리가 아니다」라는 것을 증명함에 있어 왜 헤겔은, 예를 들어 그가 〈피히테와 셸링의 철학 체계의 차이〉에서 특정한 지위를 부여했던[5] 당대의 프랑스 유물론보다는 오히려 골상학을 이용하고 있는 것일까? 우리는 다른 곳에서와 마찬가지로 여기서도,

---

5) Hegel, 《S.W.》, éd., Lasson, Ⅰ, pp. 96~7.

여러 가지 의식의 경험 가운데 헤겔이 취한 선택 내용을 정당화한다는 것은 어려운 일임을 인정하지 않을 수 없다. 하지만 중요한 것은, 이 이행과정이 어떠한 의미를 지니는가는 오로지 우리에 대해서만, 다시 말해서 철학자인 우리에 대해서만이라는 점이다. 따라서 본질적인 점은 현실성을 고려하여 선택된 특수한 경험이라기보다는 그것이 제시하는 일반적 의미에 있다. 헤겔 자신은, 사람들이 자신의 논증과정의 우여곡절을 뒤따르는 데 있어 느낄 수 있는 난점들을 충분히 자각하고 있었다. 따라서 그는 회귀적 정당화(justifications rétrospectives)를 부여하고 또 사유의 진행과정을 되풀이하여 취해야 할 필요성을 거듭거듭 실감하고 있었다. 어쨌든 오직 전체적인 것에만 몰두해 본다면 그 사유과정은 명료하다. 즉 관찰하는 이성은 자기를 존재 또는 이성의 노력에 의해 전제된 사물로서 발견한다. 그리고 이러한 이유에서 그 관찰하는 이성은 자기의 부정과도 같은 이러한 자기의 정립으로부터 등을 돌려 행위하는 이성으로 되어 간다. 이 행위하는 이성은 다시 부분적인 것으로 판명되며 그리하여 우리는 새로운 종합, 말하자면 자체 내에 즉자적인 것과 대자적인 것, 존재와 현실적 행위에 있어서의 존재의 부정을 화해시킬 개체성을 고찰하여야 한다. 이 활동하는 개체성의 진리는 객관적 정신이다. 따라서 우리는 다시 한번 새로운 경험의 장으로 진입해 들어가게 될 것이다.

우리는 관찰에서 행위로의 이행, 즉 자기를 존재로서 인식하는 이성에서 소원한 존재의 부정[6]을 통하여 자기 자신을 산출하는 이성에로의 이행을 살펴 보았다. 이제 우리는 이 행위하는 이성의 진행방식을 표현하기 위하여 헤겔이 선택하고 있는 특수한 경험들을 검토하여야 한다. 우선 행위하는 이성이 여전히 개체적이라는 것에 주목하자.

---

6) 이 「소원한 존재(être étranger)」는 더 이상 이미 오래 전에 지양되었던 단순한 자기의식의 단계에서 소원했었던 것처럼 소원한 것이 아니다. 그것은 단지 직접적이라는 한에서만 소원한 것이다. 그러나 이성적인 자기의식은 이러한 직접성이 지양되어야 할 순수한 가상(apparence)이라는 것을 알고 있다. 「자기의식이란, 직접태일반이 지양된 그 무엇의 형식을 지닌다는 데 대한 확신이며, 따라서 그 직접태의 대상성은 이제 한낱 표면으로서만 타당하고 오히려 그 내면과 본질은 자기의식 자체이다는 데 대한 확신이다.」(방점은 저자)

확실히 이성은 즉자적으로는 보편적이다. 왜냐하면 그것은 이성이기 때문이다. 그러나 이 이성은 여전히 개체성에 속해 있다. 다시 말해서 그것은 아직 「세계로서의 이성」이 아니며 정신으로서의 이성도 아니다. 그것은 개별적 개체성의 이성이며 바로 이러한 한에서 「이성」이라고 제목 붙여진 《정신현상학》의 부분 속에서 논구되고 있는 것이다. 「이성이란 곧 그 자신이 실재 전체라고 하는 의식의 확신이다.」 그러나 이 이성은 아직은 그 자신에 대한 확신에 도달한 진리가 아니다. 이제부터 그의 대상에 적합한 이름이 세계라고 한다면, 이 세계는 그의 세계이다. 이성은 이 세계에서 자신을 발견하기도 하고 자신을 산출하기도 한다. 그러나 이성 자신은 자기 자신에 대해서 세계가 아니다. 이성은 주관적으로는 보편적이라고 할 수 있겠지만, 객관적으로는 아직 보편적이지 못하다. 이성은 그 자체로는 정신적 실체가 아니다. 따라서 이러저러한 개별적 자기의식에 속하는 이성은, 오로지 그 자신이 실제로 실현되어졌을 때만 자신의 진리에로 고양될 수 있다. 이성이 실제로 실현되는 것은 오직 객관적 정신[7]의 생성과정 속에서뿐이다. 「자신이 실재 전체이다라는 확신을 진리로 고양시킬 때, 그리고 자기 자신을 그 자신의 세계로서 의식하고 세계를 자기 자신으로서 의식할 때, 이성은 곧 정신이 된다」(PE, Ⅱ, 9; PG, 313; 정신현상학, Ⅱ, 7). 정신은 더 이상 한낱 주관적 확신으로서의 이성일 뿐만 아니라, 그와 못지 않게 또한 진리이며 실체로서의 이성이다. 그런데 우리가 이미 지적했던 것처럼 이 궁극적 종합이 눈앞에 나타나는 것은 인간세계와 제 민족의 역사 속에서이다. 따라서 우리의 연구의 종결점은 정신이며, 한 민족의 生으로서의, 즉 인륜적 유기체로서의 이 정신은 의식의 제 경험을 목도하고 있는 철학자에게 이미 드러나 있다. 이러한 비유에서 헤겔은 이 경험들을 기술하기에 앞서 그것이 지닌 의미를 밝히고, 그럼으로써 벌써 우리에게 그 정신의 개념을 제시하고 있다. 「모름지기 이러한 개념 속에는 사회적 질서로서의 인륜의 세계가 펼쳐지기에 이른다」(PE, Ⅰ, 289; PG, 256; 정신현상학, Ⅰ, 422).

---

7) 《정신현상학》에서 헤겔은 아직 「객관적 정신(esprit objectif)」이란 용어를 사용하고 있지 않다. 그러나 그는 이 저서의 언어 용법상 그것과 등가적인 용어, 즉 「참된 정신(l'esprit vrai)」 또는 「정신적 실체(la substance spirituelle)」를 사용하고 있다.

우리는 이제 개별적 의식을 좇아 그것이 자신을 실현하고자 하는 일차적 충동에서부터 그것이 정신의 개념을 발견하는 데까지 추적할 것이다. 무엇보다도 행위하는 이성은 자기 자신을 단지 하나의 개체에 불과한 것으로서 의식하고 있다. 그리하여 그는 자신의 실재성을 타자 속에서 산출하여야 한다. 그러나 곧이어 이 행위하는 이성은 보편성으로 고양되어 정신적 본질을 사유한다. 이러한 본질——인간의 작품, 도덕성——은,

　　그것이 의식에 나타나는 것과 때를 같이하여 현실적인 실체로 화하는 바, 이러한 실체 속에서는 선행했던 제 형태가 바로 그 실체의 근거로 복귀한다. 따라서 그들 제 형태는 바로 이 실체의 근거에 대해서는 다만 그의 생성을 위한 개별적인 계기에 지나지 않는 것이 된다. 물론 여기서 이들 제 계기는 홀로 유리된 상태에서 독자적인 형상을 하고 나타난다. 그러나 실제에 있어서 그것들은 오직 이 근거에 의해서 담지되는 경우에 있어서만 현존재성과 현실성을 지닌다. 더 나가서 그것들은 그 근거 자체 내에 존재하면서 동시에 그 속에서 존속되는 한에 있어서만 자신의 진리를 간직하는 것이기도 하다(PE, Ⅰ, 289; PG, 256; 정신현상학, Ⅰ, 421).

다른 말로 하면, 정신이 행위하는 이성의 전개과정을 뒤따르는 것은 한 사건이 또 다른 사건을 뒤따르는 식으로 이루어지는 것이 아니다. 정신은 이미 거기에 존재한다. 즉 정신은 모든 경험의 기초로서 이미 주어져 있는 것이다. 개별적 의식은, 단지 이 정신이 그 주관적 이성의 진리라는 점을 발견할 뿐이다. 개체는 세계 내에서 자신을 대자적 존재로서 실현한다고 주장하지만, 결국은 자신의 실체인 정신을 획득 또는 회복하여야만 한다. 헤겔에 따르면, 개별적 개체들은 민족정신의 한가운데서 소멸되어 가는 점으로서 실존한다. 개별적 개체들은 대자적으로 출현하지만, 이 개체들은 이들을 이루고 있으면서 동시에 이들 작품이기도 한 정신 속으로 침잠되어 버린다. 보편적 정신은 개별적 개체들이 존속하는 場(milieu; 터전)인 동시에 이 개체들의 활동에서 비롯된 산물이기도 하다. 여기에서 전체와 부분, 보편자와 개별자 사이의 상호작용이 성립하며 이 상호작용이 정신의 生 자체를 만들게 된다. 하지만 이 生은 자기知이어야 하며, 스스로를 자체 내적으로 반성하여야 한다. 왜냐하면 그 직접적 형식에 있어서 이 生

은 여전히 존재의 요소 내에 있는 보편적 정신이기 때문이다. 《정신현상학》에서 특히 우리의 관심을 끄는 것은 이 知의 운동으로 직접성을 초탈하는 반성이다. 한 민족의 인륜적 生인 정신의 실체는 오직 자기知에 의해서만 성립할 수 있다. 이러한 이유로 해서 이 행복한 직접성의 상태, 인륜적 조화는 전개의 출발점인 동시에 종착점이라고 생각될 수 있다. 또한 개체는 그가 속해 있는 전체로부터 분리되어서 이 직접성을 파괴시킴으로써 대자적으로 정립되는 것이라고 말할 수 있다. 또는 개체가 자신의 고유한 운동을 통해 정신적 실체를 잉태하면서 직접성을 획득하는 것이라고 말할 수도 있다. 이 두 가지 서술방식은 등가적이며 동일한 것에 귀착한다(PE, I, 292; PG, 258; 정신현상학, I, 425). 이 방법 중 두번째 경우에 있어서 우리는 개별적인 실천적 이성으로부터 출발하여, 그것이 자신을 존재 속에 정립시키고 또 자신을 물성(choséité) 속에서 또 다른 자기(un autre soi)로서 재발견하는 것을 볼 수 있다. 개체는 자신의 행복을 추구하면서 자신의 제 경험을 통해 처음에 지녔던 자연적인 충동들을 극복해 간다. 개체는 개별적 의식으로부터 타자 속의 자기의식, 정신적 실체로 고양되는 것이다. 그래서 피히테는 실천적 자아의 전개과정을 따라서 안일한 행복에 대한 맥빠진 추구에서부터 힘에의 의지(la volonté de puissance)를 거쳐 도덕적 의지에 이르기까지 추적해 갔다. 「이와 같은 개별적 계기들은 직접적인 의욕이나 혹은 자연적인 충동의 형식을 띠거니와 이러한 통일은 비록 만족한 상태에 이른다 할지라도 다시금 또 하나의 충동으로 이어지는 새로운 내용을 의미할 뿐이다」(PE, I, 295; PG, 260; 정신현상학, I, 428).

점차적으로 개별적인 자기의식은, 이 실천적 자아의 전개에 대한 진리로서 출현하는 인륜적 실체로 인도되어 간다. 그러나 첫번째 경우에 있어서 인륜적 실체란 이와 반대로 방치되어 버린다. 개체는 자신을 전체에 통합시켜 주는 관계의 끈을 절단하며, 스스로의 목적을 설정함에 있어서 자족적임을 주장한다. 이로써 실체의 각 계기는 절대적 본질로 정립된다. 「인륜적 실체는 다만 자기에 대한 규정을 상실한 술어와 같은 상태로 전락함으로써 결국 이러한 술어의 생동하는 주어는 오직 각자의 보편성을 자기 자신의 힘을 빌어서 충족시키며 동

시에 자기의 소임을 다하기 위하여 스스로가 노력하지 않으면 안되는
그러한 뭇 개체일 따름이다」(PE, I, 295; PG, 260; 정신현상학, I, 428).
예를 들어 이러한 것은 근대적 개인주의라고 할 수 있는 것으로 그
시대의 일반적 열망을 표현하고 있는 낭만주의 문학의 모든 주인공들
에게서 드러나고 있다. 이 경우에 있어 개별적 의식이 겪게 되는 경
험은 인륜적 실체에 대한 반성적 재회복에 도달한다. 의식은 자신의
그릇된 표상을 상실하게 된다. 의식이 자신의 운명이라 여기던 것이
무가치한 것으로 밝혀진다. 의식은 그것이 배후에 남겨 놓았던 직접
적 실체를 획득하는 것이 아니라, 이 실체에 대한 사유를 획득하는
것이다. 「결국 이렇게 볼 때 전자의 경우에는 충동에 의해서 성취되
는 목표가 직접적인 인륜적 실체인 데 반해서 후자의 경우에 목표가
되는 것은 이러한 인륜적 실체에 대한 의식이다. 특히 이러한 의식은
바로 그 인륜적 실체가 자기의 고유한 본질임을 깨우치는 것이기도
하다」(PE, I, 296; PG, 260; 정신현상학, I, 428~9).

우리는 이러한 두 가지 서술방식이 그 본질적인 점에 있어 서로 일
치함을 볼 수 있다. 한 경우에서는 실천적 자아가 고립적으로 정립되
어 자신의 충동을 극복하면서 실체에 도달한다. 다른 한 경우에 있어
서는 자아가 자발적으로 실체적이고 직접적인 生으로부터 스스로를 분
리시켜 실체의 사유, 즉 도덕성으로 고양되어 간다. 그런데 첫번째 길
이 현상학적 전개의 법칙에 부합되는 것이라고 할지라도 사실 헤겔이
따르고 있는 것은 그 두번째 경우이다. 그 자신 이것이 그 시대의 정
신에 보다 적합하다는 점을 설명하고 있다(PE, I, 255; PG, 226; 정신
현상학, I, 372~3). 개인주의는 다양한 형식——직접적인 향유를 위한
욕구, 기존질서에 대한 마음의 항변, 세계의 行程에 대한 덕성의 항
거——아래 검토될 것이다. 대자적인 입장에서 실재성에 대립하고 있
는 이 개별적 의식의 제 경험을 다루면서 우리는 개체성의 사유로 고
양될 것이다. 이 단계의 개체성은 그 자신의 목적과 그 자신에 대립
하고 있는 실재성간의 대립 상태를 초극함으로써 그 활동의 운동과
정 속에서 즉자대자적으로 존재한다. 개체적 이성은 관찰 속에서 즉
자적이었다면, 지금은 그 부정적 활동 속에서 대자적이다. 그러나 그
것은 앞으로 오로지 존재 속에서 스스로를 표출시키고자 하는 개체성

에 있어서는 즉자대자적이 될 것이다. 사실상 대자적 존재의 목표는 그 마지막 형태(덕성)에 이르러서 즉자적 존재, 다시 말해서 현실과 동일한 존재가 되는 것이다. 그로부터 개체성은 자신의 활동 속에서 즉자대자적으로 정립된다.

개인주의의 세 가지 형식

a) 쾌락과 필연성

우리는 행위하는 자기의식의 전개가 취하는 세 가지 형식을 추적해 볼 것이다. 문제가 되는 것은 주로 개별적 개체성과 세계질서간의 제 관계이다. 이때 이 세계질서란 자연이 아니라 사회적 현실인 인간질서를 의미한다. 세계는 이제 더 이상 관찰하는 이성에서와 같이 자연이 아니라 다만 다른 인간들인 것이다. 개별적인 개체성은 처음에는 자신을 존재 속에 정립시키고, 자신의 개별성과 단일한 통일성(unicité)을 향유하고자 하며, 그 다음에는 자기에 대한 처음의 이해를 넘어서서 그 자신을 보편성에로 고양시킨다. 따라서 상호 대치되어 등장하는 것은 개별자와 보편자, 대자적 개체성과 세계이다. 자기의식은 대자적이고 또 자신의 배후에 知와 사유를 회색 그림자처럼 남겨 두면서 직접적으로 자신을 실현시키겠다고 자처한다. 마치 괴테의 《파우스트》의 제 1 부에서처럼 자기의식은 인간에게 부여된 최고의 능력인 오성과 학문을 경멸하며, 「지령(l'esprit de la terre)」에 몸을 맡긴다(PE, I, 298; PG, 262; 정신현상학, I, 431). 자기의식은 자기 자신을 찾고자 원한다. 이러한 의지는 더 이상 관찰의 경우에서와 같이 스스로를 자각하지 못하고 있는 것도 아니며, 본능에 머물러 있는 것도 아니다. 그는 스스로에게 목적을 투영한다. 따라서 자신과 대치하여 맞서는 듯한 대상적 실재성과 대립하게 된다. 그러나 대상적 실재성은 자기의식에 대하여 부정적 가치밖에 지니지 못한다. 이 개체성은 순수한 욕구로서 타자의 파괴를 의도하였던 추상적 자기의식과 유사하다. 또다시 기억을 살린다면, 이 개체성은 지배와 예속의 대립관계에 이르렀던 변증법적 자기의식과 닮았다. 그렇다고 전적으로 사정이 동일한 것은 아니다. 사실 이 차원에서의 자기의식은 이성이기 때문이다. 타자는 자기의식에 대하여 가상(apparence)에 지나지 않으며, 그것의 「내면과 본질을 이루는 것은 바로 자기의식 자체일 뿐이다.」 (PE, Ⅰ, 288; PG, 255; 정신현상학, Ⅰ, 420).

따라서 우리가 관찰의 경우에 있어서 의식 단계의 경험들을 재취급 하였던 것처럼 이제는 좀더 고차적인 차원에서 이미 자기의식의 단계 에서 기술되었던 경험들을 재취급하게 된다. 그러나 이제 그 경험들 은 새로운 의미를 띠게 된다. 자기의식은 대자적인 범주이다. 이는 자기의식이 의식적으로 자기 자신을 대상적 존재 속에서 추구한다는 것을 의미한다. 그는 타자가 즉자적으로 자신의 자기동일성(ipséité)을 지닌다는 것을 알고 있다. 그는 타자 속에서의 자기발견——계몽주 의에서처럼 진부하지가 않은 행복에 대한 일반적 정의——이 가능하 며 필연적이기까지 하다는 것을 확신한다. 자기의식이 대자적인 범주 라는 것은 그 자기의식이 전개되어진 범주라는 것을 의미한다. 또 그것은 더 이상 자립적 존재(물성)와 자아간의 직접적인 동일성이 아 니라 그것들의 매개된 동일성이라는 것을 의미한다. 다시 말해서 그 것은 자아와 존재가 목적과 발견된 실재로서 먼저 대립하지만, 곧이 어 이러한 분리 상태를 넘어 통합된다는 것을 의미한다. 바로 이러한 매개작용이 행동(action) 속에서 표현되고 있다.

헤겔의 추상적인 언어를 떠나서 경험의 진정한 구체적 의미를 입증 하기 전에 타자라는 것의 변형과정을 다시 한번 주목하자. 타자는 한 순간 자기의식에 대립하는 것처럼 보인다. 그런데 이성의 단계에서 비로소 타자는 세계(Welt)가 되었다. 엄밀한 의미에서의 자기의식은 타자 앞에 놓여 있다. 이성은 세계라고 하는 타자 앞에 놓여 있으며 세계는 그것을 파악하고 있는 인간을 위하여 인간에 대하여 존재한다. 그러나 이러한 세계의 개념 정의는 관찰하는 이성의 차원에선 타당하 지만, 행위하는 이성에 와서는 다시 변형된다. 이제 세계는 하나의 정신적 세계이며 오늘날에는 「사회적 세계」라고 불리운다. 헤겔의 용 어법에 따르면 이 인륜적 실체야말로 의식에 드러나게 될 것이다. 또 는 이 변증법을 다른 방식으로 서술하자면, 인륜적 실체야말로 의식 속에서 자기 자신에 대한 사유에로 고양될 것이다. 이 세계 속에서 자신의 행복을 추구하는 인간적 개체성은 그가 동화하고자 원하는 또 다른 자기 속에서 그것을 추구한다. 자기는 자기에 대해서 존재한다. 따라서 만약 이 둘 사이에 물성이 등장한다던 그것은 자기가 직접적으로 자기에 대해서 존재하는 것이 아니라 다만 자기가 사물인 동시에 대자적 존재이기 때문이며, 또는 대타적 존재인 동시에 대자적 존재이기 때문이다. [8]

　그런데 헤겔이 「향유의 개인주의」 속에서 서술하고 있는 경험을 추적하기란 비교적 용이하다. 비록 감각적 사랑이란 말이 즉각적으로 해명되고 있지 않을지라도, 바로 이것이야말로 헤겔이 염두에 두고 있는 것이다. 개체성이 현실화시키고자 하는 쾌락——이는 동시에 쾌락에 대한 욕구이다——은 무엇보다도 또 다른 개체성 속에서 자신을 재발견하는 쾌락이다. 이러한 파우스트적인 에로티시즘은 나중에 그의 초인주의(titanisme)와 대립하는 바, 마치 쾌락의 순간들에 대한 탐닉이 끊임없는 자기초월(초극)의 요구와 대립하는 것과 같다. 이 단계에서 초월, 보편자는 아직 개별적 의식을 위하여 있는 것이 아니다. 개별적 의식은 다만 자신의 단일한 개별성만을 욕구할 뿐이며 또한 「마치 누군가가 너무나 잘 무르익어 힘들여 따지 않아도 저절로 떨어질 듯한 열매를 따는 것처럼」(PE, I, 298; PG, 263; 정신현상학, I, 432) 그 개별성을 획득한다고 자처한다. 우리는 여기서 하나의 쾌락주의(hédonisme)가 문제되고 있음을 알 수 있다. 확실히 이것은 세련된 쾌락주의이기는 해도, 그와 못지 않게 모든 시대에 공통된 쾌락주의인 것이다. 그리고 이러한 쾌락주의의 초극은 개체성 자신의 일이며, 그 자신의 고유한 경험에서 비롯된 결과이다. 더 나아가서 이러한 쾌락주의의 비판은 다른 곳에서부터, 예를 들면 어떤 방식으로든지 이 변증법에 개입을 하고 또 가치판단을 내리는 철학자로부터 이루어질 필요는 없다. 변증법을 수행하고 또 개별자와 보편자 사이의 모순을 발견해야 하는 것은 개별적 의식 자체이기 때문이다. 개별적 의식은 오로지 그 자신이 자체 내로 복귀한 상태에서 知와 習俗(Sitte)

---

8) 개체성의 첫번째 목적은 「개별적 본질로서의 자기 자신을 다른 자기의식 속에서 의식하거나 혹은 이러한 타자를 자기 자신으로 만드는 것이다.」 자기의식은 곧 이성이므로 동일성은 즉자적으로 전제되어 있다. 따라서 지양되어야만 할 것은 단지 나에 대한 타자의 직접적인 현시이며 그 타자의 대타적 존재일 뿐이다(PE, I, 297; PG, 260; 정신현상학, I, 428).

의 보편성을 단념해 버리고 있는 한에서만 대자적 상태에 있게 된다. 개별자와 보편자 사이의 모순은 그 의식에 대해서 있다. 왜냐하면 그는 단지 생명적 현존재로 그치는 것이 아니라 자기의식이기 때문이다. 生일반의 영역에 있어서 본질적인 계기는 類와 세대산출(génération)의 계기이다. 생동하는 개체성은 개체성인 한에서 대자적으로 존재하며 또한——性의 구별이 표현하고 있는 바의——보완적인 개체성(une individualité complémentaire) 속에서만 자기 자신을 발견할 수 있다. 그는 (창세기의) 성서적 의미에서 타자 속에서 자신을 인식한다. 이 또 다른 개체성은 바로 그 자신이기도 하다. 그러나 이러한 운동 속에서 표현되고 있는 類 또는 보편자로서의 生은 끊임없는「죽음과 생성」이다. 생동하는 개체성은 타자 속에서 진정으로 자기 자신에 도달되는 것이 아니라, 오히려 그 타자에 의하여 잠식당한다. 그리고 그 개체성 차체에 대해서 결코 실현된 일이 없는 통일성을 대신하여 또 다른 개체성이 출현한다. 그래서 세대산출 작용이 연이어 이어지는 것이다. 즉「어린아이의 성장은 부모의 죽음이다.」

生 자체이기도 한 類의 이와 같은 운동이 여기서 다시 보편자로서 재발견된다. 그러나 비록 그것이 생명체에 대해서 존재하지는 않았을지라도 이제 그것은 의식에 대해서 존재한다. 이러한 이유에서 자기의식일반은 자신의 경험보다 오래 살아 남게 되며 이 경험으로부터 또 다른 형태가 그것의 진리로서 등장할 수 있다.

그러면 오로지 자신의 개별적 향유만을 추구하고 있는 이 개체성이 겪게 되는 경험을 검토해 보자.

자기의식은 스스로의 목적을 성취하면서 동시에 여기서 그러한 목적의 진리가 무엇인가를 경험한다. 자기의식은 그 자신을 대자적으로 존재하는 특정한 개별적 본질로서 파악한다. 그러나 이와 같은 목적의 실현은 그 목적 자체의 지양이기도 하다. 왜냐하면 자기의식은 결코 하나의 특정한 개별적 자기의식으로서가 아니라 오히려 자기 자신과 또 다른 자기의식과의 통일로서, 그리하여 지양된 개별자 또는 보편자로서만 자기 자신이 되기 때문이다 (PE, Ⅰ, 299; PG, 263; 정신현상학, Ⅰ, 433).

이 단계에서 영원한 生과 관련되어 있으면서 그 生으로서는 결코 극복할 수 없는 보편자란 인간에게는 가장 빈곤하고 가장 보잘것 없는 형태일지라도 매순간마다 찾아오는 죽음이라고 할 수 있다. 모든 향유에 있어 우리의 개별성은 개별성으로 인해 소멸되어서 우리는 죽게 된다. 다시 말해서 우리는 매순간마다 우리 자신을 소모시키는 것이다. 관능적 쾌락을 탐닉할 때 우리는 여전히 욕구로 남아 있으며 또한 이 욕구는 관능적 쾌락을 열망한다. 따라서 보편자의 무화시키는 위력(puissance anéantissante)은 자기의식 자체에 대해서 존재하며, 자기의식은 이것을 필연성 또는 운명이라는 이름으로 인식하고 있다. 우리는 스스로를 대자적으로 정립시켰던 우리의 개별성의 나약함을 경험한다. 또 그 개별성이 보편자에 부딪쳐 산산이 부서지는 것을 보게 된다. 「개별성의 절대적인 완강함은 이에 못지 않게 견고하며 동시에 지구력을 지닌 현실과 마주칠 때 산산이 부서진다」(PE, Ⅰ, 301; PG, 265; 정신현상학, Ⅰ, 436).

여기서 비극적이라고 할 만한 것은 필연성 또는 운명이 인간에게 불가사의한 것으로 제시된다는 점이다. 따라서 운명의 제 작용은 그에게 풀 길 없는 수수께끼이다. 그는 자신의 경험의 진리를 오직 그 자신을 끊임없이 무화시키는 이 터무니없는 위력 속에서 발견한다. 그러나 그는 이 힘을 이해하지 못한다. 그는 그것에 내용을 부여할 수 없고 의미——자신의 운명이 지닌 의미이며 진정으로 자신을 재발견할 곳으로서의 의미——를 부여할 수도 없다. 「그리하여 이와 같이 생명력을 지닌 자신의 존재가 생명을 상실한 필연성으로 이행한다는 것은 개체에게 있어서도 마치 아무런 매개도 거치지 않은 갑작스러운 전도처럼 보인다」(PE, Ⅰ, 301; PG, 265; 정신현상학, Ⅰ, 436〜7). 이것은 生에서 죽음으로의 이행이며, 관능적 쾌락에서 무화 상태로의 이행이다. 이러한 이행은 단지 향유, 즉 소멸의 운동에 지나지 않는다. 그것은 사유가 아니다. 다시 말해서 그것은 운명이 의식의 활동 속에서 스스로를 인식하고 또한 의식의 활동은 그 운명 속에서 스스로를 재인식하게 될 그런 사유가 아닌 것이다. 언제나 인간들이 비통해 하면서도 어쩔 수 없이 부딪치고 있는 이 필연성은 그들 인간에 대해서 존재하고 있다. 또한 이것은 자기의식의 제한된 場으로부터 벗어나 외면성의 요소 속에 스스로를 드러내고 있는 범주이기도 하다. 이 대자적 범주는 사실상 구별(관계 및 통일)로서의 자아이다. 엄밀히 말해서 이러한 범주는 내용을 결여한 필연성, 즉 제 추상태간의 견고한 결합이다. 추상태들은 상호 독립적으로 무관하게 존재할 수 없는 까닭에 그 어느 하나가 정립되는 순간 여타의 모든 것들이 동시에 정립된다. 따라서 인간은 스스로를 필연성의 노리개감으로서 인식하는데, 이 필연성은 인간의 개별적인 향유욕이 추상적이고 제한된 것이었던 만큼이나 보잘것 없는 것이다. 인간은 자신이 결코 사유해 본 적이 없는 다양한 내용을 통하여 끊임없이 반복되고 있는 그런 냉혹한 메카니즘에 의하여 無로 화해 버린다. 이러한 모순은 직접적으로 가장 비규정적인 보편자로 화해 버렸던, 언표 불가능한 감성적 「이것」의 모순과 유사하다. 이러한 모순은 의식에 대해서 존재한다. 따라서 의식은 모순에 대하여 책임을 져야만 한다. (왜냐하면 모순은 의식에 대해서 존재하기 때문이다.) 그러나 모순에 대한 책임을 떠맡음으로써, 의식은 행위하는 이성이 취하는 모든 형태들 가운데 가장 빈곤한 형태(쾌락과 필연성)를 지양하게 된다. 의식은 이제 자기 내적인 반성을 하며, 우리는 새로운 형태의 의식을 발견한다. 이 새로운 형태의 의식 속에서 보편자는 직접적으로 결합되는데 헤겔은 이를 마음의 법칙(la loi du cœur)이라고 부르고 있다.

b) 마음의 법칙과 자만의 망상

우리는 행위하는 이성의 첫번째 형식을 살펴 보았다. 이것은 아무런 반성도 없이 세계의 향유를 추구하는 것이었고, 결국 개체성을 무화시키는 터무니없는 필연성의 감정에 도달하게 되는 순수한 쾌락주의의 경험이었다. 이것에 이어지는 형태는 좀더 풍부하고 구체적이다. 필연성은 이제 더 이상 자기의식 밖의 냉혹한 운명으로서 나타나지 않는다. 개체성에 대하여 존재했었던 이 필연성은, 반성으로 말미암아 개체성의 내면으로 이행하였다. 개체성은 이제 자신의 행복에 대한 욕구가 필연적인 욕구임을 직접적으로 알게 된다. 이 욕구가 보편적 가치를 지니고 있기 때문이다. 개체적 자기의식은 세계를 향유하면서 거기서 자신을 재발견하고자 하는 욕구인 동시에 그 자신의 자기에 대하여 보편적인 것이다. 만약 보편성이라는 말이 원리상 모든 것에 타당한 질서 또는 법칙이라는 말과 동일시된다면, 이 새로운 육화 속에서 자기의식이 처음에 취했던 개별성의 너머로 고양되었다고 말해질 수 있으며, 그는 자신의 욕구 속에 법칙의 관념까지도 포용하고 있다고 말해질 수 있다. 그러나 이러한 관계는 직접적인 것이다. 그리고 이러한 이유에서, 아직은 실존하는 것이 아니라 다만 행동을 위한 목적에 지나지 않는 이 법칙이 마음의 법칙이라고 말해지는 것이다. [9]

　처음에 사람들은 이와 같은 표현을 보고 놀랄 수도 있다. 하지만 헤겔이 그 시대의 센티멘털리즘이나 그 자신이 젊은 시절 한동안 심취했던 루소의 사상, 또는 괴테의 《젊은 베르테르의 슬픔》을 생각하고 있다는 것을 염두에 두어야 한다. 또한 이번 장의 마지막 부분이 암시하고 있는 것처럼 질풍노도의 시대의 대천재(Krafgénie)나 쉴러의 《군도》에서 칼 무어가 생각되고 있음을 염두에 두어야 한다. 법칙이 마음의 법칙이라고 말하는 것은 개체성의 욕구, 그것의 직접성 또는 자연성이 여전히 극복되지 않았다는 것을 말하는 것이며, 또한 우리는 서슴없이 자연적 성향들을 따라야 하며, 우리를 쾌락에로 충동질하는 것은 우리가 사회로 말미암아 타락해 있지 않는 한 결코 나쁜 것만은 아니라는 것을 말하는 것이다. 최초의 충동은 언제나 선하다. 즉 이것을 다시 말한다면 본성은 더 이상 개별적인 것으로만 간주되지 않는다는 것이다. 그 본성은 모든 개체성들을 지배하는 보편적 법칙과 직접적으로 일치하고 있다. 따라서 각각의 개체성이 마음이 지시하는 바를 추구한다면, 제각기 살아간다는 것으로부터 직접적인 환희를 맛볼 것이다. 「개체성이 실현하는 것은 그 자체가 곧 법칙인 까닭에 또한 그가 추구하는 쾌락도 만인의 가슴속에 파고들 수 있는 보편적인 쾌락일 뿐이다」(PE, Ⅰ, 304; PG, 267; 정신현상학, Ⅰ, 440). 여기서 어떻게 루소를 생각하지 않을 수 있단 말인가?

　그러나 마음의 법칙은 실현되지 않는다. 그것은 법칙과 욕구의 직접적 통합체인 상태로 의식 속에 대자적으로 존재한다. 마음의 법칙

---

9) 이것은 하나의 「자연적 질서」이지만, 「지배적 질서」에 대립하고 있는 보편적 질서이기도 하다. 지배적 질서는 근거 없는 가상으로 간주된다. 중요한 것은 이 두번째 형태 속에서 보편자가 자기의식에 대하여 외면적으로 존재하는 것이 아니라, 그 자기의식 내부로 이행했다는 점을 올바로 주목하는 일이다.

은 그 자신과 상이한 실재성과의 접촉을 통하여 검증되어야 할 의도라고 할 수 있을 것이다. 이 실재성은 실현되어져야만 할 바에 반대되는 것이다. 말하자면 이 실재성은 법칙과 마음의 분리 상태이며 그들간의 생동하는 모순이다. 자기의식이 관망하고 있는 세계란, 우리가 이전에 살펴 보았듯이, 그 속에서는 의미가 결여된 필연성에 의해 개별성을 향유하려는 탐욕적인 개체성이 분쇄되고 마는 세계이다. 이 세계는 자기의식과 대면하고 있으며, 자기의식은 자신이 이 세계의 산물임을 알지 못한다. 따라서 의식은 이 세계 속에서 법칙이 임의적으로 개체성의 마음으로부터 분리되어 있다는 것을 발견한다. 따라서 이 세계를 지배하고 있는 질서는 가상적인 질서일 뿐이며, 또한「마음의 법칙과는 배치되는 억압적인 세계질서이다」(PE, I, 303; PG, 267, 정신현상학, I, 439). 그리고 이는 불행하게도 질곡에 빠져 신음하는 인류가 겪어 나가고 있는 질서이다. 루소의 개인주의나 그 이후 낭만주의의 개인주의는 인간적 개체성에 가해지는 이러한 횡포에 저항하고 있는 마음의 항변이다. 인간은 해방되어야만 한다. 그러나 이는 인간들을 서로가 서로에게 대립시킨다는 것을 의미하는 것이 아니라 이와 반대로 서로와 서로를 화해시키는 것을 의미한다. 왜냐하면 나의 안녕과 복지는 인류의 안녕과 복지이며, 또 이는 내 의도와 직접적으로 관련시켜 본다면, 「나 자신의 본질이 지닌 탁월성」(PE, I, 304; PG, 267; 정신현상학, I, 440)이나 내 마음의 순수성을 발휘하게 하기 때문이다. 또한 인간은 그 자신과 화해되어야만 한다. 마음의 욕구가 질서로부터 분리되어 있는 이 가상적 세계에 있어서, 나는 내 스스로와 끊임없는 대립 상태에 있다. 나는 스스로 체념하여 소원한 질서에 복종하면서 자기 자신의 향유를 단념한 채 무기력하게 살거나, 아니면 그러한 질서를 위배함으로 해서 자신의 탁월성에 대한 자신감이 결핍된 상태에서 살거나이다. 따라서「신적 내지 인간적 질서」(PE, I, 305; PG, 268; 정신현상학, I, 441)는 가상적 질서이며 개체는 거기에 자신이 지니고 있는 마음의 질서를 대치시켜야 하고, 또 세계 속에서 마음의 법칙을 실현하여야 한다.

그러나 자신의 전개과정의 바로 이 단계에서 그 개체성이 겪고 있는 경험은 다시 한번 더 기만적인 경험이라고 할 수 있다. 마음의 법칙은 그것이 개별적인 마음에 직접적으로 관련하고 있는 한에서 타당하다고 하면, 어떻게 실현될 수 있겠는가? 그 법칙이 실현되자마자, 그것은 자신의 生을 부여하였던 특수한 마음을 이탈하게 된다. 「마음의 법칙은 모름지기 이러한 자기의 실현으로 말미암아 더 이상 마음의 법칙일 수가 없게 된다. 왜냐하면 그러한 법칙은 스스로 실현되는 과정에서 존재의 형식을 취함으로써 마침내 특수한 마음에 대해서는 무차별적이고 무관심한 보편적인 위력이 되기 때문이다. 따라서 개인은 일단 자기 자신의 질서를 설정하자마자 더 이상 그것을 자기 자신의 것으로 간주할 수 없는 것이다」(PE, I, 305; PG, 268; 정신현상학, I, 441〜2). 마음의 원초적인 의도와 존재의 보편적 요소 속에서 이루어지는 실제적 활동간의 이러한 어긋남이야말로 인간 행동의 비극을 표현해 주고 있다. 「따라서 개인은 그 자신이 다름아닌 그 자신으로부터 방면됨으로써 어느덧 보편성의 모습을 하고 스스로 성장 발전하는 가운데 마침내 자신의 개별성을 순화시키기에 이른다」(PE, I, 305; PG, 269; 정신현상학, I, 442). 그의 행위는 그 자신의 것인 동시에 그에게 외면적이기도 하다. 그는 그 행위 속에서 자신의 의도의 순수성을 깨닫지 못한다. 그러나 그는 그것을 완전히 부인하지는 못한다. 왜냐하면 그는 자신이 행위하고자 할 때 자신의 목적이 실현되기를 바라며 그러한 실현이 검증되기를 요구하기 때문이다. 「개인은 실제에 있어서 보편적 현실을 인정하고 있는 것이다. 왜냐하면 행동한다는 것은 곧 개인이 자기의 본질을 자유로운 현실로 정립한다고 하는, 다시 말해서 현실을 자신의 본질로 인정한다고 하는 의미를 지니기 때문이다」(PE, I, 306; PG, 269; 정신현상학, I, 442). 헤겔은 《정신현상학》에서 「도덕적 세계관」이나 「아름다운 영혼(la belle âme)」을 다루면서 여러 차례 이 점을 지적하고 있다. 그러나 우리는 현실 속에서 우리 자신을 인정하는 것을 거부할 권리가 없다. 왜냐하면 우리는 행위하기를 원하였고, 이는 다시 말하자면 실제성을 띤 목적을 행위의 목적 자체로 삼은 것이기 때문이다.

따라서 자신이 스스로를 실현할 때 마음의 법칙은, 개별적 욕구가 오로지 자신의 세계향유만을 추구할 때와 동일한 좌절감을 경험하게 된다. 그러나 여기서의 경험은 훨씬 구체적이고 풍부하다. 내 마음의

법칙을 실현하면서 나는 내 자신이 다른 마음의 법칙과 대립해 있다
는 것을 의식하게 된다. 이보다는 차라리 내가 법칙의 보편성을 단념
할 수 없는 까닭에 나에게는 다른 사람들의 마음이 가증스럽고 밉살
스럽게 보인다. 예를 들자면, 쉴러의 「칼 무어」는 분개한 나머지 인
간들을 「위선적인 악어 족속」이라고 칭하였다. 나 자신을 보편적인
것이 되고자 원하는 개체성으로 실현시키는 가운데 나는 내 자신이
내 스스로에게 소원한 것임을 주목하게 된다. 나는 나의 것인 동시에
나의 것이 아닌 바의 일련의 활동 속에 개입되어 있다. 나는 나 자신
으로부터 疏外되어 있다. 그러나 내가 의미가 결여된 필연성이라고
개탄하는 바의 인간적 내지 신적인 질서가 보편적 개체성의 표현이거
나, 제 개체성들간의 유희의 표현임을 발견한다. 이 개체성들은 보편
성을 자처하는 그들 자신의 마음의 내용을 서로가 서로에게 차례로 드
러내 놓으면서 관계한다. 내가 내 면전에서 바라보는 것은 나 자신이
다. 사회적 질서는 나의 작품이지만 그것은 더 이상 나의 마음에 합
치하지 않는다. 「이와 같이 마음의 법칙을 실현한다는 것은 보편자로
서의 개체성이 자기 자신에게 하나의 대상이 된다는 것을 의미한다.
그러나 개체성은 이러한 대상 속에서 자기를 인지하지는 못하고 있다」
(PE, I, 307; PG, 270; 정신현상학, I, 444). [10]

　이러한 변증법의 진리는 자기의식을 괴롭혀서 그것을 분열시켜 버
리는 모순이다. 자기의식은 자신의 마음의 법칙만이 진정으로 실재적
이며 본질적이라고 발언하였고, 통례적인 질서란 다만 가상일 뿐이라
고 믿었다. 이제 자기의식은 그 자신이 행위하고 있기 때문에 이 질
서 또한 자신의 본질이며 자신의 고유한 행위라는 것을 발견한다. 이
자기의식 내에서 본질은 직접적으로 비본질이며 비본질 또한 직접적
으로 본질이다. 이러한 모순은, 정확히 말하자면 의식이 자기 자신을
하나의 모순으로 경험하는 한에서 그 의식이 뛰어드는 광란이다. 이
광란은 의식일반에게 있어서 본질적이거나 실재적인 것이 특수한 의

---

10) 보편적 개체성이란 「제 개체성 각각이 그 자신의 마음의 내용을 드러내면서 벌이는
　유희(상호작용)의 결과이다.」 우리는 이 점을 주목해야 한다. 보편적 개체성은 「개
　체성에 의하여 活性化된 필연성」이다. 「인간적 질서와 신적 질서」는 가족의 질서와
　시민의 질서를 암시하고 있다(PE, II, 15; PG, 317; 정신현상학, II, 13 참조).

식에게 있어서는 비본질적이거나 비실재적이라는 사실에서 기인한 것
이 아니다. 의식일반은 언제나 인간적 광기 속에서 존속한다. 따라
서 광인이란 자기대상의 실재성과 비실재성을 동시에 의식하고 있는
사람이다. 실재성에 대한 의식과 비실재성에 대한 의식은 서로 따로
따로 위치해 있는 것이 아니다. 이 의식이 미치광이 상태로 전복되는
것은 그의 가장 내밀한 자아 속에서이다.

그러나 의식은 여전히 이 모순을 회피하거나 아니면 차라리 자기
안에 있는 이러한 도착 상태를 자기 밖으로 물리치면서 그 모순을 회
피하려고 시도한다. 이것이 곧 차만의 망상(le délire de la présomption)
이다. 파괴행위로부터 자신을 보존하기 위하여 의식은 이 도착을 자
신과는 다른 타자라고 선언한다. 그는 이 도착 상태를 개체성의 행위
로 단정하지만, 그것은 본래적으로 선량한 인류 속에 악을 끌어들였
던 우연적인 개체성들의 행위이다. 「광신적인 승려들이나 갖은 전횡
을 일삼는 폭군들, 그리고 이들에게서 당하는 굴욕에 대한 보상을 받
을 심산으로 그 이상의 굴욕과 압력을 가하는 시종들이야말로 기만당
한 인류의 이루 말할 수 없는 갖가지 불행들을 초래했던 마음의 법
칙의 전도를 조작했던 장본인들로 일컬어지고 있다」(PE, Ⅰ, 309; PG,
272; 정신현상학, Ⅰ, 447). 여기서 헤겔은 특히 쉴러의 「칼 무어」를 염두
에 두고 있다. 그는 도적떼의 두목으로서 자신의 운명이 몰락할 때
서야 그 자신을 발견한다. 그는 자신이 「범죄행위를 통해서 세계를
아름답게 하려 하고 무정부 상태에서 법을 유지하길 원하는 미치광이」
임을 알게 된다. 그리고서 그는 깜짝 놀란 도적들 앞에서 법의 위력
에 투항한다. 동시에 우리는 이들 승려들이나 폭군들이 그 시대의 모
든 혁명가들에 의하여 고발된, 인류의 불행을 초래한 작자들임을 알
고 있다. 그렇지만 어떻게 우연적인 개체성이 질서를 조작하여 그것
을 외적으로 인류에게 부과할 수 있었는가! 이는 유치한 상상이며
타당성 없는 설명인 것이다. 확실히 사회적 질서는 개체성의 작품이
지만, 특수한 개체성의 작품은 아니다. 그것은 개체성들간의 유희(상
호작용)의 직접적인 결과인 것이다.

우리가 방금 추적해 왔던 변증법 전체의 진리인 이 질서를 검토해
보자. 미쳐 버린 의식이 선언했던 것처럼 사회적 질서는 모든 마음들

의 법칙이며 도착된 질서이다. 그러나 또 다른 측면에서 보면 그것은 안정되고 보편적인 질서이다. 왜냐하면 그것은 모든 마음들의 법칙이기 때문이다. 특수한 마음이 스스로를 현실화시키고자 기도할 때 그가 체험하는 저항 속에서 이 질서는 타당한 법칙임이 증명된다.

기존의 법칙이 어떤 개체의 법칙으로부터 옹호될 수 있는 이유는, 그것이 한낱 무의식적이고 공허하며 사멸된 필연성이 아니라 오히려 정신적 보편성이며 실체이기 때문이다. 그런데 이 실체는 바로 그 속에서 생명을 지니는 사람들에 의하여 현실성을 지니는 동시에 이 실체 속에서 그들은 저마다 개인으로서 살아가며 또 자기 스스로를 의식하고 있다. 그러므로 만약 이들 개인이 그러한 보편적 질서가 마치 내적인 법칙에 위배된다고 여김으로써 마음속에 품은 사념을 그러한 질서에 대치시킨다고 할지라도, 사실에 있어서 이들 개인은 여전히 그들 자신의 마음으로부터 그들의 본질로 여기는 바로 그 질서에 의지할 것이다. 그러므로 이들이 그러한 질서의 영향권 밖으로 밀려나거나 혹은 이로부터 스스로 물러날 경우에는 이들 자신이 모든 것을 상실하고 말 것이다(PE, Ⅰ, 310; PG, 272～3; 정신현상학, Ⅰ, 448).

그렇지만 이 질서의 즉자적인 실재성에도 불구하고 그것은 전도된 질서이다. 왜냐하면 그것은 그것의 형식인 개체성에 의해서만 현실화되기 때문이다. 그것은 만인 대 만인의 투쟁, 다시 말해서 각기 자신의 열망을 가치있게 만들려고 하다가 타자의 열망과 충돌하게 되는 「개체성들간의 유희」에서 비롯하는 결과이다. 공공의 질서나 타당한 법칙인 듯 드러나는 것은 사실 「세계의 행정(cours du monde)이다. 이는 규칙적이고 항구적인 진행의 가상이다. 그것이 가상인 것은 오로지 그것의 내용이 「개별성을 일단 정착시키고 난 후에 곧 다시 이를 허물어 버리는 부질없는 유희」(PE, Ⅰ, 311; PG, 273; 정신현상학, Ⅰ, 449)에 불과하기 때문이다.

따라서 이 질서는 즉차적으로는 보편적이다. 그러나 그것은 그 전개과정 또는 그것의 현시 속에서 언제나 불안하게 동요하고 있는 개체성들간의 유희이기도 하다. 오성에 있어서 불안정한 현상이 즉자태로 표현되기 전에 즉자태에 대립했었던 것처럼, 이제는 마찬가지로 이 경험으로부터 벗어난 새로운 형태의 의식에 있어서——즉자태인 한에 있어서의——보편적인 질서가 개체성들간의 가변적인 유희에 대립한다. 이 즉자태의 진리를 실현하는 것은 오로지 진리를 전도시켜 버리는 개체성을 단순히 제쳐놓는 것이다. 그런데 이 새로운 형태란 덕성(vertu)이다. 이것은 개인적인 이기주의를 무화시켜서 질서로 하여금 그 본연의 진리 속에서 등장하게끔 허락하고자 원하는 의식이다. 덕성은 「세계의 행정」에 대항하는 싸움을 시작할 것이다. 그러나 우리는 이와 같이 자기의식이 자신의 면전에서 자신의 진리나 보편자로서 발견했던 것이 점점 더 고차적이고 풍부한 형식에로 진전해 가는 것을 보았다. 무엇보다도 자기의식은 필연성과 대면하게 된다. 이제 자기의식은 세계의 행정, 즉 자아들의 유희와 대면하게 되는데, 이 자아들의 유희는 그들의 행위를 고양시키고 상호 변화시킴으로써 보편자의 현시작용을 산출한다. 「의식이 그 자신을 인식하지 못하는 그런 것도 더 이상 죽어 버린 필연성이 아니라, 오히려 보편적인 개체성에 의해서 생명이 불어 넣어진 필연성이다」(PE, Ⅰ,307; PG, 270; 정신현상학, Ⅰ,444).

c) 덕성과 세계의 행정

헤겔이 지금부터 풍자적인 방식으로 서술하고 있는 「덕성의 기사」는 때로는 세르반테스의 《동 키호테》를 생각케 하고, 때로는 언제나 관념적으로만 세계를 전복하되 실상은 언변 이외에는 아무런 능력이 없는 낭만주의적 개혁운동가를 연상케 한다. 나폴레옹은 이들을 공상주의자(idéologues)라고 비난하였는데, 이는 헤겔의 시대에는 상당히 지배적이었다. 헤겔 자신은 아마도 그가 정열적으로 셸링에게 보내는 편지에서 칸트의 「당위(Sollen)」를 찬양했던 시절을 회상하고 있는지도 모른다. 이는 그것만이 마비된 정신을 각성시킬 수 있었으며 부르조아적 순응주의로부터 벗어나게 할 수 있었기 때문이라는 것이다. 관건이 되고 있는 덕성이라는 것은 고대인의 덕성이 아니다. 그 고대인의 덕성은 「민중적 삶을 지탱하는 실체를 통해서 그 내용이 풍부한 도덕적 기초를 마련」했고 실존하지도 않은 善을 문제삼은 것이 아니었으며, 따라서 원리상 세계의 행정에 항거하지 않았다. 그러나 여기서 문제시되고 있는 덕성은 본질이 결여된 덕성이며 호사스러우나 공허한 언변 속에서만 표출될 뿐인 덕성이다.

　실로 그와 같은 이상적인 본질이나 목적은 다만 듣는 사람들의 마음을 들뜨게 할 뿐, 이성은 텅 빈 상태에 방치해 버린다. ……이러한 말장난은 장광설을 늘어놓는 이상의 것이 될 수는 없으면서도 마치 고귀한 목적을 위해서 행동하는 듯이 표방하고 있으니, 결국 그것은 이와 같이 고상한 말씀씨를 부리는 위인이야말로 나무랄 데 없이 훌륭한 인물로 간주하려는 것만을 내용으로 하고 있음을 분명하게 밝히는 장광설에 불과한 것이다. 실로 이와 같은 생각을 앞세움으로써 자기 자신과 타인마저도 돋보이게 될 것만은 틀림이 없으나, 역시 이것은 속이 텅 빈 포만 상태에 있는 것으로 비길 수 있는 것이다(PE, Ⅰ, 319, PG, 280; 정신현상학, Ⅰ, 460～1).

우리는 이 인용을 통해서 인륜적 실체와 분리되어 세계 행정에 이의를 제기하고 있는 이러한 덕성에 대하여 헤겔이 제시하는 비판의 고충을 알 수 있다. 헤겔의 실재론은——이는 차후에 그의 「도덕적 세계관」에 대한 비판에서 다시 등장한다——유토피아주의자들(Welt-besserer)의 고삐 풀린 관념론과 대립하고 있다. 이런 부류의 덕성은 세계의 행정에 대항하여 헛된 싸움을 벌이지만 결국에는 이 세계가 자신이 말하고자 했던 것보다는 그렇게 악하지 않다는 것을 발견하게 된다. 그 덕성의 오류는 이상은 결코 실현될 수 없다는 식으로 언제나 대립시키며, 따라서 언제나 그에 대한 언변으로 그치고 만다는 데 있다.

　도덕적 의식(la conscience vertueuse)은 세계 행정에 있어 즉자적인 측면——「그가 믿고 있는」 보편자——과 현실적인 측면——보편자가 불완전한 형태로 실현된 것——을 구분한다. 이러한 실현은 개체성의 결과인데 우리는 앞서 두 단계에 걸쳐 그 개체성의 전도를 살펴 보았다. 그런데 앞에서는 우리에 대하여 밝혀졌던 것이 이제는 개체성 속에서 자기 자신의 기원을 인식하지 못한 도덕적 의식에 대하여 밝혀지고 있다. 도덕적 의식은 개별적 개체성이 세계 속에서 자신의 쾌락을 추구하다가 무자비한 필연성에 접하여 산산조각 나 버리는 것을 보게 된다. 또한 마찬가지로 개체성이 이 세계 속에 마음의 법칙을 표명하다가 또 다른 개체성의 편으로부터 일반적인 저항을 체험하고 결국 보편자는 물론 과정 속에서 실현되더라도 그것이 우회적인 방식으로 실현된다는 것을 알게 된다. 보편자는 세계의 행정이라고 하는 이 「현상」 속에서 자연의 법칙으로 등장한다. 그러나 그것은 전도된 형식을 띠고 등장한다. 세계의 행정 속에서 드러나 비치는 것은 이 보편자의 긍정성이 아니라 다만 그 부정성일 뿐이다. 세계의 행정은 그 현실에 있어 제 개체성에, 그들의 개별적 향유에, 그리고 그들 상호간의 갈등들에 귀속된다. 따라서 덕성이 목적으로 하는 것은 「이미 전도된 세계를 다시 한번 전도」(PE, Ⅰ, 314; PG, 276; 정신현상학, Ⅰ, 453) 시키는 것이다. 왜냐하면 그 덕성은 모든 악이 어디로부터 유래하는지를 발견했기 때문이다. 악을 이루고 있는 것은 세계 행정의 대자적 존재, 즉 개체성이다. 그리하여 덕성은 인간의 이기주의를 비난하고 이 시점에서 선행하는 의식의 형식의 언어를 공표한다. 그러나 덕성은 단지 거기에 개체성의 완전한 희생이라는 관념만을 덧붙이는 것이다. 도덕적 의식은 자체 내에서, 긍정적 의미를 띤 보편자로서의 법칙과 개체성을 서로 대립시킨다. 그는 마음의 법칙에서와 같이 이 양자를 본질적으로 구별시켜 놓는다. 이러한 이유에서 도덕적 의식은 자체 내에서 개체성을 파괴시킴으로써 자신이 현실적인 질서를 변형시키고 있다고 생각한다. 이와 반대로 세계의 행정에 있어서는 법칙이란 비본질적인 것이고, 개체성이 우월한 위치에 서게 된다. 개체성은 즉자적으로 존재하는 선과 진리를 자신에게 예속시켜서 그 내면성을 외면성으로 변형시킨다. 따라서 법칙과 개체성은 덕성과 세계 행정에 다같이 공통된 계기라고 할 수 있다. 이 양자는 단지 덕성과 세계 행정에서 서로가 전도된 위치를 차지하고 있을 뿐이다. 그렇지만 이러한 공통성 또는 공유 관계는 이 두 측면이 서로 대면하여 있기 때문에 덕성과 세계 행정이 서로 완전하게 분리될 수 없게 된다. 덕성과 세계의 행정간의 투쟁이 전개하는 대드라마가 밝혀 줄 것이지만, 덕성 자체는 세계의 행정 속에 내재하므로 그로부터 완전하게 탈피할 수 없으며, 또한 세계의 행정은 덕성 속에 내재하고 있다.

　덕성에 있어서 善, 보편자는 즉자적이다. 그것은 덕성의 목적이며, 아직 현실화되지는 않고 있다. 덕성으로서는 오로지 자신의 이상(idéal)만을 믿고 있을 수밖에 없는데, 이러한 신념(foi)은 현실적 非現在 상태(une non-présence effective)에 대한 의식이다. 그렇지만 덕성은 보편자가 즉자적이라고 하는 것이 그 보편자가 세계 행정의 내면을 이루고 있다는 것을 뜻하며, 또 그것은 승리하지 않을 수 없다는 것을 뜻하는 것임을 알고 있다. 이것이야말로 덕성의 신념이 지니고 있는 의미이다. 덕성은 자신의 목적과 세계 행정의 본질이 그 현상적인 현재 상태에서는 분화되어 있음을 인정하면서도 그들 양자간의 근원적 통일을 요청한다. 따라서 세계 행정에 대한 덕성의 투쟁은 사실상 하나의 속임수에 불과하다. 덕성은 그 싸움에 진정 심각하게 임할 수 없는 것이다. 왜냐하면, 그의 주요 논증이나 적대자를 후면에서 공격하기 위해 사용하는 계략도, 바로 세계 행정이 대자적으로가 아니더라도 즉자적으로 선하며, 그 즉자적 상태가 필연적으로 대자적 상태로 되어야 한다는 믿음에서 비롯되고 있기 때문이다. 덕성은 여기서 즉자태와 존재, 사물의 근저(fond)와 그 현시 상태(manifestation)를 구별한다. 그러나 이러한 구별은 나중에 볼 때 말뿐인 구별인지도 모른다. 왜냐하면 즉자태가 대타적으로 존재하지 않는다고 하면, 그것은 한낱 순수하고 단순한 추상일 것이기 때문이다. 스스로를 현시하지 않는 것은 존재하지 않는다. 본질의 본질은 곧 스스로를 현시하는 것이며, 현시 작용의 본질은 본질을 현시하는 것이다. [11]

즉자태와 대타적 존재 사이의 이러한 구별은 덕성과 세계의 행정간의 투쟁과정에서 소멸된다. 덕성은 세계의 행정에게 아직 현실화되지 않은 가능태로 나타난다. 그것은 「자질과 능력 그리고 힘」으로 이루어져 있다. 이는 덕성에 의하여 善用되는 것이지만 세계의 행정에 의해서는 악용된다. 아직 실행되지 않고 있는 이 소질 및 경향은 「자유로운 개체성의 수중에서 조작되는 수동적인 도구와 같은 것이며 동시에 바로 이 자유로운 개체성이 그 원리를 활용하는 방도에 대해서도 무관심할 뿐더러 경우에 따라서는 바로 그러한 도구를 파괴하는 데 악용될 수 있는 사태를 조성할 수도 있는 것이다. 그리하여 이 원리

---

11) 우리는 여기서 헤겔 변증법 전체의 의미를 분명하게 파악할 수 있다. 행위하는 이성에 있어서 서로 대립하고 있는 두 측면(내면과 외면, 즉자태와 대타적 존재)은 행위 자체 내에서 동일화된다. 이러한 행위란 곧 현실이다. 여기서는 목적(타자의 부정)이나 타자(부정되어야 할 가상)가 존재하지 않는다. 다만 개체성의 통일이 그 자체로서 이 양자의 통일이다.

는 자신의 자립성을 결여한 죽어 버린 물질과 같은 것이 됨으로써 결국 그것은 이렇게도 저렇게도 변형될 수 있을 뿐만 아니라 심지어는 자기 자신의 소멸을 초래할 수도 있게 된다」(PE, Ⅰ, 315; PG, 277; 정신현상학, Ⅰ, 455). 이러한 소질, 즉 달리는 「배후 어딘가에서 무기력한 의식으로」 남아 있는 그런 소질은 투쟁의 과정에서 결국 현실화된다. 활동하는 개체성의 힘에 의하여 그 소질들은 즉자태로부터 의식에 대한 현실로 전환된다. 싸움에 휘말린 덕성은 그것들이 이미 다양한 형태로 도처에서 현실화되어 있음을 발견한다.

　도덕적 의식은 세계의 행정을 선에 정면으로 배치되는 것으로 간주하며 이에 대항하여 싸움을 벌인다. 그러나 이 싸움판에서 세계의 행정이 도덕적인 의식에게 내보이는 것은 보편자이긴 하면서도, 이는 결코 추상적인 보편자가 아니라 개체성에 의해서 활력이 불어 넣어진, 그리고 동시에 타자에 대해서 현존하는 그런 보편자, 즉 현실적인 善이다. 따라서 덕성이 세계의 행정과 대면하고 있는 곳은 언제나 善 자체가 실존하고 있는 바로 그 지점이다. 세계 행정의 즉자태이기도 한 이러한 善은 세계 행정의 온갖 현상과 불가분적으로 얽혀 있음으로 해서 그 세계 행정의 현실 속에서 자신의 현존재를 지니고 있다(PE, Ⅰ, 316; PG, 278; 정신현상학, Ⅰ, 457).

　따라서 덕성은 세계의 행정과 불가분적으로 얽혀 있거나——이 경우 그가 목적으로 하는 善은 이미 실존하고 있는 선, 인륜적 실체에 속하여 있는 선이나——아니면 그 자신이 세계의 행정으로부터 분리되어 나와서 말뿐인 것으로 그칠 구별을 행한다. 덕성이란 진정한 현재성으로 나아갈 수 없는 하나의 신념이다. 따라서 덕성과 세계 행정 사이의 싸움은 적대방간의 구체적인 동일성을 보여 주게 된다. 이는 헤겔이 이 덕성을 오로지 개체성의 활동에 의해서만 현실화될 수 있는 「자질과 능력 또는 힘」이라는 형식으로 제기했기 때문이다. 이와 마찬가지로 「도덕적 세계관」의 장에서 우리는 위인——시저나 나폴레옹과 같이 역사를 창출해 나가는 사람——이 보편자의 현실화임을 보게 될 것이다. 확실히 「도덕성의 하인」이라는 의식이 비속하고 천박한 동기를 통해 위인의 행위를 잘 설명해 줄 수 있다. 이러한 동기는 그 행위가 한 특수한 개체성의 행위인 한에서 그 행위 속에서 역할을 담당한다. 그러나 이 설명은 부분적인 것에 지나지 않는다. 「위인이란 그 자신이 행했던 일(업적) 이외의 다른 것이 아니다. 그리하여 위인이란, 자신이 행했던 것을 행하고자 하였고 또 그가 행하고자 했던 것을 행하였다고 말해져야만 한다.」 이른바 도덕적 의식은 이 행동을 (저속한 동기 따위의) 바람직하지 못한 시각 속에서 조명함으로써 실수를 범하고, 그렇게 함으로써 그것은 또한 자신의 천박성을 드러낸다. 게다가 이 도덕적 의식은 판단하면서는 행동할 수 없음에도 불구하고 자신의 무기력한 판단이 행동으로써 받아들여지기를 원한다.

덕성은 자신의 경험의 종국에 이르러서 현상으로서의 대자적 개체성과 선한 것, 참된 것으로서의 즉자태 사이에 성립된 대립이 타당하지 않음을 깨닫게 된다. 즉자태는 개체성의 활동을 통하여 의식에 대해서 실현되고 따라서 그 현시 상태와 분리될 수가 없다. 헤겔은 즉자태를 소질이나 성향, 즉 현실태와 구별되는 잠재태로서 정립함으로써 그 과제를 용이하게 만들었다. 행위와 분리되어 있는 소질이란 있을 수 없다. 그것은 행위가 그 소질에 구체적 의미를 부여하고 있기 때문이다. 우리가 한낱 추상에 대해서 말하는 것이 아니며 실재성이 결핍된 채 추상에 기초하고 있는 덕성의 의식에 대해서 말하는 것이 아닌 한 이러한 사정은 더욱 그렇다. 세계의 행정이란 곧 덕성의 실현인 까닭에——세계의 행정이 없었다면 덕성은 영원히 배후의 세계에서 잠들고 있었을 것이다——그것은 처음 생각되었던 것보다는 그다지 악하지 않다. 세계의 행정과 덕성은 더 이상 이 변증법의 출발점에서와 같이 대립해 있지 않다. 왜냐하면 즉자태와 대타적 존재는 도덕적 의식에 의하여 임의적으로 분리된 것이며, 이 도덕적 의식은 행위하는 것이 아니라 말만 늘어놓을 뿐이고, 현실화하는 것이 아니라 믿고 있을 따름이기 때문이다.

그러나 만약 덕성이 세계의 행정 속으로 소멸해 가 버린다면, 반대로 세계의 행정도 더 이상 즉자적 존재와 구별되는 대자적 존재로 생각될 수 없다. 덕성과 세계의 행정의 개별성은 인간 행동에 관하여 그릇된 견해를 지니고 있다. 개체성은 자신이 이기적으로 행위하는 것을 염두에 두고 있을 것이며, 모든 개체적 행동을 의식적인 이기주의와 관련지어 설명하려고 할 것이다. 그러나 이때 그 개체성은 오로지 그 자신은 행위의 진정한 본성에 관해서는 무지하다는 것만을 증명할 뿐이다. 내가 행위할 때 비록 내가 내 자신의 행동을 이기적인 고려하에서 교묘히 설명한다고 할지라도 나는 나 자신을 초월하는 것이다. 나의 행위로 말미암아 즉자적이었던 것이 현실적인 것으로 된다. 나는 내가 나의 개체성에 제한되어 있다고 생각하고 있지만 사실상 나는 나를 넘어서고 있는 보편자를 다소간 구현하고 있다. 나는 대자적일 뿐만 아니라 즉자적이기도 하다. 덕성이 즉자적인 것과 대자적인 것을 구별한 것은 그릇된 일이다. 세계 행정의 개체성도 이 양자를 구별하고 선한 것과 참된 것을 자신에게 종속시킨다고 자처할 때 마찬가지로 잘못을 저지르고 있는 것이다. 이 변증법 전체 의미는 벌써 구체적 보편자를 언표하고 있는 다음과 같은 명제 속에 표현되고 있다 「개체성의 운동은 곧 보편자의 실재성이다」(PE, Ⅰ, 320; PG, 281; 정신현상학, Ⅰ, 462). 세계 내에서의 인간의 행동은 자신을 위해서만 행위한다고 믿는 개체적 인간을 초월한다. 그러나 이러한 초월이 가능한 것은 오직 그 개체적 인간을 통해서일 뿐이다. 반드시 생각하여야만 할 것은 자신의 행위 속에서 즉자적이면서 동시에 대자적인 바의 개체성의 통일성이다. 이러한 행위야말로 자신의 현시 상태와 불가분적인 보편자의 생성과정인 것이다.

　세계의 행정은 개체성을 자신의 원리로 삼고 있기 때문에, 그것은 선한 것을 전도시키지 않을 수 없다. 그러나 반면 개체성은 현실성의 원리이다. 사실상 즉자적으로 존재하는 것이 그와 못지 않게 대타적으로도 존재할 수 있는 것은 바로 이 개체성의 의식 덕택이다. 결국 세계의 행정은 불변자를 전도시키기는 하지만, 그것은 사실상 불변자를 추상성이란 無에서 실재성이란 존재로 전도시키는 것이다(PE, Ⅰ, 318; PG, 280; 정신현상학, Ⅰ, 460).

　이와 더불어 우리는 새로운 구체적 종합, 즉 개체성의 현실적인 행위에 도달했다. 이러한 행위는 단지 즉자적 존재와 대치하여 있는 대자적 상태로 그치는 것이 아니며, 또 그것은 더 이상 자신의 목적을 실제적 현실에 대립시키지도 않는다. 그것은 즉자적인 동시에 대자적인 행위인 것이다. 관찰하는 이성은 본능적으로 실재성 속에서 스스로를 추구했던——오로지 정관적인——보편적 의식이었다. 그것의 진리는 오로지 대자적으로 존재하는 인간에 대해서만 실재성이 의미를 지닌다는 데 있다. 이로써 의미 자체는 그 의미의 담지자로부터 분리되었고, 인간적 개체성은 행위하는 이성으로 정립되었다. 그것은 자신이 부정하는 실재성의 외부에 자신의 의미를 목적으로써 투영한다. 이 개체적 의식은 개별적이며 보편적인 것에 대립한다. 그러나 이 대립은 다시 성립할 수 없게 된다. 그와 같이 인간적 개체성은 실재성으로부터 단절되어 있는 것이 아니기 때문이다. 그것은 곧 스스로를 창출하는 실재성이며, 행위 속에서 성취된 종합이다. 우리는 이것이 바로 즉자대자적인 개체성의 활동이며, 여기서 목적과 실재성은 오로지 한순간에서만 대립할 뿐 발전과정 속에서 재결합된다는 것을 염두에 두어야 한다. 이로써 우리는 정신의 실체 또는 이 실체에 대한 사유에 다가서게 되었다. 우리가 이제까지 고찰해 온 변증법은 「헤겔적 실재론(le réalisme hégélien)」을 이해하는 데 보다 도움이 된다는 점에서 흥미롭다. 모든 당위(Sollen)의 관념론, 관념과 실제적 현실과의 모든 분리는 지양되어야만 한다. 그러나 이것은 의미를 결여하고 있는 실재성이 실재성을 결여하고 있는 이상에 대치되어야 한다는 것을 뜻하지 않는다. 우리가 염두에 두어야 할 것은, 「관념이 실재를 추구하는 것과 같이 실재가 관념을 추구한다」는 점과 현실적인 행위에 있어서의 인간의 생성만이 구체적이라는 점이다. [12]

---

12) 우리가 고찰했던 세 가지 경험은 다음과 같이 요약될 수 있다. 즉 개체성은 목적으로서의 대자를 즉자——소여된 실재——에 대립시킨다. 이러한 대자는 점차적으로 풍부해진다. 마지막 경험(덕성의 경험)에 가서는 즉자가 목적이 된다. 그러나 여기서 목적은 소여된 실재와 재결합하며, 그들간의 구별이란 단지 추상에 불과해진다. 우리는 현실로 되돌아오지만 이는 단지 행위로서의 현실인 것이다.

5

인간 작품 및 행위의 변증법

세계가 자신의 이상과 배치된다는 이유로——그 이상이 세계의 직접적인 향유이건, 마음의 법칙이건, 덕성이건간에——세계의 행정에 항거하는 개체성을 검토하고 나서, 헤겔은 이제 「즉자대자적으로 실재하는」 개체성을 고찰한다. 이 개체성에게 있어서 현실은 극복되어야 할 장애물이 아니다. 왜냐하면 그것은 곧장 세계의 한 가장자리에 존재하면서 자기 자신의 표현에만 부심하기 때문이다. 그것의 목적은 세계를 부정하는 데 있지 않다. 다시 말해서 개체성 자체는 세계의 일부이고, 그와 반대로 세계는 개체성의 세계인 것이다. 그러므로 본질적인 것은 행위 자체를 위하여 행위하는, 즉 개체성이 이미 자체 내에 간직하고 있는 자신의 근원적으로 한정된 본성(sa nature originaire et déterminée)을 외부로, 순수한 외면성의 요소(영역)에로 표출시키는 일이다. 개체성이 이와 같은 근원적인 본성인 한에서, 그것은 즉자적이다. 반면 개체성이 그것을 표현하는 한에서, 또는 그것을 「내부로부터 외부로, 눈에 보이지 않는 상태로부터 보일 수 있는 상태로」 (PE, I, 324; PG, 284; 정신현상학, I, 468) 전달하는 한에서, 그것은 대자적이다. 행위로서의 개체성의 실존이란 단지 그 본질의 실현에 지나지 않는다. 대상적 세계와 의식적 개체성은 이제 하나의 현실 속에서 결합된다. 이러한 현실이 곧 행위(Tat)이다. 「행위란 그 자체에 있어서 그 자신의 진리와 현실성을 띠고 있다. 개체성을 표현하거나 언술하는 것이야말로 행위에게는 즉자대자적인 목적이다」(PE, Ⅰ, 323; PG, 284; 정신현상학, Ⅰ, 466).

그러므로 행위 개념이 본질적인 요소로 등장하였다. 이제 그것은 우리의 대상이다. 개체성의 구체적인 행위와 더불어 우리는 주관성과 객관성의 통일, 관찰하는 이성과 행위하는 이성의 통일이 성립함을 보게 될 것이다. 이러한 맥락에서 헤겔은 이 장의 제목을 「즉자대자적으로 실재하는 개체성」이라고 명명했다. 「이성」장에서 「정신」장으로의 이행을 준비하는 이 장을 연구함으로써, 또 세계가 자기의식에 대하여 취하는 새로운 의미에 주목함으로써 우리는 헤겔 저작의 한 가지 의미를 발견할 수 있다. 그러나 《정신현상학》이 여기서 제시하는 변증법을 해명하기 앞서, 이 장의 구체적인 의미 몇 가지를 지적해 보자.

에밀 브레이어(Emile Bréhier)가 정확히 지적한 것처럼 「헤겔은 낭만주의의 영웅들을 고찰하고 나서 자신의 시선을 스스로의 작품에 절대적 가치를 부여하는 전문가들, 교사들, 그리고 예술가들로——헤겔의 생생한 표현으로는 정신적인 동물의 왕국(un monde animal spirituel)——돌렸다.」[1] 각각의 개체성은 자폐된 과제에 스스로를 한정시키는 것으로 시작하여, 단지 자신의 본성만을 표현하고자 할 뿐이다. 그리하여 개체성이 자신의 일시적이고 제한된 작품(œuvre) 너머로 고양될 때, 그것은 그 자신의 시선 속에서 스스로를 정당화하며 그 자신이 보다 일반적인 원인, 보편적인 과제에 기여했다고 자처함으로써 타인들의 시선 속에서 스스로를 정당화시킨다.

그러나 그 과제는 여전히 추상적인 형식으로 파악되고 있다. 그리고 실제적인 작품이 보다 제한되고 공정성을 상실할수록 그 형식은 더욱 추상성을 띤다. 이러한 일반적 정당화는——예술가는 예술의 美를 위해 노력을 기울이고 지식인들은 그들의 끈기 어린 學的 탐구를 통해 학문의 발전에 기여한다는——정확히 말하자면 의식의 성실성(l'honnêteté de la conscience)이다. 그러나 앞으로 우리가 살펴 보게

---

1) Emile Bréhier, 《*Histoire générale de la philosophie*》, t. Ⅱ, pp. 742 ff.

되겠지만, 그것은 사실상 전혀 기만적인 성실성이다. 개체성의 자기의식에게 있어서 현실태를 이루는 事象 자체(die Sache selbst)는 행위의 특수한 계기 각각에 적용 가능한 매우 일반적인 술어에 불과하다. 그러나 만인의 행위이면서 동시에 각인의 행위로 간주되는 이「사상 자체」는 처음에는 정신적 본질로서, 다음으로는 구체적 정신으로서 각각 새로운 경험의 주체가 된다.

이 장의 주요 전개들 중의 하나에 대해 헤겔이 붙인 제목——「정신적인 동물의 왕국(Das geistige Tierreich)」(PE, I, 324; PG, 285; 정신현상학, I, 468)——을 정당화하기 위해서, 우리는 그것이 제시하는 첫번째 구체적인 해석을 지적하는 일로부터 시작하겠다. 하지만 현상학적 경험의 이 같은 계기에 관한 매우 일반적인 변증법적 해석을 도외시해서는 안 된다. 다른 무엇보다도 그것은 헤겔의 사유의 방향성을 조명해 준다. 이성일반에서 우리는 존재(즉자태일반)에 대립된 자세를 취하기보다는 긍정적인 자세를 취하고자 했던 자기의식의 한 양태를 보았다. 그리하여 존재는 더 이상 물 자체, 즉 순수한 외타적 존재가 아니라 오히려 세계(monde)가 되었다. 이 세계 내에서 개체성(자기의식이 스스로를 제시하는 형식)은 스스로 깨닫지 못하는 상태에서 자기 자신을 추구한다. 확실히 개체성은 그 자신을 발견하지만, 자신의 존재론적 불안과는 상반된, 한정되고 정태적인 존재의 형식에서 발견한다. 따라서 자각적인 개체성은 다시금 세계의 즉자적 존재와 대립적인 위치에 서게 된다. 이성의 대자적인 측면이 그 즉자적인 측면에 승리한다. 다시 말해서 (이성의) 기투(projet)가 존재에 승리한 것이다. 그러나 우리는 행위하는 이성의 마지막 전개과정——세계의 행정 속에 덕성의 지배를 확립하고자 했던 모험적 기사(동 키호테)——에서 대립이 더 이상 견지될 수 없음을 보았다.

자기의식이 추구하는 목적은 말 그대로 주어진 (기존) 현실과 대립된다. 세계 행정의 즉자적인 측면은 덕성의 이상과 동일한데, 이는 대타적 존재 또는 발견된 현실과 구별되지 않는다. 이러한 즉자태(목적)는 잠재적인 상태에서 그것의 외적 표출을 뜻하는 행동으로 이행한다. 즉 세계 행정이란 단지 실현된 즉자태일 뿐이다. 그리하여 목적 및 즉자적 존재는 대타적 존재 및 발견된 현실과 동일한 것임이 밝혀졌다(PE, Ⅰ,322; PG, 283; 정신현상학, Ⅰ,466).

구체적으로 말한다면, 행위하는 이성의 이상과 대상적 세계간의 대립은 더 이상 유지될 수 없다고 할 것이다. 대타적 존재로서 등장하는 대상세계는 곧 행위하는 개체성의 세계 자체이다. 즉자적 존재인 보편자와 대자적 존재, 즉 개체성이 서로가 서로에 대해서 긴밀한 상호 침투를 하는 것이다. 세계의 행정 속에 잠재적 상태로 보존되었던 재능, 능력, 그리고 힘 등이 행위하는 개체성의 작용을 통해 실현되었다. 그리하여 「이성」 장 첫머리에서 제시되었던 의식적인 개체성의 개념——존재와 자기(soi)의 완전한 융합(대자적 자각을 지닌 즉자태)——이 등장한다. 행위하는 자기는 존재인 동시에 자기이다. 다시 말해서 그것은 자기 자신을 의식하게 된 범주이다. 우리는 범주가 존재의 요소 속에서——거기서 그것은 관찰하는 이성이었다——전개되고, 다음으로 자기의 요소 속에서——거기서 그것은 행위하는 이성이었다——전개되는 모습을 보았다. 이제 범주의 이러한 두 계기는 변증법적으로 통일된다. 즉 인간 개체성은 자각적인 범주인 것이다. 여기선 자아에 대립된 대상적 존재는 없으며, 또 존재에 대립된 자기나 즉자적 존재를 결여한 대자적 존재로서의 자기도 없다. 「자기가 존재이고 존재가 자기이다.」「자기의식은 순수범주 그 자체를 자신의 대상으로 삼는다. 다시 말해서 자기의식이란 자기 자신을 의식하게 된 범주이다」(PE, Ⅰ,323; PG, 284; 정신현상학, Ⅰ,466). 인간 개체성에 대한 관찰만으로서는 완벽하게 밝혀낼 수 없는 것이——왜냐하면 그것은 단지 관찰에 불과하기 때문이다——이 단계의 변증법에서 실현된다.

세계가 개체성의 세계인 한에서, 개체성이란 모름지기 그 자신의 세계인 것이다. 개체성 그 자체는 자기행위의 원환과 같아, 여기서 개체성은 스스로를 현실로서 제시한다. 개체성이란 단지 이미 주어진(소여된) 존재와 만들어진(형성된) 존재의 통일에 지나지 않는다. 그런데 이러한 통일을 이루는 두 측면은 심리학적 법칙의 표상에서와 같이 즉자적으로 현존하는 세계와 대자적으로 존재하는 개체성이라는 상호 외면적인 양자로 분화될 수 있는 것이 아니다(PE, Ⅰ, 256; PG, 227; 정신현상학, Ⅰ,374).

즉자적인 세계나 대자적인 개체성이란 존재하지 않는다. 다시 말해서 세계는 개체성의 세계이고 개체성은 세계의 의미이며 표현인 것이다. 외타적 존재(l'être-autre)와 자기는 서로가 비교될 수 있을 정도로까지 분리될 수 없다. 자기의식의 진리란 그 자신의 의타적 존재(타재) 속에서도 자기동일성을 견지하는 것이며, 이러한 타자성(altérité)의 매개를 통하여 자기 자신을 발견하고 산출하는 것이다.

엄밀한 의미에서의 의식(대상의식)의 수준에서는 사실상 즉자적 존재가 있었다. 자기의식의 수준에 이르는 그 즉자적 존재는 주인과 노예의 변증법 속에서 스스로를 재발견할 수 있었던 인간의식에 의하여 형성된 것이었다. 이성의 단계에서, 즉자태는 마침내 세계(die Welt)가 되었다. 세계란 거기서 스스로를 재발견하는 자기의식에 준거해서만 의미를 지니는 보다 구체적인 개념이다. 그러나 이 세계는 아직 자기의식의 작품(l'œuvre)으로서 등장한 것이 아니다. 이러한 이유 때문에 우리는 먼저 세계 내 자기의 현존을 가상적인 현존으로서, 말하자면 즉자적인 현존으로서 고찰하지 않을 수 없었고 다음으로 자기와 세계간의 대립을 고찰하여야 했다. 그런데 실재의 표층인 한에서의 세계는 대타적 존재가 되었다. 마지막으로 행위하는 개체성으로서의 개체성은 대자와 즉자의 통일이 된다. 이 계기에서 행위는 개체성과 현실 모두의 본질을 이룬다. 행위는 구체적인 전체인 것이다. 그리하여 우리는 행위 자체를 위하여 행위해야만 한다. 「개체성은 그 자체로 현실인 까닭에 행위의 소재와 행위의 목적 모두가 행위 자체 안에 담겨 있다. 따라서 행위는 자기 자체 내에서 운동하는 원환처럼 보인다. 이 원환 속에서 행위는 텅 비어 있는 상태에서 아무런 거리낌없이 스스로 움직이는 가운데 여하한 방해도 받는 일이 없을 뿐 아니라 경우에 따라서는 자신의 영역을 더 넓혀 나갈 수도 있는가 하면 다시금 그 테두리를 좁혀 들어가기도 하는, 그리하여 자체 내에서 완전한 자기만족을 누리고 있는 것이다」(PE, I, 323; PG, 284; 정신현상학, I, 467).

이 장의 마지막에 가서 실재는 자기의식——개체성을 초월한 보편적 자기의식——의 작품으로 나타날 것이다. 이러한 만인의 작품인 각인의 작품, 자기의식이 창출한 이 세계——여기서 불투명하고 침투 불가능한 사물(Ding) 개념이 소멸하고 희랍어 $\pi\rho\hat{a}\gamma\mu\alpha$(창출된 사물)에 해당하는 새로운 대상성의 개념(Sache; 事象)으로 대치된다——가 우리에게 「실현되어진 이성의 세계」, 즉 정신을 펼쳐 줄 것이다. 만약 정신에 도달했을 경우에도 여전히 지양되어야 할 것이 남아 있다면, 그것은 이성으로서가 아니라 권리로서의 개체성이다. 그러나 욕구의 변증법 및 주인과 노예의 변증법에서 살펴 보았던 바와 같이 이 개체성이 의미를 지니는 것은 오로지 그것이 또 다른 개체성들 속에서만 스스로를 반성하고 재발견하기 때문이다. 개체성의 세계가 우리(우리인 나, 나인 우리)가 되고, 제 의식간의 매개가 현실화된다면, 작품은 모름지기 만인의 작품이면서 동시에 각인의 작품이 될 것이다. 사물로서의 대상적 현실은 새로운 현실, 즉 정신적 본질 속에서 해체될 것이다. 이로써 관념론(비록 그 의도는 전혀 다를지라도 그것의 정식화 작업 중의 몇 가지——예를 들어 자기와 존재의 통일——에서는 칸트의 그것과 유사한 관념론)은 현상학적(이는 또한 인간학적이라고 할 수 있다) 제 절차에 의해 정당화되었다. 헤겔이 그와 같은 도식들을 통해 제시한 것은 구체적인 관념론이다. 진리는 행위에 의해 창출되고, 의식의 매개작용에 의해 보장된다. 生 자체가 자기의식이다. 더 나아가서 자기의식의 본질은 언제나 외타적 존재 속에서 스스로를 재발견하며, 새롭게 탄생하는 타자성의 매개를 통해 스스로를 고수하는 것이다. 우리가 연구하고 있는 변증법이 끝나갈 무렵, 이성의 단계에서 세계(die Welt)——행위하는 개체성의 세계(Sache)——로 고양된 의식의 불투명한 사물(Ding)은 처음에는 정신적 본질(das geistige Wesen)이 되고, 다음에는 그 자체가 자기 자신의 세계를 이루는 이성, 즉 정신이 된다.

이 변증법을 보다 면밀히 검토해 보자. 첫번째 계기는 작품이다. 두번째 계기는 事象 자체(die Sache selbst), 즉 행위의 수준에서의 정신적 대상성이다. 세번째 계기는 만인의 작품인 동시에 각인의 작품으로서의 사상 자체이다. 하지만 개체성의 자기는 보편적 자기가 된다. 따라서 개체성의 대상——이는 진리 전체이다(PE, I, 343; PG, 301; 정신현상학, I, 417)——은 정신적 본질, 인륜적 세계의 사유이다.

Ⅰ. 개체성의 진리로서의 작품

자기의식은 인간 개체성의 의식이다. 그러나 이 개체성은 동시에 행위하는 자기의식이다. 이전 단계의 변증법에서 지양되었던 대자적 존재의 여러 가지 계기들이 이 자기의식 속에서 새롭게 등장한다. 그러나 이러한 계기들은 단지 잇달아서 등장할 뿐 (서로에 대해서는 고립적인) 계기들이다. 따라서 그것들은 행위 전체의 맥락 속에서만 의미를 지닌다.

이 개체성은 즉자적으로 실재하기 때문에 근원적으로 한정된 개체성이다. 그것은 즉자적으로 실존하므로 근원적인 본성이다. 다시 말해서 그것은 부정적인 요소가 즉자태의 한가운데에 깃들어져 있기 때문에 근원적으로 한정된 것이다. 더우기 그것이 한정되어 있다는 한에서 즉자태는 하나의 질(une qualité)을 뜻한다. 그러므로 개체성은 한낱 행위과정에 선행하는 즉자적 존재로서 간주될 경우에 특수한 본성을 의미한다. 즉 개체성은 그것에게 고유한(특수한) 내용에 의해서 규정된다. 우리는 이러한 본성을, 이성이 인간 개체성을 고찰하고서 각 개체성에게 한정된 존재의 영역——신체, 환경, 환원 불가능한 소여태, 즉「그 자신이 창출하지 않은 것」——을 부여했던 단계에서 경험한 바 있다. 이렇듯 근원적으로 한정된 본성이 개체성의 변증법의 출발점이다. 이와 같이 제 개체성은 그들 본성의 특수성 속에서, 그들의 개별적인 규정성의 한계 내에서 고찰되기 때문에 정신적인 동물의 왕국(règne animal spirituel)이라고 말해질 수 있다. 각각의 개체성이란 그 자신인 바로서, 그 자신의 고유한 영역(규정성)을 벗어난다는 것은 생각하기조차 어렵다. 얼핏 이러한 정신적 왕국은 자연적 왕국처럼 보인다. 그러나 개체는 그것의 행위가 아니라 단지 그것의 존재가 고려될 때만 한정된 내용, 즉 하나의 본성(une nature)으로 간주된다. 왜냐하면 행위란 그 자체가 부정성 이외의 다른 것이 아니기 때문이다.「따라서 행위하는 개체성에 있어서 규정성은 부정성일반 속에서, 다시 말하면 모든 규정성의 총괄 개념(Inbegriff) 속에서 해소된다」(PE, Ⅰ, 326; PG, 286; 정신현상학, Ⅰ, 471).

이러한 구분은 다음으로 이어지는 변증법에 본질적인 것이다. 부정성은 두 가지 상보적인 측면으로 표출된다. 부정성은 즉자적 상태에 머물러 있는 존재 속에서 하나의 규정이다(모든 규정은 부정이다 ; omnis determinatio est negatio). 반면 행위 속에서 부정성은 곧 부정성의 운동 자체이다. 자기 자신을 규정(한정)하지 않고 행위한다는 것은 불가능한 데 반하여, 행위란 오히려 규정하는 것이다. 따라서 즉자태에서 質을 형성하는 것, 즉 존재의 한정은 행위에서는 하나의 운동이다. 그리고 부정성의 운동은 이러한 전체적 과정의 진리로서 나타날 것이다. 여기서 실존의 본질에 대한 우위성이 드러나는 바, 이 점은 곧 밝혀질 것이다. 그럼에도 불구하고 우리는 행위하는 개체성을 그 자신의 고유한 개념에 비추어 추적해야 하며, 그것이 경험하는 현실이 그것의 개념과 일치하는지의 여부를 확증해야만 한다.

우리는 이 근원적으로 한정된 본성에서 시작한다. 이러한 본성은 개체성이 원하는 것도 아니며 초월할 수 있는 것도 아니지만, 그렇다고 해서 행위를 제약하는 것 같지는 않다. 의식이란 자기 자신을 그 자신과 관계시키는 활동이다. 의식은 대자적이다. 또한 의식은 그러한 자기동등성을 근원적인 본성의 영역 속에서 보존해야만 한다. 의식은 그 자신의 한정성 속에서도 자기 자신인 채로 남아야 하는 것이다.

그러므로 본성(자연)이란 단순한 원리, 투명한 보편적 요소에 지나지 않는 바, 그 속에서 개체성은 자유롭게 자기동등성을 유지할 수 있으려니와 이에 못지 않게 아무런 방해 없이 그 자신의 구별들을 전개시키며 그 자신의 실현 속에서 자기 자신과의 순수한 교호작용을 펼쳐나간다. 마찬가지로 동물적 生도 물, 공기, 그리고 대지와 같은 자연적 요소와 다시 이 속에서 각기 제한된 성질을 갖는 갖가지 원리에 그 자신의 생명의 숨길을 불어 넣으면서 그가 갖추고 있는 모든 계기들을 이와 같은 (단순한) 원리 속에 젖어들게 한다. 하지만 자연적인 요소들로부터 제약이 가해지고 있음에도 불구하고, 동물적 生은 이 모든 요소들에 대한 통제력을 보존하며 또 一者的 통일성 속에서 자기 자신을 유지한다. 그리하여 그것이 특수한 유기체인 한에서 그것은 동일한 보편적, 동물적 生으로 남아 있는 것이다(PE, Ⅰ, 325; PG, 285~6; 정신현상학, Ⅰ, 469~70).

　　따라서 자기의식은 그 자신의 개별적인 영역을 이루고 있는 특수한 본성을 표현하는 동시에 여하한 타자와도 무관하게 자기동등성을 유지한다. 이와 같은 것이 다름아닌「즉자 대자적으로 실재하는」개체성의 개념, 본성이면서 이와 못지 않게 그 본성 속에 깃들여 있는 자기의식으로서의 개체성, 말하자면 대자적인 자립성을 견지하면서도 이미 근원적으로 지니고 있는 즉자적인 본래성을 상실하지 않는 그런 개체성의 개념인 것이다. 여기에는 단지 잠재적인 상태에서 행위로의 이행작용, 즉 행위가 간직한 신비의 전체라고 할 이행작용만이 있을 뿐이다. 이러한 개체성은 당연히 희열만을 맛볼 수 있다.「개인(개체)은 단지 어둠 속에 가려진 가능성으로부터 밝은 대낮의 현실성으로, 추상적인 즉자태로부터 구체적인 존재의 의미로 자기 자신이 순수하게 이행한다는 데 대한 의식일 뿐이다. 또한 개인은 이와 같은 대낮의 광명 속에서 그 자신 앞에 출현하는 것이 다만 어둠 속에 잠들어 있던 것에 지나지 않는다는 확신을 지닌다」(PE, Ⅰ, 330; PG, 290; 정신현상학, Ⅰ, 477~8). 행위, 또는 달리 말하면 현대적 의미에서의 실존(l'existence)이란 단지 근원적인 본성을 실현시키는 것이다. 개체는 그것의 즉자적인(본래적인) 상태를 향하여 생성되어 나가는 것이요, 그 밖의 다른 것이 아니다. 그것의 즉자적 상태란 그것의 본성이다. 반면 그것의 대자적 상태란 즉자적인 상태의 전개가 스스로의 의식 속에서 깨우쳐지는 것을 뜻한다(il est pour soi, c'est le devenir de ce qu'il est pour sa conscience). 그러므로 이렇게 보면 각각의 개체성은 그것이 대자적으로 전개되는 한에서 근원적인 본질, 즉 그것을 이루고 있는 원초적인 본성을 실현하게 된다. 소여된 본성의 측면에서 볼 때, 개체성은 결코 자기 자신을 초월할 수 없으며 단지 그 자신을 표현하게 될 것이다. 만약 이 개체성이 겪는 경험이 그것의 개념과 일치하는지의 여부가 궁금하다면, 우리는 그것을 행위의 운동과 관련지어 검토해야만 할 것이다.

　　행위 속에서, 근원적으로 한정된 본성은 행위를 특징짓는 제 구별과 일치된 상태로 나타난다. 처음에 그 행위 전체는 행위하는 의식을 목적으로서, 즉 그 자신의 고유한 것이면서 눈앞에 나타난 현실과는 대립된 목적으로서 제시된다. 다음으로 목적에서 현실, 수단(moyens)

으로의 이행이 고찰되어야 한다. 이 수단은 내적 수단일 뿐만 아니라 외적 수단이기도 하다. 세번째 계기는 대상이다. 이는 「행위자가 직접적으로 그 자신의 것으로 의식하는 그런 대상이 아니라, 오히려 그것이 행위자를 벗어나 그에게 하나의 타자로서 존재하는 대상인 것이다」(PE, Ⅰ, 326; PG, 286; 정신현상학, Ⅰ, 471). 이 세번째 계기가 작품, 즉 행위하기 전부터 개체성이 본래적으로 갖추고 있는 것을 존재의 요소 속에 표현한 것이다. 그러나 이 개체성의 개념에 따르면, 이러한 여러 가지 계기들 사이에서는 어떠한 구별(차이성)도 발생할 수 없다. 자신의 본성을 실현시켜 나가는 것 외에 무엇을 더 할 수 있기를 바란단 말인가? 어떠한 기투(projet)가 우리의 본래적 상태를 넘어서 행해질 수 있는가? 단지 우리는 우리가 이미 지니고 있는 본성만을 의욕할 수 있을 뿐이다. 「만약 우리가 의식이란 이와 같이 근원적인 본성을 넘어서서 어떤 다른 내용을 현실 속에 끌어넣으려는 것이라고 표상한다면, 우리는 그것을 無에서 無로의 헛된 노고만을 일삼는 것으로 표상하는 격이 될 것이다」(PE, Ⅰ, 327; PG, 287; 정신현상학, Ⅰ, 472).

그리하여 현실, 즉 행위하기 전의 의식 앞에 나타난 현실은 즉자적으로는(그 자체로서는) 개체의 근원적인 본성과 구별될 수 없다. 우리는 이미 세계의 현실이 개체성과 대립하는 계기를 넘어서 왔다. 이제는 단지 대립의 가상(l'apparence)만이 남아 있을 뿐이다. 행위를 시작하려고 할 때, 행위의 소재로서 우리에게 제시되는 세계는 그 자체로는 우리 자신과 구별되지 않는다. 그것은 이미 우리 내부에 있는 것을 외부로 발현시킨 것이다. 그것은 거기서 자기 자신을 확인하는 개체성에 대해서만 대상적 세계일 뿐이다. 「그와 같이 의식에 대립되어 있던 현실의 즉자적 존재란 마침내 공허한 가상에 지나지 않는 것으로 전락하고 만다」(PE, Ⅰ, 327; PG, 287; 정신현상학, Ⅰ, 472). 그것은 우리 자신의 세계이며, 거기서 우리가 발견하는 우리의 세계에 지나지 않는다. 이 세계가 지닌 이러저러한 측면에 대한 관심을 통해, 우리는 세계 속에서 우리 자신을 발견하는 것이다.

물론 개체성의 완전한 실현이란 논지에 대해서는 행위 문제가 악순환에 빠질 법하다는 이유로 반론을 제기할 수 있겠다. 어떻게 개체성은 행위하기 전에 자신의 근원적인 본성을 확인할 수 있는가? 나는 행위하고 났을 때만 비로소 나의 정체를 안다. 하지만 행위하기 위해서는, 나는 나의 정체를 정확하게 나의 목적으로서 형상화해야만 한다. 만약 「행위야말로 의식으로서의 정신의 생성운동이라면」(PE, I, 327; PG, 287; 정신현상학, I, 473), 계기 전체가 서로 맞물려 있어, 엄밀히 말해서 행위에는 시초가 없다. 나는 언제나 특정한 상황, 즉 세계-내-존재라는 상황에 직면하고 있다. 이러한 상황이 나의 상황적 관심과 더불어 나의 근원적인 본성을 드러내 주며, 또 무엇을 행해야 할지를 보여 준다. 제 수단에 관해서 말하자면, 그것들은 나의 관심과 상황을 직접적으로 연결해 주며, 또 나의 본성(본래적 상태)——재능이나 성향 등등——을 표현한다. 외적 수단이 현실적인(진정한) 수단이다. 이것이 내부에서 외부로의 이행을 가능케 하며 현실적인 행위로 유도한다. 여기서 개체성은 외면성의 요소로 표출된 자기 자신을 발견하는 것이다. 그러나 작품(l'œuvre)과 더불어 (근원적인 본성과 행위를 통해 창출된 작품간의) 불일치의 가능성이 발생한다. 왜냐하면 작품은 한정된 그 무엇이기 때문이다. 다시 말해서 그것은 존재의 요소 속에 구속된 현실이다. 그리고 부정성은 작품 자체에 내재하는 質이 되었다. 내가 행위할 때, 나는 나 자신에게 타자가 된다. 다른 한편 의식은 부정성일반, 즉 행위의 보편적인 과정이다. 따라서 의식이 작품으로부터 한 걸음 물러나 그것을 관조할 때, 그것은 다시금 작품과 관계하는 보편적인 의식이 되는 것이다. 비록 헤겔이 아직 다른 개체성들간의 상호적 관계를 도입하고 있지는 않을지라도, 내가 변해진 모습으로서의 「타자」는 나의 대타적 존재이다.

따라서 개체(개인)의 근원적 본성은 작품 속에서만, 즉 그것을 존재화시켰던 행위에 의해 단념된 그런 작품 속에서만 그 자신의 의식과 관계지워진다. 이러한 본성은 한정된 質, 즉 자체 내에 행위의 변증법 전체를 응축하고 있는 작품으로서 표현된다. 이제 우리가 제기해야 할 물음은 어떻게 즉자대자적으로 실재하는 개체성이 작품 속에서 그 자신의 개념을 보존할 수 있는가이다. 사실상 개체성이 자기혁신을 도모하고, 또 스스로에게 의미를 부여할 수 있는 것은, 엄밀히 말해 자신의 개념을 보존하려는 의지를 통해서이다. 먼저 의식은 자신의 작품을 다른 개체성들의 작품과 비교할 수 있으며, 그리하여 제 개체성간의 질적인 차이를 발견할 수 있다. 그러나 선·악, 우·열 따위의 질적 구별은 여기서 행해질 계제가 아니다. 사실상 우리가 더불어 시작했던 개념에 따르면, 무엇이 조악한 작품인가는 전혀 분명하지 않다. 모든 작품은 곧 개체성에 대한 표현(expression)이므로 그 모두가 좋은 것(긍정적인 사상)이다. 제 작품간의 가능한 유일한 비교는 오직 개체성 내에서만 의미를 지니는 비교일 뿐이다. 개체성의 근원적인 본성은 즉자태이며, 바로 이것이야말로 개체성을 평가할 수 있는 기준인 것이다. 그러나 작품은 개체성에 대한 표현 이상도 이하도 아니다. 개인은 언제나 자신의 목적을 성취한다. 말하자면 그의 작품은 그의 分身인 것이다(PE, I, 330; PG, 290; 정신현상학, I, 477).[2]

II. 사상 자체

의식이 대상적 존재라는 보편적 場(milieu) 속에 위탁된 자신의 작품들을 비교할 때 경험하는 것은 무엇인가? 작품은 즉자대자적으로 실재하는 개체성의 진정한 표현이다. 작품을 통해 개체성은 자신의 본성이 지닌 근원성을 대낮의 광명으로 드러내 놓는다. 우리의 정체는 우리 자신이 특정한 방식으로 실존하는 한에서 우리의 작품들 속에서 밝혀질 수 있다. 예술가는 그의 작품 속에서 자신의 독특한 세계관을, 즉 특수하면서도 타인이 공유할 수 없는 배타적 점유물로서의 자신의 세계관을 표현한다. 지식인들은 자신의 노동과 자신의 연구성과를 작품 속에 각인시킨다. 다시 말해서 그들은 전적으로 작품 속에 존재하는 것이다.[3] 우리가 살펴 보았듯이 개체성은 그 자신의

---

2) 「개체성에게 있어서는 그를 통해서 이루어지지 않은 것이라곤 전혀 없다. 또한 그 어떤 현실의 경우에도 바로 이 개체성의 본성과 행위가 아닌 것은 있을 수가 없다. 더 나아가서 개체성의 행위나 즉자이면서도 현실적이 아닌 것이란 있을 수가 없는 것이다」(PE, I, 330; PG, 290; 정신현상학, I, 477). 변증법의 이 첫번째 계기에서 개체성들이 모나드들로서, 즉 「상호 무관심한 채 각기 자기 자신하고만 관계하는 모나드들」로서 정립되어 있음을 주목해 보자. 변증법의 전개과정은 이러한 상호 무관심을 지양할 것이다.

3) 헤겔은 다음과 같이 적고 있다. 「정신의 이와 같이 특수한 色相이 목적 그 자체의 유일한 내용이며, 또한 유일한 실재로 간주되어야만 한다」(PE, I, 326~32; PG, 287

개념에 따르면, 그것의 목적과 그것이 취하는 현실간의 구별을, 사용
되는 수단과 추구되는 목적간의 구별을 결코 인정하지 않는다. 근원
적인 본성은 표현됨으로써, 이제 (즉자적 존재로서의) 본성을 (작품
으로서의) 그 본성으로부터 구별할 이유가 전혀 없다는 식으로 하여
그것은 직접적으로 자기와 결합된다. 우리가 우리의 정체를 아는 것
은 오직 우리가 행한 바(작품 속에서 대타적 존재가 되는 것)를 통해
서만 가능하며,[4] 또 근원적인 본성(재능이나 능력)이 잠재태에서 현
실태로 변형되는 것은 오직 행위(운동과 생성으로서의 부정성)를 통
해서만 가능하다. 그러나 행위의 운동으로서의, 행위 속에 깃들인 부
정으로서 의식은 이 부정성이 특수한 규정의 형태를 띠고 배타적으로
각인된 작품들과는 구별된다. 행위하는 의식은 자신의 작품을 초월하
여 보편적인 場이 되는 바, 이 장 속에서 그 작품은 한낱 특수한 그
무엇에 지나지 않는다. 따라서 작품과 행위하는 의식 사이에 구별이,
다시 말해서 의식이 자체 내에 지니고 있는 개념과 모순되는 구별이
발생한다.
　헤겔이 의식과 그 작품간의 구별을 기술하고 있는 구절은 우리가
논의하는 변증법의 주요 형태들을 압축된 형식으로 담고 있다.

　　작품이란 의식이 스스로에게 부여하는 실제성이다. 다시 말하면, 개체가
　자신의 즉자적인 모습을 깨우치는 것은(자신의 정체성을 확인하는 것은 ; 역
　자) 작품 속에서이다. 그리하여 작품 속에서 대자적인 자각에 도달한 의
　식은 특수한 의식이 아니라 보편적인 의식이다. 의식은 일반적으로 작품을
　통해 스스로를 보편성의 요소 속에서, 존재라는 무한정한 공간 속에서 제시
　하였다. 자신의 작품으로부터 뒷전으로 물러난 의식은 사실상 보편적인 의식
　인 바, 왜냐하면 그것은 이러한 대립 속에서 한정된 자신의 작품과 반립하
　는 절대적인 부정성 혹은 행위가 되기 때문이다. 그리하여 의식은 작품으로
　서의 자기를 초월하여 마침내 그 자체가 자신의 작품에 의해서는 결코 채워
　질 수 없는 무한정한 공간이 된다(PE, Ⅰ, 331; PG, 290~1; 정신현상학, Ⅰ,
　478~9).[5]

　　~92; 정신현상학, Ⅰ, 472).
　4)「따라서 개체로서도 행위를 통해 스스로를 현실화시키기 이전에는 그 자신이 무엇
　　인가를 알 수가 없는 것이다.」

이러한 논의를 이해하기 위해선 다시금 부정성이 담당하는 이중적 역할이 강조되어야만 하겠다. 즉자태의 측면에서 볼 때 부정성은 존재 속에 고착·응결되어 정태적인 규정으로 나타난다. 그러나 행위의 측면에서 볼 때, 즉 의식의 대자화과정 속에서 부정성은 곧 행위이다. 다시 말해서 그것은 순수매개의 과정이다. 헤겔은 서설에서 자아란 「순수매개」, 단순한 생성이라고 적고 있다. 「매개란……대자적으로 존재하는 자아의 계기이며, 순수한 부정성이다. 혹은 이것은 순수한 추상적 상태에 옮겨 놓고 보면 단순한 생성이라고 할 수도 있겠다」 (PE, Ⅰ, 19; PG, 21; 정신현상학, Ⅰ, 75). 행위하는 한에서 의식은 모든 타자성의 절대적 부정이다. 의식은 이러한 부정의 운동 속에서도 자기동등성을 유지한다. 이 의식의 자기동등성이 의식의 보편성, 의식의 형식을 구성하는데, 여기서는 어떠한 한정된 내용도 그 형식에 부합하는 내용이 될 수 없다. 그러나 이러한 대립은 개체성의 개념 속에서는 단지 잠재적인 대립에 불과했었다. 왜냐하면 그러한 개념 속에서 작품은 아직 개체성에 대해 외적인 것으로 정립된 것이 아니라, 단지 활동적인 가능성의 단계에서만 있었기 때문이다. 그러나 행위란 곧 가능태에서 존재로의 필연적인 이행작용이다. 또한 존재 속에서 가능태는 하나의 규정이 된다. 그러므로 이러한 이행작용으로서의 행위는 언제나 하나의 규정에 도달하지만 그 자체는 규정이 아니다. 개체성의 의식은 이제 보편성의 형식, 즉 존재라는 무한정한 공간이 되었다. 여기서는 여하한 규정도 가능하긴 하지만, 오직 제한과 부정으로서만 가능하다. 나의 작품 속에서 내가 보는 것은 특수하고 우연적인 내용이지, 형식의 보편성, 자기의식의 자기동등성이 아니다. 나는 나의 작품을 넘어서 있다. 다시 말해서 나는 나의 근원적으로 한정된 본성을 초월하여 그 본성이 진정한 행위를 의미하는 나의 행위에 부적합함을 발견하는 것이다. 자기의식——외타적 존재 내에서의 자기동등성——은 이제 자기동등성으로서 외타적 존재와 대립적인 관계에

---

5) 《정신현상학》 첫머리에서 보편자로서의 「여기」를 발견한 이래 의식 자체가 「존재라는 무한정한 공간」임을 알고 있다. 이미 칸트 해석을 통해 드러나는 피히테에게서의 공간은 가능한 보편적 직관으로서의 자아이다. 헤겔은 이러한 이미지를 사용하고 있다.

놓여 있다. 따라서 우리는 다시금 이전 단계로, 즉 개인이 세계와 동일시되기보다는 그 세계와 대립되는 낭만주의의 관념론으로 되돌아가는 것 같다.

이제 개인적 의식이 그것의 경험이 마무리되어 갈 무렵에서 도달하는 대립은 이전 단계의 변증법에서는 그것의 출발점이었다. 거기서 개인적 의식은 그 자신이 소원하고 사멸된 것으로 경험한 현실에 대하여 항거를 했었다. 개인적 의식은 자체 내에 (이상적인) 기획(projet)을 담지하면서 시작하였지만, 오히려 현실만이 그 자신의 실현과 진리가 될 수 있음을 발견하는 것으로 끝났다. 반면 여기서 개체성은 현실과 자기동등성에 대한 확신에서 출발하지만, 마침내 그것들이 대립되어 있음을 발견하기에 이른다. 사실상 작품의 한정성(피규정성)은 현실의 내용일 뿐만 아니라, 의식과 반립해 있는 그 현실의 형식——이는 작품 속에 나타난 현실이 자기의식의 대립으로 표출된 것임을 의미한다——이기도 한 것이다. 다시 말해서, 작품의 피규정성은 규정하는 운동과 대립된 현실 전체의 피규정성이다. 「이러한 측면에서 본다면, 현실이란 모름지기 개념으로부터 떨어져 나와 소멸되어 버린 한낱 目前에 펼쳐진 생소한 현실로 나타난다. 작품은 존재한다. 다시 말해서 작품은 다른 개체성들에 대해서 존재한다. 그러나 그들에게도 작품은 생소한 현실이다. 따라서 이 생소한 현실 속에서 그들은 현실과 그들간의 통일에 대한 의식을 획득하기 위하여 스스로의 행위를 통해 그들 자신의 현실을 정립해야만 하는 것이다」(PE, I, 332; PG, 291; 정신현상학, I, 480). 우리는 이 구절에서 오직 대타적 존재가 있기 때문에만 (좁은 의미의) 현실도 있음을 간파할 수 있다.

의식에 비하여 작품의 존재는 대상적인 존재, 대타적인 존재이다. 그러므로 그 작품 속에서 개체성은 자기 자신과 대립할 뿐만 아니라, 다른 개체성들과도 대립한다.[6] 즉 개체성은 그들에 대한 존재가 되는 것이다. 그리하여 우리는 주인과 노예의 변증법을 논의한 이래로 방

---

6) 우리는 개체성이 오직 다른 개체성들과 대립하기 때문에만 자기 자신과도 대립한다는 말을 덧붙일 수 있겠다. 행위를 할 때 나는 타인들에 대한 타인이 되며, 그리하여 나 자신에 대해서도 타인이 된다. 그러나 내가 존재하는 것은 오직 이러한 관계 속에서만이다.

치해 두었던 듯한 상호 주관성의 변증법(la dialectique de l'intersubjec-tivité)으로 돌아갈 것이다. 하지만 이제 상호 주관성의 변증법은 「공동의 작품」, 「만인의 작품이면서 동시에 각인의 작품」이 됨으로써, 진정으로 보편적인 자기의식을 표현하는 작품에 도달하게 될 것이다.

이전 단계의 변증법에서 출발점의 역할을 했던 대립(자기의식과 현실간의 대립)이 이제 새로운 형식 아래 또 하나의 결과로서 재등장한다. 하지만 그와 같은 대립은 사실상 전제되었던 것이다. 의식이 행위를 할 때, 그것은 근원적인 본성을 즉자태로서 전제하는 바, 「이러한 근원적 본성은 오직 행위의 수행만을 위한 순수한 수행의 내용이다.」 그러나 「순수한 행위는 자기동등적인 형식이므로, 결국 그 형식과 근원적인 본성의 한정성은 부등하게 된다」(PE, I, 332; PG, 292; 정신현상학, I, 481). 즉자태(근원적 본성)는 여기서 개념으로 간주될 수 있고, 또 행위는 현실로 간주될 수 있다. 《정신현상학》 전체를 일관해서 개념과 현실이 대립하고 있다. 근원적인 본성(개체성의 존재이거나 작품의 존재)과 행위 사이에는 하나의 불일치가 존재한다. 「행위는 절대적 이행으로서의 근원적 개념이거나 또는 생성으로서의 근원적 개념이다.」 「자신의 작품 속에서 의식은 이제 그 자신의 본질 속에 놓여 있는 개념과 실재 사이의 불일치를 경험한다. 따라서 의식은 그 작품 속에서 스스로의 진면목을 자각할 뿐더러 그 자신에 관해서 지녔던 공허한 개념도 불식시키기에 이른다」(PE, I, 333; PG, 292; 정신현상학, I, 482).[7]

현실이라고 하는 낯선 場 속에 놓여진 작품은 우연적인 것임이 밝혀진다. 그리하여 그것은 앞서(개념 속에서) 우리에게 조화롭게 통일된 것으로 나타났던 계기들 속에 내재하는 가능한 모순들을 펼쳐낸다. 지속적인 존립의 터전 속에서 모든 계기들은 서로가 서로에 대해 무관심하게 된다. 나의 목적이 나의 본성에 정확히 대응하는 것은 우연이다. (나는 나 자신에 관해서 오판을 했을지도 모르며, 또 나의 능

---

7) 사실상 작품은 처음에 보여지듯 그런 한정된 사물로서가 아니라 오히려 운동으로서 나타날 것이다. 즉 작품은 타인들에 의하여 각양각색으로 해석될 것이다. 한정된 사물로서의 작품은 소멸할 것이며, 이러한 소멸운동을 통해 의식은 「객관적 실재」라고 하는 그 자신의 개념을 변혁할 수 있게 된다.

력에 걸맞지 않는 그 무엇을 실현하고자 했을지도 모르는 일이다.)
선택된 제 수단이 목적의 실현에 적합하다는 것도 마찬가지로 우연이
다. (천부적 자질을 타고난 예술가가 숭고한 목적을 지닐 수는 있겠
지만 자신의 목적에 적합한 기법을 발견하지 못할 수도 있을 것이다.)
그리고 현실 자체도 개인의 행위에 대립한다. 「행운은 어떤 잘못 선
택된 목적이나 혹은 잘못 선택된 수단에 대해서도 베풀어질 수 있듯
이 또한 전혀 베풀어지지 않을 수도 있는 것이다」(PE, I, 333; PG,
292; 정신현상학, I, 483).

　이러한 최종적인 대립——실재(객관성)와 개념(주관성)간에 다시금
빚어지는 대립——이 이전의 모든 대립을 요약하고 있다. 자기의식은
대자적으로 존재할 뿐만 아니라 대타적으로도 존재한다. 자기의식은
주관적일 뿐 아니라, 그에 못지 않게 사물이고 객관적인 표출이다. 그
러나《정신현상학》전체가 추적하고 있는 바는, 우리가 그 모든 측면
에 걸쳐서 살펴 보았던 이 근본적인 대립을 초월하는 것이다. 우리는
돌이킬 수 없을 만큼 그 대립 속으로 빠져들어 갈 것인가, 아니면 진
정 새로운 형식(종합)에 이르게 될 것인가?

　여기서 헤겔은 그가 「die Sache selbst」라고 말하는 새로운 현실성
의 개념, 새로운 대상성의 개념으로 고양되는 바, 우리는 이를 「정신
적 대상성(l'objectivité spirituelle)」이라고 부르겠다. 헤겔이 이러한 표
현을 사용하는 까닭은——이는 대체로 가장 풍부한 대상성을 의미하
며, 불어식으로는 「la Chose elle-même」*가 된다——행위의 필연성
을 견지하는 반면 작품의 우연성은 탈피하려는 데 있다. 8) 자신의 작
품이 알고 있는 제한되고 무상한 성격을 통하여, 의식은 자기행위의
우연성을 발견하였다. 그렇지만 행위를 특징지웠던 통일성과 필연성
은 여전히 현존한다. 「목적은 현실과 밀접한 관련을 맺고 있거니와,

---

8) 존재론적 논리학에서 헤겔이 의미하는 事象 자체(die Sache selbst)란 사유와 존재
　의 통일이다. 사유는 事象 자체이다라고 말하는 것은 곧 사유가 존재와 동일하며 존
　재는 사유이다라고 말하는 것이다. 그러나 여기서의 사상 자체는 「보편적 자기의식의
　행위」임이 밝혀졌다. 따라서 그것은 주체이며, 「자아인 존재, 존재인 자아」이다. 그
　러나 이러한 주체는 상호주관성——모든 개체들간의 상호적 관계——을 함의하고 있
　음을 상기하자.
＊ 우리 말에서는 事象 자체라고 번역된다.

이와 같은 목적과 현실의 통일이 곧 행위의 개념을 이루는 것이다」
(PE, Ⅰ, 334; PG, 293; 정신현상학, Ⅰ, 483). 의식이 바로 전에 겪었던
경험의 내용은 소멸하면서도 스스로를 보존하는 작품, 즉 특수한 작
품의 끊임없는 부침을 통해서도 여전히 존속하는 작품이다. 이것이
곧 행위의 필연성, 존재와 행위의 통일의 필연성이다. 작품들은 현실
속에서 행위로 나타난다. 그것들은 다른 작품들에 의해 부정된다. 그
러나 여전히 존속하고 또 현실로 화하는 것은, 엄밀히 말하자면 이러
한 부정의 부정, 각각의 특수한 작품들을 보편적인 본질 속으로 통합
시킴으로써 그것을 초월하는 무한한 운동이다.

　따라서 작품의 부정은 작품과 더불어「소멸 자체가 소멸되는 가운
데」(PE, Ⅰ, 334; PG, 293; 정신현상학, Ⅰ, 484) 소멸된다. 왜냐하면 자연
주의적 의미에서의 현실이란 여기서 지양되기 때문이다. 정립된 것은
그러한 현실과 자기의식간의 통일이다. 그러므로 참된 작품은 덧없이
사라지는 이러저러한 작품이나 (유물론적 의미에서의) 이러저러한 대
상적 실재가 아니다. 오히려 그것은 사물(Ding) 개념을 논의한 이래
로 추구해 왔던 보다 고차적인 통일, 즉 존재와 자기의식 사이의 통
일이다. 이러한 통일이 곧 事象 자체(die Sache selbst)인 것이다. 헤
겔은 지각의 사물(Ding)과 여기서 도달된 정신적 사물, 인간적 사물
(Sache)의 차이를 매우 강조하고 있다. 훗날 《대논리학》에서, 헤겔은
로고스가 事象 자체이며, 또한 그에 못지 않게 사유와 존재의 동일성
이라고 적고 있다. 여기서 이러한 동일성의 의미는 보다 즉각적으로
명료해진다. 그것은 행위하는 자기의식과 존재의 동일성이다.「진정한
작품이란, 곧 스스로를 절대적으로 확인하며, 또 (특수한) 사상——개
인적인 행위의 우연성, 상황, 수단, 그리고 현실의 우연성——과는 무
관하게 지속적인 것으로서 경험되는 사상 자체 (혹은 원인) 이다」(PE,
Ⅰ, 335; PG, 294; 정신현상학, Ⅰ, 485).

　「사상 자체」는 자기의식의 작품으로서 간주된 현실이다. 이는 우리
가 범주로서 추구해 왔던 창조적 주체(sujet créateur)의 단계에서 등
장하는 실재이다. 그러나 사상 자체는, 그것이 최초로 등장하는 형식
아래에서는 아직 구체적인 주체가 아니다. 다시 말해서, 그것은 각각
의 특수성을 지양하고 그들 상호간의 공동적 유대를 통해 이성이 현

현된 세계——우리인 나와 나인 우리——를 실현하는 그런 제 개체성의 합작품으로서의 정신은 아니다. 이러한 진정한 작품, 즉 역사로서의 정신적 주체는 아직 정립되어 있지 않다. 그것을 실현시키기 위해서는 사상 자체가 보편적인 술어의 상태에서 (구체적인) 주어의 상태로 변형되어야만 한다. 그런데 이것은 제 개체성간의 상호작용에 대한 고려를 필요로 하는 바, 이는 우리가 지적했던 것처럼 또 다른 형식에서 자기의식의 매개적 운동을 반복하는 것이다.

　처음에 사상 자체는——추상적인 원인이라고도 말할 수 있을 것이다——의식이 자기 행위의 타당성을 보장하기 위해서 그 행위의 계기들 각각에 귀속시키고 있는 술어이다. 그것은 아직 근원적 본성에 사로잡혀 있는 의식을 성실한 의식이라는 존귀한 상태로 제고시킨다. 왜냐하면 의식의 성실성이란, 그 의식이「관념론」(PE, Ⅰ, 337; PG, 296; 정신현상학, Ⅰ, 488)에 도달하는 정도에 비추어, 또한 진리는 사상 자체라고 선언할 때의 정신적 대상성이 표명하는 정도에 비추어서 판정되기 때문이다. 문제는 보편성의 형식에 도달하는 것이다. 비록 그것이 아직은 칸트의 도덕적 주체의 형식은 못 될지라도, 이러한 형식은 몽테뉴에서 라 브뤼에르(La Bruyère)에 이르는 프랑스 모랄리스트들의 성실성과 대응하고 있는 것 같다. 이 성실성의 도움을 받아 개별자로서의 인간은 동물적 본성 너머로 고양되어 즉자대자적으로 타당한 실재라고 할 이상적인 관념에 도달한다.

　헤겔은 다음과 같이 적고 있다.「사상 자체는 개체성과 대상성간의 대상화되어진 상호 침투이다」(PE, Ⅰ, 336; PG, 295; 정신현상학, Ⅰ, 486). 따라서 자기의식은 그것의 참된 개념——여기서 자기의식은 그 자신의 실체를 파악하게 된다——이 생성되는 모습을 본다. 자기의식의 실체란 이와 같이 모든 타자성을 통하여 지속적으로 존립하는 자기동등성이다. 다시 말해서 그것은 자신의 의미를 드러내고 있는 즉자적 존재의 인간화이며, 몽테뉴의 표현을 빌면 이를 통하여 세계는 의식의 거울이 되는 것이다. 그러나 여전히 개인적인 의식에 머물러 있는 지금의 의식에 있어서, 사상 자체는 한낱 추상적인 작품에 지나지 않는다. 이러한 작품은 특수한 주체들로 간주되는 행위의 계기들 각각에 동등하게 적용될 수 있다.「근원적인 한정성이나 특수한 이 개인이라는 사실, 그의 목적, 수단, 행위 자체, 그리고 현실 등등의 다양한 계기들은 이 의식에게, 한편으로 사상 자체를 위하여 그 의식이 포기하거나 제거해 버릴 수 있는 그런 개별적인 계기들에 지나지 않는다. 그러나 다른 한편으로 사상 자체가 이러한 개별적인 계기들의 본질이 됨으로써, 사상 자체는 이 다양한 계기들 하나하나마다에 자리하고 또 그것들의 술어가 될 수 있는 것이다」(PE, Ⅰ, 336; PG, 295; 정신현상학, Ⅰ, 487).

Ⅲ. 제 개체성간의 유희(상호작용) ; 보편적 자기로의 이행

《정신현상학》이 시작한 이래로 전개된 의식의 활동형식들을 회상해 본다면, 우리는 즉자적 존재의 점진적인 「脫대상화(désobjectivisation)」와 자기의식의 보편화(universalisation)를 주목할 수 있을 것이다. 처음에 의식은 사물들과 관계지워졌다. 이어서 살펴 본 바와 같이 의식은 작품들과 관계지워졌다. 마침내 의식은 「사상 자체」와 관계하는 행동이 되며, 여기서 헤겔은 관념론을 말한다. 그러나 탈대상화는 보완적 측면을 갖는 바 이 점이 간과되어서는 안 된다. 의식의 대상이 보다 정신화되어 갈수록, 또한 의식의 대상이 거기서 자기 자신을 발견하는 자기의식에게 더욱 드러날수록, 그 대상은 (새로운 의미에서) 보다 실재적이 된다. 헤겔적인 용법에 비추어 볼 때, 대상의 즉자적 존재(성)의 해체는 그 나름에 있어서는 전혀 본질적인 것을 상실하지 않는다. 오히려 그것은 대상의 진정한 본질을 밝혀 준다. 「즉자(en soi)」라는 말에 따르면, 즉자적 존재란 진실로 그 자체에 卽해 있는 상태로 생성되어 가는 것이라고 말할 수 있겠다.* 「사상 자체」는 오직 개시적인 知(le savoir révélant)와 주관성의 행위 속에만 현존한다. 그것은 실재적인 사물인 것 못지 않게 자기의식의 행위이고, 또한 대상성인 것 못지 않게 지양된 대상성이다. 보다 잘 표현하자면, 「사상 자체」는 자기의식의 행위를 통해 구명된 사물이라는 것이다. 작품은 그 자체만으로는 가치가 없다. 작품이 가치를 획득하는 것은,

---

* 어떤 것은 오직 그것의 대타적 존재로부터 벗어나 자체 내로 복귀하는 한에서만 즉자적으로 존재한다.

그것이 자기의식의 전개과정을 통해 그 진정성을 인정받을 때이며, 또한 그것이 시간의 검증을 거치고 난 후 정신 속에서 자신의 의미를 발견할 때이다. 그러나 이러한 경험은 우리 자신이 여기서 발견하고 있는 단계를 넘어서고 있다. 그것은 정신의 세계, 즉 (지금은) 정신이지만 곧이어 사상 자체가 될 세계이다. 그리고 이러한 세계는 개체성뿐 아니라 제 개체성간의 유희, 상호작용도 고려할 것을 요구한다. 우리는 이미 자기의식이 출현하는 과정에서 대자적 존재와 대타적 존재라는 범주들을 접했었다. 이제 다시금 우리는 그것들을 만나는 것이다. 자기의식은 필연적으로 대자적인 동시에 대타적이다. 그것은 자기성(ipséité)이다. 그러나 또한 그것은 대상성(objectivité)으로서 나타난다. 우리는 이러한 이중성을 생동하는 자기의식들간의 직접적인 조우 속에서 검토하였다. 자기의식이 生의 자기의식으로서 출현하는 것은 곧 대상화이면서 동시에 대상화의 지양이다.[9] 작품 역시 대타적으로(타인들을 위해서) 존재하는 것이다. 그러나 또한 그것은 대아적으로(pour moi; 나 자신을 위해서) 존재하는 것이기도 하다. 「事象 자체」에 의하여 작품의 소멸이 부정되고, 또 그것을 통하여 필연적 행위로서의 자기의식이 자연적인 대상성을 극복한다. 이러한「事象 자체」는 한 개인의 事象인 동시에 다른 개인들의 事象이기도 한다. 이와 같은 구별은 이미 힘의 단계에서 등장했던 구별을 연상케 한다. 힘은 대자적이면서 또한 그에 못지 않게 대타적이다. 헤겔 스스로 그것들간의 유사성을 지적하고 있다. 「여기서 감성적 확신과 지각에 대응하는 운동이 전개된다」(PE, I , 337; PG, 295; 정신현상학, I , 486). 우리 견해로는, 보다 높은 단계의 변증법은 언제나 보다 낮은 단계의 변증법을 해명하는 실마리를 제공한다. 헤겔이 힘의 대자적 존재(성)과 대타적 존재(성)을 말할 때, 그는 이미 자기의식들간의 관계를 생각하고 있었다.

따라서 성실한 의식은 자신의 행위를, 「事象 자체」가 그에 대해서

---

9) 인정투쟁에 관한 논의로는 제Ⅲ부, 제1장을 참조. 각각의 자기의식은 대자적이다. 그러나 동시에 다른 자기의식에 대해서 그것은 하나의 대상(대타적)이다. 자기의식이 타자로 하여금 그 자신을 인정하도록 강요하는 것은 바로 이와 같은 대상적 성격의 부정을 통해서이다.

존재한다라는 보편적 기준과 관련시킴으로써 그것을 정당화하고자 할 것이다. 그러나 이러한 기준은 추상적이기 때문에, 성실한 의식은 그 것을 각각의 특수한 계기에 적용시킬 수 있을 것이며, 그리하여 그 의식의 성실성이란 가상에 지나지 않음이 밝혀질 것이다.

비록 의식이 그 자신의 계기들 중의 하나에서나 혹은 어떤 하나의 의미 속에서「事象 자체」에 도달하지 못한다고 할지라도, 필경 의식은 또 다른 계 기 속에서 그 事象 자체를 포획한다. 그러므로 의식은 언제나 스스로의 개 념에 따라 그 자신이 누려야 할 만족을 기필코 누리고 마는 것이다. 제반 사태의 진행 여부에 관계 없이 의식은 언제나「事象 자체」를 완수하고 성취 하기에 이르고 마는 것이다. 왜냐하면「事象 자체」는 이 모든 계기들을 총 괄하는 보편적인 類이며, 또 그 계기들 각각의 술어이기 때문이다(PE, Ⅰ, 337; PG, 296; 정신현상학, Ⅰ, 488)

의식이 그 자신의 목적을 실현하지 못한다고 가정해 보자. 그렇지 만 의식은 적어도 그 목적을 의욕했다(voulu). 사실상 이 점이야말로 본질적인 것이며, 事象 자체이다. 또는 제반 상황이 불리한 탓으로 의식이 아무것도 하지 못했다고 가정해 보자. 의식은 여전히「여우와 신 포도」의 우화를 인용할 수는 있겠다.「저 포도는 실걸, 멋 모르는 바보가 당하도록 내버려 두는 편이 났겠다.」이 경우 事象 자체는 엄 밀히 말하자면 현실과 의식이 지닌 욕구의 통일이었다. 또는 의식의 주변에서 그 의식이 참여하지 않고 있는 대사건——예를 들어 나폴레 옹의 會戰——이 발생하고 있다고 가정해 보자. 이때 의식은 이 사건 에 대한 자신의 무기력한 관심을 事象 자체로 받아들인다. 의식은 그 사건에 관심을 기울이게 되는데, 이러한 관심이 곧 그 의식이 선택할 수 있었던 사건에서 중요한 비중을 차지한다.

이렇듯 다양한 계기들을——이 계기들에게는 언제나「事象 자체」라 는 술어가 적용될 수 있다——주워 모으는 과정에서 마침내 성실한 의 식은 자신의 불성실, 자기 자체 내에 놓여 있는 모순을 발견한다. 순 수한 행위는 본질적으로 특수한 개인의 행위이지만, 동시에 현실이고 事象이기도 하다. 마찬가지로 이른바 현실이란 개인의 행위일 뿐 아 니라 행위일반이기도 하다. 이러한 이유로 해서 때로 개인은 그가 事 象 자체를 추상적인 사유로서 다루고 있다고 생각하며, 또 때로 그것을 그 자신의 事象으로 다루고 있다고 생각한다. 그러나 이 모두의 경우에서, 그는 변증법의 제물이 되고 만다. 그가 오직 事象일반만을 의욕한다고 믿을 때, 그는 이 事象일반을 위해 자기 자신을 포기한다. 우리가 체 개체성간의 유희(상호작용)를 고려할 때, 이러한 내용상의 구별은 형식상의 구별——대자적 존재와 대타적 존재——이 된다. 달리 말하면, 개인적 의식이 그 계기들 중의 하나를 외부에 드러낼 때, 그것은 나머지 다른 계기는 자기 자신 속에 보존한다. 상호 기만이 일어나는 것이다. 그러나 개인들은 서로서로에 대해서뿐만 아니라 그들 자신도 기만하고 있다. 즉 의식이란 결코 자신이 생각하는 모습과 일치하는 것은 아니다. [10]

　내가 노동을 하고 나의 작품을 과시할 때, 예를 들어 나는 학문에 대한 사랑을 위해서 노동한다고 자처한다 작품에 대한 내 관심은 오로지 지식의 일반적 증진에 있다. 적어도 이것이야말로 내가 타인들에게 나 자신을 제시하는 방식이다. 타인들 역시 처음에는 事象을 이와 다르게 보지 않고 있다. 이러한 이유로 해서, 그들은 나에게 그들 자신이 이미 나의 작업을 완수했고, 따라서 내가 했던 일은 쓸모없다고 말하거나 나에게 도움을 제공하겠다고 말한다. 그러나 그들은 곧 실망을 하고 만다. 왜냐하면 그들은 내가 작품 그 자체에는 관심이 없고, 오히려 그 작품이 나의 소유물인 한에서만 관심을 두고 있음을 발견하기 때문이다. 대타적 존재는 대자적 존재와 동일한 것이 아니다. 물론 나에게 진실인 것은 모든 사람들에게도 마찬가지로 진실일 수 있으며, 그리하여 그들이 불평한다면 그것은 잘못이다. 「스스로 기만당한 듯이 여긴다거나 혹은 기만당했음을 자처하는 사람의 경우에도 실은 그들 자신이 똑같은 방식으로 기만하려고 했었다」(PE, I, 341; PG, 299; 정신현상학, I, 495). 이와는 반대로 작품이 오직 우리의 것인 한에서, 우리가 그 작품에 관심을 기울인다고 자처할 때 우리는 모름지기 事象 자체에 관심을 갖고 있음을 발견하게 될 것이다. 창조를 하고 작업일반을 수행한다는 것은 대낮의 광명 속으로 드러나기를

---

10) 개인은 스스로가 보편적 원인을 위해 일한다고 믿을 때 오히려 사익을 추구하고 있다. 반면 스스로는 사익을 추구한다고 믿을 때 개인은 그 자신을 초월하는 원인을 위해 일하는 것이다.

원하는 것이 아닌가?

그러나 그들이 무엇인가를 행함으로써 대낮의 광명 속에 제모습을 드러낼 때 그들은 대낮의 광명, 보편적인 의식, 그리고 만인의 참여 따위를 배제하기를 원한다고 하는 처음의 기도와 단적으로 모순된다. 이와 같이 무엇인가를 실현한다는 것은 오히려 자기 자신의 고유한 소유물을 보편적인 요소속으로 노정시키는 것이며, 이로 인해서 그것은 만인의 事象이 되고 또한 마땅히 그렇게 되어야만 하는 것이다(PE, I, 341; PG, 299~300; 정신현상학, I, 495).

하나의 작품을 시작하자마자 헤겔의 표현을 빌자면, 「신선한 우유로 날아드는 파리와도 같이」(PE, I, 341; PG, 300; 정신현상학, I, 495) 타인들이 그리로 떼지어 몰려와 그들이 그 작품에 얼마나 관여되어 있는가를 알고자 한다.

내용(事象일반과 특수한 나의 事象)과 형식(대자적 존재와 대타적 존재) 사이의 이중적인 모순은 보다 고차적인 종합 속에서 해소되어야만 한다. 이러한 종합 속에서 事象 자체는 추상적인 술어의 상태로부터 구체적인 주어의 상태로 고양된다. 그리하여 그것은 나의 事象이면서 동시에 만인의 事象인, 즉 대타적으로(타인에 대해) 존재함으로써 대아적으로(나에 대해) 존재하는 事象이 되고, 그 대타적 존재 속에서 대아적 존재인 事象이 되는 것이다. 이러한 事象은 만인과 각인에 공통적으로 속하는 공동의 작품이다. 여기서 제 개체성과 또 그것들 상호간의 기만의 유희가 지양되어 그것들 각각은 스스로를 보편적인 자기로서 재발견한다. 이러한 事象은 모름지기 정신적 본질이다. 「그것은 그 존재가 특수한 개인의 행위이면서 이에 못지 않게 모든 개인의 행위인 그런 본질이며, 그리고 그 행위는 직접적으로 타인에 대해서 존재하는 하나의 事象이지만, 만인과 각인의 행위로서만 하나의 事象이 되는 그런 본질인 것이다. 다시 말해서 그것은 모든 본질들의 본질이 되는 본질, 즉 정신적인 본질이다」(PE, I, 342; PG, 300; 정신현상학, I, 496). 사실상 이것이야말로 「존재인 자아, 자아인 존재」를 뜻하는 범주이다. 그러나 앞에서 범주는 사유와 존재의 통일로서 규정되고 그리하여 사유에 대해서 존재하였던 것에 반하여, 이제 그것은 실재하는 자기의식에 대해서 존재하고 그리하여 내용 전체가 되는 것이다. 왜냐하면 지금은 모든 내용이 이러한 정신적 본질 아래 포섭되어 자기의식의 작품인 세계의 일부가 되기 때문이다. 그와 같은 세계가 곧 정신, 다시 말해서 만인의 작품이면서 동시에 각인의 작품이다. 우리는 이미 개별적인 자기의식을 넘어섰다. 그것은 그 나름대로 본성에서 성실성으로, 또 성실성에서 도덕성과 인륜적 세계의 사유로 이행하면서 보편적인 자기로 고양되었다. 확실히 그러한 사유가 개별적인 자기의식에 속하는 한에서, 인륜적 세계의 사유는 아직 실재하는 정신은 되지 못하고 한낱 사유——법칙 제정자로서의 이성과 법칙 심리자로서의 이성에 관한 소절에서 논의되고 있는——에 지나지 않는다. 그러나 지금 거론된 두 장은 단지 자기의식의 변증법 이래로 예견되었던 새로운 세계로의 이행 역할을 할 뿐이다. 이 세계가 다름아닌 정신의 세계, 즉 자기가 실체 속에서 정립되고 실체가 자기 속에서 정립되는 세계이다.

Ⅳ. 법칙 제정자로서의 이성과 법칙 심리자로서의 이성

우리는 「만인의 작품이면서 동시에 각인의 작품」으로서의 정신적 본질의 단계에 도달하였다. 한 개인의 행위를 이루는 계기 전체의 일반적 술어가 될 수 있고, 따라서 그 계기들에게 특정한 보편성을 제공하는 추상적인 「事象 자체」는 이제 「절대적인 事象」(PE, Ⅰ, 343; PG, 301; 정신현상학, Ⅰ, 498)이 된다. 이러한 「事象」은 보편적 존재이면서 그 존재의 자기인 까닭에, 그것을 넘어선다는 것은 불가능한 일이다. 개체성은 자신을 속박하고 있었던 특수한 본성을 초월했다. 다시 말해서 개체성은 보편적인 자기로 고양되었다. 이와 반대로 형식적인 「事象 자체」는 그것의 내용과 구별들을 행위하는 개체성 속에서 획득한다. 보편자는 더 이상 특수한 의식들에 대립하지 않는다. 오히려 보편자는 그 특수한 의식들 속에서 자신의 고유한 내용을 발견한다. 이것이 곧 「순수의식(pure conscience)」이란 보편자이면서 또한 「이-자아」인 보편자이다. 헤겔은 이와 같은 정신적 본질의 제 규정(즉자적이라는 것과 대자적이라는 것)에 진리라는 규정을 덧붙이고 있다. 이 단계에서 진리는 의식에 있어서의 확실성과 동등하다. 다시 말해서 그것은 존재가 동시에 자기가 되는 인륜적 세계이다. 그리고 이러한 세계는 「이-자기의 의지(la volonté de ce Soi)」이다. 따라서 헤겔은 진리를 존재와 행위의 통일로서, 즉 인간 작품——즉자적이고 또 대자적인 작품, 범주로서의 작품——으로 규정하게 되는 것이다. [11]

여기서 논의되고 있는 의식은 인륜적 실체의 의식, 인륜적 의식 (PE, I, 344; PG, 302; 정신현상학, I, 498)이다. 하지만 그것은 여전히 개별적인 의식의 차원에 머물러 있다. 따라서 인륜적 의식이 자체 내에서 인륜적 실체를 정립할 때, 그것은 그 실체를 드러내어 그것에 우연성의 형식이나 형식적인 知의 형식을 부여한다. 이제 우리가 검토하게 될 경험들(법칙 제정자로서의 이성과 법칙 심리자로서의 이성)은 이중적인 의미를 지니고 있다. 한편으로 그러한 경험들은 실체의 한가운데 정립된(그러나 여전히 실체와는 분리되어 있는) 자기에 도달한다. 다른 한편으로 실체 및 정신적 본질의 관점에서 보면, 그 경험들은 실체에 현실성을 인정하는 방향으로 나아간다. 즉 그것들은 실체를 정신적인 현실로 고양시킨다. 헤겔은 이와 같은 이중적 과정을 다음 장 첫머리에서 요약해서 제시하고 있다.

사실상 개별자로서의 의식이란 여전히 실체와는 분리되어 있다. 따라서 이 의식은 실체에 자의적인 법칙을 부여하거나 즉자대자적으로 존재하는 법칙을 자신의 知 그 자체 속에 간직하고 있다고 생각함으로써 마치 그 스스로가 이들 법칙을 평가하는 힘이라도 된 양 자부하는 것이다. 또는 실체의 관점에서 고찰한다면, 우리는 이 실체를 즉자대자적으로 존재하기는 해도 아직 그 자신의 의식에는 도달하지 못한 그런 정신적 본질이라고 말할 수 있겠다. 그 자체가 의식으로서의 구체성을 띠면서 동시에 자신을 그 자신에게 표상하는, 즉자대자적인 본질이란 곧 정신인 것이다(PE, II, 9; PG, 313〜4; 정신현상학, II, 8).

---

11) 의식의 대상은 이제 「절대적인 事象」, 「더 이상 확실성과 그 진리, 보편자와 개별자, 목적과 그 실재성간의 대립으로 고통을 겪지 않는 절대적인 事象」, 「그것의 현존이 곧 현실이고 자기의식의 행위인 절대적인 事象이다」(PE, I, 343〜4; PG, 301〜2; 정신현상학, I, 498). 이러한 진리는 또한 작품이기도 하다. 그것은 生으로서의 작품인 동시에 오직 의식의 대자적 상태 속에서만 즉자적으로 존재하는 작품이기도 한 것이다.

　우리는 이제 인륜적 실체가 스스로를 의식하게 되고 또한 의식이 실체의 의식이 되는 새로운 차원의 경험에 도달한다. 당분간 우리는 여전히 그것이 실현되어 가는 도정에 서 있다. 개별적인 자기는 실체의 자기이지만, 여전히 그 실체와 구별되며 또 실체도 이 자기와 분리되어 있다. 「법칙이 나에게 즉자대자적으로 존재한다는 바로 이 점에서 나는 인륜적 실체에 몸 담고 있는 것이다. 따라서 인륜적 실체는 자기의식의 본질이다. 그러나 반면 자기의식은 인륜적 실체의 현실이며 현존재이다. 다시 말해서 자기의식은 인륜적 실체의 자기이며, 의지인 것이다」(PE, Ⅰ, 355;　PG, 312;　정신현상학, Ⅰ, 516).　우리는 행위하는 이성의 변증법 첫머리에서, 헤겔이 개체성을 실체의 사유로 인도할 것을 제안하면서 이 사유를 도덕성(moralité)으로 정의했던 것을 기억한다. 그러나 이 도덕은 단지 개별자의 사유에 불과한 까닭에 여전히 인륜적 실체와 분리된 상태에 있으며, 그리하여 그것은 동시에 비도덕의 가능성이기도 하다. 이러한 형식 아래에서 그것을 고찰해 보자.

　처음에 개별적인 자기의식은 그 스스로가 무엇이 정당하고 무엇이 선한가를 즉각적으로 안다고 믿는다. 그것은 직접적으로 타당할 계율로서 「누구나 진실을 말해야만 한다」거나 「네 이웃을 네 몸처럼 사랑하라」고 선포한다. 그러나 이와 같은 계율은 그것들이 표현하다고 주장했던 필연성에 부합되지 못함이 판명된다. 그것들은, 오직 그것들을 제정하고 있는 형식적인 의식의 개체성에서 기인하는 우연성만을 표출한다. 우리는 진실을 말해야 한다. 그러나 진실을 말한다는 것은 그 진실에 대한 우리의 앎을 전제하며, 또 그 앎은 상황과 개인의 신념을 전제한다. 이러한 사정은 「네 이웃을 지혜롭게 사랑하라. 왜냐하면 우둔한 사랑은 그들에게 증오 이상의 해악을 끼칠 것이기 때문이다」(PE, Ⅰ, 346;　PG, 304;　정신현상학, Ⅰ, 503)라는 두번째 명령의 경우 더욱 잘 들어맞는다. 따라서 이 법칙들은 심리될 경우 그 직접성을 상실한다. 또한 그것들을 제정하는 형식적이며 개별적인 의식만큼이나 자의적인 것임이 드러난다. 이러한 특수한 내용들의 우연성은 보편성과 필연성으로서의 실체에 의하여 지양된다. 그러나 개인이 입법을 주장한다면, 그의 계율은 특수한 자기의식에서 발단된 것으로 보이며, 그리하여 한낱 자의적인 지시나 주인의 명령에 지나지 않게 된다. 실체 속에서 이러한 명령들은 단지 명령에 그치는 것이 아니다. 오히려 그것들은 즉자적으로 타당하다. 그것들은 즉차적으로 존재한다. 그러나 특수한 의식이 그 명령을 선포할 경우, 그것은 그 명령의 절대적인 본성과 일치하지 않는 자의적인 성격을 띠게 된다.

　인륜적 실체의 보편성과 필연성을 철저하게 사유했던 자기(soi)는 여전히 마지막 수단을 확보하고 있다. 직접적으로 법칙을 제정하는 대신에 자기는 오히려 법칙들을 심리할 수가 있다. 법칙들의 내용은 이미 주어진 것이다. 의식이란 단지 내용의 타당성을 확인하기 위해 그 내용을 검증하는 척도의 단위에 불과하다(PE, I , 348; PG, 306; 정신현상학, I , 506). 따라서 우리는 하나의 격률이 보편적 입법으로서 타당할 수 있는 일반적인 조건만을 제시하는 칸트의 규칙(la règle)에 도달한다. 그러나 이미 주어진 내용을 검증하는 이와 같은 방식이란 한낱 동어반복만을 선언할 뿐이다. 예를 들어 재산(propriété)의 경우를 살펴 보자. 재산은 구체적인 규정이며 특수한 내용이다. 만약 우리가 재산이 즉자대자적으로 존재하는지, 다시 말해서 여타의 어떤 것에 준거하지 않고서도 존재하는지의 여부를 확인하고 싶다면, 우리는「재산은 재산이다」를 「비재산은 비재산이다」와 동등하게 말할 수 있어야 한다. 다른 한편 재산과 필요(욕구)의 관계나 재산과 인간의 관계를 고찰한다면, 재산은 비재산(재산의 사유가 행해지지 않는 것 ; la non-propriété)──재산공유제(la communauté des biens)──못지 않게 자기모순적이다. 헤겔은 다음과 같은 매우 주목할 만한 지적을 하고 있다. 「이론적 진리의 인식을 위해서 단지 형식적인 기준으로서만 인정되는, 즉 진리와 비진리 그 어느 것에 대해서도 다 같이 무관심한 것으로 간주되는, 동어반복이라고 할 모순율이 실천적 진리의 인식을 위해서는 형식적인 기준 이상의 역할을 해야만 한다면 이는 실로 해괴한 현상이라고 하지 않을 수가 없다」(PE, I , 351; PG, 308; 정신현상학, I , 510).

　사실상 법칙의 심리는 이미 개별적 의식의 비도덕성을 예고하는 서막일 것이다. 「마찬가지로 두번째 계기도, 그것이 고립되어 있는 한에서 법칙의 검증과 不動者의 가동을 의미한다. 그것은 또한 추리작용을 통해 스스로를 절대적인 법칙들로부터 자유롭게 방면시키는 가운데 그 법칙들을 자신에게 생소한 恣意로 간주하는 知의 교만함을 의미하기도 한다」(PE, I, 352; PG, 309~10; 정신현상학, I, 512).

각각의 경우(법칙의 제정과 그 검증이란 두 계기)에서 개별적 의식은 인륜적 실체와 부정적인 관계를 맺고 있다. 실체는 오직 (즉각적으로 법칙을 제정하려는) 특수한 개인의 의지라는 형식과 (독자적으로 그 법칙을 심리하려는) 知의 형식 속에서만 등장하였다. 실체는 한낱 현실성을 결여한 당위로서만, 형식적인 보편성의 知로서만 존립할 뿐이다.

그러나 법칙의 제정과 그 검증이란 의식의 두 가지 태도가 지양되었기 때문에, 의식은 다시금 보편자 속으로 복귀하고 그것들간의 대립도 소멸하였다. 이 두 가지 태도는 서로가 분리된 상태에서보다는 오직 지양된 상태로서만 타당함으로써, 정신적 본질이 모름지기 구체적인 실체인 것이다. 그리하여 이 두 가지 태도가 한낱 계기로서 주어져 있을 뿐인 통일은 곧 의식의 자기인데, 이러한 자기는 금후 정신적인 본질 속에서 정립됨으로써 그 본질을 구체적이고도 풍부한 자각적 본질로 고양시킨다. (PE, I, 353; PG, 310; 정신현상학, I, 512).

법이란 개별적 의식의 자의적인 계율이 아니다. 법은 어떤 한 개인의 의지에 기초해 있는 것이 아니라, 오히려 즉자적으로 타당한 것이다.「법이란 직접적인 존재의 형식을 지닌, 만인의 절대적인 순수의지이다.」헤겔은 덧붙인다.「따라서 이러한 순수의지는 단지 존재해야만 하는 (당위적 차원의) 계율이 아니다. 그것은 존재하는 것이고, 또 타당한 것이다. 그것은 직접적인 현실로서의 범주라는 보편적 자아이다. 나아가서 세계란 이와 같은 현실 이외의 다른 것이 아니다」(PE, I, 353; PG, 310; 정신현상학, I, 512~3).

따라서 의식은 개별적인 의식으로서의 그 자신을 지양하였다. 다시 말해서 의식은 매개작용을 거쳤다. 이 매개작용에 의하여 법은 그 자의적 성격을 상실하였다. 의식이 다시금 인륜적 실체의 자기의식이 되는 것은 오직 매개작용이 이루어졌기 때문이다. 본질은 자기의식이고, 또한 자기의식은 본질의 의식이다. 마침내 우리는 정신이 구체적인 실체, 존재 자체로서 정립된 이성——「세계인 개인」(PE, Ⅱ, 12; PG, 315; 정신현상학, Ⅱ, 10)——인 한에서 그 정신에 도달하였다. [12]

---

12) 이러한 세계는 실체와 자기, 진리와 확실성——정신적 실체——간의 평형 상태(l'e-quilibre)를 실현하고 있는 것 같다. 그럼에도 불구하고 그것은 오직 이 두 계기가 새로운 형태를 띠면서도 정신의 체 계기로서 상호 대립하고 있는, 그런 역사 속에서만 자기동일성을 유지할 것이다. 이와 반대로 정신은 오직 자기 자신의 매개를 통해서만, 오직 자기 자신을 재정복할 수 있을 정도로 그 자신을 소외시킴으로써만 자기동일성을 유지할 것이다. 「정신의 이와 같은 생성운동 자체가 곧 역사가 될 것이다.」

참고 문헌 목록

일반적 지시——헤겔 저작의 참조는 J. 호프마이스터가 완성을 서두르고 있는 G. 라손 판에 의거했다. 이 판의 편집은 1905 년 라이프치히에서 시작하여 지금(1946년 현재) 완성 단계에 있다. 그리고 全 20 권으로 완성되어 1927~30 년 사이에 슈투트가르트에서 간행된 글록크너 판도 참조하였다. 더 나아가 G. 라손의 《*Hegel Archiv* I 》(1 권과 2 권), 《*Hegel Archiv* II 》(1 권과 2 권) 및 J. 호프마이스터가 편찬한 《*Dokumente zu Hegels Entwicklung*》, 그리고 1934~40 년 사이에 슈투트가르트에서 간행된 H. 글록크너의 《*Hegel-Lexikon*》도 언급하였다.

I. 《정신현상학》 판본들

원판 : 《*System der Wissenschaft von Ge Wilh Fr. Hegel, Erster Teil, die Phänomenologie des Geistes*》, Bamberg und Würzburg bei Joseph Anton Göbhart, 1807.

《정신현상학》의 또 다른 주요판은 1832 년 판과 1841 년 판이다. 라손과 J. 호프마이스터는 각각 1928 년과 1937 년에 비판적인 편집을 통해 기왕에 나온 여러 판들의 비교 목록을 작성했는데, 여기서 1832년 판과 1841 년 판은 B와 C로 구별되고 있다. 1907 년 라이든에서 간행된 볼란드(Bolland) 판은 1837 년의 텍스트를 재현했다. 번역 및 주석을 위해 이 책에서 사용했던 것은 J. 호프마이스터의 최근 판이다. 헤겔이 임종 직전에 《정신현상학》 개정판을 준비하고 있었다는 것은 잘 알려진 사실이다. 그는 여기서 단지 몇 페이지만을 다시 검토했을 뿐이다.

II. 참고한 《정신현상학》 번역본들

영어판 : 《*Hegel's Phenomenology of mind*》, translated with an

introduction and notes by J.B. Ballie, London, New York (1 ed., 1910; 2 ed., 1931). 이 번역판에는 일반적인 서문이 먼저 게재되어 있다. 중요한 장마다 텍스트의 의미와 역사적인 참고 사항들에 대한 개략적인 설명이 제시되어 있다.

이태리어판 : 《*Fenomenologia dello Spirito*》, traduzione, introduzione e note di Enrico de' Negri Firenze (t. Ⅰ, 1933; t. Ⅱ, 1936). 여기에는 청년 헤겔의 저작과 그 저작의 《정신현상학》과의 관계에 대한 상당히 긴 서론이 게재되어 있다.

「절대知」장의 스페인어 번역판 : 《*Revista de Occidente*》, Madrid, 1935.

불어판 : 《*La Phénoménologie de l'Esprit, par G.W.F. Hegel*》, traduction de J. Hyppolite, Paris, chez Aubier (t. Ⅰ, 1939; t. Ⅱ, 1941). 이 번역판에는 주가 달려 있고, 텍스트 및 주의 참고 사항들에 대한 분석 색인이 포함되어 있다.

「불행한 의식」에 관한 텍스트는 이미 J. 발에 의해 불어로 번역되었다. 이 번역은 《헤겔 철학에 있어서 의식의 불행》이란 중요한 연구서에 포함되어 있고, 또 헤겔 텍스트에 대한 매우 풍부한 주석이 들어 있다. J. Wahl, 《*La Malheur de la conscience dans la philosophie de Hegel*》, Paris, 1929.

J. 발의 번역과 《정신현상학》에 관한 그밖의 다른 번역서들은 헤겔 선집(選集) 속에 수록되어 있다. 《*Morceaux choisis de Hegel*》, traduction et introduction par H. Lefebvre et N. Gunterman, Paris, 1936.

「자기의식의 자립성과 의존성」에 관한 텍스트는 A. 꼬제브에 의해 번역·해설되어 1939년 1월 15일에 발간된 《*Mesures*》誌에 게재되었다. 여기서 꼬제브는 헤겔의 《정신현상학》에 대한 전체적인 해석을 시도하고 있다.

Ⅲ. 헤겔 청년기 저작

청년기 저작에 관한 주요한 연구로는 무엇보다 먼저 딜타이의 노작이 있다.

W. Dilthey: 《*Die Jugendgeschichte Hegels*》, Berlin,1905, 1921.

P. Bertrand: 〈*Le sens du tragique et du destin dans la dialectique hégélienne*〉, Revue de Métaphysique et de Morale, avril, 1940.

J. Hyppolite: 〈*Les travaux de jeunesse de Hegel d'après des ouvrages récents*〉, Revue de Métaphysique et de Morale, juillet-octobre, 1935.

G. Aspelin: 《*Hegels Tübinger Fragment*》, Lund, 1933.

J.W. Schmidt-Japing: 《*Die Bedeutung der Person Jesu im Denken des jungen Hegel*》, Göttingen, 1924.

F. Ephraim: 《*Untersuchungen über den Freiheitsbegriff Hegels in seinen Jugendarbeiten*》, Berlin, 1928.

우리는 이미 「의식의 불행」에 관한 J. 발의 저서를 인용한 바 있다. T. 헤링의 저서, 《*Hegel; Sein Wollen und sein Werk*》(Ⅰ, Ⅱ, Leipzig, 1929)는 《정신현상학》이 출판되기까지의 헤겔의 전 발전과정에 대한 연구이다.

T. Haering: 《*Hölderlin und Hegel in Frankfurt*》, Tübingen, 1943.

청년기 저작에 관한 보다 상세한 정보를 위해서는 앞서 인용된 J. 발의 저서 p. 263 에 있는 동일한 시기에 발간된 저작들의 연대기적 목록을 참조하는 것이 유용할 것이다.

Ⅳ. 《정신현상학》 발간 이전 예나 시절의 헤겔 저작들

G.W.F. Hegel: 《*Erste Druckschriften, nach dem ursprünglichen Text*》, hrsgg von G. Lasson, Leipzig, 1928. 여기에는 〈피히테와 셸링의 철학 체계의 차이〉와 《철학비평지》에 실렸던 헤겔의 논문, 특히 〈신앙과 지식〉 및 〈혹성의 궤도에 관하여〉라는 라틴어 논문이 들어 있다.

예나 시절의 제 1 체계에 관하여 :

《*Hegels Erste System*》, hrsgg von H. Ehrenberg und Link, Heidelberg, 1915. 이 텍스트에는 제 1 체계에 대한 일반적 해석을

전개한 H. 에렌버그의 서문이 실려 있다.

《*Hegels Ienenser Logik, Metaphysik und Naturphilosophie*》, hrsgg von G. Lasson, Leipzig, 1923(t. XVIII des Œuvres complètes).

《*Hegels Ienenser Realphilosophie* I》, hrsgg von J. Hoffmeister, Leipzig, 1932(t. XIX des Œuvres complètes).

《*Hegels Ienenser Realphilosophie* II》 (Vorlesungen von 1805~6), hrsgg von J. Hoffmeister, Leipzig, 1931(t. XX des Œuvres complètes).

이 저작들에 관해서는 다음을 참조하라.

H. Scholz: 《*Hegels erstes System*》, Preuss. Monatshefte, 1916.

J. Schwarz: 《*Die antropologische Metaphysik des jungen Hegel*》, Hildesheim, 1931.

J. Hoffmeister: 《*Gœthe und der deutsche Idealismus. Eine Einführung zu Hegels Realphilosophie*》, Leipzig, 1932.

최근의 간행물으로는 A. 꼬이에르의 〈*Hegel à Iena*〉(Revue d'historie et de philosophie religieuse, Strasbourg)이 1934년 알리앙 社에서 출판되었다. 이 논문은 시간에 관한 헤겔 텍스트의 해석 및 주석을 담고 있다.

J. Hyppolite: 〈*Vie et prise de conscience de la vie dans la philosophie hégélienne d'Iena*〉, Revue de Métaphysique et de Morale, 1936.

J. Badelle: 〈*Conclusion d'un mémoire sur la signification de la foi* dans *Glauben und Wissen*〉, Revue philosophique, 1942~3.

헤겔 생전에 편집되거나 출간되지 않은 예나 시절의 정치적 저작들에 관하여 :

《*Hegels System der Sittlichkeit*》, hrsgg von G. Mollat, Osterwieck, 1893.

《*Hegels Schriften zur Politik und Rechtsphilosophie*》, hrsgg von G. Lasson, Leipzig, 1913(t. VII des Œuvres complètes).

이 저작들에 관해서는 F. 로쩬쯔바이크의 저서와 뒤에서 인용할 M. 부세의 저서를 참고하라. 또한 헤겔 특집호(Revue de Métaphysique et de Morale, juillet-septembre, 1931)에 게재된 E. 뻬에멜의 〈헤겔의 정치사상〉을 참고하라.

V. 《정신현상학》에 관한 일반적 참고 문헌

J. C. BRUIJN: 《*Hegels Phänomenologie, I-II, Teckverklaring*》, Amsterdam, 1923.

C. NINK: 《*Kommentar zu den grundlegenden Abschnitten von Hegels Phänomenologie des Geistes*》, Regensburg, 1931.

H. EBER: 《*Hegels Ethik in ihrer Entwicklung bis zur Phänomenologie des Geistes*》, Strasbourg, 1909.

F. ROSENZWEIG: 《*Hegel und der Staat*》, I, II, Oldenburg, 1920.

M. BUSSE: 《*Hegels Phänomenologie des Geistes und der Staat*》, Berlin, 1931.

W. DRESCHER: 《*Die dialektische Bewegung des Geistes in Hegels Phänomenologie*》, Speyer, 1937.

R. W. WILCOCKS: 《*Zur Erkenntnistheorie Hegels in der Phänomenologie*》, Halle, 1917.

VI. 《정신현상학》의 각 장에 관한 연구

A. GABLER: 《*Kritik des Bewusstseins, eine Vorschule zu Hegels Wissenschaft der Logik*》, 1827, 2e éd., par Bolland, Leyde, 1901.

W. PURPUS: 《*Die Dialektik der sinnlichen Gewissheit bei Hegel*》, Nürnberg, 1905.

——《*Zur Dialektik des Bewusstseins nach Hegel*》, Berlin, 1908.

C. ANDLER: 《*Le fondement du savoir dans la Phénoménologie de l'Esprit*》, Revue de Métaphysique et de Morale, juillet-septembre, 1931.

우리는 이미 《정신현상학》의 역자 서문과 독일의 G. 라손 및 J. 호프마이스터의 편집자 서문에 대해 언급한 바 있다. 또한 우리는 A. 꼬제브의 「자기의식의 자립성과 의존성」에 관한 연구와 J. 발의 「의식의 불행」에 관한 저서를 언급하였다.

V. Basch: 《*Les doctrines politiques des philosophies classiques de l'Allemagne*》, Paris, 1927. (《정신현상학》의 일부분에 요약을 담고 있다.)

J. Hyppolite: 〈*La signification de la Révolution française dans la Phénoménologie de Hegel*〉, Revue philosophique, septembre-décembre, 1939.

Ⅶ. 헤겔에 관한 일반적 참고 문헌들(연대기적 순서)

Michelet: 《*Entwicklungsgeschichte der neuesten deutschen Philosophie*》, Berlin, 1842.

M. J. Schleiden: 《*Schellings und Hegels Verhältnis zur Naturwissenschaft*》, Leipzig, 1844.

K. Rosenkranz: 《*Hegels Leben*》, Berlin, 1844.

R. Haym: 《*Hegel und seine Zeit*》, Berlin, 1857.

K. Rosenkranz: 《*Apologie Hegels gegen Haym*》, Berlin, 1858.

A. Vera: 《*Le Hégélianisme et la Philosophie*》, Paris, 1863.

J. H. Stirling: 《*The Secrét of Hegel*》, London, 1865.

L. Michelet: 《*Hegel, der unwiderlegte Weltphilosoph*》, Leipzig, 1870.

K. Rosenkranz: 《*Hegel als deutscher Nationalphilosoph*》, Leipzig, 1870.

J. Erdmann: 《*Hegel*》(Allg. deutsche Biographie, 11 Bände), 1880.

O. Hering: 《*Vergleichende Darstellung und Beurteilung der Religionsphilosophie Hegels und Schleiermachers*》, Iena, 1882.

E. Caird: 《*Hegel*》, London, 1883.

J. Werner: 《*Hegels Offenbarungsbegriff*》, Leipzig, 1887.

Lévy-Brühl: 《*La Théorie de l'Etat dans Hegel*》, Séances et Travaux de l'Académie des Sciences morales et politiques, XXXII, 1889.

J. Jaurès: 《*De primis socialismi germanici lineamentis apud Lutherium, Kant. Fichte et Hegel*》, Paris, 1892.

V. Delbos: 《*Le problème moral dans Spinoza et dans l'histoire du Spinozisme*》, Paris, 1893(sur Hegel, p. 436∼84), (cf. également les études de Delbos recueillies en 1939 dans l'ouvrage 《*De Kant aux postkantiens*》, Paris, 1939).

J. M. C. Taggart: 《*Studies in the Hegelian Dialectic*》, Cambridge, 1896.

J. Royce: 《*Spirit of modern Philosophy*》, Boston, 1896.

G. Noel: 《*La Logique de Hegel*》, Paris, 1897.

K. Fischer: 《*Hegels Leben, Werke und Lehre*》, 2 Bände, Heildelberg, 1901.

J. Baillie: 《*The Origin and significance of Hegel's Logic*》, London, 1901.

J. Bolland: 《*Alte Vernunft und neuer Verstand*》, Leiden, 1902.

H. Hadlich: 《*Hegels Lehren über das Verhältnis von Religion und Philosophie*》, Halle, 1906.

B. Croce: 《*Cio che è vivo e cio che è morto della filosofia di Hegel*》, Bari, 1907.

R. Berthelot: 《*Evolutionnisme et Platonisme*》, Paris, 1908.

Dreyer: 《*Der Begriff Geist in der deutschen Philosophie von Kant bis Hegel*》, Berlin, 1908.

L. Sehring: 《*Hegels Leben und sein Wirken*》, Berlin, 1908.

G. Lasson: 《*Beiträge zur Hegelforschung*》, Berlin, 1909.

Brunstaed: 《*Untersuchungen zu Hegels Geschichtsphilosophie*》, Berlin, 1909.

W. Jamer: 《*A pluralistic Universe*》, London, 1909.

F. ENRIQUES: «*La metafisica di Hegel*», Rivista di filosofia, 2, 1910.

E. SULZ: «*Hegels Philosophische Begründung des Straftrechts. ...*», Berlin, 1910.

G.W. CUNNINGHAM: «*Thought and Reality in Hegel's System*», New York, 1910.

S. BRIE: «*Der Volksgeist bei Hegel und die historische Rechtsschule*», Berlin, 1910.

J. EBBINGHAUS: «*Relativer und absoluter Idealismus*» (von Kant bis Hegel), Leipzig, 1910.

KRONENBERG: «*Geschichte des deutschen Idealismus*», II, München, 1912.

P. ROQUES: «*Hegel, sa vie et ses œuvres*», Paris, 1912.

A. PHALEN: «*Das Erkenntnisproblem in Hegels Philosophie*», Upsala, 1912.

B. CROCE: «*Saggio sullo Hegel*», Bari, 1913.

G. BALBINO: «*Der Grundirrtum Hegels*», Graz, 1914.

T. DIETER: «*Die Frage des Persönlichkeit Gottes in Hegels Philosophie*», Tübingen, 1917.

J. ROYCE: «*Lectures on modern idealism*», New Haven, 1919.

H. HEIMSOETH: «*Hegel; ein Wort der Erinnerung*», Erfurt, 1920.

F. ROSENZWEIG: «*Hegel und der Staat*», 2 Bände, Oldenburg, 1920.

F. BULOW: «*Die Entwicklung der Hegelschen Sozialphilosophie*», Leipzig, 1920.

CASSIRER: «*Das Erkenntnisproblem*», 3 Bände, Berlin, 1920.

V. DELBOS: «*Les facteurs kantiens dans la philosophie allemande à la fin du XVIIIe siècle et au commencement du XIXe*», Revue de Métaphysique et de Morale, 1921, 1922.

E. BRÉHIER: «*Histoire de la Philosophie allemande*», Paris, 1921.

H. A. REYBURN: «*The ethical theory of Hegel*», Oxford, 1921.

A. BRUNSWIG: 《*Hegel*》, München, 1922.

R. KRONER: 《*Von Kant bis Hegel*》, Tübingen, 1921, 1924.

A. VALENSIN: 《*L'histoire de la philosophie d'après Hegel*》, Paris, 1923.

N. HARTMANN: 《*Aristoteles und Hegel*》, Erfurt, 1923.

W. T. STACE: 《*The philosophy of Hegel*》, London, 1924.

H. GLOCKNER: 《*Der Begriff in Hegels Philosophie*》, Tübingen, 1924.

J. HESSING: 《*Das Selbstbewusstwerden des Geistes*》, Leiden, 1925; traduction allemande, Stuttgart, 1936.

V. BASCH: 《*La doctrine politique des philosophes classiques de l'Allemagne*》, Paris, 1927.

G. GIESE: 《*Hegels Staatsidee*》, Halle, 1927.

Betty HEIMANN: 《*System und Method in Hegels Philosophie*》, Leipzig, 1927.

LEISEGANG: 《*Denkformen*》, Berlin, 1928.

SCHILLING-WOLNY: 《*Hegels Wissenschaft von der Wirklichkeit*》, I, München, 1929.

N. HARTMANN: 《*Die Philosophie des deutschen Idealismus*》, 2 Bände, Berlin, Leipzig, 1929.

T. HAERING: 《*Hegel; sein Wollen und sein Werk*》, Leipzig, 1 Bände, 1929; 2 Bände, 1938.

H. GLOCKNER: 《*Hegel*》, Stuttgart, 1 Bände, 1929; 2 Bände, 1940.

W. MOOG: 《*Hegel und die hegelsche Schule*》, München, 1930.

E. de NEGRI: 《*La nascita della dialectica hegeliana*》, Firenze, 1930.

Revue Logos: 《*Hegelheft*》(20 Bände, 2), 1931, 1933.

Revue de Métaphysique et de Morale, 《*N° spécial consacré à Hegel*》, juillet-septembre, 1931.

A. KOYRÉ: 《*Note sur la langue et la terminologie hégéliennes*》, Revue philosophique, Paris, 1931.

410

《*Verhandlungen des ersten, zweiten, dritten Hegelkongresses*》,
　　　Tübingen, 1931, 1932, 1934.

K. NÆDLER: 《*Der dialektische Widerspruch in Hegels Philos-
　　　ophie und das Paradox des Christentums*》, Leipzig,
　　　1931.

V. KUIPER: 《*Hegels Denken. Die Erhebung zum speculativen
　　　Standpunkt*》, Roma, 1931.

ALAIN: 《*Idées*》, Paris, 1932.

H. MARCUSE: 《*Hegels Ontologie und die Grundlegung einer
　　　Theorie des Geschichtlichkeit*》, Frankfurt, 1932.

Hans G. BOEHM: 《*Das Todesproblem bei Hegel und Hölderlin*》,
　　　Hamburg, 1932.

T. STEINBÜCHEL: 《*Das Grundproblem der hegelschen Philosop-
　　　hie*》, Bonn, 1932~5.

H. BRINCKMANN: 《*Die Idee des Lebens in der deutschen Roma-
　　　ntik*》, Augsburg, 1936.

L. PELLOUX: 《*La Logica di Hegel*》, Milano, 1938.

J. SCHWARZ: 《*Hegels philosophische Entwicklung*》, Frankfurt
　　　am Main, 1938.

W. AWMANN: 《*Zur Frage nach dem Ursprung des dialektischen
　　　Denken bei Hegel*》, Würzburg, 1939.

Ⅷ. 그밖의 참고 문헌들

E. BRÉHIER: 《*Histoire générale de la philosophie*》, Paris, 1926.

L. HERR: 《*La grande Encyclopédie*》, t. XIX, p. 997 ff., article
　　　Hegel.

J. WAHL: 《*Etudes Kierkegaardiennes*》, Paris.

E. MEYERSON: 《*De l'explication dans les sciences*》, Paris, 1927.

Xavier LÉON: 《*Fichte et son temps*》, Paris, 1922, 1924, 1927.

L. BRUNSCHVICG: 《*Le progrès de la conscience dans la philosop-
　　　hie occidentale*》, Paris, 1927.

M. Guéroult: 《*La doctrine de la science chez Fichte*》, Strasbo-
　　urg, 1930, t. I, II.
A. Koyré: 《*La philosophie de J. Böhme*》, Paris, 1929.
M. de Gandillac: 《*La Philosophie de Nicolas de Cues*》, Paris,
　　1941.
R. Le Senne: 《*Introduction à la Philosophie*》, Paris, 1939.
——《*Traité de Morale générale*》, Paris, 1942.
Lévy-Brühl: 《*La philosophie de Jacobi*》, Paris, 1894.
M. Heidegger: 《*Sein und Zeit*》, I, Halle, 1941.
Jaspers: 《*Philosophie*》, II, III, Berlin, 1932.
G. Gurvitch: 《*Fichtes System der konkreten Ethik* 1924》,
　　Tübingen.

역자 후기

이 책은 이뽈리뜨(Jean Hyppolite)의 《헤겔의 정신현상학의 생성과 구조(*Genèse et Structure de la Phénoménologie de l'Esprit de Hegel*)》(Aubier, éditions Montaigne, Paris, 1946) 가운데 《정신현상학》의 「理性」章까지에 해당하는 제1권을 번역한 것이다. 역자는 번역의 정확성을 기하고 《정신현상학》의 텍스트 인용에 있어 독자가 쉽게 원전에 접근할 수 있도록 영역본 《*Genesis and Structure of Hegel's Phenomenology of Spirit*》(trans by Samuel Cherniak and John Heckman, Northwestern University press, Evanston, 1974)를 참조하였다. 따라서 원전 인용의 경우에는 J. 이뽈리뜨 자신이 번역한 《정신현상학》 불어판 페이지 수 외에도 J. 호프마이스터가 편집한 독일어판(《*Phänomenologie des Geistes*》 Hrsg. V. J. Hoffmeister, Hamburg, 1952)과 한국어판(《정신현상학 Ⅰ·Ⅱ》 임석진 역, 분도출판사, 서울, 1980) 페이지 수를 모두 실었다.

헤겔의 《정신현상학》은 인류의 정신사에 등장했던 그 어떤 철학적 문헌들 이상으로 난해한 까닭에 W. 빈델반트 같은 이는, 「이 작품을 처음부터 끝까지 독파한 사람의 수는 손가락으로 헤아릴 수 있을 정도」라고 자신의 철학사에서 적고 있다. 그러나 J. 이뽈리뜨는 명석성의 아버지 R. 데카르트의 후예답게 원전의 품위와 심원한 사상을 결코 손상시키지 않으면서도 그 원전의 세부적인 내용의 분석에서 전체상의 직관에 이르기까지 간명하게 해설함으로써 《정신현상학》, 나아가서는 헤겔 철학 전반에 대한 안내 역할을 충실히 해 내고 있다. 그렇기 때문에 이 책은 헤겔에 관심을 갖는 사람이라면 반드시 거쳐 가지 않을 수 없는 연구서로서 널리 인정을 받고 있는 것이다. 역자로서도 이 점에 유의하여 적지 않은 노력을 기울였지만, 제대로 전달되었는지는 의심스럽다고 하겠다.

　이 책은 《정신현상학》의 서술방식에 비추어 「이성」章까지에 해당하는 제 1 권과 「정신」章 및 「절대知」章을 다룬 제 2 권으로 이루어졌다. 서론격인 제 1 권의 제 I 부에서는 《정신현상학》 전체에 대한 일반적인 고찰이 시도되고 있는데, 특히 「서설」과 「서론」을 중심으로 하여 《정신현상학》의 의미와 방법, 성립 내력, 구조가 포괄적이면서도 심도 있게 분석된다.

　제 II 부에서 제 VI 부까지는 대체로 인간의 의식 내지는 知의 구체적인 생성이 그 특정한 역사적 대응 단계에 따라 의식·자기의식·이성·정신의 순서로 서술되고 있다. 정신의 직접적 현존재인 의식은 知와 知에 부정적인 대상성(Gegenständlichkeit)이란 두 가지 계기를 지닌다. 의식이 자체 내에 간직하고 있는 이러한 부등성이야말로 의식을 근원적으로 한정짓고 있는 절대적 부정성으로서, 의식의 경험을 독려하는 추진력인 것이다. 정신은 바로 이 의식이란 지반(Element) 속에서 자신의 제 계기를 전개하고 해명한다. 여기서 구체적 경험에 관여돼 있는 의식의 입장과 그 경험의 전체를 반성적으로 조망하는 정신의 입장이 나누어지는데, J. 이뽈리뜨는 특히 후자를 철학자의 관점(pous nous)이라 하여 강조하고 있다. 그리하여 역사를 통해 객관화된 의식의 경험은 의식 자체에게는 끊임없는 회의의 길·절망의 길로 점철된 대상성의 지양과정(Ent-äußerung; désobjectivation; 소외의 극복과정)이지만, 정신에게는 자기인식의 심화와 내면화의 과정(Erinnerung)이다. 역사란 양자의 점진적인 일치를 모색하는 과정이며, 이러한 과정의 단계적 규정이 곧 의식의 제 형태——의식·자기의식·이성·정신——로서, 《정신현상학》의 주된 서술 대상인 것이다.

　결론 부분인 제 2 권의 제 VII 부에서는 「절대知」에서 완성된 《정신현상학》이 학문 체계의 제 2 부인 《논리학》과 관련하여 나타나는 독자적 성격 및 위상이 조명된다. 특히 절대정신의 기억 속에 내면화되었던 자기의식의 생성의 역사적 전제들이 그 일반적 구조에 비추어 새롭게 자각되면서 현상학의 전개방식과 논리학의 전개방식의 유사성 및 차이성이 부각되고 이어서 다시금 시간(역사)과 공간(자연)으로 전개될 정신의 미래상이 예시된다. 그리하여 정신의 운동이 갖는 원환적 성격과 역사적 관념론으로서의 헤겔적 관념론의 강점이 두드러지게 나타난다.

아뭏든 훈고학적 분석의 차원을 훨씬 뛰어넘어 독자적인 헤겔 해석의 지평을 열었던 이 책이 기왕에 이 땅에서 활발하게 전개되기 시작한 헤겔 철학에 대한 관심 내지는 연구를 가일층 제고시키고, 그럼으로써 우리 시대가 안고 있는 역사적 질곡을 정확하게 인식하고 타개하는 데 일익을 담당할 수 있기를 바라는 마음 또한 적지 않다. 역자는 이 자리를 빌어 나머지 제2권의 번역도 빠른 시일 내에 마무리지을 것을 약속한다.

끝으로 어려운 출판 사정에도 불구하고 이 책의 발행을 쾌히 허락해 주신 文藝出版社의 田炳晳 사장님과 원고를 꼼꼼하게 살펴 준 편집부의 여러분들, 그리고 음으로 양으로 도움을 아끼지 않은 많은 분들에게 깊은 감사를 드린다.

1986년 2월
역　자

옮긴이 **이종철**

연세대학교 정법대학 법학과와
동 대학원 철학과 석사 과정을 졸업하고
동 대학원 철학과 박사 과정을 수료했다.
강릉대학교, 국민대학교, 홍익대학교, 연세대학교,
명지대학교에서 철학을 강의했다.
역서로는 《헤겔의 정신현상학》 Ⅰ·Ⅱ (장 이뽈리뜨)
《위대한 철학자들의 사상》(윌리엄 사하키안)
《철학의 이해》(S. 모리스 엥겔)
《마르크스주의 인간론》(페도세에프 외) 등이 있다.

옮긴이 **김상환**

연세대학교 문과대 철학과를 졸업하고
동 대학원 철학과 석사 과정을 졸업했으며
파리 4대학에서 철학 박사 학위를 받았다.
서울대학교 철학과 교수로 재직하고 있다.

헤겔의 정신현상학 Ⅰ

1판 1쇄 발행   1986년 3월 25일
1판 재쇄 발행   2023년 7월 30일

지은이 장 이뽈리뜨 ｜ 옮긴이 이종철·김상환
펴낸곳 (주)문예출판사 ｜ **펴낸이** 전준배
출판등록 2004. 02. 12. 제 2013-000360호 (1966. 12. 2. 제 1-134호)
주소 04001 서울시 마포구 월드컵북로 21
전화 393-5681 ｜ 팩스 393-5685
홈페이지 www.moonye.com ｜ 블로그 blog.naver.com/imoonye
페이스북 www.facebook.com/moonyepublishing ｜ 이메일 info@moonye.com

ISBN 978-89-310-0028-3 93100